清高宗弘历,习称乾隆(帝)。他二十五岁继位,正式在位六十年,还做了三年太上皇。

乾隆立过三位皇后、十几位嫔妃。宫廷画师用他们的生花之笔，记下了这些后妃的容颜。这里有乾隆第一位皇后孝贤皇后富察氏和其他部分嫔妃，还有并非传说中的"香妃"的回部妃子容妃和卓氏。

乾隆自谓"十全老人",生平事迹既多,各类肖像也颇齐备:不仅朝服像各年龄段均有,还有各种便服、戎装,乃至绘在唐卡里、塑在罗汉群。

史说历代焦点人物·乾 隆

乾隆在位期间穷兵黩武，自号有"十大武功"，其中包括对准噶尔部叛乱的几次用兵。每次用兵凯旋，都少不了张扬一番，记载文籍，描绘图卷。由这幅宫廷画师郎世宁所绘《平定准噶尔回部得胜图》，可斑窥全豹。

乾隆帝在位整六十年后，禅位给太子，退居宁寿宫，做起了太上皇，但国家大政仍旧紧握在手里。不过，朝政细故撒手之后，生活悠闲，晚景无多，才有了一次次的"千叟宴"。不同画家笔下的"千叟宴"，可谓别有趣味。

史说历代焦点人物

史说乾隆

乾隆的十全武功及其谋臣战将

李 然 —— 编著

上海科学技术文献出版社
Shanghai Scientific and Technological Literature Press

图书在版编目（CIP）数据

史说乾隆 / 李然编著 . —上海：上海科学技术文献出版社，2025. —ISBN 978-7-5439-9334-1

Ⅰ . K827=49

中国国家版本馆 CIP 数据核字第 2025JW6821 号

责任编辑：姚紫薇
封面设计：留白文化

史说乾隆
SHISHUO QIANLONG
李　然　编著
出版发行：上海科学技术文献出版社
地　　址：上海市淮海中路 1329 号 4 楼
邮政编码：200031
经　　销：全国新华书店
印　　刷：商务印书馆上海印刷有限公司
开　　本：850mm×1168mm　1/32
印　　张：15.5
插　　页：4
字　　数：374 000
版　　次：2025 年 3 月第 1 版　2025 年 3 月第 1 次印刷
书　　号：ISBN 978-7-5439-9334-1
定　　价：68.00 元
http://www.sstlp.com

目 录

十全武功乾隆帝

乾隆帝弘历……………………………………… 3
《清史稿·高宗本纪》…………………………… 81
古今名家评说…………………………………… 244

继位太子与荒唐御弟

嘉庆帝颙琰…………………………………… 257
和恭亲王弘昼………………………………… 270
果恭郡王弘曕………………………………… 273
定安亲王永璜………………………………… 276

乾隆周围的女性

皇太后钮祜禄氏……………………………… 281
皇后富察氏…………………………………… 282
皇后乌拉那拉氏……………………………… 284
贵妃魏佳氏…………………………………… 287
容妃和卓氏…………………………………… 289

满汉殿阁大学士

文渊阁大学士陈世倌………………………… 297
保和殿大学士讷亲…………………………… 300
武英殿大学士来保…………………………… 307
东阁大学士刘统勋…………………………… 312
文华殿大学士尹继善………………………… 318
保和殿大学士傅恒…………………………… 323

文华殿大学士于敏中……………………………… 333
文华殿大学士和珅………………………………… 338
东阁大学士王杰…………………………………… 356
协办大学士刘墉…………………………………… 362

封疆大吏五督臣

河道总督高斌……………………………………… 369
陕甘总督黄廷桂…………………………………… 371
直隶总督方观承…………………………………… 373
两江总督高晋……………………………………… 377
四川总督孙士毅…………………………………… 378

老名士与大才子

"江南老名士"沈德潜……………………………… 385
"三朝元老"史贻直………………………………… 391
北地大才子纪昀…………………………………… 396
"三元"状元钱棨…………………………………… 404
宫廷画师郎世宁…………………………………… 409

战将建功封公侯

一等武毅谋勇公兆惠……………………………… 417
一等诚勇公班第…………………………………… 424
一等诚嘉毅勇公明瑞……………………………… 429
一等果毅公阿里衮………………………………… 434
三等威信公岳钟琪………………………………… 438
一等超勇公海兰察………………………………… 449
一等诚谋英勇公阿桂……………………………… 455
一等嘉勇忠锐公福康安…………………………… 461

叛军义军众首领

大金川土司莎罗奔	469
准噶尔汗达瓦齐	473
准噶尔辉特部台吉阿睦尔撒纳	477
大小和卓布那敦、霍集占	480
"顺天盟主"林爽文	484

十全武功乾隆帝

　　乾隆帝在位六十年,清王朝政治、经济、文化及军事均臻于极盛,成为"康乾盛世"的组成部分。在皇帝位六十年后,他又做了三年太上皇,总体上超过了乃祖康熙帝。他武有"十大武功",文有《四库全书》,文治武功均可谓成就突出。但他好大喜功、穷兵黩武,穷奢极欲、经年巡游,加之纵容贪贿,以致国库虚耗、政治败坏,乾隆朝也就成了清王朝由盛转衰的开始。

乾隆帝弘历

弘历（1711—1799），清朝入关后的第四位皇帝。爱新觉罗氏，满洲镶黄旗人。雍正帝第四子，母钮祜禄氏。在位六十年，禅位后又做了三年太上皇，实际执政六十三年，是史上执政时间最长的皇帝。因其年号为"乾隆"，故习称"乾隆（帝）"；谥号"纯皇帝"，庙号"高宗"。乾隆帝是清朝版图的奠基人，现代中国版图正是在其时奠定的。他励精图治、黩武修文，使清王朝达到全盛；而他穷年用兵、虚耗民财，晚年委政奸臣，吏治败坏，清王朝由盛转衰亦即肇端于此。

一、生母成谜　继位顺利

康熙五十年（1711）八月十三日，弘历诞生在父亲胤禛的雍亲王府邸。他生来大头大耳，鼻梁高耸，身材修长，故深得祖父康熙帝的钟爱。康熙令他留在宫里，和两个亲王一起读书，让当时著名文士梁诗正给他们授课。弘历生性聪明，过目不忘，祖父对他越发喜欢。

每年秋天，康熙帝都要到位于河北承德附近的猎场去打猎。这片猎场本是蒙古人的地盘，后来献给康熙帝做了猎场（称作"围场"）。蒙古语称哨鹿为"木兰"，所以皇帝秋天打猎就称为"木兰秋狝"。弘历六七岁时开始，祖父每次木兰秋狝都要带上他。有一次，康熙帝命侍卫射熊，侍卫刚上马，那只熊就立了起来。弘历在马上泰然自若，毫无惧色。康熙帝与侍卫合力将熊击毙。回到营帐里，康熙帝指着弘历对皇太妃说："这孩子命很贵重，福气将来会超过我。"（"是命贵重，福将过予。"《清史稿·高宗本纪》）

弘历十二岁那年，有一天，康熙帝到雍和宫用膳，指名要见见弘历的生母。弘历的生母进来后，康熙连声说："有福之人！"弘历即位后，每次忆及此事，似乎觉得祖父当时就意识到自己可以担当大任，祖父要见其生母，就是要看看她的福相。

根据《清实录》等官方文书档案的记载，弘历的父亲是雍亲王，也即后来的雍正帝胤禛，母亲是四品典仪凌柱之女钮祜禄氏。但长期以来，尤其是清朝灭亡后的一段时间，野史、文人评述和民间传说，都认为弘历并非雍正帝及其妃嫔所出，而是汉官陈阁老陈世倌的儿子。

陈世倌是浙江海宁人，康熙年间入朝为官，与雍亲王家常有来往。有一年，雍亲王的福晋和陈阁老的夫人同时生下孩子，雍亲王让陈阁老家把夫人所生孩子抱进王府看一看。陈家把男孩送去，王府当天就把孩子送了出来，陈阁老回到家里一看，自己原来的男孩变成了女孩。陈阁老知道事关身家性命，不敢声张。那个抱入王府的男孩，就是后来的乾隆帝弘历。弘历即位以后，知道了真相，便六下江南，探望亲生父母，而且六次南巡之时，有四次住在陈阁老家的安澜园，以便和父母相聚。

这个传说虽然广为流行，但毕竟不是事实。皇宫里后妃生子，诸事的管理十分严格。孩子生下后要由太监亲验，是男是女，先口头上奏，然后再专折上奏，以备命名。一个多月后再将女孩换成男孩，就是普通人家也难以掩人耳目，何况在王府里，可以说是极难办到。清人好传宫中秘事，一些文人又刻意渲染，便显得煞有其事。其实，这传闻根本不足为据。

雍正十三年（1735）八月，雍正帝病逝。朝臣鄂尔泰、张廷玉和史贻直等，一面料理丧事，一面齐集文武百官来到太和殿，从"正大光明"匾额后面取下雍正帝立储的遗诏，向诸皇子宣读。遗诏上写着"皇四子弘历即皇帝位"，于是，原为宝亲王的弘历就被拥上御座，阶下大臣齐呼"万岁"。新皇帝传旨大赦天下，改元"乾隆"。宝亲王弘历成了乾隆帝。

二、初政宽厚　苗乱首发

乾隆帝即位时，已经二十五岁，鉴于父皇雍正帝为政苛刻，他自己为政便较为宽大。即位之后，他就下令：圈禁的宗室人员一律放出，迫害致死的几个叔伯一概收入《玉牒》（宗谱），自己的兄弟都封为亲王，岳钟琪、陈泰等系狱勋臣高官亦都释出。雍正朝屡次大兴文字狱，罪人家属大都徙往边地为奴，也都放回原籍。这些宽厚的措施颇得人心，一时歌功颂德之声不绝于朝。

乾隆元年（1736）九月，乾隆帝下诏开博学鸿词科，意在吸纳民间文士入朝为官。原来，雍正帝生前就曾下诏，命京官三品以上者和各省督抚学政，荐举"博学鸿词"的文士进京应试，但因去世，未能举行。乾隆正好继承先父之志，立开此科，命各省文士进京，在保和殿开试。

这次考试的试题，由乾隆帝御笔亲书，试卷也进呈给他亲览。文士们吟咏风月，颂扬盛世，篇篇都是锦绣文章。乾隆满心高兴，御定甲乙，共得一百七十六人，甲等十五人。十月五日在养心殿引见这批新进文士，乾隆春风满面，一一奖励授职。在甲等中又分出一等五人，授翰林院编修；二等十人，授翰林院检讨和庶吉士。刘纶《山鸡舞镜诗》中有句云"可能对语便关关"，深得乾隆嘉许，特拔为第一。在引见当天，恰巧有一对喜鹊在殿脊上鸣叫，这种吉祥之兆越发使龙颜大悦。

乾隆二年（1737），因上年博学鸿词科非常成功，收罗了一批有才能的文士，乾隆又特下谕旨，命上一年未及应试的文士赴京应试。这一次，又把一批文士吸收到了朝中。这些措施，使乾隆初年呈现出一派太平景象。

然而，在似乎太平的年代，西南边疆的苗民聚居区，却不时传来不太平的警报。这也成了乾隆朝彼伏此起的动乱的先导。

当时的"苗民"之称，颇为笼统，且有许多称谓，在四川的叫獿或生番；在两广的叫僮或黎；在湖南、贵州的叫傜；在云南的叫猓或野人。他们的语言、风俗与内地大不相同，所以自元、明以来，设置宣慰、宣抚、招讨、安抚等土司，又有土府、土州县，长官均可世袭，有自治的权力。朝廷之所以如此，意在利用旧有习俗，封其酋长做官，用怀柔政策予以控制。顺治、康熙朝以来，沿用明朝的制度，分设土官。但有些苗民不懂耕种，专以抢劫为生。土官又因历代为官，根深蒂固，任意胡为，残酷剥削、压迫百姓。因此，有些苗民经常在边境地区闹事，而云、贵两省尤为严重。

雍正四年（1726），鄂尔泰任云南巡抚，建议"改土归流"。他极力说明从前以夷制夷的失策。应该令各处酋长将土地献上朝廷，按时进贡，否则就将其消灭。不过，要改土官为流官，非派大量军队去不可。看过鄂尔泰的奏折，雍正帝很高兴，就把三省总督大印交给了他。

鄂尔泰到三省总督任所后，派总兵石礼哈征剿贵州广顺的长寨，招抚贵州东、西、南三方边远地区的生苗（苗有生苗、熟苗之分。生苗住处更偏僻，生活更为原始）二千余寨；派知府张广泗招抚古州，开辟苗民居住区两三千里。先后罢免了云南霑益土州安氏、镇沅土府刁氏和赭乐长官，以及威远州、广南府各土司，澜沧江以东地区全部平定，在普洱设知府。广西众土官自泗城的岑氏以下，也先后交出印信及两万多件兵器。鄂尔泰用兵五六年，三省边防基本安定。

因屡建功劳，鄂尔泰被封为襄勤伯，拜武英殿大学士，调回京城；张广泗也从云南巡抚任上，被提拔为湖广总督。接任鄂尔泰的官员，把处理苗民事务看得过分轻易，进而因征收钱粮激起了苗民的反抗。

雍正十三年（1735）春天，苗寨纷纷起来斗争。起义民众集中在清江台拱一带，攻占了黄平以东各城。鉴于鄂尔泰在任时的残酷行径，起义苗民斗志特别坚强，有人甚至亲手杀死妻女再去战斗，以示绝无归志。鄂尔泰闻讯，感到既惭愧又恼怒，上疏引罪自责，请求皇上处分。然而，边疆苗民起义到处蔓延，已经难以控制。

当时，雍正帝下令云南、四川、湖北、广东四省，出兵会剿苗民起义。但官军将领各有主张，将军哈元生主张镇压，提督董芳主张招抚。而抚苗大臣张照上密折，则认为改土归流是错误政策，同时写信给众将领，提议放弃大片苗疆土地。因为意见不一、命令不同，所以尽管大兵云集，却旷日无功，苗疆之乱的规模越来越大。

这年八月，雍正帝去世，新继位的乾隆帝听到苗疆叛乱的消息，异常震怒，要对苗疆大举用兵。为了树威，他断然把张照、哈元生、董芳全部撤职治罪，任命张广泗为七省经略。

张广泗是治苗的老手，经过通盘筹算，制定了"暂抚熟苗，力剿生苗"的策略。乾隆帝很赞赏这一计划，命他照此行事。张广泗号令严明，所向克捷。官军步步进逼，严密封锁，大杀大烧，先后攻占了台拱九股苗及清江下游各寨。这时，又增兵分八路，围攻逃散到丹江、古州、都匀、台拱之间大森林——民间所谓"牛皮大箐"——里的苗民，杀死一万多人。接着，官军回头对熟苗大肆杀戮，分首恶、次恶、协从三等进行惩治，先后毁除苗寨一千二百二十四寨，赦免三百八十八寨，杀死一万七千多人，黔东苗区淹没在官军大屠杀的血泊之中。

张广泗的捷报传来，乾隆帝笑容满面，晚年自诩"十全武功",就表现了对用兵胜利沾沾自喜的心情。随之,他立命张广泗为贵州总督,兼管巡抚事,苗民诉讼仍按苗俗审理,不拘律例。

三、用兵数年 平定金川

初次用兵即获大胜,使乾隆帝醉心黩武。在位期间,他多次对边疆和属国用兵,而且成为他政治生涯中极为重要的内容。其中最主要的有大小金川战役、准噶尔战役、大小和卓战役等。

金川是四川西部众土司中的一个。汉朝属于冉駹(汉朝西部边疆的部族)的地盘,隋朝在这里设县,唐朝归雅州管辖,明朝归杂谷安抚司管辖。那里本是吐蕃的地方,信喇嘛教。明朝封该部的哈伊拉木为演化禅师,世代占据大、小金川流域地方。后来分为两部,住在小金川的叫"攒拉"(意为"小河滨"),住在大金川的叫"促浸"(意为"大河滨")。

顺治七年(1650),清廷封小金川的头人卜儿吉细为土司。康熙五年(1666),授大金川头人嘉勒巴"演化禅师"印。雍正元年(1723),嘉勒巴之孙莎罗奔因在康熙五十九年(1720)跟随官军出征西藏羊冈有功,被封为金川安抚使。乾隆十一年(1746),莎罗奔势力强大后,打算兼并邻近部落,用通婚手段控制了小金川头人泽旺,并夺取其官印。后来,因莎罗奔与泽旺之弟土舍(土司属官)良尔吉,出兵侵犯革布什咱及明正土司,还击伤了前去支援的官兵,乾隆帝遂命张广泗移驻四川,专门负责大金川的军事。

张广泗到任后,进驻小金川的美诺,听信汉人奸细王秋的话,以良尔吉为向导。然而,大金川地势险要,又有较好的防御工事,石头建筑的碉楼大小林立,易守难攻。莎罗奔负险顽抗,结果官军围攻数月,将领们都吃了败仗。副将张兴、游击孟臣,都被投降的苗民用计杀害。

乾隆十三年（1748）四月，乾隆帝任命大学士讷亲为经略，起用老将军岳钟琪为提督，赶赴大金川军营。讷亲到达军前，趾高气扬，严令三天攻下噶尔崖（又称"噶耳崖""刮耳崖"，在今四川金川县东南），否则军法从事。他采用以碉逼碉的战术，结果损兵折将，攻下一个石碉都要死伤许多人。总兵任举、副将贾国良战死。

张广泗所用向导良尔吉，从前在莎罗奔帮助下，夺了哥哥泽旺的官印，又霸占了嫂子阿扣。他感激莎罗奔，官军有任何动静，他都及时通知。向导成了间谍，官军又打了几个月，仍旧毫无成效。

张广泗受到讷亲的斥责，对其不知兵而事权反在自己上感到不满，故意负气推诿。过了半年，饷银花费不计其数，却没有什么战绩。乾隆帝大怒，立命将张广泗逮赴来京，说他"负恩忘国"，按律斩首。接着传旨命讷亲回奏，讷亲则把责任全都推给了张广泗。乾隆看过讷亲的奏折，掷之于地，命取出其祖父遏必隆遗下的腰刀，派人送往军中，实际上就是赐死。讷亲自知不免一死，遂以祖父之刀自刎。十二月，乾隆另派大学士傅恒为经略，增派军队，与岳钟琪分两路进剿。

傅恒到达军前，任命总兵冶大雄为总统，派副将马良玉诱杀良尔吉，同时杀死阿扣、王秋，根绝了奸细。又撤了围攻大小金川碉垒的兵士，改用直捣要害的战术。如此一来，形势很快发生了变化。

傅恒上疏陈说挑选精锐部队深入敌后的计划，预计用四个月结束战斗。当时，乾隆帝因出兵时间已经很长，当地的地势又十分险峻，就打算收兵，下令傅恒回京。但傅恒已与岳钟琪分兵深入，总兵哈攀龙、哈尚德等又接连攻克巴郎平、色尔力碉垒。接到皇上的命令,傅恒就派岳钟琪前往敌营劝降。

随官军从征西藏的时候,莎罗奔隶属岳钟琪麾下,对之极为佩服。此时,岳钟琪单人匹马来到噶尔崖营中,盯着莎罗奔,故意放松马缰绳,说:"你们还认识我吗?"人们吃了一惊,说道:"果然是我们的岳大人啊!"全部跪在地上请罪。他们将岳钟琪领进帐篷,留他过夜。岳钟琪脱掉衣服,像平常一样睡觉,毫不戒备。

乾隆十四年(1749)四月,莎罗奔率众到官军大营投降。大金川平定。乾隆帝十分高兴,优诏褒奖傅恒,把他比作平蛮的诸葛武侯,封为一等忠勇公;岳钟琪封三等威信公。

乾隆三十一年(1766),清廷任命莎罗奔的侄儿郎卡管理大金川事务。此后,郎卡逐渐不安分起来,蛮不讲理,时常同邻近部落闹矛盾;总督的命令,他也不听。乾隆帝命阿尔泰前往大金川,传令九个土司(松冈、梭磨、卓克基、沃日、革布什咱、绰斯甲布、小金川、党坝、巴旺)围攻郎卡。各土司的兵力大都不如郎卡,而阿尔泰又不懂利用小金川予以牵制。于是郎卡起兵造反,并与小金川的绰斯甲布通婚,势力更加强大。

郎卡死后,其子索诺木又暗中与小金川泽旺之子僧格桑订立攻守同盟,合兵攻打革布什咱及沃日等土司。乾隆三十六年(1771)十月,乾隆帝下令罢免阿尔泰,不久令其自尽;任命温福为大学士、桂林为总督,分头率军进剿小金川。

乾隆三十七年(1772)五月,桂林与温福分头从打箭炉、汶川进军,渐渐逼近小金川。而桂林手下将领薛琮,因孤军深入敌境,没有后援,以致全军覆没,只泅水逃回二百多人。桂林因隐瞒败绩被撤职,由阿桂接替。

十二月,阿桂攻打小金川。乾隆帝任命温福为定边将军,阿桂为副将军。在官军的猛烈攻打下,小金川大败,僧格桑逃往大金川。阿桂传令大金川交出僧格桑,索诺木不予理睬,乾隆便决定将大、小金川一举消灭。

乾隆三十八年（1773），小金川投降的苗民反戈攻克木果木，温福等人分路进军。不久，温福因敌人把守险要据点，前进不得，驻扎在大金川东部。温福颇有轻敌之心，认为平苗易如反掌，没有调动各路人马会集，只命提督董天弼在其东侧驻扎，防守小金川，而自己则每天与众将大摆宴席。额驸色腾布、护军统领伍岱、提督马铨先后劝说，可他却报告说这些人动摇军心，乾隆遂将色腾布召回京城，把伍岱充军到远方。温福派绿营兵三千攻打大小金川的碉垒。兵士有人负伤，他不仅不予慰问，反而横加责怪。如此一来，官军人心涣散。

耽误了一个多月的时间，苗军侦察到温福兵力薄弱，出动精兵数千，向东进攻董天弼，董天弼所部不战而溃。接着转而猛攻温福，温福却穿着文官的袍褂督战，结果被俘被杀，所部兵卒战死三千余人，小金川又告失守。

温福死后，乾隆帝任命阿桂为定边将军，参赞丰升额为左副将军、明亮为右副将军。阿桂受命之后，改道从沃日出击，攻打小金川东部，明亮攻南面。阿桂直达美诺，明亮也一路获胜，小金川完全收复。

乾隆三十八年（1773）十二月，阿桂等分兵三路进攻大金川，阿桂从小金川攻大金川东部，丰升额、明亮从党坝攻大金川西北部，富德从革布什咱攻大金川西南部。到第二年七月，阿桂的军队逼近勒乌围。其时，索诺木与本家爷爷莎罗奔在这里防守，他们见阿桂率军深入，就把僧格桑毒死，把尸首及其族人献给官军，请求停止进攻。阿桂没有答应。

乾隆四十年（1775）八月，阿桂、明亮、丰升额攻克大金川的勒乌围。莎罗奔、索诺木在城破之前逃到噶尔崖。三路官军在噶尔崖会师，将噶尔崖城团团包围。围攻四十余日，索诺木才与莎罗奔率族人及部众两千余人，开城投降。第二年二月，阿桂等进占噶尔崖，大金川再次平定。

两金川平定后，乾隆帝下令将小金川改为美诺厅（后改"懋功"），将大金川改为阿尔古厅（即今绥靖屯），直属四川管辖。

乾隆一朝虽可称为盛世，但国内诸多矛盾均在激化。西南边疆百姓不堪忍受剥削和压迫，纷纷起来反抗，苗民起义就是典型一例。大、小金川奴隶主企图摆脱中央管辖，大闹分裂，可谓逆历史潮流而动。乾隆帝果断派兵征讨，维护了国家的统一、领土的完整，有利于统一多民族国家的稳定、巩固和发展。当然，在征战过程中，也暴露了清兵的凶残、清将的无能，清朝武备已经出现废弛之象，这正是清王朝腐朽的表现。

四、围剿四年　终灭准部

早在康熙、雍正时期，就曾对厄鲁特蒙古准噶尔部多次用兵，但没有根本解决问题，准部时叛时服，成为清廷一块很大的心病。乾隆继位之初，致力于与准部和平谈判，希望不动刀枪解决问题。乾隆四年（1739），与准部的和谈有了眉目，边境稍稍安稳。

乾隆十四年（1749），首领噶尔丹策零去世，准部本身闹起了内乱，宰桑（政务官）萨拉尔（亦作"萨喇勒"等）、杜尔伯特部台吉（清廷对蒙古贵族封爵名，分四等）及"三车凌"相继归附朝廷，辉特部台吉阿睦尔撒纳也在乾隆十九年（1754）率部众来归，并向乾隆帝请求派兵帮助。

乾隆帝知道，阿睦尔撒纳早已被准噶尔征服，但想利用他为向导，乘机大举进攻。朝臣鉴于雍正九年（1731）与准噶尔交战失败的教训，大多不想再起事端；只有大学士傅恒赞成皇上的主张，乾隆高兴地说："你是我的张华和裴度啊！"（晋人张华，曾力排众议，劝晋武帝灭吴；唐人裴度，曾极力主张削平藩镇。）

乾隆二十年（1755），准噶尔部大将玛木特归附朝廷。于是就在当月，乾隆命尚书班第为定北将军，阿睦尔撒纳为定边左副将军，率军由北路出发；陕西总督永常为定西将军，萨拉尔为定边右副将军，率军由西路出发，征讨准噶尔部。北路从乌里雅苏台（在今蒙古国西部）出发，西路从巴里坤（今新疆巴里坤）出发。出征部队由精锐的八旗兵以及吉林和索伦兵组成。

左、右两定边副将军，原来本都是准噶尔部的将领。这次出兵，他俩仍打出旧日旗帜，在前面开路，因而所到之处，准噶尔人纷纷投降，接应官军。朝廷大军一路高歌猛进，兵不血刃。五月初一，两路大军在博罗塔拉河会师，五天后抵达伊犁。准噶尔汗达瓦齐见势不妙，率数十人逃往南疆。

达瓦齐逃到格登山（今新疆昭苏县松柏边卡），在水泊后面扎营，余众尚有一万多人。侍卫阿玉锡乘夜率领轻骑直捣敌营，敌兵溃逃，投奔回部而去。南疆维吾尔各部纷纷响应官军，积极摆脱准噶尔的统治。达瓦齐逃到乌什，阿克苏伯克（维吾尔官长）霍迪斯早已得到班第的通令，将达瓦齐等人捉住献给了官军；同时献来的，还有以前从青海逃至的蒙古和硕特部首领罗卜藏丹津。至此，伊犁平定。

达瓦齐、罗卜藏丹津押赴京城后，乾隆痛斥了达瓦齐的叛国罪行，但为照顾民族关系，最终赦免其罪，还封他为亲王，让他住在京城，受到很好的待遇。

准噶尔部本来有四个卫拉（意为"部落"），每个卫拉都有自己的汗。自绰罗斯浑台吉强大起来后，伊犁才成为回部的盟主，与朝廷抗衡已有数代。起初，乾隆帝打算平定准噶尔后，仍设四个汗，以分散势力。而阿睦尔撒纳想当四部的总台吉，私自请求额驸色布腾，把自己的意图转报皇上，估计七月下旬就能得到批准的消息。

乾隆帝没有答应阿睦尔撒纳的要求，但给了他特殊的荣宠：晋封双亲王，食双俸。可阿睦尔撒纳仍不满足，制造分裂的野心恶性膨胀。他不穿朝廷官服，不用朝廷官印。同时，他还让部下散布自己即将成为总台吉的流言，并声言不让他当汗，准噶尔部就会动荡不安。他还使用旧日准噶尔汗的玺印，并向邻近的哈萨克部及俄罗斯声称，自己没有归附清朝，只是率领满洲、蒙古兵来平定准噶尔内乱。

班第等秘密上报了阿睦尔撒纳的情况，乾隆帝命班第伺机将其杀掉。不过，当时官军大都已经凯旋，班第手下只有五百名兵士，未敢轻举妄动。

一计不成，又生一计。乾隆命阿睦尔撒纳在九月赶到热河（今河北承德），参加朝宴。班第等催促阿睦尔撒纳尽快动身，并派喀尔喀亲王额林沁多尔济陪同前往。班第这样做，意在调虎离山，等到了内地，自然就容易抓捕了。阿睦尔撒纳途中有意拖延，直拖到八月，还没有等到让他当汗的命令，知道事情发生变化，到内地非被杀不可。走到乌伦河时，他对额林沁多尔济说："我本来不想造反，实在是朝廷不讲信义。我如果到了内地，就会像犬羊那样被人驱赶。大丈夫应当干一番事业，怎能伸着脖子等着挨宰呢！"一边说着，一边把副将军印摘下来，扔给额林沁多尔济，说："你把这玩艺交还给皇帝就行了！"说罢，率领随从兵士快马加鞭，一溜烟地跑掉，并劫持了萨拉尔。

十月，阿睦尔撒纳号召伊犁民众一同叛乱，又派兵到两路各哨卡进行抢掠。喇嘛和宰桑们纷起响应。官军将领永常手下有数千兵丁，驻扎乌鲁木齐，但不敢出动征讨。班第、容安兵败自杀。

阿睦尔撒纳叛乱及班第、容安身死的消息报到朝廷，色布腾因隐瞒情况，被革除了爵位；额林沁多尔济放纵叛逆，受命自裁。同时逮捕永常，任命策楞为定西将军，率军从巴里坤出征。

官军长驱直入，锐不可当。策楞率军到达吐鲁番时，萨拉尔从伊犁逃出，前来投奔，从而知悉阿睦尔撒纳的驻地仅有一天的路程。策楞命参赞玉保迅速追击，但有奸细说："阿睦尔撒纳已被捉住，很快就会押送而来。"玉保听信其谎言，停止前进，原地等待，并将消息报告策楞，策楞又立即报告了朝廷。等策楞到达伊犁时，阿睦尔撒纳早已从容地逃到了哈萨克部（今中亚地区）。策楞与玉保互相埋怨，借口马匹走不动，停止不前。

此时，喀尔喀蒙古和托辉特部的青衮杂布也起兵叛乱，四个部落全都骚动起来。阿睦尔撒纳得知这些消息，从哈萨克回来，在博罗塔拉河纠集反叛的各部力量，妄想独霸一方。

乾隆二十一年（1756）五月，乾隆帝得知消息，十分生气，撤了策楞和玉保的职，命达尔党阿（亦作"达勒党阿"等）、富德取代；任命巴里坤办事大臣兆惠为右副将军，前去支援；同时任命超勇亲王成衮札布为左副将军，追捕青衮杂布。

乾隆二十二年（1757）四月，乾隆帝命兆惠从西路出，成衮札布从北路出，大力征剿准噶尔部。

这时，准部又起了内讧，且流行天花。兆惠大军一到，各部头人出兵迎战，被官军全部斩杀。阿睦尔撒纳又往西逃入哈萨克境内。哈萨克汗阿布赉答应清军，要将阿睦尔撒纳捉住。阿睦尔撒纳一到哈萨克，阿布赉就把他的马匹收去。阿睦尔撒纳大吃一惊，徒步跑到俄罗斯境内，不久染上天花，一命呜呼。

清廷理藩院给俄罗斯发去公文，要求将阿睦尔撒纳的尸体送至恰克图，交给中国。乾隆命成衮札布撤兵，前往乌里雅苏台镇守；命兆惠所部就地驻留，等过冬后再进剿阿睦尔撒纳手下的各处叛军。

第二年正月，兆惠等包围叛军余部，大肆剿杀，一共围剿了四年。凡是深山僻壤、河流沿岸可以打鱼、狩猎的地方，对二十多万户人家、六十余万人全都搜查遍，没漏掉一家一户。事情平定后，设满洲驻防兵，并调来汉兵屯田。自此，准噶尔部成为清朝移民实边的地方。

乾隆帝鉴于准噶尔部屡次发生叛乱，便于乾隆二十七年（1762）在惠远城（在今新疆伊犁霍城县东南）设伊犁将军，总辖新疆南北两路事务，从而加强了中央政府对新疆的统治。

五、回部叛乱　南疆硝烟

接着，南疆回部又发生了大、小和卓（意为"圣裔"）的叛乱。回部在天山南路，其首领本是元朝的后代。后因厄鲁特蒙古势力强盛，遂归附厄鲁特的准噶尔部。到阿睦尔撒纳流亡沙俄病亡后，天山北路地方全部并入大清版图，而天山南路的大和卓布那敦、小和卓霍集占，便想乘新旧势力交替之际搞割据。

兆惠禀告后，乾隆帝派副都统阿敏道为招抚使，前往回部。阿敏道到达布那敦驻地时，召集其部众，命令他们服从朝廷管辖。霍集占对兄长布那敦说："我们回部很久以来就受制于准噶尔部，如今准部垮了，如果再接受朝廷管辖，那我们岂不又成了其他民族的奴隶？不如乘此时图谋割据。"他暗中命令部众，同时传令各城堡全部戒严。回部数十万人，很快争先恐后地响应。只有库车伯克鄂对不想附和，逃往伊犁，归附官军。霍集占将鄂对的族人全部杀害，派兵驻扎库车城。接着，把阿敏道骗入库车监禁起来，不久又将其杀害。

乾隆二十三年（1758）正月，乾隆帝任命雅尔哈善为靖逆将军，出兵征剿回部。雅尔哈善进军库车，攻城失败。霍集占从阿克苏前来支援，与清廷领军大臣爱隆阿的部队遭遇，激战一整天，霍集占大败，进入库车城固守。

库车城依山而建,城墙用柳条夹沙土修筑,非常坚实,炮打不坏。提督马得胜在城北一里地以外挖掘地道,眼看快要接近城墙。雅尔哈善求胜心切,严令士卒昼夜挖掘。夜间,敌兵在城墙上望见灯光,察知官兵在挖地道,便往地道里灌水,挖地道的六百名官兵全部淹死。

当时,归附的鄂对向雅尔哈善献计说:"听说霍集占的粮食即将吃光,他肯定要乘我军不备突围回阿克苏。他一回去,就难以制服了。如果在城西渭干爱曼河及北山要路各埋伏精兵一千,就能活捉霍集占。"雅尔哈善认为鄂对此计行不通,没有采纳,只是命令部队努力攻城。

一天傍晚,有个索伦老兵在城下放马,听见城里骆驼叫,好像驮着重物。老兵跑回大营报告:"城里的骆驼叫声高亢,看来,贼人要逃跑了。"雅尔哈善当时正在喝酒,听了这话,怒气冲冲地说:"你知道什么!"照旧喝酒不停。

这天夜里,霍集占率领部队打开西城门,从渭干爱曼河涉水而逃。攻打西城门的都统顺德讷,得知霍集占出城,夜里没有派兵追击,等天亮才派一百人去追,而此时敌人早已渡过河去,拆掉桥梁,逃得无影无踪。几天以后,守城的士兵投降,官军得到的不过是一座空城。

七月,乾隆帝得知上述情由,处死雅尔哈善、顺德讷、马得胜,任命尚书纳木札尔接管,同时命兆惠出兵征剿。

兆惠的部队抵达乌什时,伯克霍迪斯前来迎接。兆惠从他那里得知,布那敦逃往喀什噶尔,霍集占逃往叶尔羌。兆惠率军三千到达叶尔羌,因兵力较少,不能攻城,打算找机会再出击。于是,在城东黑水河对岸有水草的地方,安下了营寨,此即所谓"黑水营"。侦察到敌人的粮草囤积在城南棋盘山,便想劫来充实自己。官兵从城南夺桥渡河,刚刚过去四百名骑兵,城里就冲出五千骑兵前来截击,接着又冲出一万步兵,张开两翼攻了上来。兆惠的大部队隔着一条河,救援不上,渡河的小股骑兵战死者不计其数,总兵高天喜、副都统三保、护军统领鄂实、监察御史何泰全都阵亡。残余的骑兵,游水过河逃了回来。

兆惠命令兵士掘壕筑垒,固守营寨,同时派人出去求援。固守时间一长,粮食吃光,便杀骆驼、马匹来吃;没水喝,就嚼冰块。官军与敌人相持三个月后,似乎已无生还的希望。

乾隆帝命驻守乌鲁木齐的将军富德赴南疆增援,富德冒雪行军,没能及时赶到。这时,巴里坤办事大臣阿里衮率兵连夜赶来,与富德合兵一处。官军呐喊前进,抽打骆驼和马匹,牲口踏地的声音惊天动地。敌兵不知官军来了多少,吓得撤去包围,逃回了城里。富德等与兆惠会合,整顿队伍,撤回了阿克苏。

富德与兆惠商议,决定兵分两路:兆惠从乌什攻打喀什噶尔,富德从和阗攻打叶尔羌。乾隆二十四年(1759)七月,在官军的内外夹攻下,叛军迅速土崩瓦解,大、小和卓弃城逃跑,官军占领了喀什噶尔、叶尔羌。

富德追到伊西洱库尔淖尔时,敌人已抢先占据山腰,严阵以待。富德指挥军队进攻,未能取胜。接着,富德挑选四十名火枪手,从北坡爬上山头,居高下射。敌人的后勤部队有一部分刚翻过山,被河水阻在岸边,听到枪声,惊恐万状。霍迪斯、鄂对大声喊话,叫他们投降。于是,投降的敌兵往山下跑来,漫山遍野,脚步声如同打雷。霍集占约束不住,便同布那敦逃往巴达克山部(又称"拔达克山",在今阿富汗东北部和塔吉克斯坦东部)。

富德传令巴达克山部首领素尔坦沙,抓住布那敦及霍集占,给清军送来。八月,素尔坦沙杀了两人,布那敦首级被属下偷走,素尔坦沙就把霍集占的首级献给了清军。回部从此平定。

天山南北的战事,开疆拓土一万多里,杀敌数百万人。胜利似乎很辉煌，但出兵五年，劳军费饷，耗费国库银三千万两。

乾隆帝继承父、祖遗志，完成了对西北的用兵，平定了分裂势力，这对统一多民族国家的巩固与发展，无疑是有进步意义的。但是，也不能不指出，在对西北用兵时，也使一些无辜的边疆民众饱经战乱之苦，有的则惨遭杀害，尤其是一些将帅的腐败无能，更加深了民众的痛苦。

从平定准噶尔部及回部的过程中，还不难发现，一些头脑清醒的边疆民族首领，反对分裂，心向朝廷，积极参加反分裂的斗争。因此，不能笼统地将平定准部及回部说成是出于乾隆的好大喜功。

乾隆帝因为连年用兵取胜，心中十分高兴。乾隆二十六年（1761），他特命画工为功臣画像，并把画像张挂在紫光阁（今中南海西岸），供人观瞻。大臣们也都以能"图形"（绘像）紫光阁为荣。这也可谓乾隆帝鼓励臣下为国立功的一项措施。

六、构兵缅甸　烽火边疆

缅甸是古代朱波（缅甸古称）地方，后来成为中南半岛的一个国家。自古与中国没有来往，直到宋朝宁宗时，史书上才有了关于缅甸的记载。元世祖忽必烈曾远征缅甸，并命其进贡。明朝设三个宣慰司以控制缅甸，但万历二十二年（1594）以后，缅甸就中断了朝贡。自康熙元年（1662），缅甸活捉南明永历帝送交清军后，两国就断绝了来往。

雍正九年（1731），缅甸与整迈（即今泰国清迈，一度属于缅甸）交战，缅甸军的头领蟒占灯遇到清朝守备燕鸣，说缅甸国王第二年将向清廷进贡，但并未兑现。乾隆十五年（1750），缅甸才通过该国茂隆银厂厂长中国人吴尚贤，把文书交给清朝总督，其中写明愿意成为大清的属国。这时，正赶上缅甸国内木梳铺土官甕藉牙起兵,而吴尚贤也因贪污银厂公款被抓进了监狱。因此,缅甸与中国的交往再次中断。

乾隆十九年(1754),甕藉牙率军占领国都,众土司相继降顺,只有贵家与木邦两个土司抗拒了一年多。贵家土司是从前跟随永历帝进入缅甸的贵族,其子孙流落缅甸,自称"贵家",世代据有波龙银厂,是缅甸各部落中最有钱的一个。乾隆二十七年(1762),贵家土司被甕藉牙打败,逃往孟连(在云南),准备归附清朝。云南总督吴达善向贵家土司宫里雁索要七宝鞍,未能如愿,就把人家骗来杀了,小老婆收为奴婢;同时还传令缅甸人,命其将宫里雁的妻子攮占抓来。这时,甕藉牙已经去世,其前妻之子莽纪觉继位,攮占已经嫁给莽纪觉的弟弟孟驳。对于吴达善的命令,孟驳认为是指责自己的妻子淫乱,特别生气,便挑唆莽纪觉出兵侵犯清朝边境。吴达善害怕爆发战争,也担心诱杀宫里雁之事败露,命守边将领不与缅兵交战。从此,缅甸人更小看清王朝了。

乾隆三十年(1765),缅甸派兵大举进犯九龙江(今云南普洱境内澜沧江)一带地方。此时吴达善已调任川陕总督,接任的刘藻出兵抗击,三路兵马全吃了败仗。第二年,乾隆帝任命大学士杨应琚出任云南总督。刘藻因忧惧而自杀。

这时,缅甸疫病流行,缅军死亡众多,只得撤回。杨应琚乘机收复了车里、孟艮等地。然而,他让胜利冲昏了头脑,以为缅军很好对付,上奏说明缅甸容易攻占。乾隆相信了他的鬼话。杨应琚传令缅甸,说自己统率精兵数十万,大军压境,若不投降,即刻挥军征讨。而缅甸派大军攻打木邦、景线,全部得手。又派水军逼近新街,清朝守将赵宏榜逃回虎踞关内。杨应琚得到警报,一时承受不住打击,精神失常。后来缅甸人假意要求停战,杨应琚的病也逐渐见好,并向皇上报告获得大胜。

杨应琚极力想与缅甸讲和,以掩盖自己谎报军情,但缅甸却不停地进兵。乾隆察觉到杨应琚在谎报军情，下令将其逮捕押送回京，不久命其自裁。

这一年，缅甸进犯暹罗（今泰国），攻占了国都，赶跑暹罗国王马邻达刺，留下部分驻军，大部队撤回缅甸。暹罗是隋唐时期的赤土国，后来分为暹国与罗斛两国。元朝初年，暹国经常入贡。元朝末年，罗斛逐渐强大，国王波罗吉吞并暹国，称"暹罗斛国"，建都于湄南河滨的犹地亚。明朝时，不断向中国进贡。洪武二年（1369），改国名为"暹罗"。康熙十二年（1673），暹罗国王接受清朝封号，不时派使臣向清廷进贡。暹罗一直是缅甸的邻国，曾被缅甸攻占，成为其附庸，后来又获得独立。到这时，暹罗国王不善治国，民怀二心，缅甸便乘机将其占领。

乾隆三十二年（1767）三月，乾隆帝命将军明瑞兼任云贵总督，前往永昌，接管对缅甸的军事。五月，明瑞抵达永昌。九月，明瑞先率兵一万七千，由宛顶向木邦进发；命参赞额尔景额率兵九千，从虎踞关向孟密进发。

当年十二月，明瑞到达木邦，缅甸守军望风而逃。明瑞留五千兵士把守木邦，乘胜渡过锡箔江，到达象孔后迷失方向，于是停止前进，等待孟密援军。而此时援军在老官屯被缅军包围。额尔景额忧愤而死，其弟额尔登额代他领兵，也是停止不前。明瑞望眼欲穿，援军一直不来，敌军却逐渐逼近。

第二年正月，明瑞开始向木邦撤退。行至小猛育时，听说留守木邦的军队已被敌军击溃，参赞珠鲁讷被杀，道台杨重英被俘。陷入进退两难的困境，明瑞深感绝望，畏罪自杀。部下万余人全部溃散，领队大臣观音保以下十数人也都自尽。消息传到京城，乾隆帝下令将额尔登额逮捕，押进京城，处以分尸之刑，同时将提督谭五格斩首。

当时，流亡中国的暹罗人郑昭，起兵为暹罗复仇，收复了犹地亚，驱逐了缅甸守军，在盘谷建立了新的国都。缅甸与暹罗不断交战，因而不想继续与中国为敌，便在乾隆三十三年四月送来公文求和。这时，副将军阿里衮已经到达前线，立即将缅甸求和之事上报，但乾隆帝没答应。六月中旬，参赞舒赫德、总督鄂宁上密折，主张招抚，被乾隆痛斥一顿。不久，副将军阿桂提议与暹罗结盟夹攻缅甸，后来也没有实现。

乾隆三十四年（1769）正月，乾隆命大学士傅恒前往云南经略军务。傅恒率领云南、四川、贵州的清兵共六万多名，从云南出发，到达戛鸠江。之后从猛拱、猛养行军两千多里，也没有看到缅兵。十月，清军渡过大金江，回到蛮暮。这次行动，连续走了一百七十多天，部队十分疲劳，却没打一仗。傅恒的威望急剧下降，自己也染上了病。不久，阿桂率领百艘战船到达，与敌船大战于江中，连连打败敌人。进攻老官屯敌营时，敌人坚守，久攻不克。敌人打开水门行船，运送粮草兵器，阿桂派战船越过栅栏，截击敌船。

十一月，敌方派人站在栅栏上递来缅文公函，请求在合适的地方支起帐篷，双方将军前去议和。这时，阿里衮病逝，傅恒久病，众将因兵士染上瘴气，每天都有死亡的，力主讲和。乾隆也批准进行和谈。于是，傅恒派使者要求缅军统帅眇旺模向清廷呈递归附表章，按时进贡，归还占领土司的地方等。使者话还没说完，眇旺模朝左边看了一眼，起身就走。此时，乾隆召傅恒回京的命令恰好到达，傅恒便停止和谈，回京不久就因忧虑、气恼而病逝。

乾隆三十五年（1770）正月，云贵总督彰保派守备苏尔相去缅甸和谈，催问以前和谈商定的上表、纳贡、返还土地三个条件，结果被缅甸扣留。乾隆闻讯大怒，又打算进兵。因从前阿桂是第一个提议讲和的，遂将他免职。恰在这时，金川叛乱，征缅甸之事便暂时搁置下来。

乾隆四十三年（1778），金川平定，乾隆派阿桂前往云南，会同云贵总督李侍尧，勘定中缅边境。因叛乱者有不少逃往缅甸，乾隆命阿桂与李侍尧巡视边防，增加兵力，为进攻做准备。接着，清廷向缅甸索要叛人。缅王孟驳闻讯十分恐慌，马上遣使奉表入贡，表示愿意献还俘虏，只请求开关互市。乾隆答应了缅王的要求，缅人放回一半叛人，苏尔相也放了回来。进兵的事情也就停了下来。

乾隆四十四年（1779），缅甸国王孟驳去世，缅甸屡次发生内乱。乾隆四十七年（1782），缅甸又被暹罗打败。暹罗国王法亚查克利向清廷进贡，又得到了清朝的封号。于是缅人更加害怕。乾隆五十三年（1788）九月，缅甸使臣细哈觉瓦等进京朝见乾隆帝。缅甸新王孟云慑于大清的军威，遣使奉金塔一座、驯象八头，以及宝石、番毡等物进贡，将叛人全部送回，并答应释放杨重英等。

杨重英被缅甸俘虏后，独自居住寺庙二十多年。缅人劝他投降，他不屈服；缅人想招他为婿，他也不答应。从前杨重英被俘时，缅人放回其两个随员。乾隆下令将两人在国境线上分尸处死，并指示云南总督，将来杨重英回来，也照此处理。到这时，听说杨重英坚贞不屈，乾隆怒气顿消，下令杨重英官复原职，并说其气节超过了苏武，还亲笔撰写《苏杨论》加以褒奖。只是杨重英没等入境，就死在了异国他乡。他的家属被关押了二十年，这时都予以无罪释放。

乾隆帝颁诏，封孟云为缅甸国王，并谕令暹罗不可与缅甸构兵。从此以后，缅甸和暹罗两国都臣服清朝，不敢轻易发动战争。

清朝与缅甸刀兵相见，最初旨在抵御其侵犯边境，无疑是正义的。但挫败缅军骚扰后，又调拨大军侵入缅甸，则使战争的性质发生了转变。而用兵四年，耗费大量财物，损失许多将士，给缅甸民众造成了灾难，也给中国百姓带来了痛苦。

大小金川已经平定，准噶尔部多年太平无事，缅甸和暹罗又都臣服，乾隆心里十分高兴。他与和珅等左右大臣不是下棋，就是喝酒。高兴的时候，他还与和珅一起微服出宫。一旦事机不密，为御史所知，就要叩头进谏一番，皇上也只是一笑置之。

七、征伐安南　安定西藏

安南即古代的交趾，在暹罗东部。明朝永乐年间，曾为中国所有，宣德三年（1428），黎利起兵独立，重新建立了大越国。嘉靖年间，莫登宿篡权，占据河内，称"北朝"；黎氏占据清华州，称"南朝"。从此，大越国分成南北朝。明万历年间，南朝大将郑松赶跑莫氏，收复了河内。而阮潢占据顺化，称广南王。于是，安南分成大越、广南两国。到康熙五年（1666），清朝封大越王黎维禧为安南国王。乾隆时，开始向清廷进贡。

乾隆三十八年（1773），广南土豪阮文岳与弟弟阮文惠、阮文虑起兵，推翻广南王，将广南分成三片。阮文岳占据中片，称大帝，把南片给了阮文虑，派阮文惠去吞并安南郑栋占据的北部三州。

乾隆五十三年（1788），阮文惠又出兵灭掉了安南。六月，广西地方官上报，说安南国王黎维祁被阮文惠所逼，携母亲、妻子及王族三百余人，在老臣阮辉宿保护下，从广西龙州附近进入中国。两广总督孙士毅得报上奏，乾隆帝认为黎氏政权是清朝藩属，进贡一百多年，有义务予以保护。于是，把黎氏家族逃亡来的人员安置在南宁。同时，又命云南提督乌大经率兵八千从蒙自出发，屯兵宣化镇，以示声援；孙士毅留兵两千守谅山，另派八千兵直捣河内。

孙士毅率军出境后,从谅山镇分兵前进,沿途受到安南百姓的欢迎。提督许世亨率八千人长驱直入,不到一个月,就收复了河内。十一月,孙士毅平定安南。乾隆帝下诏封黎维祁为安南国王,孙士毅奉旨宣布黎维祁为安南国王,传令广西巡抚孙永清将其家属送回。

河内收复的捷报传到朝廷后,乾隆已令孙士毅退兵。而此时,阮文惠却在顺化称帝,听说清军即将来攻,便遣使诈降。孙士毅信以为真,驻军河内等待,且因战胜而骄,未加守备。这天,军营里正在饮酒奏乐,庆贺元旦。夜里,忽然得到警报,说有许多阮兵打来。孙士毅仓促应战,黑暗中清兵自相攻杀踩踏。黎维祁带着家属首先抢渡富良江,进入中国境内,孙士毅随后也过了江。孙士毅下令毁掉浮桥阻滞追兵,结果南岸清兵从提督许世亨以下淹死五千余人。云南乌大经的部队,因有黎氏手下的黄文通做向导,才得以安全撤回。

乾隆五十四年(1789),孙士毅上奏自我弹劾,请求处分。乾隆帝命他回京,另派福康安接替其职务。

阮文惠占领安南以后,正赶上哥哥阮文岳与暹罗交战。阮文惠担心清朝再度派兵攻打,便改名"阮光平",派侄儿阮光显到中国,申述自家世守广南业已九代,与安南一直是敌国,没有君臣名分。乾隆帝也因黎维祁一再丢掉政权,认为是上天厌弃,不堪扶植;又鉴于前番军事失利,也无心再动干戈。于是要求阮光平第二年来京城庆祝乾隆生日,并为许世亨等在安南修庙奉祀。阮光平全部答应,乾隆帝赐予印鉴,封为安南国王。同时,命安南王黎维祁剃发易服,编入八旗为佐领。随后,阮光平亲至北京朝觐。乾隆帝见外国国王来朝,很是高兴,厚加赏赉,遣使护送回国。后来,阮光平数次派兵,帮助清廷剿捕海盗。

在出兵安南的同时，乾隆又派兵攻打廓尔喀。西藏南部喜马拉雅山的南麓，居住着许多部族，分建许多部落。其中尼泊尔部最强。后来分成三个部落，经常内讧。西边的廓尔喀乘机将其灭掉，称霸诸部落。乾隆五十三年（1788），后藏的班禅族人发生争夺遗产的事情，廓尔喀乘机出兵侵入。乾隆帝命四川总督鄂辉、成都将军成德，率军前往反击，以侍郎巴忠为监军。巴忠仗恃自己是皇帝近臣，不服鄂辉管辖，擅自派西藏地方官员与廓尔喀谈判，答应每年送银五千两，让其退兵。廓尔喀同意退兵，巴忠便向皇上报告了敌人投降的消息。

第二年，廓尔喀没有收到银子，又大举进兵，深入后藏。驻藏大臣保泰拥兵不救，还打算把班禅迁到前藏，但达赖喇嘛不同意。此时，乾隆才知道了后藏的事情，特别恼怒。当时，巴忠正随御驾在热河，见皇上发怒，畏罪投河而死。乾隆将鄂辉、成德、保泰三人撤职，还将保泰改名为"浮习浑"（满语"卑贱"之意）。

乾隆五十六年（1791）八月，廓尔喀侵略军进犯西藏，深入到日喀则，占领了札什伦布寺，将六世班禅遗留的金银财物、法器珍宝抢劫一空，并到处烧杀抢掠，使西藏僧俗遭受极大灾难。十一月，乾隆帝任命福康安为将军，海兰察、奎林为参赞，前往攻打。

乾隆五十七年（1792）三月，提升福康安为大将军。四月，福康安出兵，先派领队大臣成德、岱森从聂拉木进兵，派总兵诸神保驻扎绒辖，以防敌人抄后路，自己同海兰察率部与敌人首战擦木，再战玛尔辖，直达济龙。成德也从聂拉木转战前进。

六月，福康安从青海到达后藏，接连打败廓尔喀军，全部收复被占土地，然后分兵三路进入尼泊尔。敌人倾全国之兵在噶多溥迎战，福康安派海兰察出战，大败敌军，攻占木城、石哨所数十个，追击到雍雅山。敌人派使者求和，清军没有答应，继续前进，六战六捷。七月，福康安接连攻克噶勒拉、堆补木、特帕朗古桥、甲拉古拉、集木集等地七百多里。

清军所到之处，受到西藏百姓的支持和欢迎，达赖喇嘛还亲自带领僧俗人等协助作战。清军很快将廓尔喀侵略军逐出西藏，并越过喜马拉雅山，进入廓尔喀境内。

八月，福康安的部队到达热琐桥，距廓尔喀首都加德满都仅一天的路程。出兵以来势如破竹，福康安骄傲自大起来，他坐在小轿里，手摇羽扇，得意洋洋地指挥作战；清兵也都摘下弓箭，背着火枪休息。敌兵乘机攻来，清军大败，护军统领台斐英阿以下阵亡十余人。当时，福康安听说廓尔喀南邻披楞部与其有仇，就通知披楞部出兵夹击。廓尔喀担心南北受敌，再次派人求和，表示今后永不侵犯西藏，并归还掠夺的金银财宝。福康安已经吃了败仗，也见好就收，奏请皇上谕示。乾隆接受了廓尔喀的停战条件，命福康安撤兵返回西藏。

乾隆觉得西藏地方政府太腐朽，无力阻止外来侵略，行政体制也存在不少弊端，遂命福康安与达赖、班禅共定西藏善后章程。此即著名的《钦定西藏章程》。它成了中央政府为西藏地方政府制定的最高法律。它提高了驻藏大臣的权力，对防止西藏农奴主贵族搞分裂割据有重要意义；它密切了中原与西藏民众的关系，加强了清朝中央政府对西藏地区的管辖。乾隆帝为迅速击退廓尔喀的侵犯，为西藏问题的妥善解决感到十分高兴，特晋福康安为武英殿大学士，封为贝子。

乾隆以宗主国的大皇帝姿态，对安南内部事务横加干涉，甚至不惜出动军队，大肆征伐，给安南百姓造成了巨大创痛。出兵安南还加剧了清朝国内的矛盾，而战争的结局又不啻一场喜剧，阮文惠只是改了一个名字，便得以缔结和约，而乾隆也故作不知,乘机将黎维祁彻底赶下了台。于此也不难见出政治傀儡的可悲可鄙。乾隆对廓尔喀的侵略予以反击,对保护国土完整、安定西藏局势,都有积极意义。

综观西南边疆的战争,无一不暴露了清朝政治的腐朽,尤其是高级官吏的丑恶、军备的废弛,清王朝的统治的确已经走上了下坡路。

八、台湾起义 出兵镇压

康熙年间统一台湾后,清朝统治者对台湾百姓进行疯狂压迫和剥削。台湾土地肥沃、物产丰富,内地官僚都争着到那里去做官,以便进行搜刮。因此,台湾民众不断掀起武装起义。

对这种武装反抗的原因,乾隆帝十分清楚,他在上谕中明确指出:"台湾人之所以不断反抗,都是地方官贪墨所致。他们视台湾为利薮,不以冒险渡海为畏途,而以到台湾上任为美缺,任意侵剥百姓,以致敛怨殃民、扰累地方,遂使桀骜之徒有所借口。"乾隆的这段话,如实道出了台湾民众起义的原因,但他没有惩治那些贪官,反而对起义民众大加杀戮。

林爽文是台湾彰化百姓,住在县内大里杙庄,他聚众秘密结社,名为"天地会"(即三合会),已有数十年的历史。天地会得到民众的拥护和支持,入会者越来越多,官吏也不敢过问。

乾隆五十一年(1786)十一月,知府孙景燧得知,遂传令同知程峻、副将赫生额,及游击耿世文,率兵前去捕人。官兵不敢进村,在五里以外的土墩扎营,命村民将林爽文献出来,否则放火烧村。附近小村子很是害怕,林爽文乘百姓愤怒之机,召集众人连夜攻打兵营,清兵被全部消灭。第二天,林爽文乘胜攻下彰化,不久又攻占诸罗。孙景燧、王宗武、长庚、刘亨基、冯启宗等,全被杀死。林爽文自称"盟主大元帅"。凤山百姓庄大田也起义响应,与林爽文约好一同攻打府城。

林爽文起义的消息传来,乾隆帝无比震怒,命令台湾总兵柴大纪严厉镇压。但此时的台湾官兵已经腐败不堪,在起义军的进攻下迅速土崩瓦解,柴大纪只得困守台湾府城。

乾隆五十二年(1787)正月,林爽文、庄大田分水旱两路进攻台湾府城。柴大纪派郝壮猷率兵去南路,抵抗庄大田的起义军;自己则率军在盐埕桥抵抗,杀死起义军千余名。盐埕桥距府城五十里,是水陆交通要道,柴大纪亲自把守,起义军才不敢窥视府城。

乾隆帝命福建水师黄仕简、陆军提督任承恩,率军前往支援。黄仕简、任承恩过海到达台湾后,坐失战机,被林爽文打败。当时,柴大纪率领官兵和地方武装收复了彰化、凤山、诸罗、鹿仔港、竹堑等地,郝壮猷在南路对起义军也颇有杀伤,取得了胜利。乾隆得知情况后,将黄仕简、任承恩撤职,命提督常青为靖逆将军,前往台湾督师,亲自指挥部队;任命柴大纪、郝壮猷代理水、陆提督。乾隆又命闽浙总督李侍尧,调发粤兵三千、浙兵三千、驻防满兵一千,赴台助剿。三月,又任命蓝元枚为福建陆路提督,解除柴大纪代理提督职务,任命郝壮猷代理水师提督。

黄仕简在台湾时,曾传令柴大纪北上攻打诸罗、郝壮猷南下攻打凤山。柴大纪连战连胜,收复了诸罗;郝壮猷南下仅二十里就被义军挡住,五十天后才攻入凤山,却早就变成了空城。郝壮猷召集百姓回城恢复生产,起义军混杂在百姓里,官吏没有察觉,凤山城又告失守,游击郑嵩、延山全都战死,郝壮猷逃回府城。四月,乾隆任命常青督办台湾军事,福州将军恒瑞、陆路提督蓝元枚为参赞。不久,改任蓝元枚为水师提督,命柴大纪代理陆路提督,逮捕黄仕简、任承恩、郝壮猷等。郝壮猷被砍头,传首军中，以儆效尤。

柴大纪收复诸罗后，林爽文屡次分头来攻，柴大纪接连将其打退，杀死、俘虏义军数以千计。乾隆对此很满意，特地加以提拔，任命柴大纪为福建陆路提督兼台湾镇总兵。七月，又任命柴大纪为参赞，并赐予"壮健巴图鲁"勇号；因其在军中一切调度很符合实际，不久又加太子少保衔。

常青到台湾不久，蓝元枚就去世了。常青与恒瑞率军出南路，才出府城十里地，便与起义军相遇。常青见起义军漫山遍野而来，不知有多少人马，慌忙撤军退入城中。乾隆屡次遣人催问，常青只是一再请求增派援兵。在常青上奏请求援兵期间，义军有了喘息机会，逐步占领了许多村庄。当地百姓本来没有起义，也被逼迫着参与进来，不过十多天的时间，起义军猛然间增加到了十多万。林爽文指挥义军攻打诸罗。诸罗是府城北边的屏障，全赖柴大纪努力把守，才未被攻占。常青派兵支援柴大纪，兵士都不敢前进。恒瑞也夸大敌情，请皇上增兵六万。

常青本是和珅手下的人，又老又糊涂，困守台湾府城畏缩不前，吓得天天流泪，一再打算弃城逃跑，只是众将拦着没让他跑。于是，常青给和珅写了封密信，哀求其派别人代替自己。和珅乘请安的机会，把常青的请求报告了皇上。乾隆深知常青、恒瑞不可倚靠，便在八月任命大学士、陕甘总督福康安为将军，佩带钦差大臣官印，赶赴台湾，代替常青主持军务；任命内大臣海兰察为参赞大臣，普尔普、舒亮为领队大臣，一同前往。

林爽文屡次率大队人马攻打诸罗，志在必得；同时，又攻打盐水、鹿仔诸港口，以断绝往府城运粮的通道。柴大纪分兵决河堤、毁炮车，以四千守城士卒抵御十余万义军。官军屡次出奇兵抢夺义军粮草，粮食没有了，就以花生、地瓜、油糠充饥。福康安奉命支援台湾，却在途中逗留不前，请求增加兵员后再出发，乾隆帝严词拒绝。

柴大纪力守孤城，已过半年，到此时，义军势力更大了。乾隆曾下令命柴大纪率领军民撤出县城，但柴大纪却上奏说："诸罗是府城的屏障，诸罗失守，府城也就危险了。我已坚守府城半年，其间深挖沟、高筑墙，防守很坚固。一旦放弃县城，再收复就难了。城里城外百姓不下四万，我不忍心扔给敌人。只有固守待援一条路。"

乾隆帝看过奏章，流下了眼泪，对柴大纪大加奖赏，表彰备至。十一月，下令将诸罗改名"嘉义"，封柴大纪为一等义勇伯，世袭罔替；同时，命浙江巡抚赏赐其家属银万两。等到战事结束后，让他与福康安一起进京受赏。乾隆的诏书中有"大纪被围日久，心志益坚，勉励兵民，忍饥固守，惟知以国事民生为重。古之名将，何以加之"（《清史稿·柴大纪传》）等语。

福康安率军支援嘉义（即诸罗），听从海兰察的建议，表面上声言直奔大里杙，暗中却奔往县城。大里杙是起义军的根据地，存放着大量粮草辎重，林爽文生怕大里杙有失，遂分兵回救。实际上，海兰察只以少量兵力佯攻大里杙，而以主力前往嘉义。官军在仑仔桥与义军遭遇，海兰察奋勇杀入敌阵，连破义军，当天就到了嘉义县城。之后，又在牛稠山大败义军。嘉义的围困解除，林爽文等逃往斗六门固守。

乾隆帝闻报初战告捷，十分高兴，传旨嘉奖海兰察。福康安得知前锋得胜，自己也胆壮起来，率军兼程赶到嘉义城。福康安到达时，柴大纪率军出迎，见福康安手下兵士一个个饿得面无人色，疲惫不堪，不禁心生轻视之意，只向其请安，没有行跪拜礼。此时，柴大纪已受封伯爵，与福康安的地位相差无几，觉得已经无须再行跪拜之礼。然而，福康安对此却甚感不快，只是大庭广众之下不好反目，便佯为谦虚，让柴大纪和自己并马入城。

柴大纪也不推辞，跨马导入。按照清代的军制，下属迎接长官，要低三下四地替长官背箭袋，不得与长官并马前行。柴大纪这少许的失礼，却留下了祸患：福康安气量狭小，认为柴大纪不恭，暗下决心要伺机除掉他。

进入嘉义城后，福康安遣人密奏皇上，说柴大纪诡诈，奏报不实。乾隆未敢轻信，只认为柴大纪因屡次晋升，可能稍涉自满，对福康安失礼，遂被参劾。乾隆下谕，要福康安与柴大纪勠力同心，尽快把起义军镇压下去，不许以小事互相掣肘；倘若贻误军机，定要从严拿办。福康安却一连数次上奏，说柴大纪在台如何贪墨，如何残暴，对起义军又如何宽纵，这次起义就是柴大纪激成的。乾隆半信半疑，命闽浙总督李侍尧查奏。李侍尧惧怕福康安的威势，暗中与其勾结，奏称柴大纪酿成祸乱，在进剿起义军时还暗中掣肘。这一来，乾隆便信以为实。

乾隆帝命将柴大纪押解进京，亲自审讯。后来，柴大纪又被侍郎德成、侍卫额勒登保中伤。柴大纪到京城受审时，说德成在台湾时，连日审讯老实的百姓，逼他们证明自己贪污。乾隆却认为柴大纪这段供词是诬陷。

十二月，海兰察攻克斗六门、大里杙等地。林爽文逃入集集埔。海兰察乘胜攻克斗六门，进抵大里杙。此时，林爽文已带着家眷逃到集集埔。福康安命海兰察不必追赶，派人传令集集埔的土著居民，捉住林爽文献给清兵。因此之故，林爽文反而得到时间布置兵力，据险死守。

逃到集集埔后，林爽文沿着溪水岸边筑起石墙围子，长达数里。海兰察率军冒险翻过围墙，林爽文与数十亲信逃往箐谷。乾隆五十三年（1788）正月，海兰察追到老衢崎地方，林爽文等全部被俘。

海兰察捉住林爽文后，即挥军攻打牛庄的庄大田，一直追到最南边的琅桥。先派出水兵在前面截住，然后将山头围住，庄大田亦被俘，余党也全被镇压。至此，台湾平定。

台事平息后，福康安和海兰察都晋封公爵，柴大纪却被革职拿问，并在京城午门外处以腰斩。然而，乾隆对拥兵不救嘉义的恒瑞，先后违反法纪的常青、黄仕简、任承恩、普保吉等，却没有处以死刑，甚至还对有的人加以提拔。

乾隆对自己的武功很是得意，亲自撰写了《十全武功记》。乾隆五十七年（1792）十月，他命人建造碑亭，以满、汉、蒙、藏四种文字铭刻碑上。所谓"十全"，指两平准噶尔，定回部，两定大小金川，靖台湾，服缅甸、安南，两次降服廓尔喀，合计为十。他自诩为"十全老人"，镌刻了"十全老人之宝"的印玺。他凭借清初发展起来的国力，东征西讨，使清朝的国势在乾隆年间达到极盛。

然而，林爽文起义虽被镇压了下去，全国各地民众的反抗斗争却没有停止。正当乾隆陶醉于其所谓"十全武功"之时，规模更大、影响更深远的白莲教起义已然揭开序幕，在农民起义的打击下，清王朝的统治已经走上了衰落的道路。

九、天子偷情　恩遇外家

边疆用兵连传捷报，再加连年风调雨顺、海内升平，乾隆帝俨然感到自己是个太平天子。而他本人又喜欢舞文弄墨，也懂些声律诗韵，就不免弄出些风流韵事来。

康熙时曾修建畅春园，赐给当时还是藩王的雍亲王，后赐名"圆明园"。雍正即位后，对圆明园大加扩建，添了不少的楼台亭榭。乾隆即位后，踵事增华，扩大地盘，拨出库中大量白银，命工部督工修建。一时之间，集中了大批的能工巧匠，费了无数心血，在什么地方植树，什么地方栽花，某处凿池，某处叠石，点缀得优雅别致，不论春夏秋冬，都感到很是相宜。乾隆又责成各省督抚，搜集了无数的珍禽异卉、古鼎文彝，一齐陈列园中，供皇家人员玩赏。园工告成后，乾隆帝陪同太后到园中游玩。他还下了一道圣旨，自后妃以下，凡公主、宗室、命妇以及近属，皆准入园游玩。

时值春季，这一天风和日丽，乾隆帝护着皇太后，后妃、公主等在后随行，两旁迎驾的人统已站定，妇女个个打扮得花枝招展。其中一位命妇，容貌姣好，鬓插红花，娇艳动人。乾隆帝一见这美貌妇人，便心神飘荡，当着众人不便细问，只是呆呆地坐着。一会儿，只见富察皇后走到丽人跟前，称她为"嫂嫂"，这才恍然大悟：那丽人正是内务府大臣傅恒之妻。在随意闲游时，傅夫人跟在皇后后面，乾隆帝不时回头。傅夫人也有意无意地瞻仰御容。回宫之后，傅夫人的面容时常浮现在乾隆眼前，有时不免无精打采。

皇后寿辰那天，乾隆帝的精神忽然振奋起来——坤宁宫设宴，给皇后庆贺千秋节，傅夫人要进宫祝寿。他早早退朝，到坤宁宫入席，与傅夫人又是联诗、又是让酒。自此以后，傅夫人常常奉召入宫，陪皇后散心。日子一久，傅夫人也常留在宫里歇息。这期间，乾隆帝不时与傅夫人暗中寻欢作乐。宫女们心里明白，但谁敢声张？

时间长了，皇后渐渐悟出了其中蹊跷，但为顾全面子，又因傅夫人是自己的嫂子，不好说破，苦水只能咽在肚里，整日闷闷不乐，面容也一天天地憔悴起来。到了冬天，皇后的亲生儿子永琏，不幸患急病去世。永琏年仅八岁，又聪明又伶俐，深得父皇喜爱，原已写下密旨立为皇储。此时突然去世，皇后痛上加痛，直哭得死去活来。乾隆虽也十分伤心，但还得好言劝慰皇后，并答应再生儿子一定立为皇储。

过了几年，皇后果然又生下一子，取名永琮。此时，皇后才渐渐有了喜色，满心希望这个儿子以后能继承大统。不料两年后，永琮出天花，也夭折了。这次的打击比上一次更重，皇后只感到活着没什么趣味，整天郁闷不已。

为了给富察皇后解闷，乾隆帝下旨东巡，谒孔陵，祭泰山，游览了不少名胜。尽管景色宜人，但富察皇后总打不起精神来，时刻不忘死去的儿子。在巡游中，皇后受了些风寒，遂病了起来，随行御医无论怎样用药，总不见病情好转，反倒一天天加重。乾隆帝很是焦急，立命回銮，沿途又找山东的名医诊治，都无效验。刚到德州，皇后就去世了，时在乾隆十三年（1748）三月。

关于富察皇后之死，还有一种说法，认为是自杀。原来，富察皇后为人严肃，虽在旅途中，也不忘宫中的规矩。这天，乾隆帝在船上举行夜宴，皇后来到皇上的船上，为了一件事劝说皇帝，语气很重。当时皇帝已有些醉了，听后大怒，把皇后骂了一顿。皇后又羞又恼，离开皇上的船，在回自己的船上时跳河自尽。

乾隆帝与富察皇后十分恩爱，只为了傅夫人的事，才稍稍乖离。后来，两人的感情有所恢复，不想在旅途中半道沦亡。乾隆十分悲痛，扶棺大哭。回京后料理了丧事，赐谥曰"孝贤"，褒奖皇后的贤淑。富察氏身为皇后，平时却很节俭，穿衣从来不挂珠翠。后宫中人大都有用金银线缀成的荷包，她认为已属奢侈。她每年送给皇上的佩囊，只用鹿皮，意谓满洲兴起于关外，寓有不可忘本之意。因此，乾隆对这位皇后格外敬重。

富察皇后去世后，乾隆帝忆起她的许多好处，特颁谕旨说：乾隆九年时曾筑蚕坛，皇后亲自养蚕，带领后宫妃嫔行亲蚕礼。皇后用这些蚕丝制成的绸布做成御衣，供皇帝穿用，还供皇上赏赐臣下。如今宫里还残留着少许蚕茧，命收藏起来，传示永久，让子孙代代好生保护。他还下令为孝贤皇后立碑，并亲撰碑文，其中两句称："念百行以孝为先，而四德唯贤兼备。"从碑文可以看出，两人情爱甚笃。

因孝贤皇后早逝，乾隆帝对皇后母家格外恩遇。皇后的兄弟不是封侯、就是封伯，全家有十四人得到爵位。傅恒为国忠心耿耿，这时授为保和殿大学士，兼户部尚书。当时《清宫词》中有"外家恩泽古无伦"之句，就是为此。皇太后怕儿子悲伤过度，要为他续立皇后，乾隆以尚在丧期为托辞，皇太后也不便相强。

乾隆帝与傅夫人偷情，傅恒被蒙在鼓里。后来，傅夫人生下一子，满月时抱入宫中，请皇上赐名。乾隆看这孩子肥硕强壮，面容很像自己，十分宠爱，赐名"福康安"。福康安八岁时，乾隆就让他在御书房和皇子们一起读书。长大成人后，乾隆把御林军交给他统领。后人传言福康安的生身父亲正是乾隆，但其事无法详考。

富察皇后去世一年后，皇太后催促儿子续立新后。按照皇太后的意思，乾隆帝下诏册立娴贵妃那拉氏为皇贵妃，摄六宫事。孝贤皇后逝世两年，尚未册立正宫。因皇太后再三催促，尽管乾隆不甚乐意，还是下诏册立那拉氏为皇后。

因宫中事情不够惬意，乾隆常起烦恼。为了排忧解闷，就想着到别处去闲游。乾隆十五年（1750）春天，他奉皇太后巡游了五台山。这年秋天，又奉皇太后游览了嵩山。游玩归来，他觉得那些地方也没有什么，还不如圆明园的景致，所以就常到圆明园散心。他觉得北方的风光不再新鲜，就在乾隆十六年兴师动众，去到江南巡游。江南风光秀丽，乾隆后来又五次前往，故史载"乾隆六下江南"。其间，有的载之于野史笔记，有的口头流传于民间，留下了说不尽的轶闻佳话。

十、威柄独操　微行私访

乾隆帝虽然儒雅风流，但权柄从不稍假予人。自雍正以后，军机处就成了清廷的最高权力机构。乾隆每天早上都到军机处理政。夏天，他到军机处时天也就亮了；冬天到军机处时，也就是五更时分，天还不亮。

军机处一般有十几个人，每天晚上留一人值班，以备有急事，候皇上临时召见。又怕事情多一个人处理不了，每天还须有一人早到相助，当时称为"早班"。乾隆从寝宫出来，每过一道门，就放一声爆竹。听到爆竹声由远至近，军机处官员就知道皇上要来了。一般情况下，乾隆到军机处后，蜡烛还要点一寸多天才亮。军机处官员每五六天轮一个早班，尚感到很辛苦，皇上却天天如此。这使军机处官员不敢稍有懈怠。倘若边疆用兵，只要有军报送来，就是在半夜里，乾隆也要立即亲览，随时召军机处官员面授机宜。军机处官员按照口授拟好文字，再交给皇上过目。这中间往往需要一两个时辰，而乾隆则披衣等待。

乾隆帝对宦官的管理十分严厉，不许他们干预政事。有一个叫高云从的贴身宦官，跟皇上说了几句外廷臣僚的事，涉及朝廷事务，乾隆立命将其处死。乾隆后期宠信权奸和珅，而和珅很了解皇上的这种态度，所以对宦官的管理也很严。有一次，一个宦官在背后直呼某大臣的名字，和珅听到，勃然大怒，厉声喝道："他是朝廷辅臣，你们怎么能如此轻视！"立命责打五十大板，并令其向某大臣叩头谢罪。

鉴于明代宦官多通文墨，故而能够弄权，把明代政治搞得一塌糊涂，所以，乾隆帝一改旧制，将原来教习宦官读书识字的内书堂废掉，他说："太监职在供给使令，就使读书，不过教之略识字体，何必派选科目人员与之讲授，令其通晓文义乎？"（方濬师《蕉轩随录》卷十二）自乾隆三十四年（1769）以后，内宫便再也不派词臣教习宦官了。此外，还有一个禁止宦官弄权的措施，就是凡当差奏事的宦官，一律改姓"王"。如此一来，外廷官员难以分辨，也就避免了相互勾结。

　　清代的宦官由内务大臣管辖，不许宦官到外边胡作非为。乾隆二十二年（1757）四月，直隶总督方观成上奏弹劾巡检张若瀛，说他竟敢擅自杖责内监，是一种目无皇上的大不敬行为。乾隆览奏，不但没有准奏，反而斥责方观成不识大体。没过几天，那个被弹劾的张若瀛却连升七级。为了这事，乾隆特发一道谕旨：凡内监在外滋扰生事，准许外廷官员随时惩治。更有趣的是，有一个在御前听用的太监，乾隆直呼他为"秦赵高"。实际上，这个宦官并没干什么坏事，皇上之所以如此称呼，只是为了向他示警。正因为清前期对宦官管理较严，所以没有出现明代那样的宦官之祸。

　　乾隆帝喜欢微行私访，对民愤大的官员给予严惩，民望高的官员则加以破格提拔。在微行中发现人才，往往立时予以委用。湘潭县令杨瑞莲，就是他在微行中提拔起来的官员。

　　杨瑞莲是常州人，字写得很好，因在家乡郁郁不得志，便前往京师，受梁诗正推荐，在西清古鉴馆里做缮写官。八月十三，馆中人都去参加乡试，只有他留了下来。中午，一个身穿普通服装的人来到馆中，正是乾隆帝。得知别人都去参加乡试，乾隆问道："你怎么不去参加呢？"杨瑞莲说："恐怕内廷有传写事件，所以我留了下来。"乾隆又问了姓名，含笑而去。第二天，乾隆对梁诗正说："你的亲戚杨瑞莲很诚实，没有参加乡试很可惜，可以赏他个举人。"不久即委任为湘潭县令。后来，杨瑞莲得罪顶头上司，被参了一本。乾隆见了奏本，说："杨瑞莲是个老实人，我知道他。"将原奏掷还。

军机大臣于敏中才智过人,所拟诏旨多合上意。在军机处供职多年,卓有功勋,乾隆已准其入祀贤良祠。后来,于敏中跟内监打听"朱批"的内容,乾隆知道后,遂命他回家休养,接着赐给他一幅陀罗尼经被,撤销入祀贤良祠的资格,并引明代权奸严嵩相类比。陀罗尼经被是殡殓用物,又称"往生被",赐予此物,实际就是赐死。于敏中深明此意,不久便饮鸩自尽。

接受历史上外戚为乱的教训,乾隆帝对后宫的管理也很严格。皇后只能管理六宫之事,不得干预外廷政事。他还以史上有德行的后妃为例,作《宫训图》十二帧,每到年节就在后宫张挂,作为后妃学习的榜样。其中有"徐妃直谏""曹后重农""樊姬谏猎""马后练衣""西陵教蚕",等等。宫中举行宴会时,他还让后妃以《宫训图》里的人物为内容,联句赋诗。后妃母家虽不时得到赏赉,也不乏高官显宦,但都不敢过于弄权。

乾隆帝明白,自己是个守成之君,而守成之君大都没有创业君主那样的勤奋,甚至会出现败家子,从而断送江山。他常以祖上创业艰难来教育皇子,不仅要求诸皇子学文,而且要他们习武,不忘祖传的美德。乾隆元年正月,乾隆帝即命大学士鄂尔泰、张廷玉和朱轼等,给皇子们做老师,择日开学,命皇子们行拜师之礼。诸臣不敢受皇子之拜,以长揖代替。乾隆还亲自临场训诫,要师傅们"不妨过于严厉。从来设教之道,严有益而宽多损,将来皇子长成自知之也";并告谕皇子:"师傅所教,当听受无遗。"(《郎潜纪闻二笔》卷六)因家法严格,皇子们五鼓时都要到书房读书,其时天还似明未明,只有巡更人倚在柱子上养神。这样每天早起,师傅们都感到很辛苦,而这些皇家子弟却要天天如此。

乾隆三十一年(1766),乾隆帝召见十五阿哥永琰,看到十一阿哥永瑆送给他的扇子上题名"兄镜泉"(永瑆自取别号"镜泉居士"），遂将其训斥一顿："此盖师傅辈书生习气，以别号为美称，妄与取字，而不知其鄙俗可憎，且于蒙养之道，甚有关系。皇子读书，惟当讲求大义，期有裨于立身行己。至于寻章摘句，已为末务，矧以虚名相尚耶？"（《清高宗实录》卷之七百六十）他还让人写成谕旨，张挂在书房里，作为对皇子们的警诫。

读书之外，皇子们都要练习骑射，每年还要跟随父皇参加木兰秋狝。乾隆帝还不时亲临校场，让皇子皇孙们比试骑射。有一次，皇子皇孙依次骑马射箭，当时还是皇孙的道光帝旻宁才八岁，也用小弓一发中的，再发再中。乾隆非常高兴，说："你要能再射中一箭，就赏你件黄马褂。"第三箭果然又中。旻宁收起弓来，跪在皇祖父跟前。乾隆不解其意，问他要什么，他就是不说话。乾隆忽然醒悟，命给他穿上黄马褂。因他是小孩，仓促间没有小褂可穿，不得不用一件大褂把他裹了起来。乾隆看到这个皇孙如此机警，心里极为高兴。

十一、遗恨香妃　废黜皇后

乾隆帝是个风流天子，关于他的风流佳话，传闻最玄乎的莫过于香妃。

乾隆二十三年（1758），南疆发生了霍集占兄弟的叛乱，乾隆帝派兆惠等人前往镇压。第二年叛乱平息，兆惠俘获了霍集占的妃子。她身上生来就有一种异香，不用涂脂抹粉，便香气袭人，因而人称"香妃"。乾隆帝后宫虽说妃嫔成群，但却没有一个有这种天然香气的。兆惠俘获香妃后，为博取皇上的欢心，立即派人密折奏闻。乾隆闻报大喜，命其尽快送到京师。因路途遥远，怕长时间风霜跋涉有损香妃容颜，命兆惠派可靠的人好生护送，并谕示沿途地方官，要好生安排香妃一行的食宿起居。

香妃到京后，宫监将她引入内宫，拜见皇上，果然是玉容未近，芳气先来。这种芳气既不是花香，也不是粉香，而是一种奇芬异馥，沁人心脾。宫监让她到御座前行礼，她却全然不睬，只是泪眼汪汪，令人十分怜爱。乾隆帝念她生长在边远地区，不懂朝中礼仪，遂命不必苛求。按照乾隆的意思，宫监将香妃领入西苑居住。

一连数天，香妃神色泰然，似乎不知道有什么亡国之恨。只是皇上一来，她就面若冰霜，问话也是百问而不一答。乾隆回来后，满面愁容，和珅赶忙献殷勤，说道："从前豫亲王多铎南下，得了一个刘三秀，起初也很倔强，但后来还是好好地做了豫亲王的福晋，还恩爱得了不得。妇人家大都是这样，只要待她好，时间一长，她自然就会回心转意。"乾隆觉得和珅说得有理，就传话宫监，让他们对香妃好生照料，又派了几个能言善辩的宫女，天天陪香妃闲话，以好言劝喻。后来，香妃对前来劝她的宫女说，如果皇上逼她，她就用匕首自杀；甚至还说，她还不想白死，即使自杀，也要再杀一个抵得上前夫的人。

乾隆本人也不时到西苑小坐，希望时间一久，香妃对前夫的思念能够消失。每逢什么节日，香妃就暗暗地落泪。乾隆见此情状，便回来与和珅计议，以后香妃的饮食起居，完全按照本族传统习俗，吃清真蔬菜，穿回式衣服，另外选派本族妇女好生侍候。按照乾隆的命令，在西苑建筑回式房屋，还修建了礼拜堂，想以此取悦香妃。有时，乾隆还派人领着香妃到风光秀丽的地方去游玩。可以说，能想到的取悦办法都用上了，但香妃始终不肯屈从。

皇太后听说后，生怕香妃在深更半夜里刺杀了自己的儿子，便把皇帝召入内宫，对他说："这位妃子既然不肯屈服，你就不如杀了她，成全她的志向。要不然的话，就干脆把她放归乡里，还让她住在宫里干什么呢？"乾隆明知香妃志不可屈，但总舍不得杀掉，也不愿让她回乡。

这样过了几年，倒也无事。在冬至那天，乾隆去天坛举行圜丘大祀，皇太后趁机派人把香妃召入慈宁宫。香妃入宫后，皇太后命人给大门上了锁，即使皇帝来了也不得入内。皇太后把香妃召至跟前，说："你始终不肯屈从，那你到底想怎么着呢？"香妃答道："只愿一死！"皇太后见她说得很坚决，就说："那我今天就赐你一死，行吗？"香妃马上跪下叩头说："太后遂了我的这个志向，恩德比天地还大。"说着泪流满面。皇太后一时也感到非常难过，遂命人将香妃引入旁边的一间小屋，梁上系着细绳，让香妃自缢而死。

这时乾隆正在天坛大祭，忽听下人飞马来报，说香妃被皇太后锁在慈宁宫，生死不知。乾隆闻报大惊，大礼还未做完，即命驾仓促回宫。因宫门上锁无法进入，乾隆遂在宫门外大哭。过了一会宫门开启，皇太后命人领皇帝进入，此时香妃已经气绝。但她肤色仍像活着一样，脸上似乎还含着笑容。乾隆见状十分悲痛，命人置备棺木，以妃礼厚葬。

香妃被安葬在陶然亭东北角上，堆了一个大冢，冢前立有一块石碑，上面刻着"香冢"两个大字。在碑的阴面，刻着一首词：

浩浩愁，茫茫劫；短歌终，明月缺。郁郁佳城，中有碧血。　碧亦有时尽，血亦有时灭，一缕香魂无断绝。是耶，非耶？化为蝴蝶。

相传这首词是乾隆帝让一个翰林院编修写的，寄托了他终古遗恨的心思。自香妃死后，乾隆一直闷闷不乐，朝政也懒得处理，不久便激出一场大病来。幸赖御医们百般调护，身体才慢慢康复过来。

这时，偏偏皇三子永琪和十四子永璐接连病逝，更使乾隆帝痛上加痛，无论看到什么，都感到花凄月冷。大臣傅恒与和珅商议，劝皇上再去江南巡游。乾隆也正想出去解解闷，遂带着续立的那拉皇后去了江南。

在江南游玩期间，乾隆帝自然少不了干些寻花问柳的事情。这位续立的那拉皇后，本来就没得到什么恩遇，早已郁闷在胸，如今随皇帝南游，看到他在外边风流，自然气愤不过，免不了发生口角。乾隆本来就不稀罕那拉皇后，当然也没什么好话。那拉皇后一气之下，竟把头发剪了去。满俗最忌讳妇女剪发，这使乾隆十分恼怒，立命太监将其送回京师。皇太后本来比较喜欢那拉皇后，此时也无法回护。

乾隆帝回到京城后，要把皇后废掉。刑部侍郎觉罗阿永阿打算劝谏，但因母亲年高，犯了踌躇。老母亲对他说：只管去劝谏。阿永阿流着眼泪拜别老母，毅然上了一道劝皇上不要废黜皇后的奏折。乾隆阅后大怒，说："阿永阿是满洲人，又是近臣，怎么敢学汉人的恶习，为个人争名誉呢！"于是，命大臣们研究给阿永阿定罪。内阁学士陈宏谋、托庸吱吱唔唔，态度不明朗，唯独刑部尚书钱汝斌说："阿永阿有老母在家，尽忠不能尽孝。"乾隆斥责道："钱陈群在家中又老又有病，你是他的独生子，怎么不回家去尽孝？"于是，将阿永阿充军黑龙江，把钱汝斌撵回家去侍候老父亲。

乾隆帝最终还是将那拉皇后废黜为尼，居住在杭州一处寺院里。这位皇后不久去世，御史李玉明又上奏折，请求臣民为皇后服孝三年，因这道奏折，他也被充军伊犁。后来，阿永阿和李玉明相继死在了边疆。因废后时没有明旨，一个满人御史上疏，请仍以皇后礼安葬。乾隆不许，说她已是剃发之人，不能母仪天下，不能葬以厚礼，只能按照妃子的丧葬礼节办理。因此，这位那拉皇后的葬礼格外简单。当时就有不少人议论，一个陪伴皇上多年的皇后，葬礼竟然赶不上香妃的隆重。只是到了嘉庆五年（1800），才以皇后礼对那拉皇后重新安葬。

传闻毕竟是传闻，却又并非空穴来风。乾隆帝确实有一位来自西域的维吾尔族妃子，即容妃和卓氏；那拉皇后确实愤然剪了头发，但并未出家，而是抑郁而终。

十二、大兴土木　修建新园

万寿山古称"瓮山"，山下之湖名"瓮山泊"，明代譬之为杭州西湖，称为"西湖景"，引来不少文人墨客的登临，留下许多优美诗篇。由于这里山清水秀，每至盛夏，十里荷花，香气袭人。这样的佳景，不久就被皇帝看中而营造御苑。

清代在此造园最为集中，最著名的"三山五园"（万寿山清漪园，玉泉山静明园，香山静宜园、畅春园、圆明园）就在这里。其中的清漪园，即颐和园的前身，乾隆十九年（1764）建成。

早在乾隆九年（1744），作为皇帝长期居住的离宫御苑，圆明园扩建工程告一段落，乾隆帝写了一篇《圆明园后记》。文中夸耀这座园林规模如何宏伟，园景如何绮丽，誉之为"天宝地灵之区，帝王豫游之地无以逾此"，暗示自己不再另建新园，并且明白告诫"后世子孙必不舍此而重费民力以创设苑囿"。然而，事隔不久，另一座大型的皇家园林——"清漪园"，又在圆明园的西面破土动工了。

乾隆帝之所以甘冒自食其言的非议而兴建清漪园，足证此园有其不能不建的原因。也就是说，作为建园基地的西湖和瓮山，有着西北郊先已建成的皇家诸园所不具备的优越地貌条件。这个地貌条件，对于以享用园林之乐作为奢靡生活主要内容的乾隆而言，实在有着十分强烈的吸引力。

西北郊先已建成的诸园之中，圆明、畅春均为平地造园，虽然以写意的手法摹拟江南水乡的千姿百态而作集锦式的大幅度展开，但毕竟缺乏天然山水的基础，不能完全给人以身临其境的真实感受。香山静宜园是山地园。玉泉山静明园以山景而兼有小型水景之胜，但缺少开阔的水面。唯独西湖是西北郊最大的天然湖，它与瓮山所形成的北山南湖的地貌结构，不仅有良好的朝向，气度也十分开阔，加以适当改造，便可以成为天然山水园的理想建园基址。

其实，这番意思在清漪园动工时，乾隆为董邦达所绘《西湖图》的题诗中已经约略透露了出来。若干年后，他又在《万寿山清漪园记》中提到：”然而畅春以奉东朝，圆明以恒莅政，清漪、静明，一水可通……园虽成，过辰而往，逮午而返，未尝度昏，犹初志也。"就是说，清漪园离他居住的圆明园和皇太后居住的畅春园都很近，又介于圆明园与静明园之间，与后者有水路可通，往返十分方便。此四者若在规划上贯联起来，即能构成一个功能关系密切、景观又可以互为资借的整体——一个包含平地园、山地园、山水园多种形式的庞大园林集群，可谓"一园建成，全局皆活"。另外，圆明、畅春、静宜、静明诸园，都是在上一代基础上扩建而成，规划设计不免或多或少受到既定格局的限制。而瓮山西湖的原始地貌则可以完全按照本人的意图加以改造，园林的规划建设也能按照自己的想法，自始至终一气呵成。这两点，大概就是乾隆继圆明诸园建成之后，又在瓮山西湖兴建清漪园的真正原因。

既然自食其言而不惜耗费巨资另建新园，势必要寻找适当借口，以便杜绝朝野的清议。当时，正好有两件与瓮山西湖有关的事情，促成了乾隆建园愿望的实现。

第一件是建佛寺为母后祝寿。乾隆十六年（1751），适逢皇太后钮祜禄氏六十整寿，一向标榜"孝治天下"的乾隆帝，为庆祝母后寿辰，在头一年就选择瓮山圆静寺旧址兴建大型佛寺"大报恩延寿寺"。同年三月十三日发布上谕，改瓮山为"万寿山"。在佛寺建设的同时，万寿山南麓沿湖一带的厅、堂、亭、树、廊、桥等成片的园林建筑，已经做出设计估算，陆续破土动工。

第二件是西北部水系的整理。乾隆初年的北京西北郊，随着圆明、畅春等大小园林陆续建成，水量消耗与日俱增。当时，园林供水的来源，除流量较小的万泉庄水系外，主要依靠玉泉山汇经西湖之水。而后者正是供给北京大内宫廷的主要水源，也是沟通北京城与大运河之间的通惠河的上源。如果上源大量截流，则不仅宫廷用水不济，漕运也要受到影响。另外，明代以来西湖堤经常溃决，危害农田，威胁畅春园。为了彻底解决这些问题，乾隆十四年（1749）冬天，开始进行西北部规模最大的一次水系整理工程。工程的主要内容有两项：一是修整玉泉山、西山一带的泉眼和水道；二是疏浚、开拓西湖作为蓄水库，并建置相应的闸涵。

工程开始之前，乾隆帝曾派人详细考察通惠河的水源情况，并撰写了《麦庄桥记》。文中谈到，"水之伏脉者其流必长，亦如人之有蕴藉者其德业必广。……如京师之玉泉，汇而为西湖，引而为通惠，由是达直沽而放渤海。人但知其源出玉泉山……而不知其会西山诸泉之伏流，蓄极溢涌，至是始见，故其源不竭而流愈长。……盖西山、碧云、香山诸寺皆有名泉，其源甚壮，以数十计"。这就是说，西湖的水源除来自玉泉山泉眼之外，尚有西山的"伏流"可资利用，不能白白浪费掉。欲增加下游的供水量，势必要广开上源，为此，将西山一带的大小泉流全部集中起来，并利用石渡槽导引东流，与玉泉之水汇合，再经过输水干渠"玉河"而汇入西湖。水源增加后，作为蓄水库的西湖势必要开拓、疏浚，以便承纳更多的水量。这是整个工程中的重要环节，乾隆帝对此非常重视，因而把疏浚、开拓西湖的施工提前在乾隆十四年（1749）冬天农闲期间，雇用民工在不到两个月的时间里就完成了。

乾隆十五年（1750）三月十三日，乾隆帝在易名"万寿山"的同一份上谕中，正式宣布易西湖之名为"昆明湖"。

疏浚后的昆明湖，湖面往东拓展，直抵万寿山东南面的一条南北走向的旧堤。利用浚湖土方堆叠、改造万寿山东半部的山形，保留原东岸上的龙王庙，成为湖中的一个大岛——南湖岛。这条旧堤，原本是康熙时为防护地势较低的畅春园免受西湖水患泛滥而修筑的，以其在该园西部，故名为"西堤"。昆明湖往东拓展之后，就利用这条旧堤加固、改造而成为湖东岸的大堤，西堤便成了东堤，也便更名"东堤"。

在昆明湖的西北端，开凿河道往北延伸，绕经万寿山西麓，通过青龙桥，沿着元代白浮堰的引水故道，连接于北面的清河，这就是昆明湖水库的溢洪干渠。青龙桥下设闸门，以备霖雨季节湖水骤涨时提闸往北宣泄。此闸是至关重要的溢洪枢纽，乾隆称之为"昆明湖之尾闾"，由内务府委派官员专门管理。

与此同时，对"玉河"和"长河"这两条输水干渠，也分别加以疏浚。前者连接玉泉山和昆明湖，后者连接昆明湖和北京城，亦即元代开凿、明代沿用的那条故道。

在玉河以南，利用原来的零星小河泡，开凿成一个浅水湖，名之"养水湖"，作为聚蓄这一带的天然水之用。为把养水湖之水汇注于昆明湖，又在玉河西端开凿一条短渠与之连通，但养水湖地势略高于玉河，因而在短渠与玉河交接处建闸桥一座，以节制流量，稳定养水湖的水位。这样，玉河两岸又获灌溉之利，陆续开辟为稻田。

长河由于年久失修，多有淤塞之处。为了保证输水通畅、通航和附近的农田灌溉,专门设立"长河工程处",于乾隆十六年(1751)初步完成清挖河底、局部拓宽河道和整理泊岸的工程。

经过这一番规模浩大的整治,西北郊的水系形成了玉泉山—玉河—昆明湖—长河这样一个可以控制调节的供水系统。这个供水系统圆满解决了大运河上源的接济,提供了农田灌溉和园林用水,开辟了从西直门直达玉泉山的水上游览路线,同时也为清漪园的建设做了先期的地形整治。

在疏浚、开拓昆明湖的同时,按造园意图进行山水地形的整治,随着兴修大报恩延寿寺而展开了全面的园林建设,并根据其以水景取胜的特点而命名为"清漪"。乾隆十六年,"清漪园"的名字便正式公之于世。同年,建立管理机构并由朝廷颁发印信。

乾隆帝作为封建王朝的最高统治者,很懂得农田水利的重要性,况且西北郊一带的水田多属内务府所有,农事的丰歉直接关系到皇室的利益。他事先既把水利与建园结合起来,事后仍然经常关心昆明湖的水情,过问闸门的启闭,他的《御制诗》里曾多次提到过。

乾隆十九年(1754)闰四月初九,内务府大臣苏赫纳在奏请增加清漪园管理人员编制的奏折里,附有一个"副件"。副件按园内各管理地段,分别开列出这一年已建成和刚竣工的建筑名称。这是一份记录清漪园建筑情况的重要文件,以它为基础,参佐各项间接材料,可以初步考订乾隆时期清漪园内的建筑物和建筑群组共有一百零一处。除此之外,散在园内的零星值房、花房、库房以及园林小品、碑碣、摩崖石刻、小型桥梁等均未计入。

一百零一处建筑中,八十处建成于乾隆十五到十九年这四年间。乾隆二十年(1755)以后建成的只有二十一处,而且绝大部分在万寿山的后山。这个情况亦足以说明清漪园建设工程的计划性和一贯性。

十三、六下江南　巡游无度

乾隆帝一生多次外出巡游。他曾四次东巡，到达盛京（今辽宁沈阳），两次到曲阜祭孔，并巡游泰山，还曾漫游嵩山和洛水，但最著名的还是六次下江南。自乾隆十六年（1751）首次南巡后，他感到北国风光到底不如江南秀丽，后来或因郁闷，或因闲暇，又五次南巡。这种巡游既达到了游玩散心的目的，也了解了南方的民风民俗、政治情势，因而也有利于加强对南方的统治。

乾隆六年（1741）七月，乾隆帝陪皇太后到木兰围场狩猎，御史丛洞上章谏止，皇上没有听从。自此以后，每年七月，他都到那里去狩猎，直到九月或十一月才返回京城。

最初，乾隆帝听说苏州风景优美，就想南巡。派大学士讷亲去浙江查看道路，回京后报告说："苏州城外只有虎丘可称为名胜。其实也不过像个大坟堆罢了。城里街道临河，河道狭窄，运粪的船只拥挤，一到午后就臭不可闻，谈不上什么风景。"乾隆帝听后，打消了到苏州的念头。

乾隆十六年（1751）正月，乾隆首次南巡。当时也有几个大臣出班谏阻，却都被驳回。乾隆命大学士刘统勋代理朝政，史贻直总揽军务，自己陪皇太后去江南。和珅则迅速通知沿途各省督抚，赶修行宫，预备接驾。乾隆从宫里挑了几个妃嫔陪侍，外面尽是扈从，仪仗车马更是数不胜数。开路先锋自然是和珅。乾隆帝一行走到哪里，那里自督抚以下都要跪接。所有供奉都由和珅监管，沿途迎驾的督抚都要看其眼色行事，请求他代为周旋。这些地方官为了讨好和珅，私下大量馈赠财物，和珅则来者不拒、多多益善。因此，乾隆每南巡一次，和珅就发一次横财。

乾隆帝一行先到山东，由于以前就来游过，因而只在济南停留一天，便顺运河南下。到扬州后，扬州富绅汪如龙献上一个名叫"雪如"的歌妓。这歌妓不仅长得楚楚动人,唱得也很好,深受乾隆宠爱。汪如龙竟因此获赏二品顶戴,并准在御前当差。汪如龙自然是十分得意。接着,乾隆经镇江到南京,供应都十分繁盛。随后到苏州,各处园林无不尽情游览。有一天,乾隆一行人看到灵岩的梅树树干粗大,足够两个人合抱,叹赏不止。当时,内大臣博尔奔察在一旁,拔起腰刀做出砍树的架势,乾隆惊讶询问,他说:"我气它不长在圆明园,而叫皇上跋涉江湖,一路饱经风霜呀!"乾隆明白这是讽喻自己,心里许久老大不痛快。

从苏州由水道到杭州,地方官知道皇上性喜山水,便在西湖建起行宫,十分轩敞。乾隆觉得这里湖山果然秀美异常,凡名胜去处无不尽情游览。趁着游兴正浓,不是题诗,就是写碑。一时想不起华丽恰切的词句,就让左右的词臣代笔。他亲祭了钱塘江,渡江祭了禹陵,又回到观潮楼阅兵,到处都留下了御笔诗文。

乾隆帝登钟山,祭孝陵,泛游秦淮河,召试诸生,玩了一个多月,然后返回京师。

八月,保举经学(荐举人才方式之一,以精通经书而被荐做官)顾栋高被批准回故乡。顾栋高以贯通经学而受到推荐,但他拒绝接受保举。朝廷赏给他国子监司业官衔,地方官派人把他硬送进了京城。等到皇上找他谈话时,他以年纪大、身体多病为由拒不到职。乾隆批准,并说:"可怜你年纪大,身体不好,我同意你回故乡养老。等我将来南巡时,还可以见到你。"顾栋高说:"陛下还打算南巡吗?"听了这话,乾隆沉默不语,不久便打发顾栋高回乡了。

乾隆十四年(1749)十月,江西总督黄廷桂报告说,江西士绅、百姓都盼望皇上到江西来。乾隆听后特别高兴,并在奏章上作了批示,语气十分温和。黄廷桂接到批示,得意忘形,大肆张罗迎接皇上,对下属官员追得很紧,官员们都感到忍无可忍。

大学士孙嘉淦，雍正初年任检讨，曾给雍正帝上了一道奏折，谈了三件事，一是皇帝要与兄弟相亲爱，二是应停止花钱买官的制度，三是不要向西北出兵。因此，孙嘉淦直言敢谏名声满天下。到乾隆时，对他尤其倚重，凡他所言，乾隆帝无不采纳。于是，卢鲁生与刘时达伪造孙嘉淦的奏折，劝谏皇帝停止南巡。这道奏折长达万言，批评乾隆帝，攻击内阁大臣鄂尔泰、张廷玉等，广为流传。直到乾隆十六年（1751），云南总督硕色才把民间流传这道奏折的事情作了汇报。乾隆下令严厉追查，一年多才弄清真相，案件牵连到数千名文武官员，涉及的地方达七八个省。而孙嘉淦也因此惶惶不安，不久就因过度忧虑而去世了。

乾隆一般每年夏季四五月去热河避暑，并且打猎；八九月天气渐凉，才回京城。乾隆二十四年（1759）五月，乾隆驻跸木兰。为此，沿途建设避暑山庄七十二处景点，圈地数十里，栽种各样鲜花，分别建筑各式亭榭，共花了一亿多两银子。

乾隆二十六年（1761）十一月，皇太后七十寿辰，乾隆因为太后喜欢江南风景，便在万寿寺旁建筑房屋，全部仿造江南的式样，市场、街巷都有，长达数里，名之为"苏州街"，乾隆常陪着太后乘车往来游乐。又在同乐园内设买卖街，古玩店、旧衣服摊以及酒楼、茶馆无一不备，甚至挎小筐卖瓜子的也有。众大臣则进园子买东西，或者在酒楼饭铺聚餐。乾隆从买卖门前经过时，听到跑堂的叫菜，店小二报账，管账的打算盘，声音嘈杂，沸沸扬扬，不禁得意地笑了。另外，每逢腊月二十三祭灶时，坤宁宫正房里的炕上，摆着乐器，皇后先来，皇帝后到。乾隆自己敲鼓、拍板，唱《访贤曲》，参与祭灶的官员整整齐齐地站着聆听。乾隆唱罢，开始送灶王，然后回寝宫。这个仪式，直到嘉庆帝继位后才停止。

乾隆二十八年（1763）五月，乾隆陪太后到木兰围场打猎。

到承德时,一连下了十天雨,河水猛涨。乾隆想骑马过河,按察使三保一把拽住马缰,劝止皇上。乾隆回答说,满洲人古来就不怕劳苦,崇尚武功。三保说:"皇上是陪太后一起来的,皇上骑马过河,但不知太后靠什么过河呢?"乾隆听后,很受感动,立即掉转马头回去了。

乾隆三十年(1765)正月,乾隆陪太后南巡。闰二月,到了苏州、杭州,还想去浙东,便把侍郎齐召南叫来,问他天台、雁荡的风景如何。齐召南说自己没有游览过。乾隆说:"你老家在台州,为什么没到过那里?"齐召南答道:"山势崔嵬,溪流深险,臣有老母,孝子不敢登高山,不敢临深渊。因此没敢前去游览。"乾隆当时陪太后一起南巡,听了齐召南这番话,立即下令回去。

乾隆五十五年(1790)二月,乾隆帝东巡,到泰安,登泰山;到曲阜,拜谒孔庙、孔林。返程中路过涿州,有个和尚领着个小孩子迎接圣驾,说那孩子是皇上第四子履郡王永城的儿子,因履郡王次妃王氏嫉妒,小王子还是婴儿时就被撵出了王府。乾隆把小孩带回京城,与军机大臣一道询问。大臣们指出小孩是假冒的,便将和尚砍了头,把小孩发配到了伊犁。后来,大臣松筠上奏称,那小孩自称是皇帝之孙,欺骗百姓,因而连那孩子也砍了头。

乾隆五十七年(1792)三月,乾隆帝西巡,上五台山。五月,到木兰避暑。因为皇帝住的台麓寺北墙外未设哨兵,又没有打更的,负责保护皇上的诸王大臣全都受到严厉处分。九月,乾隆返回京城。

乾隆五十九年(1794)三月,乾隆帝去天津,赏给天津三万两银子,用作预备龙舟的花费。

十四、殃及百姓　趣传民间

康熙帝以视察黄河为名，六次南巡。到了乾隆帝，按照旧例，也南巡六次，此外还东巡七次，西巡五次。至于盛京、兴京，以及京城附近的天津、保定、热河、河南，更是不时前往，难以计数。大概在位六十年中，每年初春巡视东南，秋季到围场狩猎，几乎没有空过，禅位后的三年也是如此。外出所经郡县，虽然也减免租税，增加学生名额，优待老年人，召集秀才考试，然而地方上供张太多，百姓不堪其苦。当时，朝臣中也未尝没有谏阻的，或力劝尽快回京的，可只要有人进谏，马上便受严惩。

编修杭世骏在议论时事的奏折里，有"皇帝巡视所到之处，官吏一味奉承，流弊殃及百姓"的话，乾隆看后大怒，要下令将其处死，全靠侍郎观保劝说才予以赦免，赶回了故乡。

尹会一在江苏担任学政，期满回京上奏说："皇上两次南巡，百姓受苦，怨声载道。"乾隆在批示中，口气严厉地说："你说百姓受苦，你指出来谁受苦了？你说怨声载道，你指出来什么人发怨言？"结果，尹会一被处充军。

侍读学士纪昀，曾从容地说："东南财力匮乏，该想办法救济一下。"乾隆怒叱道："我因为你学问还好，才派你主持四库全书馆，实际上不过像养活个唱戏的罢了。你怎么敢妄谈国事呢！"

内阁学士尹壮图上奏说："总督、巡抚借口迎接皇帝，勒索属下官员，致使仓库亏空。"乾隆传令问道："是什么人在那里皱着眉头发感慨？"尹壮图回答："是小官吏怨总督、巡抚，小百姓怨知县、知州。"乾隆听后，稍稍消了点气，但仍然下令将尹壮图撤职。

自此以后，朝臣们个个三缄其口，没有再敢为民请命的了。

乾隆巡游无度，可谓劳民伤财，耗尽了国家的元气。等到最后，中国也就没有太平日子了。

乾隆帝六次到江南巡游，史称"乾隆六次下江南"，流传下来许多轶闻趣事，这里略记数件。

有一次南下时路过济宁，济宁知州颜希深擅自开仓发粟，下乡赈饥，反而耽误了供奉皇差。和珅大怒，立命提颜希深家属来问，山东巡抚也吓得屁滚尿流。颜母到后，说河工出了险，灾民纷纷来署，凄惨万状，未等报上司批文，自己擅作主张，要儿子立即开仓赈灾。本来让他快去快回，不料有所延误，耽误了接驾大礼。皇太后见她应对称旨，认为礼节虽亏，亦应赦宥。不久，颜希深慌慌张张赶来，吓得话都说不清楚。乾隆感到颜希深是个廉吏，自己因顺风，比原定日期提前了两天，虽供奉不周，但情有可原，何况皇太后已说了要赦免的话，所以就赦免了颜希深。颜母和儿子回去后，皇太后对乾隆说："这是个贤母，他这个儿子也是爱民的好官。"不久，颜希深即被提升为河南巡抚。

乾隆帝南巡时，好微服夜行。一天傍晚，他刚到一村村头，忽然下起雨来，衣服都淋湿了。他到一家门口，敲门求宿，这家人看他是不速之客，没让进。到另一家去叩门，那家有狗，狂叫不止，主人以为有贼，遂大喊捉贼。几个年轻人出来拳打脚踢，乾隆大呼救命。

这时走来一个白发老者，看乾隆仪表堂堂，不像盗贼，遂喝退少年，把他请到自己家里。乾隆谎称是山东人，姓秦名昆、字贡若，祖上都是读书人，有个表哥在江南开了间店铺，故来相投。老头听说他出身书香门第，顿生敬意，遂命家人杀鸡煮饭。老头有两个儿子，长子三十多，以务农为业；小儿子不到二十岁，长得很秀气，还读过几年书，乾隆很喜欢他。夜里，乾隆就与小儿子抵足而眠，听他讲了半夜乡间风俗。第二天，这家人再三挽留,乾隆颇受感动。临走送给老头一块白玉,老头不受,就送给了那个小儿子。过了两天,乾隆又到这家来,赐名小儿子叫"奇逢",并领他到京师就学。村里人听说那天晚上投宿的人是皇帝,几个曾经动手的年轻人怕被治罪,慌忙逃跑。乾隆没计较那几个年轻人,而奇逢后来却得了不小的官职。为这事,当时的人都说皇帝不忘小惠。

有一次,乾隆在江浙巡游,路两边站满了看热闹的百姓,人们听说圣驾要经过这里,都想瞻仰一下皇帝的仪容。有个人称乾隆为"皇帝老爷",扈从卫士认为大不敬,要把这人抓起来治罪。乾隆对这种称呼也感到很惊奇,就问身边的一个大臣。那位大臣回答说:"南方的百姓愚昧无知,不明大体,他们往往称呼天为'天老爷',称呼地为'地老爷',各种天地神灵,无不以'老爷'相称。"乾隆听后大笑,知道"皇帝老爷"这种称呼并无恶意,遂命卫士将那人放开。人们都称赞那位大臣回答得体。

乾隆到扬州时,有人跟他讲述明末忠臣史可法守扬州的事,他颇受感动,特赐史可法谥"忠正",并命在扬州梅花岭修建祠堂。不久,一个姓蒋的侍御史,访求到史可法的遗像和一封家书进献,乾隆遂题五言诗一首,命刻于祠堂壁间,以示奖恤遗忠。有人说:"史可法因抗清被豫王多铎所杀,这样褒奖是否相宜?"乾隆则说:"臣下各保其主,理应尽忠,虽兵败被杀,其节操足为后人楷模。"乾隆称赞史可法,实际上是为自己的臣下树立榜样。也正是为了这个目的,清初凡是降清的明朝旧臣,不论对清朝有多么大的功劳,乾隆都把他们列为"贰臣",命史官列入"贰臣传"。

在游览杭州金山寺时,乾隆见到苏东坡遗留的一条玉带,寺中僧人视为至宝。因年岁已久,玉带多处剥蚀。乾隆也很崇仰苏东坡,自己喜爱写诗,就颇受苏东坡的影响。他感到玉带损坏了太可惜,就命人到内府琢玉补上,并亲自题诗五首,以纪此事。寺中僧人早就想修补,但一直没有合适的玉块,如今皇帝赐玉相补,这条玉带越发显得珍贵无比。

十五、接见外使　维护主权

乾隆帝生当十八世纪,正是世界资本主义大发展的时代,也是殖民主义者在世界各地抢占殖民地的时期。中国是一个泱泱大国,拥有相当的抵御力量,殖民主义者还不敢轻易用武,但却极想打开中国大门,自由通商。同时,南海的一些小国陆续被殖民主义者侵占,一些尚未被侵占的小国感到形势危急,就想内附中国。

乾隆十八年(1753),位于菲律宾群岛西南端苏禄群岛上的苏禄国,因感到独立受到威胁,遣使劳独万查拉来华,请求内附。苏禄在明代就与中国建立了密切的关系,经常前来朝贡,其中一个国王还是在德州去世的,所以双方关系一直非常友好。乾隆接待了这位苏禄使臣,并赐宴款待。关于请求内附一事,乾隆下部议后颁旨,对苏禄国"输诚向化,良可嘉尚。所请将疆土人丁户口编入中国之处,部议毋庸赍送图籍,已有旨了"。这种态度与西方殖民者千方百计掠夺殖民地,形成了鲜明的对比。

康熙帝统一台湾后,开四榷关与外国通商,中外贸易一时呈现兴盛状态。乾隆初年,英国商人来华贸易的越来越多,他们与中国的行商勾结,经常干一些违反中国法律的事情。乾隆二十二年(1757)十一月十日,因英商洪任辉"屡次抗违禁令",乾隆传谕外国商人,以后只准在广州一口通商,禁止外商再往厦门、宁波等地。两年后,乾隆命臣僚制定了《防范外夷规条》,史称"防夷五事"。大体内容是:禁止外商在广州过冬;外商必须接受中国行商管束稽查;禁止外商雇用役使中国人;外商不得雇人传递信息；外商不得在广州自由出入，等等。同时，在广州设立保商制度，保商都由官府派遣，凡外来人员、船只、货物和纳税等事，都由保商担保，还规定金银、五谷、丝斤等物一律不得出洋。后世人们所谓清代的"闭关政策"，主要就是指乾隆所颁行的这些法令和措施。

乾隆二十四年（1759），英国大商人洪任辉径赴天津，打算"上京师申冤"，控告广州行商黎光华欠银五万两不还。直隶总督方观承在天津接待了洪任辉，并立即专折上报。乾隆帝因"事涉外夷，关系国体"，非常重视，马上派官员赴广州查验。他对中国行商借外国人的钱非常痛恨，同时，对外国商人竟然要来京告状也十分反感。事情查实后，广东海关提督李永标被革职，黎光华及与此有牵连的几个行商全部被抄家，用所抄家产偿还欠银。乾隆严令查找代洪任辉写呈状的人。后来查出是四川人刘亚匾所为，立命将其"明正典刑"，以"使内地棍徒，知所警惧"，也使外商"共识天朝威德"。对英商洪任辉本人，以"勾串内地奸民"，"希冀违例别通海口"的罪名，在澳门圈禁三年，期满逐回本国。

当时，英人在对华贸易中居于主导地位，贸易额也最大，广州的中国行商欠英商债款的事件时有发生。乾隆四十一年（1776），行商倪弘文赊欠英商货银，无以偿还。广东地方官奏闻，乾隆非常生气，但为"顾全中华大体"，特令广东督抚代为偿还。四十五年（1780），行商颜时英等因赊欠英商债款日久，利息滚算，数额越来越大，无力偿还。英国东印度公司为此专门派官员到广州强索，遂成为国家间的纠纷。广东地方官不敢擅作处置，便专折奏闻。乾隆为怕"贻笑外夷"，命广州海关先以关税代偿。

这种纠纷不断发生，乾隆颇为恼火，命广东地方官对外商严加管束。外商在中国发展贸易愈加困难。为了发展对中国的贸易，英国决定派高级使臣来华，这就出现了历史上有名的马戛尔尼来华事件。

乾隆五十八年（1793），以为乾隆帝祝寿为名，英王遣马戛尔尼出使中国。此人富有外交经验，曾出使过俄国，并在印度任过长官。为了显示英国文明程度高，所带贡品都经过精心选择，主要是天文、地理仪器、钟表、图像、军器、音乐、器用等物，共十九件，价值一万三千英镑。为显示马戛尔尼地位隆崇，除东印度公司派有两艘船以外，另派兵船一艘。在启程来华之前，东印度公司先期通知两广总督，由总督奏达朝廷。乾隆听说大英帝国遣使为自己祝寿，满心欢喜，传旨准英使由天津入京朝觐，以满足英人"航海向化之诚"，并命准备一些小船，以免在大船难以进港时延误时日。

马戛尔尼一行由广州经舟山，到达山东登州海面。当地官员上船迎接，并向英使宣读皇帝的谕旨。因为正值夏季，乾隆正在承德避暑山庄，马戛尔尼则表示愿意"敬赴山庄叩祝"。英使到天津时，乾隆特派直隶总督梁肯堂到天津照料，优加款待。在有关款待英使的谕旨中，乾隆说："一切款待，固不可踵事增华，但该贡使航海远来，初次观光上国……宜妥为照料，不可过于简略，致为远人所轻。"从谕旨中可以看出，乾隆帝对英使虽然予以优待，但仍视为"贡使"，仍以"天朝上国"自居。谕旨发出后，又怕臣下对英使"过为优待"，反而使英人"不知天朝体统尊严"，所以又发了一道更明确的谕旨，其中说："于应接款待之间，务宜加倍留心，不卑不亢，以符国体而示怀柔，此为最要。"

马戛尔尼八月初到热河，但关于觐见礼仪问题却颇费周折。乾隆要臣下导英使行"三跪九叩"礼，马戛尔尼认为不合英国礼俗，拒绝接受。乾隆因此大为不快，要臣下传谕英使，既然来中国，就要遵守中国法度和礼仪。他认为英使"妄自骄矜"，下令

"全减其供给"，实际上是向其施压，预示此次朝觐有夭折之势。最后达成折中办法，许英使跪一膝行礼。

农历八月初十正式觐见。马戛尔尼向乾隆呈递了表文，奉献了礼品。乾隆回赠英王的礼物也很多，对马戛尔尼本人也厚加赏赉，并颁给一道敕书。马戛尔尼在热河一个多月，但关于商务问题却一直未得表达。回北京后，马戛尔尼书面提出六项要求，主要内容是扩大贸易，增加通商港口，允许英人在广州居住，请占用一个小岛储存货物，允许传教士在各省传教。乾隆回复英王来书，先后颁予英使三道敕谕，断然拒绝了英人的要求。特别是对英人想占用中国岛屿之事，更是严词申谕："天朝尺土，俱归版籍，疆址森然。即岛屿沙洲，亦必画界封疆，各有专属。"乾隆在敕谕中反问，倘若别的国家纷纷效尤，也要中国赏给岛屿以住买卖之人，怎么都能答应他们的要求呢？

对英国殖民者的领土要求，乾隆如此严正回答，维护了中国的主权和尊严。马戛尔尼感到所求无望，遂于九月三日离京返国，颇有怨望。乾隆也意识到了这一点，派大臣松筠沿途伴送，意在弹压。马戛尔尼临走时表示，以后还要"另具表文，再来进献"，乾隆表示允准。英使这次来华，并未取得理想的结果。

乾隆年间，西方国家中除英国遣使来华外，其他不少国家也都曾遣使来华。乾隆十八年（1753），葡萄牙使臣巴哲格来中国。乾隆对葡使颇为优遇，特令沿途供应"量从丰厚，以示怀远之意"，还特派内务府郎中以及德国人钦天监监正一起到广州迎接。乾隆在回复葡使的敕谕中，除了表达友好的语言，有关通商诸事全未涉及。

乾隆六十年（1795），荷兰以祝贺乾隆御极六十周年为名，派德胜为正使来华。乾隆认为"此系好事"，特令广东地方官派人沿途护送，妥为照料。军机处官员验礼品后，颇嫌菲薄，认为均非贵重之物。乾隆未予计较，仍照常予以赏赐，还赐予使臣一个亲笔书写的"福"字。

十六、宠信和珅　朝政腐败

和珅是乾隆朝第一权臣，从后来查抄的财产来看，也是中国第一号大贪官。他之所以能骄横跋扈，自然是因深受皇帝宠信所致。但乾隆帝并不昏庸，而且非常老练刚毅，怎么可能对和珅的奸贪毫无觉察呢？更何况，即使不算和珅当侍卫小官的年月，仅从进入权力核心算起，和珅弄权亦有二十余年，如果说乾隆毫无觉察，那是不可能的。奇怪的是，他对和珅却一直宠信不衰，其中必有深刻原因。

原来，雍正帝有个妃子，长得十分娇艳美貌。那时，弘历是个年近二十的皇子，一次因事进宫，从妃子身边经过，她正在对镜梳发，弘历忽地从后面抱住她的头，双手捂住她的两眼。其实，弘历只想开个玩笑，说不上有什么不正的心术。这妃子刁钻，知道是弘历，一时惊慌，用梳子向后击去，正打在额头上，还留下了一点小伤痕。

第二天，弘历进宫去见母亲，皇后见他额头上有点伤痕，便问是怎么回事，弘历支支吾吾不想说，但经不住皇后再三盘问，就把事情的经过说了出来。皇后一听大怒，怀疑妃子调戏儿子，立命将其赐死。弘历十分惊慌，想坦白是自己的错，不能责怪妃子，但又不敢直说。踌躇了半天，也没想出好法。当他跑到妃子住处时，那妃子已经悬梁自尽。弘历非常悲痛，用手指在妃子颈上按上指印，默默地说："是我害了你，魂如有灵，等二十年以后再来与我相聚。"

乾隆中期，出身于满洲正红旗的和珅在銮仪卫当差役，给皇帝抬轿子，地位很低。有一天，乾隆帝到圆明园去闲逛，起初天气有些阴，不觉得炎热。但到了中午，云开日出，遍地阳光，顿感炎热起来，仓促间却找不到黄盖，原来是掌黄盖的忘了携带。乾隆问："是谁之过与？"侍卫们大都不知如何回答，有一个人却大声喊道："是典守者不能辞其责耳！"乾隆问是谁在说话，和珅随即跪倒叩头。乾隆见他唇红齿白，是个美貌少年，相貌又似曾相识，就问："你是何人？"和珅应道："奴才名叫和珅，是满洲官学生，现充銮仪卫差役。"乾隆只觉面熟，似乎在什么地方见过，一时又记不起来。

回宫之后，乾隆一直惦念着这件事，忽然想到和珅的面貌与那个妃子有些相似。于是密召和珅入宫，令其跪在跟前，反复端详，果然相似。再看和珅的颈上，也有一个痣，宛如手指印痕。就这样，乾隆认定和珅是那妃子的后身，倍加怜爱。和珅举止文雅，应答得体，而且颇通文墨，乾隆非常高兴，很快就提升他为宫中总管。

和珅骤升要职，自然十分感激，侍奉皇上十分尽心。乾隆常令和珅跟在身边，而和珅则有问必答、句句称旨。乾隆格外高兴，日益宠任，似乎少他不得。既然把和珅看成了那妃子的后身，在和珅身上多施恩德，就等于是对那妃子的报答。在这种心理的支配下，乾隆对和珅总是格外垂顾。

和珅升任户部侍郎后，大肆侵渔货财，很快就遭到御史们的弹劾，你一本、我一本，说他如何贪赃、如何欺君。但乾隆全当成了耳旁风，甚至还对和珅说："你我是一家人，你喜欢多要几个钱，也无妨。那些御史们说，就让他们说去。"得了皇上这话，和珅的胆子更大了。外廷臣僚见参劾不但无效，和珅与皇上反倒越发亲近，甚至晚上还陪皇上在御书房睡觉。这样一来，任凭和珅如何贪墨、如何弄权，也没人敢弹劾了。

和珅很快又升任军机大臣，在乾隆后期执政达二十余年，累官至文华殿大学士，封一等公。和珅的弟弟和琳，也迅速飞黄腾达，由生员升为兵部侍郎，不久又升为工部尚书，乾隆末年还曾代福康安为主帅。在外人眼里，和珅一家与皇上简直就是一家人，谁还敢再说半个不字？谁知还是有许多不怕死的人。

乾隆四十五年（1780）七月，御史钱沣揭发山东巡抚国泰、布政使于易简贪赃枉法，行为肮脏，亏空国库银两二百万。奏章送上之后，乾隆帝委派钱沣与和珅一起前往调查。钱沣知道国泰是和珅的心腹，便比和珅提前几天动身。走到良乡时，遇到和珅的仆人从山东回来，钱沣命随从搜查其身，结果得到国泰写给和珅的一封回信，信上说明已经借钱把国库的亏空补上，事情都已准备妥当，单等调查。钱沣立即向皇上作了报告。和珅知道阴谋败露，审讯国泰时，便不敢包庇，结果国泰和于易简均被赐自尽。自此，和珅对钱沣怀恨在心。

后来，钱沣发现和珅与阿桂不和，在军机处处理朝政时，不在一个房间办公。钱沣担心因此产生小集团，危害朝政，上奏请皇帝令和珅、阿桂认错、改过。于是，乾隆帝命由钱沣负责稽查军机处，并严厉斥责了和珅。如此一来，和珅更恨钱沣，经常找借口整治，不是使其劳累不堪，就是当众污辱，直弄得钱沣吃不好饭、穿不好衣，最终郁郁成病而死。

乾隆四十九年（1784）七月，和珅升任吏部尚书、协办大学士，晋封一等男爵。和珅更受皇上信用，可他既无学问又无德行，得志之后，专门以搜刮钱财、损公肥私为事。

和珅的家奴也狗仗人势，在京师横行霸道，以致人人侧目，但又敢怒不敢言。其中有个叫刘全的家奴，仗着主子的威势，四处勒索、受贿，家财万贯。乾隆五十一年（1786）五月，御史曹锡宝弹劾和珅，揭发其仆人刘全穿的衣服、坐的车马、住的房屋都违背了规定。当时，乾隆正在避暑山庄，曹锡宝一位当尚书的朋友得到这个消息，立即写了一封信，派人飞速送给和珅。和珅接信后，立刻将违反规定的事情全都纠正过来，消除了痕迹。等在京城的大臣奉皇上之命调查时，被指控犯违法违规的事情一件也没有发现。结果，曹锡宝反被定为欺君之罪，应降三级，乾隆特意令改为革职留任。曹锡宝痛恨自己被当尚书的朋友出卖，郁郁而终。

十七、和珅贪污　国库空虚

乾隆帝不仅放纵和珅，还宠用傅恒之子福康安，一时间，和珅在京内大肆贪污，福康安在京外骄横跋扈，督抚们以奢侈为习惯，致使国库空虚，到了乾隆晚期，国势衰微之像已经显露无疑。

乾隆五十六年（1791），内阁学士尹壮图请假回云南探亲，过了一段时间，乾隆想念他，召之回京，打算提升。尹壮图返京后，提出应整顿吏治，并抨击了和珅。他的奏章里有这么一句话："上下通同一气，势不容不结交权贵，以此作为护身符。这就是总督、巡抚们竭力巴结和珅，而官吏和百姓深受困扰的原因。"

和珅对此很是愤怒，请求皇上将尹壮图撤职治罪，乾隆没有答应。接着，和珅请皇上派尹壮图到各省去清查亏空情况，并让侍郎庆成监督。尹壮图每到一省，一举一动都受庆成掣肘，根本无法清查。而庆成却弹劾尹壮图说督抚亏空银两是假话。乾隆看罢庆成的奏章，特别生气，下令撤了尹壮图的职，并指示庆成将其押解回京，送入刑部监狱。

当初尹壮图起草奏章时，弟弟尹英图数次偷看，尹壮图笑着说："老弟不必替哥哥担心。哥哥的脑袋早就挂到闹市口了。老弟替哥哥孝敬老母以尽天年就可以了。"当时，尹壮图的母亲年过七十，住在原籍。

两淮盐运使柴桢，因挪用商人盐税二十二万两白银，被处死。在查抄账目时，上面记载有赠送"福大人"白银一千两，是送给福康安的。浙江巡抚福崧平时就为之不满，和珅便乘机指使其心腹盐运使戴全德，揭发这一千两银子是送给福崧的。乾隆下令将福崧押回京城审讯。福崧公开扬言，进京后见到皇上，就把和珅那些见不得人的事全都揭露出来。于是和珅暗中篡改口供，以激怒皇上。乾隆五十八年（1793）二月，乾隆在福崧进京途中下令赐死，福崧接到命令便自尽了。

和珅势盛时，朝臣都争相趋附，以能与和大人攀谈几句为荣，而他的一个邻居却不卑不亢，并不奉承。这个邻居姓陈，是个七品小官，人称"陈小官"。他从不到和大人家登门拜访，而和珅却常想跟他拉上关系，还要把陈小官的儿子纳为义子，陈小官婉言谢绝。和珅及其家人，常给陈家小儿子一些吃的东西或其他礼品，陈小官觉得这是比邻之谊，应予接受，过上一两天，陈小官便以加倍的礼品回赠和珅家的小孩。后来和珅被抄家赐死，陈小官却未受株连，人们都说他深谋远虑。

乾隆无论到哪里去，总要把和珅带在身边。后来，他把自己的第十个女儿和孝公主嫁给了和珅的儿子丰绅殷德。和孝公主最受父皇喜爱，乾隆出猎或微行时，经常带着和孝公主。和孝公主好穿男装，骑马射箭也是好样的，又伶牙俐齿，遇到父亲有什么烦心事，三言两语就能使之转愁为喜。乾隆把自己最喜爱的女儿嫁到和家，使和珅更加有恃无恐。有一次，他们同行市中，衣铺中里挂着一件大红呢夹衣，和孝公主很喜欢，说了一声"好"，和珅便立即买下来，花了二十八两银子，双手捧给和孝公主。乾隆微微一笑说："你又要和大人破费了。"和孝公主高兴，和珅比她还高兴。

直到乾隆晚年，和珅一直受宠不衰。乾隆六十年（1795），乾隆帝要禅位给儿子永琰，这使和珅大吃一惊，极力劝阻说：

"内禅的大礼,前史上虽有所闻,但也并没有多少荣誉。如今皇上精神矍铄,身体康健,再过一二十年禅位也不迟。皇上多在位一日,百姓也多感戴一天,我等奴才也愿皇上永远庇护。"话说得面面俱到,十分恳切。以前和珅怎么说,乾隆就怎么做,但这次却坚执不从。乾隆对他说:"我这次决心已定,不用再多说了。我和你有缘分,所以能这样长久相处。如果换成别人,恐怕就不许你这样了,以后你检点一些为好。"

然而,和珅并未收敛自己的行为,贪污、跋扈反而日甚一日,搜刮财富的急切劲儿,犹如时间来不及了一样。当时的总督、巡抚如王亶望、陈辉祖、郝硕等人,贪污累累,屡次大搞冤狱,全是因为和珅在朝内施压,使他们不得不贪污以"孝敬"。

嘉庆二年(1797)八月,大学士阿桂逝世。阿桂虽是领班军机大臣,位在和珅之上,但十多年来,经常奉旨到各省去治理河道、救济灾民、查办案件,没过什么清闲日子。因阿桂经常在外,和珅得以有机可乘,滥用权力,甚至各省的奏章,首先要将副本送给军机处,然后才能上报皇帝。和珅专权时间很长,吏治愈加腐败,终于酿成了白莲教造反。而他又随意谎报军情,并命各路统兵将帅虚报战绩,骗取奖赏,他自己也因此晋升为伯爵。同时,乘报销结账的机会,向各地官吏勒索重金,以致将帅们不得不克扣军饷。致使白莲教声势更大,几乎到了不可收拾的地步。

等到阿桂去世,和珅大权独揽,更加专横。京城内外的大小官吏,顺之则昌,逆之则亡,稍有触犯,立即遭到打击报复。两广总督朱珪是嘉庆帝的老师,当时,乾隆作为太上皇仍然训政,下令召朱珪进京任命为大学士。嘉庆为此写了一首诗,寄给朱珪,以表祝贺。和珅知道后,没等任命的圣旨下达,就将嘉庆写诗的事情报告了太上皇,并说这种做法是想买好,笼络大臣。乾隆听了,心里感到很不自在,瞧着大学士董诰说:"你在军机处和刑部干了很久,这件事按法律该怎么处置?"董诰一本正经地说:"圣明的君主不说过头的话。"乾隆一听,沉默不语。这件事虽然就此了结,但朱珪却被调到安徽当巡抚去了。

军机章京(负责军机处文书)吴熊光,平时就不中和珅的意。一天,太上皇召军机大臣,军机大臣不在,就召军机章京。吴熊光正好值班,太上皇与他谈话后,觉得很满意。这时,恰好和珅来到,太上皇就对和珅说:"吴熊光精明强干,可在军机大臣上行走。"和珅千方百计进行阻挠,太上皇没听。戴衢亨是和珅的心腹,和珅因此报告说:"戴衢亨是状元,又是学士,任命吴熊光,不如用戴衢亨。"太上皇说,"这又不是科举。"这样,和珅才起草任命吴熊光的命令。然而,吴熊光只做了六个月的军机大臣上行走,就被和珅中伤,调出军机处,去当直隶布政使。

嘉庆三年(1798)八月,和珅由伯爵晋封为公爵。原来,其时勒保在四川统军,设计骗白莲教首领王三槐投降,却以"生擒匪首"的名义上报。太上皇信以为真,特别高兴,下令晋升勒保及和珅为公爵。

和珅专横不法,某些行为像皇帝一样,可谓古今少见。他曾在密室里,戴上皇帝专用的朝珠,对着镜子走来走去,嘻嘻笑着,低声嘟囔着什么。

嘉庆帝的皇储身份尚未公布时,和珅就知道了。他提前把一柄如意献给嘉庆,表示自己的拥护之意。而从那天开始,嘉庆帝就特别讨厌和珅,只因为太上皇宠信,所以忍耐着没敢发作。

乾隆帝逝世那天,和珅总管一切,洋洋得意。第二天,御史广兴上奏揭发其罪恶。第三天,和珅就被撤了职,软禁起来。不久,宣布和珅二十大罪状,命其自裁。

和珅获罪被抄家,没收的财产共计银八亿多两。和珅当了二十年宰相,他的财产比国家二十年财政收入的一半还多。和珅的所有财产全被没收，因而当时人们说："和珅跌倒，嘉庆吃饱。"

从和珅的发迹到被处死，充分反映了清朝的腐朽。和珅本是一个微不足道的小人物，少才缺德，之所以平步青云，仅仅是因为得到乾隆帝的欢心。随着地位的提高、权力的加大，和珅的贪欲与专横也与日俱增，恶性膨胀。不仅把天下当成私产，把官员当成奴隶，甚至居然觊觎皇帝宝座。为了满足私欲，他不择手段，无所不用其极：残酷盘剥百姓，疯狂搜刮财富，狠毒陷害官吏。和珅是清朝、也是中国有史以来的最大贪官，封建专制制度培养出来的典型污吏。

十八、兴文字狱　拢汉士人

乾隆帝继承了康熙、雍正时的政策，对拥护清朝统治的汉族知识分子加意笼络。乾隆元年（1736）即开博学鸿词科，拉拢一批有名望的汉族文人到朝中做官；另一方面，对不那么顺从的知识分子则大兴文字狱，进行残酷迫害。

清代文字狱是从康熙时开始的，雍正时最为严酷，乾隆时仍旧照行，到乾隆末年才基本停止。绝大多数文字狱都是望文生义，捕风捉影，任意罗织罪名。康熙、雍正时，文字狱的主要打击对象是上层士大夫，乾隆时则主要打击下层知识分子。他们吟诗作文，往往莫名其妙地被曲解为反清复明，从而招来杀身灭族之祸。

胡中藻刻印了一本《坚磨生诗钞》，清廷认为这"坚磨"二字本身就用心不良，其中的一些诗句更有明显的反清倾向。例如，"又降一世夏秋冬"，被说成诬蔑清朝，大清盛世，远逾汉唐，怎么能说"又降一世"呢？"一把心肠论浊清"，把"浊"字放在"清"字前，是何用心？"天非开清泰"，大清朝四海升平、国泰民安，怎么不"清泰"？"老佛如今无病病，朝门闻说不开开。"乾隆对这句诗尤为反感,说是讥讽自己不上朝,他说:"我每天上朝听政,召见臣工,哪里有朝门不开的事呢?"徐述夔《一柱楼诗集》中有"明朝期振翮,一举去清都",被说成要恢复明朝、推翻大清。诗集中《咏正德杯》诗中有"大明天子重相见,且把壶儿搁半边",说"壶儿"就是骂清廷为"胡儿"。杭州卓长龄著有《忆鸣诗集》,"鸣"与"明"同音,即忆念明朝、图谋不轨,乾隆称卓氏一家"丧尽天良,灭绝天理"。

有的诗人因诗句被随意引申曲解而得罪。"发短何堪簪,厌此头上帻",被说成反对剃发;"布袍宽袖浩然巾",被说成反对清朝服制;"天地一江河,终古自倾泻",被说成希望天下大乱;有人感叹米价昂贵,写了一篇《吊时文》,被斥责为"生逢圣世,竟敢以吊时为题"。

有些字词几乎成了皇家的专用品,倘有人不慎误用,就会引来杀身之祸。山西人王尔扬给别人的父亲写墓志铭,用了"皇考"二字,被指斥为"擅用皇字,实属僭逆"。有人写了一篇《祝寿文》,其中有一句说"创大业于河南",说"创大业"就是想篡位做皇帝。大理寺卿尹嘉铨,因年过七十,自称"古稀老人",不料乾隆也自称"古稀老人",触犯了御名。这些人轻则被抄家,发边充军;重则被杀头,满门抄斩;已经去世的,还要焚骨扬灰。

有些人为清王朝统治者歌功颂德,只因拍马屁犯了忌讳,也惹来了杀身之祸。直隶的一个江湖医生智天豹,编了一本《万年历》,祝颂清朝国运长久,其中说,周朝只有八百年天下,大清国运比周朝更长。但这本《万年历》只编到乾隆五十七年,乾隆帝为此大怒,认为是在诅咒自己短命,实属罪大恶极,遂下旨将智天豹处了极刑。

哪里发生了文字狱案,那里的地方官就难免"失察"之罪，所以惩治起来宁严勿宽，株连的人似乎越多越好。即使这样，乾隆还经常责怪地方官判得太轻，有时便将督抚和州县官员一并治罪。于是，文人们大多不敢议论当代的社会问题，也不敢编写历史，而埋首于故纸堆中，去搞烦琐的考据。自乾隆时开始，考据学大盛，形成所谓"乾嘉考据学派"，这与清代的文字狱大有关系。

乾隆后期，由于阶级矛盾日益尖锐，各地民众纷纷起义，清王朝统治不稳，乾隆帝逐渐改变了以前的做法。他希望拉拢知识分子，共同对付下层民众的反抗。而官员们不察此意，仍在文字间苛求挑剔，受到了皇上的训斥。

乾隆四十七年（1782），高治清编《沧浪乡志》案发。原来，湖南巡抚李世杰签出书中许多所谓"悖逆不法字句"，其实都是望文生义、罗织罪名罢了。若在以前，作者可能就要受到严惩，这一次却不然，乾隆反而把李世杰臭骂一顿。他指出，李世杰签出的"德洋恩溥，运际升平"等语，乃系颂扬之词。他还训斥说："各省查办禁书，若俱如此吹毛求疵，谬加指摘，将使人何所措手足耶？办理地方事多，皆似此草率，漫不经心，何以胜封疆重任耶？"从此以后，其他官员也不敢在文字上苛求过甚了。

乾隆在大兴文字狱的同时，对汉族士人也采取了一系列的笼络政策。他集中一批文人，陆续编纂了一些大型图书，其中有《周易述义》《诗义折中》《春秋直解》《周官义疏》《仪礼义疏》《礼记义疏》等。又开"三通馆"，编纂了大型典志书《续通典》《续通志》《续文献通考》。最著名的，当然是开"四库全书馆"。

乾隆三十八年（1773），四库全书馆正式开馆，以著名文人纪昀为总纂官，历时十五年，编成了我国历史上最大的丛书——《四库全书》。参加编纂的文人有三百六十名，集中了当时大批名流学者，其中最著名的有纪昀、于敏中、金简、任大椿、戴震、朱筠、姚鼐、王念孙等。《四库全书》在我国文化史上占有重要地位，保存下来许多有价值的典籍。而正是在编辑这套书的同时，出于满洲贵族的狭隘和无知，对我国历代文化典籍进行了一次大规模的篡改和销毁。

乾隆三十九年（1774），乾隆在谕旨中指出：明末野史很多，一些文人在书中任意毁誉，其中必有诽谤本朝之言，正应趁此查办一番。凡属此类之书，都要一律销毁，"以正人心而厚风俗"。他还严令地方官府派人四处查访，将查出的禁书送往北京。四库全书馆就从采进本中检查禁书，然后呈送给皇上过目，经其批准将书销毁。乾隆下令销毁的书籍"将近三千余种，六万七千卷以上，种数几与四库现收书相埒"。像顾炎武、黄宗羲、黄道周、张煌言等人的著作，都在违禁之列。

乾隆帝把大批知名文人学者集中到京师，与其中的一些建立了密切来往。作为二十四史之一的《明史》，经康熙、雍正两朝的编纂，乾隆初年已基本完成。在刊印时，乾隆经常亲自校勘。明史馆的人员便有意在明显之处错写几个字，待皇上去改正。乾隆也为自己校出错字而高兴。但一经过目，那书也便成为"钦定"，其中一些有意写错而皇上未能校正的字，只好将错就错。现在《明史》清宫刻本常有错字，原因就在这里。

朱筠曾入四库馆，乾隆称赞他学问、文章殊过于人。于敏中说，朱筠书写速度太慢，他回答说："可以催促一下，但不要责备。"其中含有爱护的意思。朱筠闻知，对皇上非常感激。

著名考据学家戴震也进了四库馆。他校的第一部书是《水经注》，难度很大，但他校注得却非常精到。乾隆对他多次褒奖，并在卷首亲自题诗，表示慰劳和赞许。后来刻印此书时，乾隆派小太监去问："戴震尚在否？"当听说戴震已经去世，他叹息良久。

乾隆和这些著名文人常有诗文往来。他自己喜欢写诗，诗中也常用一些罕见的典故。他写好后，往往交给儒臣去注释。儒臣们往往查找许多书籍，仍然不得要领。乾隆对此也不加责怪，说："中国书多，有的典故你们知道，我不知道；有的我知道，你们不知道，并不奇怪。"

为表示自己注重文化，乾隆特命按宁波范氏天一阁的样式，建造七阁，以供藏书之用。在内廷斋额上，他亲题"知不足"三字。他不时在此与文人相聚，写诗作画，谈古论今。他常常赞赏范氏天一阁珍藏书籍之事，并多次向天一阁赐书。

与乾隆帝过从最密且民间传闻最多的文人，当推纪昀。纪昀进入仕途被一再擢升，任总宪三次，三次出任礼部尚书。纪昀去世后，乾隆还亲撰挽联，其词云："执笏无愧真宰相，盖棺犹是老书生。"

十九、恩威并施　驭臣有术

乾隆刚即位时，还是个二十多岁的青年。当时，朝臣以鄂尔泰和张廷玉为首，分为两大派。鄂、张都是先朝重臣，党羽甚多，臣僚们要么投在鄂尔泰门下，要么求张廷玉庇荫。两派明争暗斗、互相倾轧，连刚毅果断的雍正帝，处理起来都感到颇为棘手。因两人都有大功于国，所以雍正特许二人卒后配享太庙。太庙是满清皇室的祖庙，臣僚得到配享的待遇，为极高且罕见之荣宠。这两大派系朋党的存在，给乾隆提出了一个难题，如何妥善处理两派的关系，成为朝政能否正常运行的关键。

首先是威柄独操，不假大权予人。乾隆明确表示痛恨私立朋党，结党营私非正人君子所当为。同时，对两派臣僚一视同仁，有功即赏，无功即罚，决不稍予宽贷。要起用何人，不只询问一方，而是令各人直陈，同时还要征询他人意见。接受征询的人，都需质言直语，若发现故意掩盖或美化，轻则训斥，重则解职。于是，朝中虽有门户对立，但双方都兢兢业业地为朝廷尽力，任何一派都不敢骄横。在乾隆朝，这种门户对立不但没有明显影响朝政运行，有时反而促使双方都争相为国立功。

乾隆对臣下恩威并施，凡是为国立功者，可以立至公侯；凡是失职或贻误战机者，即使王公，亦立置重法。

在平定四川大小金川的叛乱中，身为大学士的满洲王公讷亲受命督师，因轻敌失败。乾隆不但不以祖上的功劳而宽宥，反而将康熙帝赐予其祖父遏必隆的腰刀取出，发往军前，令其自尽。很明显，这也是对讷亲的一种羞辱。同时，川陕总督张广泗因推诿贻误战机，尽管有人进言，说他在贵州平叛中立有大功，但乾隆仍旧毫不犹豫将其处死。军机大臣于敏中是元老重臣，也是当时的知名文人，只因跟内监打探皇上"朱批"的内容，亦被赐死。即使像张廷玉这样的重臣，乾隆也不容其有半点儿骄蹇。

张廷玉是《明史》总裁，自康熙至乾隆，历事三朝，居官五十年。乾隆即位时，他和鄂尔泰同为顾命大臣，乾隆特命进二等伯，赐号"勤宣"，并特发谕旨说："本朝文臣无爵至侯伯者，廷玉为例外。"（《清史稿·张廷玉传》）但张廷玉的爵位只能自有，不能世袭。因其年过七旬，乾隆特谕不必每早入朝，遇到刮风下雨或特别炎热的天气，都不必强入；因其年老体衰，上朝需人扶持，又特命其次子张若澄任职南书房，以便让他搀扶父亲。

乾隆十三年（1748），张廷玉以老乞休，乾隆帝说："你受两朝厚恩，先帝还有遗命，让你配享太庙，哪有从祀元臣归田终老的呢？""就以我对你十多年的眷待，你也不该说走的话。况且我还不忍让你离去，你怎么就忍心离我而去呢？"张廷玉确实年老多病，回答说："屡蒙上恩，不敢说走的话，希望能暂时让我回去，养好病再来效力朝廷。"乾隆这才答应请求，让他明年春天乘船回乡，并赋诗三首相送。张廷玉受此恩荣，第二天入谢，趁机说：雍正帝曾有遗命，让他配享太庙，请皇上说一句话，他就放心了。乾隆听他这么一说，心里颇不高兴，但还是勉强颁了手诏，重申雍正成命。第二天，张廷玉派儿子张若澄入谢。乾隆因张廷玉不亲自上朝谢恩，十分恼怒，立命削去伯爵，取消配享资格，交回历年颁赐诸物。张廷玉数年后去世，他又颁诏，仍遵先朝遗命，许其配享太庙。终有清一代，汉大臣配享太庙的，仅张廷玉一人。

对不遵守满族习俗的大臣，乾隆帝往往给予严厉惩处。乾隆十三年（1748），第一位皇后孝贤皇后去逝，锦州知府金文淳在百天内剃发，乾隆以为大不敬，下令处死。江南总督周学健在二十七日后剃发，其属下官员只有一人未剃。乾隆闻知，立命逮至刑部治罪。满人总督塞楞额随即上奏，谓湖南、湖北官员在二十七日后皆已剃发。因人数众多，下属官员免于惩治，但周学健和塞楞额均被解职，发往直隶筑城。封疆大吏被罚去做城工，可谓莫大羞辱。

闽浙总督伍拉纳贪污受贿，滥用酷刑，甚至将一个县令倒悬起来，强索贿赂。将军魁伦揭发后，乾隆立命将其槛解入京。巡抚浦霖既不能阻止，又不报告朝廷，亦命解职，拿来京师问罪。当时和珅擅权，曾接受伍拉纳大量贿赂，故多方营救。他故意让押解的人在路上迁延时日，希望时间一长，皇上怒气渐消，自己再劝谏一番，事情也许就完了。乾隆按路程计算日期，伍拉纳应该解到，却不见人来，随即命侍卫飞骑召入，在丰泽园廷讯，伍拉纳和浦霖皆被处以极刑。

臣下犯罪，乾隆帝立予严惩，毫不手软；臣下为国立功，立予升迁，不吝重爵，有的大臣因功高而连升数级。

出征将领凯旋，乾隆帝通常在紫光阁设宴慰劳。后来又命画工为功臣画像，挂在紫光阁里，以示荣宠。因平定准噶尔和南疆大小和卓的叛乱，功臣一百人画像入阁，其中以大学士傅恒为第一。平定大小金川，又绘功臣一百人画像入阁，以大学士阿桂为第一。第三次以平台湾功，绘功臣二十人画像入阁，阿桂虽未至军中，但画像仍为第一。第四次以击退廓尔喀进犯，绘功臣十人画像入阁，阿桂以自己未亲自参与战斗，恳让福康安为第一，自己列第二。乾隆年间，将领在外多能用事，战争都以胜利告终，这与乾隆不吝褒奖是有关系的。

吴湛山原本是个级别很低的小官，因功升至湖北按察司使。因廉洁有政声，乾隆闻知后，立即擢升为湖北巡抚，继而又调任直隶、陕西、福建等地为巡抚，时人谓"一岁九迁"，荣宠一时。吴湛山愈加努力，在任上兴利除弊，勇于任事，多有善举。在任福建巡抚时，他看到福建穷民偷渡台湾的很多，而当时海禁甚严，禁止穷民偷渡，许多人因此遭到刑戮。吴湛山为此毅然上疏，请求弛禁，使大批福建穷民免于因渡台受刑。其时台湾地广人稀，弛禁之后，福建穷民大批渡台，对台湾的开发起了很大推动作用。

乾隆很喜欢作诗，有时一天要写数首。他经常与大臣诗词赠答，借以联络感情，增进君臣情谊。他一生留下四万多首诗，其中一些确实为本人所作，但也有相当部分为他人代笔。他自己写好后，让太监把草稿拿出去，交给外廷大臣缮写一过，谓之"诗片"。他还经常为碑石撰文，草稿大都由臣僚代写，然后交他删改。像汪由敦和于敏中，都是经常代笔之人。乾隆是历史上留下诗作最多的人。

乾隆对臣下并不是经常板着面孔，有时显得非常随和，还经常开几句玩笑。乾隆三十一年（1766）会试，尹继善奉命为会试同考官。当时，尹继善还只是翰林院一般官员，乾隆开玩笑说：

"你可谓新妇生子了。"监试为刘松台,以前也未曾充任此职,故自称"似未字女"——未曾嫁人的姑娘,一时传为笑谑。尹继善为此还写了一首七言律诗,其中两句说:"杏苑悬弧典故新,每因生子意生身。"

相应地,一些大臣也借笑谑之语向皇上进谏。有一次,乾隆在避暑山庄游玩,对身边一个武臣说:"这里气候凉爽,真不愧为'避暑'山庄啊!"那武臣回答说:"您说这话还是与宫廷对比,宫廷高大宽敞,而城内民房都十分低矮,加以户户相挨,灶房一个连着一个,其炎热超过宫室数倍。所以民间有句谚语说:'皇帝山庄真避暑,百姓仍在真热河!'"乾隆听后十分懊恼,为此数天不见笑容。大家都为那位武臣捏了把汗,觉得他这个笑谑过分了些。但乾隆仔细一想,这话并非他个人编造,敢于直说,需要一定胆量,自己作为万民之主,正该体恤民情,所以并未治那武臣的罪。

二十、增设兵额　恶性循环

起初的时候,八旗兵额为二十万。入关时间一久,余丁(八旗兵家中没有当兵的成年男人)增多,不能当兵的闲散满洲人,甚至有穷困到不能养活老婆孩子的。

雍正帝对此心怀忧虑,很想尽快给这些人找个生财之道。没有好办法,就打算增加佐领数目,但兵饷又不够。于是研究设立教养兵,发给钱粮维持生活。

雍正二年(1724),选满洲、蒙古、汉军旗共四千八百人,当教养兵(后称"养育兵")。满洲、蒙古人每人每月发给三两银子,每年共需十七万二千二百两。满洲、蒙古、汉军每旗共六百名,其中满洲八旗每旗四百六十名,蒙古八旗每旗六十名,汉军八旗每旗八十名。汉军八十名充当步兵,发二两银子。在这个兵饷数额内通融处理，可增加四十名，汉军每旗可选一百二十名。教养兵都在参领下面计数选取。乾隆三年（1738），增设八旗养育兵员额，满洲、蒙古原设养育兵每二名出现一个缺额，共三名，比照汉军的规定，各给二两银子。满洲、蒙古旗下每佐领可增加十名，汉军旗每佐领可增加六名。

其后，养育兵逐年有所增加：乾隆四年（1739），设荆州驻防养育兵四十名；六年（1741），增加杀虎口至绥远城的兵额；七年（1742），增设荆州驻防养育兵四百名；十年（1745），设江宁驻防养育兵四百名。

乾隆十八年（1753），又规定每三名养育兵出现缺额就作为四名，另外再赏加一名，改为发给银一两五钱。当时，在原有养育兵一万五千一百二十四名之外，增加缺额五千四十四名，另外增加赏缺五千四十四名，总共二万五千二百十二名，发给饷银四十五万三千八百十六两。

乾隆二十九年（1764），设绥远城驻防养育兵四百名。又规定满洲、蒙古养育兵二万三百十五名，每年增加俸米一万六千一百多石。

乾隆四十七年（1782），增设绿营兵额。前此，各省七十一镇之中，绿营兵数虽然名义上是六十四万，其实常有缺额六七万。到乾隆四十六年（1781），增兵决定下达，武官除领俸银、马料外，另增加养廉银。一切赏赐花销另外支出。所有空额全要补满。这样一来，直隶增加兵额四千七百七十名，山东增加一千五百八十一名，山西增加二千五百九十五名，河南增加九百七十九名，江南增加五千零十一名，江西增加一千五百八十七名，福建增加四千七百五十六名，浙江增加三千零三十九名，湖北增加二千三百八十名，湖南增加二千五百八十八名，四川增加四千二百七十四名，陕西、甘肃两省增加一万二千七百三十名，广东增加五千七百七十四名，广西增加二千三百三十四名，云南增加五千四百六十名，贵州增加五千二百八十四名。这样，康熙朝以来绿营兵的缺额全部补满，一举增加兵员六万多。而每年新增兵饷近三百万两白银（绿营旧规定马兵每月饷银二两，步兵一两五钱，防守兵一两）。

清廷不断增加兵额，目的是保障八旗兵的家庭生活。八旗兵本来是兵农一体的，但清军入关后，八旗兵变成了纯战斗部队，不再从事生产，成为战争工具，也变成了寄生者。

由于兵额有限，八旗子弟不可能人人当兵。当兵者可以领钱粮，不当兵者没有钱粮，也就无以为生。八旗人丁日益增多，穷困者也与日俱增。八旗贫困化加剧，直接危及清王朝的统治。为了巩固统治，只得扩大兵额，以军饷养活八旗人丁。但国库银两毕竟有限，为了不使国库亏空，清廷一方面扩大兵额，一方面压缩兵饷。这样做，虽说可以控制军饷支出，但又妨碍了扩大兵额初始目的的实现，陷入扩兵、压饷的怪圈。

尽管陷入困境，乾隆帝仍不准八旗兵从事生产，认为为了维护统治，必须保持强大的正规武装力量。然而，统治是维护住了，八旗社会的矛盾却日益尖锐起来，贫富分化，多数人日渐贫困，又使社会增加了动荡不安的因素。

二十一、禅位嘉庆　无疾而终

乾隆帝在位的六十年间，无论文治还是武功，都有数端功绩可述，而且在位时间之长旷古罕见，他对此十分得意。

乾隆四十五年（1780），乾隆帝年满七十，自称"古稀老人"，并镌刻了"古稀天子之宝"；因五世同居，故又刻"五福五代堂古稀天子宝"。乾隆四十九年（1784），河南偃师县任天笃一家九世同居，乾隆闻知后非常感奋，认为是天下太平的象征，特赐诗致贺，并题写匾额，称任天笃为"人瑞"。

乾隆五十年（1785），为庆祝御极五十周年，乾隆帝特在宫廷举办"千叟宴"，邀请朝野一千名年过古稀者入宴，以粉饰升平。八十高龄时，他又镌刻了"八旬耄耋之宝"。他称在历代帝王中，自己年岁之高、在位时间之长为自古以来所未有。到乾隆末年，中国人口达到三亿多，也是自古以来所未有。乾隆帝觉得，这正是他统治下中国进入太平盛世的表现。

当年继位时，乾隆曾烧香祷告上天，立下心愿："若上天保佑，我能做六十年皇帝，一定传位皇子，归政退闲。"因次子永琏为皇后所生，人品也好，乾隆元年（1736）七月，遵照雍正初年的方式，他亲手写下皇储的名字，秘密放到乾清宫"正大光明"匾额的后面。岂料永琏在三年后夭亡，追封为"端慧太子"。后来，因第七子永琮亦为皇后所生，打算拟为储君，但其年纪尚小，便暂时打消了念头。不久永琮也夭亡了，赐谥曰"悼"。

到了乾隆三十八年（1773）冬至，乾隆帝到南郊祭祀，将皇十五子永琰（后改名"颙琰"）的名字敬告上天，同时默默祈祷："如果永琰不配当太子，请求上天惩罚他，叫他早些死掉，以便再挑选贤明之子立为太子，以继承祖宗的事业。"这天，还派永琰去盛京祭祀祖坟，其用意是请祖宗看看他是否够格当太子。

乾隆六十年（1795）的一天，乾隆帝把诸王大臣召入内廷，说准备把皇位传给太子，自己称"太上皇"。大臣们倒也不十分惊异，只是说皇上身体还很康健，禅位之事缓缓无妨。最吃惊的是和珅，他怕太子登基后自己要遭殃，故极力劝阻。乾隆执意不允，为此专门颁发谕旨，说明决心禅位的原因："我二十五岁即位，当时曾对天发誓，如能在位六十年，便将传位嗣子，不敢上同皇祖父六十一年的在位年数。现在初愿已偿，怎还敢再生奢望呢？现立皇十五子永琰为皇太子，命他嗣位。我自应随时训政，不劳你等忧虑。"遂确定第二年为嘉庆元年，命礼部制定禅位大典。因内禅为创例，清代没实行过，礼部只能参酌古制，定得冠冕堂皇，乾隆立批照行。

乾隆帝前后两次宣称，自己身体健康，耳不聋，眼不花，精力充沛，一天不感到疲倦，就一天不敢松懈。传位太子以后，凡军国大事以及用人及行政等重大问题，他仍要亲自过问，指教新皇帝，以便其将来知道有所遵循。至于朝廷内外大臣们的奏折、接见文武官吏以及其他一般事务，均由新皇帝出面处理，然后将结果报告自己就行。

十二月，乾隆帝下令：明年传位给太子后，再有写给自己的奏章，名头写"太上皇帝"；当面谈话时，称自己为"太上皇"。

嘉庆元年（1796）正月初一，传位大典举行。嘉庆帝陪着太上皇到奉先殿行礼。随后太上皇到太和殿，亲手把皇帝玉玺交给儿子，嘉庆跪着接下。太上皇接受大臣祝贺后，回了宁寿宫。嘉庆这才坐下来接受众臣的朝贺，然后把太上皇传位的诏书颁布天下，并分别进行赏赐。他还奉太上皇之命，册封正妃喜塔腊氏为皇后，侧妃钮祜禄氏为贵妃，刘佳氏为诚妃，侯佳氏为莹嫔。

不久，嘉庆帝陪太上皇在宁寿宫皇极殿举行千叟宴，赏给亲王、大臣、蒙古贝勒贝子、公、额驸、台吉年纪在七十岁以上的三千人，以及回部、朝鲜、安南、暹罗、廓尔喀使者宴席。一品大臣年龄在九十岁以上的，太上皇召到自己座位前面，亲手赏给酒喝；其余的人，则分别赏给诗、如意、绸缎、银牌等物品。

二月，嘉庆帝在乾清门开始处理朝政，驻跸圆明园时则在勤政殿；同时，开始听大臣们讲解经书。

三月，太上皇离京拜谒祖陵，并到南苑打猎七天。五月，太上皇到木兰狩猎。太上皇的这些活动，嘉庆都亲临陪同。

嘉庆二年（1797）二月，皇后喜塔腊氏去世。嘉庆帝发布谕令，要求在七天之内，圆明园里值班的诸王大臣以及晋见皇帝的官员，一律穿平常所穿的衣服，只是不挂朝珠即可。他认为礼节要服从尊长，太上皇还健在，有关皇后的丧事礼仪，便应一切从简。

和珅与福长安等近臣，每天都朝见太上皇。太上皇每次都详细询问嘉庆帝是否哀伤过度，在宫中穿什么衣服，等等。和珅对太上皇说："皇帝特别注意孝道，很能以礼控制自己的感情，没有过于悲伤。皇帝因为要侍候太上皇，凡事都要取个吉祥，不仅自己的衣着与平时一样，就连随从的太监也照旧穿平时的衣服。"太上皇听后，特别高兴。

嘉庆帝继位之年，所有事情仍由太上皇做主。和珅每天都在太上皇身边侍候，见太上皇老糊涂了，他更是作威作福，专权跋扈，一天甚似一天。嘉庆不但格外宽容，而且表面上还显得很亲近，称呼他"相公"而不直呼其名。每逢有事要向太上皇报告，均让和珅代为转达。左右有人不以为然，嘉庆对他们说："我正依靠相公治理天下，怎么可以轻慢他呢！"和珅又推荐自己的老师吴省兰给皇上抄录诗稿，借机观察动静。嘉庆猜透其用意，吟诗时有意不露棱角，和珅也就放下了心。

此外，嘉庆帝见大臣奏章中有抨击和珅的言语，奏章转发到军机处及六部时，就把官衔、姓名以及后面的日期全部裁掉；或者仅把需交军机处及六部处理的一段剪下来交给他们，不让任何人知道是谁在抨击。这自然是担心抨击和珅的人触怒太上皇，得罪和珅。

嘉庆四年（1799）正月，太上皇乾隆无疾而终，谥号"法天隆运至诚先觉体元立极敷文奋武钦明孝慈神圣纯皇帝"（简称"纯皇帝"），庙号"高宗"，葬裕陵（在今河北遵化马兰峪）。

乾隆帝颇为长寿，享年八十九岁。他又是执政最久的皇帝，做了六十年皇帝、三年太上皇。做皇帝时，他大权独揽；做太上皇时，他仍然把持朝政。乾隆帝一生做了不少富国强兵的好事，也干了许多祸国殃民的坏事。他既有所作为，又算得上奢靡荒淫。

乾隆晚年禅位嘉庆，自己退居太上皇，这种做法算得上明智。他对历代王朝的兴亡了然于胸，很重视学习历代帝王的经验、吸取他们的教训。他深知皇权交接之际，最容易引发动乱，而在争夺皇帝宝座的斗争中，无论谁胜谁败，受害的都是皇族。因此，他乘自己活着、仍能直接控制朝政的时候，把皇位交给选定的接班人，既可以避免争夺，又可以保证自己的治国主张得以延续。这无疑是一个不错办法。

嘉庆元年颁布时宪书（历书）时，嘉庆帝恳请仍用"乾隆"年号，太上皇不允，只许每年准备用"乾隆"纪年的时宪书百本，颁给内廷和亲近王大臣诸人；通行全国的时宪书，一律采用嘉庆年号。在宫廷里，有乾隆六十一年、六十二年、六十三年、六十四年的时宪书，世人视为珍本。

乾隆帝退位后称太上皇三年，嘉庆帝每遇军国重事，都要亲到内廷请他裁决。当时，由于社会矛盾激化，以湖北、四川为中心，爆发了全国性的白莲教起义，乾隆朝虽称"盛世"，留下的实际上是个烂摊子。

《清史稿·高宗本纪》

高宗本纪一

高宗法天隆运至诚先觉体元立极敷文奋武钦明孝慈神圣纯皇帝，讳弘历，世宗第四子，母孝圣宪皇后，康熙五十年八月十三日生于雍亲王府邸。隆准颀身，圣祖见而钟爱，令读书宫中，受学于庶吉士福敏，过目成诵。复学射于贝勒允禧，学火器于庄亲王允禄。木兰从狝，命侍卫引射熊。甫上马，熊突起。上控辔自若。圣祖御枪殪熊。入武帐，顾语温惠皇太妃曰："是命贵重，福将过予。"

雍正元年八月，世宗御乾清宫，密书上名，缄藏世祖所书正大光明匾额上。五年，娶孝贤皇后富察氏。十一年，封和硕宝亲王。时准噶尔役未竟，又有黔苗兵事，命上综理军机，谘决大计。

十三年八月丁亥，世宗不豫。时驻跸圆明园，上与和亲王弘昼朝夕谨侍。戊子，世宗疾大渐，召庄亲王允禄，果亲王允礼，大学士鄂尔泰、张廷玉，领侍卫内大臣丰盛额、讷亲，内大臣户部侍郎海望入受顾命。己丑，崩。王大臣请奉大行皇帝还宫。庄亲王允禄等启雍正元年立皇太子密封，宣诏即皇帝位。寻谕奉大行皇帝遗命，庄亲王允禄、果亲王允礼、鄂尔泰、张廷玉辅政，并令鄂尔泰复任，以鄂尔泰因病请假也。以遗命尊奉妃母为皇太后，复奉懿旨以上元妃为皇后。召大学士朱轼回京。命大学士嵇曾筠总理浙江海塘工，赵弘恩署江南河道总督。大行皇帝大殓，命以乾清宫南庑为倚庐。庚寅，命总理事务王大臣议行三年丧。命履郡王允祹暂管礼部事务。召张照回京，以张广泗总理苗疆事务，大学士迈柱署湖广总督。谕大将军查郎阿驻肃州，与刘于义同掌军务，北路大将军平郡王福彭坚守。饬扬威将军哈元生等剿抚苗疆。癸巳，颁大行皇帝遗诏。

九月丁酉朔，日食。高起、宪德俱罢，仍带尚书衔。以鄂尔泰总理兵部事，果亲王允礼总理刑部事，庄亲王允禄总理工部事，甘汝来为汉兵部尚书，傅鼐署满兵部尚书。己亥，上即位于太和殿，以明年为乾隆元年。庚子，定三年丧制，却群臣以日易月之请。命大学士朱轼协同总理事务王大臣办事。辛酉，召史贻直来京。壬寅，止进献方物。禁内廷行走僧人招摇。颁乾隆元年时宪书。铸乾隆通宝。遣官颁诏朝鲜。丙辰，赈甘肃兰州、平凉等处旱灾。丙午，命庆复往北路军营，代回福彭。手敕额驸策凌勿离军营。丁未，大行皇帝梓宫安奉雍和宫。戊申，上诣雍和宫行礼。自是日至乙卯以为常。己酉，赏庄亲王允禄、果亲王允礼双俸，鄂尔泰、张廷玉世袭一等轻车都尉，朱轼世袭骑都尉。庚戌，召杨名时来京。辛亥，命海望署户部尚书，傅鼐署刑部尚书。乙卯，上诣雍和宫行大祭礼。奉皇太后居永仁宫。是日，上移居养心殿。命廷臣轮班条奏，各举所知。戊午，赏李绂侍郎衔，命管户部三库事。己未，上诣雍和宫梓宫前行月祭礼。自是迄奉移，每月如之。再免民欠丁赋，并谕官吏侵蚀者亦免之。逮傅尔丹下狱。庚申，开乡会试恩科。免贵州被抚州县之额赋，未扰者停征。辛酉，上诣田村孝敬皇后梓宫前致祭。以本年乡试弊多，逮治考官顾祖镇、戴瀚。大学士马齐乞休，允之。癸亥，召署河东盐政孙家淦来京，以侍郎用。

冬十月丙寅朔，飨太庙，遣裕亲王广保代行。命副将军常德赴北路军营。丁卯，申禁各省贡献。以张广泗为征苗经略，扬威将军哈元生、副将军董芳以下俱听节制。庚午，命履郡王允祹管礼部，召原任尚书涂天相来京。辛未，以任兰枝为礼部尚书。壬申，免江南等省漕粮芦课及学租杂税。命治曾静、张熙罪。加左都御史福敏太子太保。以王大臣办事迟延疏纵，申谕严明振作，毋与用宽之意相左。调徐本为刑部尚书，涂天相为工部尚书。丙子，以刘勷为直隶河道总督。丁丑，起彭维新为左都御史。命徐本军机处行走。癸未，停诸王兼管部院事。甲申，授海望户部尚书。己丑，命来保署工部尚书，兼管内务府。癸巳，傅尔丹、岳钟琪、石云倬、马兰泰论斩。甲午，改讷亲、海望、徐本为协办总理事务，纳延泰行走，如班第等例。丰盛额、莽鹄立罢。庚子，张照下狱鞫治。壬寅，湖北忠峒等十五土司改土归流，分置一府五县，于恩施县建府治，名曰施南府，分设县治，名曰宣恩、来凤、咸丰、利川。乙巳，申谕荐举博学鸿词。丁未，上大行皇帝尊谥曰"敬天昌运建中表正文武英明宽仁信毅大孝至诚宪皇帝"，庙号世宗，次日颁诏覃恩有差。免四川巴县等旱灾额赋。戊申，召迈柱来京，以史贻直署湖广总督。庚戌，以孙嘉淦为左都御史。癸丑，命庆复为定边大将军，赴北路军营。命孙嘉淦仍兼管吏部。谕赦降苗罪。免贵州三年内耗羡。丙辰，上诣田村上孝敬宪皇后尊谥曰"孝敬恭和懿顺昭惠佑天翊圣宪皇后"，次日颁诏覃恩有差。改河东总督仍为河南巡抚，以傅德为之。丁巳，授钟保湖南巡抚，俞兆岳江西巡抚。命岱林布为右卫将军。己未，以平郡王福彭协办总理事务。董芳、元展成、德希寿褫职逮问，夺哈元生扬威将军，命经略张广泗兼贵州巡抚。癸亥，赏阿其那、塞思黑子孙红带，收入玉牒。甲子，以王大臣会刑部夹讯李禧、耿韬，命审讯大臣宜存大体。

十二月丙寅朔，以博第为吉林将军，吴礼布为黑龙江将军。复设川陕总督，裁四川总督。戊辰，赈安徽泗州、湖北潜江水灾。癸酉，免浙江、山东、福建、广东盐场欠课。戊寅，上皇太后徽号曰崇庆皇太后，次日颁诏覃恩有差。己卯，以准噶尔遣使请和，命喀尔喀札萨克等详议定界事宜。庚辰，调傅鼐为刑部尚书，仍兼管兵部。甲申，磔曾静、张熙于市。都统李禧以赃，尚书高起以欺罔，俱论斩。丙戌，命嵇曾筠兼管浙江巡抚。以高斌为江南河道总督。设归化城将军及副都统。辛卯，晋封讷亲一等公，世袭。

乾隆元年春正月丙申朔，上诣堂子行礼。至观德殿更素服，诣雍和门行礼毕，率诸王大臣诣慈宁宫行礼。御太和殿受朝，不作乐，不宣表。戊戌，命北路参赞大臣萨木哈回京。辛丑，祈谷于上帝，亲诣行礼。自是每年如之。癸卯，建京师先蚕坛。准噶尔台吉噶尔丹策零遣使贡方物。丁未，准噶尔贡使吹纳木喀入觐。召大将军庆复回京。命伊勒慎、阿成阿、哈岱为参赞大臣，协同额驸策凌办事，驻鄂尔坤。命都统王常、侍郎柏修往鄂尔坤勘屯田。丙辰，以顾琮署江苏巡抚。己未，署湖南永州镇总兵崔起潜妄劾鄂尔泰、张广泗，褫职逮治。南掌入贡。庚辰，上启跸谒陵。癸亥，上谒昭西陵、孝陵、孝东陵、景陵。赈台湾诸罗县地震灾民。赈甘肃固原、四川忠州等州县旱灾。

二月丙寅，上还京师。戊辰，祭大社、大稷，上亲诣行礼。自是每年如之。以补熙署漕运总督。甲戌，遣准噶尔来使归，诏以遵皇考谕旨，酌定疆界，赍示噶尔丹策零。乙卯，赐准噶尔台吉噶尔丹策零敕书，斥所请以哲尔格西喇呼鲁苏为界，及专令喀尔喀内徙。庚辰，命迈柱兼管工部。申饬陈奏谬妄之谢济世、李徽、陈世倌等。加杨名时礼部尚书衔，管国子监祭酒事。辛酉，朝鲜国王李昑遣使进香，赏赉如例。甲申，命改嵇曾筠为浙江总督，兼管两浙盐政。郝玉麟以闽浙总督专管福建事。戊子，定世宗山陵名曰泰陵。己丑，达赖喇嘛及贝勒颇罗鼐遣使贡方物。辛卯，以程元章为漕运总督。癸巳，尹继善奏克空稗、台雄等寨。张广泗奏克大小丹江等处。

三月庚子，释汪景琪、查嗣庭亲族回籍。乙巳，加上太祖尊谥曰"太祖承天广运圣德神功肇纪立极仁孝睿武端毅钦安弘文定业高皇帝"，孝慈皇后尊谥曰"孝慈昭宪敬顺仁徽懿德庆显承天辅圣高皇后"；太宗尊谥曰"太宗应天兴国弘德彰武宽温仁圣睿孝敬敏昭定隆道显功文皇帝"，孝端皇后尊谥曰"孝端正敬仁懿哲顺慈僖庄敏辅天协圣文皇后"，孝庄皇后尊谥曰"孝庄仁宣诚宪恭懿至德纯徽翊天启圣文皇后"；世祖尊谥曰"世祖体天隆运定统建极英睿钦文显武大德弘功至仁纯孝章皇帝",孝惠皇后尊谥曰"孝惠仁宪端懿慈淑恭安纯德顺天翼圣章皇后",孝康皇后尊谥曰"孝康慈和庄懿恭惠温穆端靖崇天育圣章皇后";圣祖尊谥曰"圣祖合天弘运文武睿哲恭俭宽裕孝敬诚信中和功德大成仁皇帝",孝诚皇后尊谥曰"孝诚恭肃正惠安和淑懿俪天襄圣仁皇后",孝昭皇后尊谥曰"孝昭静淑明惠正和安裕钦天顺圣仁皇后",孝恭皇后尊谥曰"孝恭宣惠温肃定裕慈纯赞天承圣仁皇后"。丁未,免四川凉山等处番民额赋。己酉,免肃州威鲁堡回民旧欠。庚戌,以固原提督樊廷为驻哈密总督。乙卯,免广东归善等四县加增渔税及通省逋赋。

夏四月丙寅,免江南阜宁等州县缓征漕粮。壬申,命王常、海澜为参赞大臣,协同额驸策凌办事。以高其倬为湖北巡抚,暂署湖南巡抚。戊寅,以王士俊为四川巡抚。辛巳,贵州提督哈元生褫职逮问。裁直隶副总河,以总督兼管河务。戊子,赐金德瑛等三百三十四名进士及第出身有差。壬辰,布鲁克巴部诺颜林沁齐垒喇布济至西藏请上安,并贡方物。

五月丁未,赈河南永城县水灾。壬子,命江南副总河移驻徐州。甲寅,免四川南溪等州县被风雹额赋。乙卯,朝鲜国王李昑表贺登极及尊崇皇太后,并进方物。乙巳,暹罗国王参立拍照广拍马嘘六坤司尤提雅菩挨表谢赐匾,并贡方物。庚辰,免甘肃伏羌等州县地震伤亡缺额丁银。

六月戊辰,赈江苏萧县等州县水灾。己巳,以庆复署吏部尚书,仍兼署户部事。癸酉,授张广泗贵州总督,兼管巡抚事。以尹继善为云南总督。

秋七月癸巳朔,以贵州流民多就食沅州,免沅州额赋。甲午,召总理事务王大臣九卿等,宣谕密书建储谕旨,收藏于乾清宫正大光明匾额上。己亥,免贵州通省本年额赋。辛丑,除古等处苗赋。甲辰，免崔起潜罪。丙午，赈江西安福水灾。辛亥，追谥明建文皇帝为"恭闵惠皇帝"。赈江南萧、砀等州县卫水灾。丁巳，赈甘肃陇西等州县水雹灾。戊午，调钟保为湖北巡抚，高其倬为湖南巡抚。赈湖北汉川等五州县卫水灾。癸酉，逮问王士俊，寻论斩。赈广东南海、潮阳等县水灾。

八月戊辰，祭大稷、大社，上亲诣行礼。自是每岁如之。准噶尔部人孟克来降。庚午，尚书傅鼐有罪免。乙卯，赈河南南阳等五县水灾。乙酉，赈喀喇沁饥。丁亥，兵部尚书通智免，以奉天将军那苏图代之。调博第为奉天将军。以吉尔党阿为宁古塔将军。赈陕西神木、府谷雹灾。辛卯，赈浙江兰溪等六县、江南溧水等二十四州县、湖北潜江等九州县卫水灾。

九月丙申，免张照、哈元生、董芳、元展成、德希寿贻误苗疆罪。丁酉，礼部尚书杨名时卒。戊戌，以庆复为刑部尚书，兼管吏部。命傅鼐暂署兵部尚书。庚子，停本年秋决。癸卯，赈浙江安吉等四县水灾。丙午，上临大学士朱轼第视疾。免江西安福水灾额赋。庚戌，大学士朱轼卒，上亲临赐奠。壬子，赈安徽宿州等二十州县卫水灾。致仕大学士陈元龙卒。乙卯，赈江苏萧县等三州县水灾。己未，御试博学鸿词一百七十六人于保和殿，授刘纶等官。赈江苏无锡等十三州卫水灾。准噶尔台吉车林等来降。

冬十月壬戌，以邵基为江苏巡抚。乙丑，除浙江仁和等州县水灾额赋。庚午，调岳濬为江西巡抚，以法敏为山东巡抚。辛未，上奉皇太后送世宗梓宫至泰陵。庚辰，上奉皇太后还京师。

十一月甲午，上始御乾清门听政。加稔曾筠太子太傅。命徐本为东阁大学士，仍兼管刑部。以孙嘉淦为刑部尚书，杨汝谷为左都御史。以额尔图为黑龙江将军。丙申，免云南楚雄等四府州县额赋。丁酉，赈安徽霍邱等三县卫、湖北汉川等十三县卫水灾。己酉，冬至，祀天于圜丘，上亲诣行礼。自是每年如之。己未，赈陕西定边雹灾，江南长洲等十二州县卫水灾。

十二月辛酉，赈巴林郡王等四旗旱灾。甲子，赈江苏娄、溧水等十三州县水灾。乙丑，改江南寿春协为镇，设总兵。己巳，免陕西府谷、神木本年雹灾额赋。移南河副总河驻徐州。丁丑，免安徽泗州卫屯田、长芦、广云灶地水灾额赋。丁亥，岱林布改江宁将军。以王常为建威将军，雅尔图为参赞大臣。免两淮莞渎等三场水灾额赋。

是岁，朝鲜、南掌、暹罗、安南来贡。

二年春正月庚寅朔，免朝贺。庚子，召赵弘恩来京。以庆复为两江总督。调那苏图为刑部尚书。以讷亲为兵部尚书。乙巳，以杨超曾为广西巡抚。丙午，释王士俊。戊子，李卫劾治诚亲王府护卫嘱托。上嘉之，赏四团龙褂。

二月丙寅，安南国王黎维祐卒，嗣子黎维祎遣使告哀，并贡方物。癸酉，赈江苏高邮水灾。戊寅，遣翰林院侍读嵩寿、修撰陈倓册封黎维祎为安南国王。庚辰，孝敬宪皇后发引，上奉皇太后送至泰陵。

三月庚寅，葬世宗于泰陵，孝敬宪皇后祔。壬辰，上还京师。癸巳，世宗宪皇帝、孝敬宪皇后升祔太庙，颁诏覃恩有差。辛丑，命保德等颁升祔诏于朝鲜。甲辰，涂天相罢。以赵弘恩为工部尚书。以顾琮协办吏部尚书。戊申，命翰林、科道轮进经史奏议。庚戌，移右卫将军驻归化新城，增副都统二。辛亥，调硕色为四川巡抚。壬子，调杨永斌为湖北巡抚。

四月甲子，以旱命刑部清理庶狱。乙卯，训饬建言诸臣。己巳，疏浚清口并江南运河。赈江苏江宁、常州二府旱灾。甲戌，祀天于圜丘，奉世宗配飨，次日颁诏覃恩有差。是日，雨。释傅尔丹、陈泰、岳钟琪。丙子，免顺天直隶额赋。己卯，召尹继善来京。以张允随署云南总督。甲申，免湖北汉川等五州县卫水灾额赋。南掌入贡。丁亥，免江苏萧、砀二县水灾额赋。

五月壬辰，赐于敏中等三百二十四人进士及第出身有差。癸巳，免湖北荆州、安陆二府水灾额赋。乙未，赈河南南阳等十二州县水灾。戊戌，御试翰林、詹事等官，擢陈大受等三员为一等，余各升黜有差。准本年新进士条奏地方利弊。戊申，免山东正项钱粮一百万两。辛亥，祭地于方泽，奉世宗配飨。除广东开建、恩平二县米税。乙卯，除湖南永州等处额外税。免安徽宿州水灾额赋。免浙江仁和等四州县水灾额赋。赈陕西商南、肤施等县雹灾。甲戌，以御门听政，澍雨优渥，赐执事诸臣纱匹有差。辛酉，命直隶试行区田法。戊戌，赈安徽石埭等六州县水灾。

秋七月戊子，以永定河决，遣侍卫策楞等分赴卢沟桥、良乡抚恤灾民。癸卯，命侍卫松福等往文安、霸州等处抚恤灾民。乙未，命顾琮勘永定河冲决各工。丙申，赈山东德平、阳谷等州县旱雹各灾。壬寅，赈顺直宛平、清苑等八十一州县卫旱灾。御试续到博学鸿词于体仁阁，授万松龄等官。丙辰，命各省蠲免额赋，已输者抵作次年正赋，著为令。赈安徽黟县等十四州县水灾。

八月丁巳朔，赈陕西安塞等三县雹灾。湖南城步县瑶匪平。赈抚甘肃平番等四县旱灾。命巡漕御史四员分驻淮安、济宁、天津、通州。甲戌，命鄂尔泰详勘直隶河道水利。丙子，以顾琮署直隶河道总督。丁丑，免江苏砀山水灾未完额赋十分之七。壬午，复设贵州威宁镇总兵官。筑浙江鱼鳞大石海塘。免山东历城等二十八州县卫本年旱灾额赋。甲申，赈甘肃会宁旱灾，福建霞浦等州县水灾。

九月辛卯，调北路参赞大臣哈岱回京，以玛尼代之。乙未，准噶尔回民米尔哈书尔来降。乙未，以杨永斌为江苏巡抚。己亥，赈福建闽县等沿海风灾。甲辰，训饬科道毋挟私言事。召史贻直入都。以德沛为湖广总督，元展成为甘肃巡抚。赈山西兴县等十二州县旱灾。辛亥，赈甘肃宁夏县水灾。癸丑，免云南宁州上年夏税。乙卯，以那苏图署兵部尚书。

闰九月癸亥，免河南西华等四县本年水灾额赋。丁卯，以尹继善为刑部尚书，兼办兵部事。调庆复为云南总督。以那苏图为两江总督。甲戌，赈长芦、芦台等场水灾灶户。除江西袁州、饶州二府杂税。丙子，马兰峪陵工竣。辛巳，赈福建霞浦等二县风灾。壬午，赈奉天小清河驿水灾。以云南布政使陈宏谋渎奏本省垦务，下部严议。赈江苏上元等二十五州县水灾，并加赈有差。赈贵州安顺等府县雹灾。

冬十月乙酉朔，赈山西永济等三县霜灾。丁亥，修盛京三陵。戊子，上诣东陵。辛卯，上谒昭西陵、孝陵、孝东陵。乙未，上还京师。丙申，安西镇总兵张嘉翰坐剥削军需论斩。以崔纪为陕西巡抚，尹会一为河南巡抚，张楷为湖北巡抚。己亥，大学士尹泰乞休，温谕留之。癸卯，赈山东齐河等二十八州卫水灾。免江南淳县本年虫灾额赋，桃源等三县未完银米。丁未，赈黑龙江水灾。戊申，修奉先殿。辛亥，免甘肃平番旱灾额赋。

十一月乙卯，赈安徽寿州、霍邱旱灾。免陕西靖边等八州县本年水灾额赋。丁巳，朝鲜国王李昑请封世子李愃，礼部言年未及岁，上特允之。癸亥，赈贵州郎岱等三厅县雹灾。乙丑，除山西河津被水额赋。丙寅，赈安徽太平等十一州县卫水灾。辛未，上诣泰陵，改总管为副都统。免江南铜山、砀山二县逋赋。壬寅，祭告泰陵，上释服。乙亥，赈甘肃环县、兰州，广东三水等十县旱灾。上还京师。戊寅，皇太后圣寿节，御慈宁宫，上率诸王大臣行庆贺礼。自是每年如之。己卯，免山西兴县等四州县旱灾丁银。庚辰，命仍设军机处，以大学士鄂尔泰、张廷玉，尚书讷亲、海望，侍郎纳延泰、班第为军机大臣。

十二月甲申朔，漕运总督补熙免，以查克丹代之。以来保为工部尚书。免江南阜宁上年水灾额赋。丁亥，上御太和殿，册立嫡妃富察氏为皇后。戊子，奉皇太后御慈宁宫，上率诸王大臣行庆贺礼毕，上御太和殿，群臣庆贺，颁诏覃恩有差。辛卯，免江苏溧水等十二州县水灾额赋。壬辰，赈陕西府谷等三县雹灾。甲午，以册立皇后礼成，加上皇太后徽号曰崇庆慈宣皇太后。奉皇太后御慈宁宫，上率诸王大臣行庆贺礼，次日颁诏覃恩有差。己亥，免直隶本年旱灾灶课。免甘肃宁夏水灾额赋。壬寅，鄂尔泰封三等伯。赈福建闽县等六县、广东海康等七县风潮灾。大学士迈柱乞病，许之。琉球贡方物。癸卯，张廷玉封三等伯。辛亥，赈涿州水灾。

三年春正月甲寅朔，上初举元正朝贺，率王以下文武大臣诣寿康宫庆贺皇太后，礼成，御太和殿受贺。自是每年元正如之。乙卯，以福敏为武英殿大学士，马尔泰为左都御史。辛酉，祈谷于上帝，奉世宗配享。癸亥，命举行经筵。甲子，上初幸圆明园，奉皇太后居畅春园。戊辰，御正大光明殿，赐朝正外藩及内大臣、大学士宴。癸酉，以朱藻为直隶河道总督，顾琮协理河道事。丁丑，准噶尔噶尔丹策零遣使奉表至京，并进貂皮。遣侍郎阿克敦充正使，御前侍卫旺扎尔、乾清门台吉额默根充副使，赍敕往准噶尔议定界。己卯，上自圆明园还宫。辛巳，以谒泰陵，命鄂尔泰在京总理事务。

二月丁亥，释奠先师孔子。戊子，幸圆明园。癸巳，准噶尔使入觐，赏银币有差。戊戌，上谒泰陵。己亥，上祭泰陵。辛丑，上幸南苑行围。壬寅，上还京师。丙午，举行经筵。自是每季仲月举行一次，岁以为常。丁未，免山东齐河等三十二州县卫水灾额赋。辛亥，上亲耕耤田，加一推。自是每年如之。壬子，赵弘恩以纳贿夺职，以高其倬为工部尚书，张渠为湖南巡抚。

三月癸丑朔，赈福建闽县等八县飓风灾。甲寅，上诣太学释奠，御彝伦堂，命讲《中庸》《尚书》。乙卯，调崔纪为湖北巡抚，张楷为西安巡抚。己未，免江苏六合等十二州县水灾额赋，广东三水等十州县旱灾额赋。辛酉，赈江苏上元等二十五州县卫水灾，并免额赋。丁卯，上诣黑龙潭祈雨。辛未，免甘肃兰州等处旱灾额赋。壬申，以旱命刑部清理庶狱。癸酉，免安徽太平等十一州县卫水灾额赋。丁丑，免湖北沔阳州逋赋。

夏四月甲申，以旱申命求言。停督抚贡献。理藩院尚书僧格休致，以纳延泰代之。己丑，调孙嘉淦为吏部尚书，以赵国麟为刑部尚书，孙国玺为安徽巡抚。壬辰，命顾琮往直隶会同朱藻办理河工。免长芦芦台等场、衡水等州县水灾额赋。

五月癸丑，赈陕西蒲城等十州县雹灾。己未，赈山东章丘等州县卫雹灾。庚申，赈陕西雒南等八州县雹灾。壬戌，贵州定番州苗阿沙等作乱，张广泗讨平之。辛未，调额尔图为奉天将军，博第为黑龙江将军。乙亥，免江南松江府额赋。辛巳，赈陕西靖边等八州县旱灾。

六月庚寅，赈山东东平等四州县雹灾。丙午，左都御史杨汝谷乞休，允之。

秋七月壬子，起前左都御史彭维新为原官。丁巳，免福建诏安县旱灾额赋。癸亥，免浙江温州等卫漕欠。乙丑，调史贻直为工部尚书，高其倬为户部尚书。丁卯，命查郎阿入阁办事。调鄂弥达为川陕总督。以马尔泰为两广总督，查克丹为左都御史，讬时为漕运总督。大学士尹泰乞休，允之。

八月丙戌，江苏海州、山东郯城等州县蝗。赈湖南石门县、甘肃武威等三县水灾。己丑，海望丁忧，以讷亲暂署户部尚书。己亥，奉皇太后谒泰陵。癸卯，上诣泰陵行三周年祭礼。丙午，上奉皇太后驻跸南苑，上行围。戊申，赈安徽望江等四十八州卫旱灾。

九月庚戌朔，上奉皇太后还宫。免陕西长安等十五州县雹灾额赋。赈山东招远县雹灾。戊午，免福建漳浦上年旱灾额赋。辛酉，命嵇曾筠入阁办事，兼理永定河务。裁浙江总督，复设巡抚，以郝玉麟仍为闽浙总督，卢焯为浙江巡抚。甲子，朱藻解任，遣讷亲、孙嘉淦往鞫之。以顾琮管总河印务。安南入贡。己巳，大学士尹泰卒。编修彭树葵进《十思箴》，上嘉赉之。赈甘肃碾伯等处旱灾。丁丑，免江苏江宁等五十二州县卫水灾额赋，并赈之。戊寅，赈台湾旱灾。

冬十月庚辰朔，赈陕西安定等六州县雹灾。辛巳，免山东邹平等八州县本年雹灾额赋。壬午，免直隶被水州县逋赋。免江苏、安徽被灾各州县逋赋。辛卯，皇次子永琏薨，辍朝五日，以御极后，亲书永琏为皇太子密旨，一切典礼如皇太子仪。赈安徽怀宁等五十州县卫旱灾。壬辰，户部尚书高其倬卒。丙申，调任兰枝为户部尚书，赵国麟为礼部尚书，史贻直为刑部尚书，以赵殿最为工部尚书。丁酉，谥皇太子永琏为"端慧皇太子"。直隶总督李卫以病免，命孙嘉淦署之。己亥，赈浙江吉安等州县旱灾。庚子，朝鲜国王李昑表贺上皇太后徽号并册封皇后，又表谢恩封世子，附进方物。壬寅，上幸田村，奠端慧皇太子。癸卯，免江南、江西、河南漕欠。乙巳，授孙嘉淦直隶总督，以甘汝来为吏部尚书兼兵部，杨超曾为兵部尚书。丙午，授顾琮直隶河道总督。

十一月己酉朔，复广东海南道为雷琼道，改高雷道为高廉道。庚戌，以孙嘉淦劾贝勒允祜，上嘉之，予议叙。允祜下宗人府严议。壬子，赈江苏华亭等六县卫旱灾。赈湖南石门县旱灾。癸丑，免奉天宁远等四州县虫灾额赋。赈浙江归安、乌程，陕西绥德等四州县雹灾，湖北孝感等六州县旱灾。癸丑，免河南信阳等八州县旱灾额赋。赈湖北应山、四川忠州等三州县旱灾。乙丑，免江南淮安、徐州二府湖滩额租。免山东招远县雹灾额赋。庚午，大学士嵇曾筠以病乞休，允之。壬申，甘肃宁夏地震，水涌新渠，宝丰县治沈没，发兰州库银二十万两，命兵部侍郎班第往赈之。乙亥，吏部尚书性桂乞休，允之。丁丑，免直隶宣化各府州逋赋。

十二月乙卯朔，调讷亲为吏部尚书。庚辰，赈四川射洪等六县水灾。赈两淮盐场本年旱灾。丙戌，彭维新褫职，以魏廷珍为左都御史。丁亥，甘肃宁夏地震。甲午，赈甘肃平番虫灾。命大理寺卿汪漋往江南总办河工。琉球国王尚敬遣使表贺登极，入贡。戊戌，准噶尔台吉噶尔丹策零遣哈柳等从侍郎阿克敦等至京师，进表。乙巳，准噶尔使哈柳等入觐，谕曰："所奏游牧不越阿尔台，朕甚嘉之。托尔和、布延图卡伦内移，不可行。"

四年春正月己酉，上御乾清宫西暖阁，召王、大臣、翰林、科道及督、抚、学政在京者九十九人赐宴，赋柏梁体诗。丁卯，免甘肃宁夏等五县地震被灾额赋。壬申，大学士嵇曾筠卒。赵国麟为大学士，调任兰枝为礼部尚书，以陈德华为户部尚书。

二月己卯，调张渠为江苏巡抚，以冯光裕为湖南巡抚。丙戌，免直隶沧州等四厅州县、兴国等四场水灾灶地额赋。免贵州郎岱等四州县雹灾额赋。乙未，免甘肃靖远风灾额赋。丙申，准噶尔部人孟克特穆尔等来降。免陕西咸宁、镇安水灾，甘肃柳沟卫虫灾额赋。戊戌，免湖南永顺、永绥新辟苗疆盐课。免浙江上虞等县逋赋。庚子，准噶尔台吉噶尔丹策零请以阿尔泰山为界，许之。免湖北钟祥等五县卫旱灾额赋。

三月丁未朔，己酉，召雅尔图来京，以阿兰泰为北路参赞大臣。免安徽宿州等四州县逋赋。吏部奏行取届期，上命尚书、都御史、侍郎保举如陆陇其、彭鹏者。免湖北应山上年旱灾额赋。甲子，设热河兵备道，驻承德州。命讷亲协办大学士。戊辰，以旱灾特免直隶、江苏、安徽三省额赋。壬申，以魏廷珍为工部尚书。赈直隶文安等六县水灾。

夏四月丁卯，免安徽寿州上年旱灾额赋。戊寅，免江苏丹阳等七县旱灾额赋。辛巳，赐庄有恭等三百二十八人进士及第出身有差。壬午，免长芦上年旱灾逋赋。丙戌，以旱申求言。命刑部清理庶狱，减徒以下罪。甲午，免四川忠州等三州县旱灾额赋。乙未，以陈世倌为左都御史。癸卯，西藏巴勒布部库库木、颜布、叶楞三汗入贡。

五月甲子，朝鲜国王李昑谢赐本国列传，进方物。戊辰，改筑浙江海宁石塘。辛未，致仕大学士马齐卒。癸酉，加鄂尔泰、张廷玉、福敏太保，徐本、讷亲太子太保，甘汝来、海望、鄂善、尹继昌、徐元梦、孙嘉淦、庆复太子少保。

六月庚辰，调硕色为山东巡抚，方显为四川巡抚。甲辰，免甘肃赤金所上年被灾额赋。山东济南等七府蝗。曹县河决，仍赈被水六州县灾民。甘肃秦安等六州县雹灾。

秋七月戊申，额驸策凌奏率兵驻鄂尔海西拉乌苏，并分兵驻鄂尔坤河、齐齐尔里克、额尔德尼招、塔密尔、乌里雅苏台附近，防范准噶尔。庚戌，以甘肃秦安等十五州县雹灾，命无论已未成灾，悉免本年额赋。辛酉，赈河南祥符等四十七州县水灾。壬戌，赈山东海丰等县场灶户。甲子，赈江苏睢宁等十三州县卫水雹各灾，湖北房县旱灾。丙寅，吏部尚书甘汝来卒。以郝玉麟为吏部尚书，宗室德沛为闽浙总督，以班第为湖广总督。己巳，赈安徽宿州雹灾。庚申，安南马郎叛人矣长等来降。赈山东利津等二县雹灾。壬申，赈直隶开州等州县、江苏海州等州县水灾。江苏淮安、安徽凤阳等府州蝗。

八月丙子，御史张湄劾诸大臣阻塞言路。上斥为渐染方苞恶习，召见满、汉奏事大臣谕之。辛巳，赈河南商丘等州县水灾。壬午，叙张广泗经理苗疆功，授三等轻车都尉，黄廷桂等加衔、加级有差。戊子，赈山东历城等六十六州县卫所水灾，停征新旧额赋。庚寅，江苏金坛县贡生蒋振生进手钞《十三经》，赐国子监学正衔。

九月乙巳朔，署广西提督谭行义以安南郑氏专柄，清化镇邵郡公及黎旌起兵与郑氏内閧，奏闻。丙午，免江苏海州、赣榆二州被水漕粮。戊申，赈河南祥符等三十七州县水灾有差。丁巳，上奉皇太后谒陵。庚申，上谒昭西陵、孝陵、孝东陵、景陵。赈山东临邑等县水灾。癸亥，赈甘肃张掖东乐堡水灾。赈河南邓州等四州县水灾，山西榆次等三县旱灾。命停征江苏、安徽漕粮。上奉皇太后还宫。庚午，上以疾命和亲王弘昼代行孟冬时飨礼。免甘肃秦安等十五州县粮草三分之一，及灵州、碾伯等州县本年水雹各灾额赋。

冬十月丁丑，准噶尔回人伊斯拉木定来降。庚辰，以江苏海州等四州县水灾，免逋赋。甲申，端慧皇太子周年，上幸田村奠酒。乙酉，赈山东历城等六十六州县水灾，给葺屋银。丁亥，免陕西兴平等十六州县雹灾额赋。己丑，庄亲王允禄、理亲王弘晳等缘事，宗人府议削爵圈禁。上曰："庄亲王宽免。理亲王弘晳、贝勒弘昌、贝子弘普俱削爵。弘升永远圈禁。弘晈王爵，系奉皇考特旨，从宽留王号，停俸。"丙申，释马兰泰。己亥，额鲁特札萨克多罗郡王、和硕额驸阿宝之妻和硕格格进顾实汗所传玉玺，谕还之。壬寅，召定边左副将军额驸策凌来京。封弘勋郡王，袭理亲王爵。癸卯，上幸南苑行围。

十一月丙午，上行大阅礼，连发五矢皆中的，赐在事王大臣银币有差。戊申，以郝玉麟署两江总督。庚戌，召尹会一来京，以雅尔图为河南巡抚。赈江苏安东等十五州县水灾有差。壬申，免宁夏次年额赋。

十二月癸酉朔，免山东金乡等六州卫水灾额赋。丙子，免浙江安吉等州县漕粮，河南罗山旱灾额赋。戊寅，弘晳坐问安泰"准噶尔能否到京，上寿算如何"，拟立绞。谕免死，永远圈禁，安泰论绞。免陕西榆林等十一州县逋赋。癸未，免河南祥符等四十四州县水灾额赋。乙酉，晋封贝勒颇罗鼐为郡王。庚寅，免河南商丘等十州县水灾额赋。壬辰，哈柳等入觐。甲午，召车臣汗达玛林等赐茶。

五年春正月丁未，赈安徽宿州等八州县，庐江等十州县卫旱灾有差。丁卯，朝鲜入贡。辛未，命乌赫图、巴灵阿护准噶尔人赴藏熬茶。湖南绥宁苗作乱，命冯光裕等剿之。

二月，琉球入贡。乙亥，命额驸策凌等定各部落接准噶尔游牧边界。哈柳归，召入赐茶，以和议成，嘉奖之。辛巳，以伊勒慎为绥远城将军。癸未，工部尚书魏廷珍罢。申谕九卿，毋蹈模棱覆辙。免山东章丘等六十州县卫水灾额赋。戊子，免湖北襄阳县卫上年额赋。壬辰，免上年安徽宿州雹灾、山东滕县等五县水灾额赋。戊戌，以韩光基为工部尚书。辛丑，免湖北汉阳等四县上年旱灾额赋。

三月庚戌，以尹继善为川陕总督，鄂善署刑部尚书。壬子，免直隶雄县上年水灾额赋。甲子，免山东沾化等县场水灾额赋。庚午，湖南栗林、鬼冲各寨苗匪平。

夏四月丙戌，赈两淮板浦等场灾。戊子，御史褚泰坐受贿论斩。免陕西葭州、怀远旱灾额赋。己丑，以那苏图为刑部尚书。甲午，以旱召九卿面谕，直陈政事阙失。改山东河道为运河道，兖沂曹道为分巡兖、沂、曹三府，管河工。戊戌，任兰枝及太常寺卿陶正靖坐朋比，下部严议。

五月甲寅，上诣黑龙潭祈雨。丙辰，命刑部清理庶狱。甲子，以杨超曾署两江总督。丁卯，谕冯光裕及湖广提督杜恺剿捕城步、绥宁瑶匪。

六月癸酉，命阿里衮、朱必阶查勘山东沂州等处水旱灾。戊寅，命山东、江苏、安徽捕除蝻子。召张广泗来京。壬辰，赈甘肃秦州水灾。戊戌，福州将军隆升坐收馈遗，褫职鞫治。

闰六月甲辰，广西义宁苗作乱，谕马尔泰赴桂林调度兵事。辛亥，以喀尔吉善为山西巡抚。命杜恺统率湖南兵至军前。乙卯，命张广泗赴湖南会办军务。甲子，准噶尔台吉噶尔丹策零遣使进表。

秋七月癸酉，调张渠为湖北巡抚。以徐士林为江苏巡抚。调方显为广西巡抚，硕色为四川巡抚，朱定元为山东巡抚。乙亥，赐噶尔丹策零敕书，谕准噶尔使以阿尔泰山为界，山南游牧之人，仍居旧地。设甘肃安西提督，驻哈密。丁丑，以补熙为绥远城将军。辛巳，诏停今年秋决。甲申，张广泗留办湖南善后。赈安徽宣城卫饥。己丑，免安徽凤阳等十九州县卫水灾、无为等四州县旱灾额赋。甲午，赈山西徐沟饥。丁酉，赈甘肃武威等三县饥。戊戌，班第奏总兵刘策名等连克长坪各苗寨，获首倡妖言黎阿兰等。

八月己亥朔，广西宜山县蛮匪平。庚子，谕曰："朕阅江省岁额钱粮杂办款目，沿自前明，《赋役全书》亦未编定，官民交受其累，其悉予豁免。"庚戌，班第奏剿平盐井口苗匪各寨。壬戌，上奉皇太后驻南苑。赈福建永定饥。免河南中牟等十四州县水灾额赋。戊辰，谭行义奏安南人立龙彪为王，僭元景兴。癸酉，调杨超曾为吏部尚书，仍署两江总督，史贻直为兵部尚书，韩光基为刑部尚书，陈世倌为工部尚书。辛巳，协办大学士礼部尚书三泰乞休，慰留之。赈福建上杭饥。赈浙江余杭等十六州县卫所水灾。丙戌，江苏宿迁县朱家闸河决，命筑挑水坝。丁亥，筑江苏宝山县吴家滨海塘石坝。赈陕西葭州等州县饥。以王安国为左都御史。永定河复归故道。

冬十月戊戌朔，以常安为漕运总督。壬寅，上谒泰陵。乙巳，上还京师。赈四川绵竹等三县水灾。甲寅，免甘肃平罗本年水灾额赋，仍免宁夏、宁朔半赋。丙辰，佥都御史刘藻奏请停减圆明园营造，上嘉纳之。赈福建台湾、诸罗风灾。丁卯，张广泗奏获苗匪栗贤宇等，及附瑶匪之戴名扬等，克平溪等寨。

十一月己巳，以那苏图署湖广总督。庚午，调来保为刑部尚书，哈达哈为工部尚书。丙子，杨超曾劾江西巡抚岳濬，命高斌往会鞫之。己卯，召王謩来京。命王安国以左都御史管广东巡抚事。命阿里衮同高斌勘鞫岳濬。以刘吴龙为左都御史。乙酉，命廷臣各举所知，如汤斌、陆陇其、陈瑸、彭鹏诸人。赈陕西葭州等六州县饥。

十二月壬寅，张广泗进剿湖南城步、绥宁，广西义宁苗、瑶，悉平之。免安徽宣城、宣州二县卫雹灾额赋。免托克托城等处雹灾额赋。壬子，免山东蒲台逋赋。

六年春正月甲戌，裁安西总兵，设提督。丙子，免福建闽县等五县逋赋。甲申，命鄂尔泰、讷亲会同孙嘉淦、顾琮勘视永定河工。命参赞大臣阿岱驻乌里雅苏台。以庆泰为北路军营参赞大臣。戊子，免霸州、雄县额赋。甲午，命班第仍在军机处行走。

二月，御史丛洞请暂息行围，上以饬兵怀远之意训之。丙午，以完颜伟为南河副总河。免湖北钟祥等四县雹水灾额赋。甲寅，免陕西葭州等三州县雹灾额赋。庚申，增设山西归化城分巡道。

三月壬申，命侍郎杨嗣璟往山西会鞫山西学政喀尔钦贿卖生员之狱。甲申，以御史仲永檀劾鄂善受贿，命怡亲王等鞫之。鄂善褫职逮问。辛卯，擢仲永檀为佥都御史。

夏四月乙未朔，大学士赵国麟乞休，不允。免江苏丰县等十州县卫水灾、虫灾、民屯芦课。甲辰，免顺天直隶霸州等十州县上年水灾额赋。以庆复署两广总督，张允随署云贵总督。己酉，赐鄂善自尽。

五月戊寅，免福建台湾逋赋。赈江西兴国等县水灾，贵州仁怀、平越水灾。

六月甲午朔，免陕西葭州等六州县上年水灾额赋。丙申，江苏巡抚徐士林给假省亲，调陈大受署之。改张楷为安徽巡抚。庚子，命王安国勘广东征粮积弊。乙巳，以御史李原劾甘肃匿灾，命会同尹继善勘之。己酉，浙江巡抚卢焯解任，命德沛及副都统汪扎勒鞫之。赈安徽宿州等十二州县水灾，江苏山阳等州县水灾。赵国麟以荐举非人，降调。

秋七月，免江苏苏州等府属逋赋。甲子，喀尔钦处斩。丙子，萨哈谅论斩。戊寅，甘肃巡抚元展成以御史胡定劾，解任，命副都统新柱往会尹继善鞫之。癸未，诏停今年秋决。戊子，上初举秋狝。奉皇太后幸避暑山庄，免经过额赋十分之三。自是每年皆如之，减行围所过州县额赋。辛卯，赈江西武宁等二县水灾。壬辰，上至古北口阅兵。赈广东永安、归善二县饥。

八月癸巳，赈安徽宿州等十九州县卫水灾。庚子，上驻跸张三营。辛丑，上行围。赈江苏山阳等十八州县、莞渎等场水灾。己酉，召杨超曾回京。调那苏图为两江总督，孙嘉淦为湖广总督。以高斌为直隶总督，完颜伟为江南河道总督。裁直隶河道总督，命高斌兼理直隶河务。辛亥，召宁古塔将军吉党阿来京，以鄂尔达代之。

九月癸亥朔，以陈宏谋为甘肃巡抚。乙丑，上奉皇太后回驻避暑山庄。赈广东南海等二十六州县饥。上奉皇太后回跸。壬申，授王恕福建巡抚，杨锡绂广西巡抚。甲戌，调陈宏谋为江西巡抚，黄廷桂为甘肃巡抚。免江苏、安徽乾隆三四年被灾漕粮。己卯，调韩光基为工部尚书。以刘吴龙为刑部尚书。辛巳，原任江苏巡抚徐士林卒。授陈大受江苏巡抚，张楷安徽巡抚。赈福建福清等八县及长福等镇营饥。丁亥，以刘统勋为左都御史。

冬十月庚子，赈广东琼山等二十四州县飓灾。丁未，赈安徽宿州等三十一州县卫水灾，并免宿州等三州县额赋漕粮。己酉，赈甘肃灵州等处饥。丙辰，赈热河四旗卫水灾。

十一月甲子，赈两淮灶户饥。乙丑，南掌国王岛孙遣使入贡。丙寅，赈甘肃平番等十四州县雹水灾。己巳，御史李原陈奏甘肃饥馑情形不实，部议革职。上曰："与其惩言官而开讳灾之端，宁从宽假以广耳目。"命革职留任。戊寅，免江苏山阳等十五州县卫水灾额赋。赈句容等三十四州县卫饥。丙戌，皇太后五旬圣寿节，御慈宁宫，上率诸王大臣等行庆贺礼。

十二月乙未，刘统勋请停张廷玉近属升转，减讷亲所管事务，上嘉之。丙申，大学士张廷玉请解部务，不许。辛丑，免甘肃武威等二县五年被水额赋。赈江苏江浦等州县旱灾。免湖南湘乡等二县被水额赋。乙巳，免浙江仁和等十九州县本年额赋。丁未，免山东历城等十六州县卫旱灾额赋。庚戌，免甘肃永昌等三县旱灾额赋。琉球入贡。调常安为浙江巡抚，顾琮为漕运总督。命刘统勋往浙江会勘海塘。赈浙江嵊县等十七州县、仁和等场水旱灾。

七年春正月壬戌，调史贻直为吏部尚书，任兰枝为兵部尚书。以赵国麟为礼部尚书。庚午，定绥远城、右卫、归化城土默特、察哈尔共挑兵四千名，内札萨克首队兵四千五百名、二队兵六千五百名，援应北路军营，并于额尔德尼昭沿途置驼马备用。戊寅，以那克素三十九部番民备办准噶尔进藏官兵驼马，免本年额赋。甲申，赈安徽凤阳、颍州二府，泗州一州属饥民。庚寅，准噶尔入贡。

二月辛卯朔，上诣泰陵。乙未，上谒泰陵。是日，回跸。丙申，朝鲜入贡。戊戌，上幸南苑行围。己亥，琉球入贡。己酉，礼部尚书赵国麟乞休，不允。乙卯，以吉党阿为归化城都统。

三月庚申朔，上忧旱，申命求言，并饬九卿大臣体国尽职。丁卯，命大学士、九卿、督、抚举如马周、阳城者为言官。乙亥，以旱命刑部清理庶狱，各省如之。以晏斯盛为山东巡抚。辛巳，准噶尔台吉噶尔丹策零遣使吹纳木喀等奉表贡方物，乞勿限年贸易。壬午，以噶尔丹策零表奏狡诈，谕西北两路军营大臣加意防之。戊子，上诣黑龙潭祈雨。以两江总督那苏图办赈遗漏，切责之。

夏四月庚寅朔，准噶尔贡使吹纳木喀等入觐。裁八沟、独石口副都统各一，增天津副都统一。以古北口提督管独石口外台站。免河南永城等三县上年被水额赋。甲午，赐金甡等三百二十三人进士及第出身有差。调德沛为两江总督，那苏图为闽浙总督。乙未，拨安徽赈银三十万两有奇，并准采买湖广米备粜。辛丑，赈安徽宿州等州县卫水灾。甲辰，赐准噶尔台吉噶尔丹策零敕书，申诫以追论旧事，屡违定约，并谕将此次奏请贸易、改道噶斯等事停止，仍赏赉如例。甲寅，除河南洧川等十一县水冲地赋。免福建福清等七县飓灾额赋。丙辰，刑部尚书刘吴龙卒，以张照为刑部尚书。

五月己未朔，以顺天、保定等八府，易州等五州缺雨，命停征新旧钱粮。定移驻满兵屯垦拉林、阿勒楚喀事宜，设副都统，以巴灵阿为之。戊辰，以御史胡定劾，寝赵弘恩补刑部侍郎之命。癸酉，定雩祭典礼，御制乐章。免江苏沛县昭阳湖水沈田亩额赋。丙戌，禁奏章称蒙古为"夷人"。以琉球国王资送江南遭风难民，嘉奖之。张允随奏猛遮界外孟艮酋长召贺罕被逐，遁入缅甸。

六月甲寅，谕督抚董率州县经画地利。戊申，训饬地方官实心经理平粜。

秋七月己未，命资送日本遭风难民归国。免广西梧州等三府属逋赋。辛酉，除山西繁峙、广西武缘荒地额赋。乙丑，礼部尚书赵国麟乞休，上责其矫饰，褫职。调任兰枝为礼部尚书，陈德华为兵部尚书，徐本兼管户部尚书。丙寅，命大学士鄂尔泰兼领侍卫内大臣。命赈江苏山阳等州县水灾。命抚恤江苏阜宁等州县水灾。癸未，命高斌、周学健往江南查办灾赈、水利。甲申，赈湖北汉川、襄阳等州县卫水雹灾，并停征额赋。丙戌，赈江苏江浦等十八州县卫、安徽临淮等州县卫。抚恤江西兴国等州县、浙江淳安等州县、湖南醴陵等八州县、山东峄县等十州县卫、甘肃狄道等四州县灾民。

八月戊子，江南黄、淮交涨，命疆吏拯救灾黎，毋拘常例。训饬慎重军政。拨江苏、安徽赈银二百五十万两有奇。庚寅，免江苏、安徽被水地方本年额赋。辛卯，定皇后亲蚕典礼。戊戌，免直隶、江苏、安徽、福建、甘肃、广东等省雍正十三年逋赋，并免江南、浙江未完雍正十三年漕项。庚子，谕河南等省抚恤江南流民。壬寅，上奉皇太后幸南苑，上行围。癸卯，赈江西兴国水灾。乙巳，上奉皇太后幸晾鹰台阅围。

九月丁巳朔，拨江苏运山东截留漕米十万石，备淮、徐、凤、颍各属赈粜。赈湖北潜江等十州县水灾。辛酉，免广东崖州等二州县风灾额赋。免安徽凤、颍、泗三府州本年水灾地方漕赋，不成灾者折征之。赈湖南湘阴等九县水灾。丁卯，上诣东陵。庚午，上谒昭西陵、孝陵、孝东陵、景陵。免江苏山阳等二十一州县本年被水漕赋。壬申，上幸盘山。赈恤江苏、安徽灾银二百九十万两、米谷二百二十万石各有奇。命再拨邻省银一百万两备明春接济。乙亥，上幸丫髻山。戊寅，上回跸。

冬十月丙戌，拨山东、河南明年运漕米各五万石备江南赈，仍由直隶赴古北口外如数采买补运。己丑，免山东历城等十九州县旱灾额赋。庚寅，命江南截留癸亥年漕粮二十万石，仍拨山东漕粮二十万石，河南仓米二十万石，运江南备赈。癸巳，浙江提督裴钺等以侵欺褫职鞫治。壬辰，赈江苏山阳等二十八州县卫饥。甲午，命清理滞狱。乙未，命拨山东沿河仓谷十万石运江南备赈。丁酉，赈安徽凤阳二十四州县卫水灾。甲辰，朝鲜国王李昑表谢国人金时宗等越境犯法，屡荷宽典。上曰："此朕柔远之恩。若恃有宽典，犯法滋多，非朕保全外藩之本意。王其严加约束，毋俾干纪。"以塞楞额为陕西巡抚。己酉，赈河南永城等十三州县饥。辛亥，上诣顺懿密太妃宫问疾。壬子，赈江苏山阳等七州县卫水灾。

十一月丙辰朔，大学士等奏纂辑《明史》体例。上曰："诸卿所见与朕意同。继《春秋》之翼道，昭来兹之鉴观，我君臣其共勉。"赈湖北汉川等十二州县水灾饥。戊午，赈浙江瑞安等县场、湖南湘阴等九县水灾。庚申，福建漳浦县会匪戕杀知县，命严治之。壬戌，赈山东胶州十州县卫水灾。癸亥，赈甘肃狄道等州县水雹灾。乙亥，命持法宽严，务归平允。命陈世倌会同高斌查勘江南水利。戊寅，谕明春奉皇太后诣盛京谒陵。庚辰，以初定斋宫礼，是日诣斋宫。

十二月丙戌朔，赈山东济宁等七州县卫饥。丁亥，命考试荐举科道人才。周学健举三人皆同乡，谕饬之。命左副都御史仲永檀会同周学健查赈。壬辰，上奉皇太后幸瀛台。丙子，仲永檀、鄂容安以漏泄机密，逮交内务府慎刑司，命庄亲王等鞫治。免福建尤溪等四县荒田溢额银。己亥，召安徽巡抚张楷来京，调喀尔吉善代之。命宽鄂尔泰党庇仲永檀罪。免直隶蓟州等三州县水灾额赋。丁未，拨运吉林乌拉仓粮接济齐齐哈尔等处旱灾。庚戌，赈奉天承德等五州县饥。免山东胶州等十州县卫水灾额赋。辛亥，调完颜伟为河东河道总督，白钟山为江南河道总督。乙卯，谕曰："江南水灾地亩涸出，耕种刻不容缓。疆吏其劝灾民爱护田牛，或给赀饲养，毋得以细事置之。"

八年春正月丁巳，免鄂容安发军台，命仍在上书房行走。仲永檀死于狱。召孙嘉淦来京。以阿尔赛为湖广总督。甲子，陈世倌等奏修江苏淮、徐、扬、海，安徽凤、颖、泗各属河道水利，下大学士鄂尔泰等大臣议行之。己卯，命军机大臣徐本、班第、那彦泰随往盛京。辛巳，召参赞大臣阿岱、塔尔玛回京，以拉布敦、乌尔登代之。壬辰，内阁学士李绂致仕陛辞，以慎终如始对，赐诗嘉之。辛卯，以考选御史，杭世骏策言内满外汉，忤旨褫职。调刘于义为山西巡抚。命孙嘉淦署福建巡抚。丙申，命尹继善署两江总督，协同白钟山料理河务。癸卯，命侍讲邓时敏、给事中倪国琏为凤、颖、泗宣谕化导使，编修涂逢震、御史徐以升为淮、徐、扬、海宣谕化导使。乙巳，免湖北汉川等十一州县卫水灾额赋。准赵国麟回籍。癸丑，遣和亲王弘昼代祀先农坛、用《中和韶乐》，与上亲祭同，著为例。赈山东滕县等六州县饥。庚午，调喀尔吉善为山东巡抚，晏斯盛为湖北巡抚，范璨为安徽巡抚。丙子，上诣寿祺皇太妃宫问疾。

夏四月甲申朔，寿祺皇太妃薨，辍朝十日。上欲持服，庄亲王等祈免。训饬九卿勤事。申命各督抚陈奏属员贤否。乙酉，上诣寿祺皇贵太妃宫致奠。辛卯，命奉宸苑试行区田法。丁酉，赈安徽凤阳六府州属水灾饥。免湖北襄阳等三县水灾额赋。庚子，裁江苏海防道，设淮徐海道，驻徐州府。以苏松巡道兼管塘工。扬州府隶常镇道。原设淮徐、淮扬二道专管河工。

闰四月甲寅朔，琉球入贡。丁巳，御试翰林、詹事等官，擢王会汾等三员为一等，余各升黜有差。辛酉，免河南郑州等十三州县本年水灾额赋。甲戌，除江苏吴江等二县坍没田荡额赋。

五月癸未朔，谕銮舆巡幸，令扈从护军等加意约束，不得践踏田禾。乙酉，御史沈懋华以进呈经史讲义召见，已去，下部严议。丁亥，命河南停征上年被水地方钱粮。己亥，免江苏山阳等十三州县牙税。免临清商民运征米船科及铜补商补。辛丑，赈山东历城等十八州县卫饥。丙午，以硕色为河南巡抚，纪山为四川巡抚。戊申，调庆复为川陕总督。以马尔泰为两广总督。授张允随为云南总督，兼管巡抚事。辛酉，苏禄国王麻喊末阿禀劳宁表请三年一修职贡。命仍遵五年旧例。

六月壬子朔，御史陈仁请以经史考试翰詹，不宜用诗赋，上嘉之。甲寅，改南掌为十年一贡。乙卯，除江苏沛县水沈地赋。丙辰，以旱求言。戊午，命阿里衮暂署河南巡抚。丁卯，以御史胡定劾湖南巡抚许容一案，究出督抚诬陷扶同，予叙。壬申，谕督抚率属重农。

秋七月乙酉，上诣顺懿密太妃宫问疾。丙戌，以安南不靖，扰及云南开化都竜厂，命张允随等严防之。开化镇总兵赛都请讨安南，不许。戊子，上奉皇太后由热河诣盛京谒陵，免经过之直隶、奉天地方钱粮。拨通仓米四十万石赈直隶旱灾。壬辰，免山东历城等十六州县卫旱灾额赋。乙未，停今年勾决。上奉皇太后驻跸避暑山庄。丙申，除福建连江等二县水冲地赋。己亥，上奉皇太后诣盛京。癸卯，上行围于永安莽喀。乙巳，上行围于爱里。丙午，上行围于锡拉诺海。命严除州县征漕坐仓之弊。戊申，免直隶沧州被雹灶户额赋。上奉皇太后驻跸吗吗塔喇。己酉，上行围，至己卯皆如之。严督抚等漏泄密奏之禁。赈湖北兴国等三州县水灾，并免额赋。癸亥，万寿节，上诣皇太后行幄行礼。御行幄，扈从诸王以下大臣官员暨蒙古王以下各官庆贺。赐诸王、大臣、蒙古王等宴。甲子，上驻跸巴雅尔图塔剌。乙丑，上行围。戊辰，上行围。壬申，上驻跸伊克淖尔，上行围，至丙子如之。甲戌，赈四川西昌水灾。定直隶被旱州县赈恤事宜。赈广东始兴等十六州县水灾。己卯，上行围于巴彦，亲射殪虎。

九月庚辰朔，上行围于伍什杭阿，亲射殪虎。辛巳，上行围威淮。壬午，上行围黄科。癸未，上行围阿兰。以哲布尊丹巴呼图克图未奏往额尔德尼招礼拜，土谢图汗敦丹多尔济均下理藩院议处。甲申，赈陕西商州水灾饥。乙酉，上行围舍里。丙戌，上行围善颜倭赫。丁亥，上行围巴彦。鄂弥达改荆州将军。调博第为吉林将军，富森为黑龙江将军。戊子，上行围尼雅满珠。己丑，上行围珠敦。庚寅，上行围英额边门外。是日，驻跸乌苏河。甲午，许容以劾谢济世贪纵各款皆虚，孙嘉淦以扶同定案，均褫职。署粮道仓德以通揭鞫实，予叙。上驻跸穆奇村。乙未，上奉皇太后谒永陵。丙申，行大飨礼。命停顾琮议限民田。赈河南祥符等二十一州县、山东齐东等十八州县卫旱灾，并免额赋有差。辛丑，谒福陵。壬寅，行大飨礼。谒昭陵。癸卯，行大飨礼。上奉皇太后驻跸盛京。朝鲜国王李昑遣陪臣至盛京贡方物。甲辰，上率群臣诣皇太后宫行庆贺礼。御崇政殿受贺。赐群臣及朝鲜使臣宴。御大政殿赐酺。颁诏覃恩有差。乙巳，上诣文庙释奠。幸讲武台大阅。谕王公宗室大臣等洁蠲礼典，训导兵民，毋忘淳朴旧俗。丙午，上亲奠克勤郡王岳托及武勋王扬古利墓。遣官望祭长白山、北镇医巫闾山及辽太祖陵。戊申，上亲奠弘毅公额宜都、直义公费英东墓。免河南带征乾隆七年以前民欠。

冬十月庚戌朔，上御大政殿，赐扈从王大臣宴于凤凰楼前。谕王公宗室等革除陋习，恪守旧章。免盛京、兴京等十五处旗地本年额赋及乾隆七年逋赋。御制《盛京赋》。辛亥，上奉皇太后回跸。乙丑，赈广东南海等七县水灾。是日，上登望海楼，驻文殊庵。丁卯，命直隶被灾各属减价平粜。己巳，命部院大臣京察各举贤自代。以刘于义为户部尚书，阿里衮为山西巡抚。命徐本仍兼管户部。调陈宏谋为陕西巡抚，塞楞额为江西巡抚。庚午，赈河南祥符等十四州县旱灾。甲戌，上奉皇太后还京师。丁丑，上以谒陵礼成，率群臣诣皇太后宫行庆贺礼。御太和殿，王大臣各官进表朝贺。

十一月，赈安徽无为水灾，并免额赋。壬午，赈甘肃狄道等二十四州县水虫风雹灾。庚寅，安南国王黎维祎表谢赐祭及袭封恩，进贡方物。辛丑，赈广东万州等十四州县水灾，福建台湾等三县旱灾。壬寅，贷黑龙江被旱被霜兵丁等仓粮。赈山西曲沃等十一州旱灾。癸卯，赈直隶天津等二县旱灾。丁未，赈安徽寿州等九州县卫旱灾。己酉，免谒陵经过额赋十分之三。

十二月庚戌朔，赈广东吴川县旱灾。辛亥，命史贻直协办大学士。乙卯，赈山东陵县等十二州县卫旱灾。葬端慧皇太子于朱华山寝园。辛酉，大学士福敏乞退。温谕慰留。甲子，准噶尔遣贡使图尔都等至京，谢进藏人由噶斯路行走，赐助牲畜恩，并贡方物。乙丑，以陈德华隐匿其弟陕西按察使陈德正申辩参案密奏，下部严议。德正褫职鞫治。丁卯，以星变示儆，诏修省。

九年春正月辛巳，以徐本病，命史贻直为大学士。以刘于义为吏部尚书、协办大学士，张楷为户部尚书。陈德华罢，以王安国为兵部尚书。壬午，幸瀛台。御大幄次，赐准噶尔使图尔都宴，命立首班大臣末。以噶尔丹策零恭顺，图尔都诚敬可嘉，召图尔都近前，赐饮三爵，赐赍有加。训饬各省州县教养兼施。丁亥，赈直隶天津等十一州县灾。庚子，王安国忧免，以彭维新为兵部尚书。以许容署湖北巡抚。授史贻直文渊阁大学士。朝鲜入贡。给讷亲钦差大臣关防。癸卯，上奉皇太后诣泰陵。丙午，上诣泰陵。是日，奉皇太后回跸。

二月，上奉皇太后幸南苑。丙辰，以给事中陈大玠等奏，寝许容署湖北巡抚之命，留晏斯盛任，仍申诫言官扶同纠论。免安徽桐城等九州县上年水灾额赋。免福建台湾等三县旱灾额赋，并赈之。甲子，陈德华降调。丁卯，赈云南霑、益二州县水灾。丁丑，户部尚书张楷卒，以阿尔赛代之，鄂弥达为湖广总督。

三月癸未，以汪由敦为工部尚书。丁亥，免江苏沛县、河南中牟等六县旱灾额赋。丁酉，调博第为西安将军。以巴灵阿为宁古塔将军。乙巳，赈山东德州等五州县卫旱灾。以讷亲奏查阅河南、江南营伍废弛，上曰："可见外省大吏无一不欺朕者，不可不惩一儆百。"

四月戊申朔，始建先蚕坛成。乙卯，上诣圜丘行大雩礼，特诏贬损仪节，以示虔祷。以旱命省刑宽禁。辛未，赈山东德平等八州县旱灾。己卯，谕曰："一春以来，雨泽稀少。皇太后以天时久旱，忧形于色，今日从寝宫步行至园内龙神庙虔祷。朕惶恐战栗，即刻前往请安，谆恳谢罪，特谕内外臣工知之。"戊子，祭地于方泽，不乘辇，不设卤簿。庚寅，雨。壬寅，大学士、九卿议覆御史柴潮生请修直隶水利，命协办大学士刘于义往保定会同高斌筹画。

六月己酉，大学士徐本以病乞休，允之。癸丑，赈山东历城等三十二州县旱灾，兰山等六州县雹灾。

秋七月丙子朔，谕直隶灾重之天津等十六州县，本年停征新旧钱粮。丙戌，免江苏、安徽雍正十三年逋赋。壬辰，额尔图以不职免，以达勒党阿为奉天将军。

八月己酉，抚恤安徽歙县等二十州县水灾。戊申，免江苏淮安、安徽凤阳二府雍正十三年逋赋。癸丑，赈四川成都等州县水灾。乙丑，予告大学士徐本回籍，上赐诗宠行，赏赍有加，并谕行幸南苑之日，亲临慰问。丙寅，免直隶天津等三十一州县上年逋赋。己巳，上奉皇太后幸南苑，上行围。

九月己亥朔，以翰林院编修黄体明进呈讲章，牵及搜检太严，隐含讽刺，下部严议褫职。乙未，免山西清水河本年雹灾额赋。癸卯，赈山东博兴等县旱灾。丁未，改明年会试于三月举行。己酉，以陈世倌假满，命入阁办事。赈山西文水等县水灾。庚戌，以四川学政蒋蔚实心教士，命留任。乙卯，上奉皇太后幸汤山。江南、河南、山东蝗。癸亥，上幸盘山。丁卯，上奉皇太后还宫。庚午，重修翰林院工竣。上幸翰林院赐宴，分韵赋诗，复御制柏梁体诗首句，群臣以次赓续。赐掌院大学士鄂尔泰、张廷玉御书匾额，及翰林、詹事诸臣书币有差。是日，幸贡院，赐御书联额。复幸紫微殿、观象台。赈直隶保定等十八州县水虫雹等灾。赈江苏靖江等十二州县卫潮灾，安徽歙县二十一州县厅卫水灾。庚辰，起孙嘉淦为宗人府府丞。辛巳，除直隶涿州等三州县水冲地赋。丙戌，山东登州镇总兵马世龙以科派兵丁，鞫实论绞。赈甘肃河州等三十五州县卫雹水各灾。辛卯，以江西学政金德瑛取士公明，命留任。己亥，以贵州学政佟保守洁士服，命留任。丙午，鄂尔泰议覆刘于义奏勘直隶水利，命拨银五十万两兴修。丁未，免浙江仁和等三十一州县所旱灾额赋，并赈之。辛亥，赈成都等三十州县水灾。壬子，允准噶尔贡使哈柳等随带牛羊等物在肃州贸易。甲子，免山东历城等三十二州县卫本年旱雹等灾额赋。乙丑，免直隶保定等十一州县本年水旱虫雹灾额赋。丙寅，赏雷鋐额外谕德，食俸。戊辰，张照丁忧，调汪由敦为刑部尚书，以赵弘恩为工部尚书。免安徽歙县等二十一州县卫水灾额赋。辛未，以福建闽县等县火灾，谕责疆吏不严火备。罗卜藏丹怎就获。

十年春正月丙子，召大学士、内廷翰林于重华宫联句。改会试于三月，著为令。乙未，大学士鄂尔泰以病乞解任，温谕慰留。己亥，准噶尔遣使哈柳贡方物。庚子，召高斌来京，以刘于义署直隶总督。己酉，赈浙江淳安等四县上年水灾。朝鲜入贡。辛亥，上幸内右门直庐视鄂尔泰疾。己未，上谒昭西陵、孝陵、孝东陵、景陵。庚申，免广东海阳等二县上年水灾额赋。甲子，免江苏丹徒等十州县卫上年水灾额赋。丁卯，上还京师。己巳，免山东博兴等二县乾隆九年旱灾额赋。庚午，高斌回直隶总督。

三月癸酉朔，日食。乙亥，改殿试于四月，著为令。赈云南白盐井水灾。庚辰，上幸鄂尔泰第视疾。辛巳，加鄂尔泰太傅。己丑，协办大学士、礼部尚书三泰乞休，允之。庚寅，命讷亲协办大学士，调来保为礼部尚书，以盛安为刑部尚书。癸巳，免浙江仁和等三十州县上年旱灾额赋。甲午，以安南莫康武作乱，攻陷太原、高平等处，命那苏图等严防边隘。乙未，加史贻直、陈世倌、来保、高斌太子太保，刘于义、张允随、张广泗太子少保。

夏四月癸卯朔，发江南帑银五十六万两浚河道。己巳，免山东海丰等二县被旱额征灶课。乙卯，大学士鄂尔泰卒，上临奠，辍朝二日，命遵世宗遗诏，配飨太庙。召那苏图来京，以策楞为两广总督。调准泰为广东巡抚。以魏定国为安徽巡抚。庚申，召蒋溥来京，以杨锡绂为湖南巡抚。壬戌，饬沿海各省训练水师。癸亥，以旱命刑部清理庶狱。戊辰，策试贡士，诏能深悉时政直言极谏者听。己巳，庆复、纪山奏进剿瞻对番。

五月壬申朔，赐钱维城等三百三十三人进士及第出身有差。丁亥，除江苏苏州等九府坍没芦课。颁御制《太学训饬士子文》于各省学宫，同世祖《卧碑文》、圣祖《圣谕广训》、世宗《朋党论》朔望宣讲。命讷亲为保和殿大学士。辛卯，户部尚书阿尔赛为家奴所害，磔家奴于市。以高斌为吏部尚书，那苏图为直隶总督。命高斌、刘于义仍办直隶水利河道。以梁诗正为户部尚书。己亥，命刘于义兼管户部事务。

六月丁未，普免全国钱粮。谕曰："朕临御天下，十年于兹。抚育蒸黎，躬行俭约，薄赋轻徭，孜孜保治，不敢稍有暇逸。今寰宇粗宁，左藏有余，持盈保泰，莫先足民。天下之财，止有此数，不聚于上，即散于下。我皇祖在位六十一年，蠲租赐复之诏，史不绝书，普免天下钱粮一次。我皇考无日不下减赋宽征之令，如甘肃一省，正赋全行豁免者十有余年。朕以继志述事之心，际重熙累洽之后，欲使海澨山陬，俱沾大泽，为是特颁谕旨，丙寅年直省应征钱粮，其通蠲之。"庚戌，免安徽凤阳等州府连年被灾地方耗羡。命户部侍郎傅恒在军机处行走。辛酉，御史赫泰请收回普免钱粮成命。上斥其悖谬，褫职。癸亥，上诣黑龙潭祈雨。

秋七月辛未朔，免甘肃宁夏等三县逋赋。癸酉，以顺直宛平等六十四州县缺雨，命停征钱粮。乙酉，命高斌仍兼直隶河道总督。戊子，赈安徽寿州等十八州县卫水灾雹灾。壬辰，上奉皇太后幸多伦诺尔，免经过州县额赋十分之四。戊戌，上奉皇太后驻跸避暑山庄。赈安徽宿州等州县卫水灾。

八月癸卯，赈两淮莞渎等三场水灾。停征湖北汉川等十七州县水灾、光化等二县雹灾额赋,并赈之。上奉皇太后幸木兰行围。甲辰,上驻波罗河屯。赐青海蒙古王公宴,并赉之。丁未,上行围永安莽喀。戊申,上行围毕雅喀拉。己酉,上行围温都里华。辛亥,上行围额尔衮郭。赐蒙古王、额驸、台吉等宴。癸丑,上行围布尔噶苏台。甲寅,上行围巴彦沟。乙卯,上行围乌里雅苏台。赐王、大臣、蒙古王、额驸、台吉等宴。丙辰,上行围毕图舍尔。赈直隶宣化府属旱灾。丁巳,上行围阿济格鸠和洛。戊午,上行围僧机图。己未,上行围永安湃。庚申,上行围英图和洛。辛酉,上行围萨达克图口。壬戌,赈湖北宜城等三州县卫水灾。癸亥,上行围老图博勒齐尔。乙丑,上行围库尔奇勒。丙寅,赈甘肃安定等三县、广东电白等二县旱灾,海丰虫灾,南澳风灾。上驻多伦诺尔。丁卯,赐王、大臣、蒙古王、额驸、台吉等宴。赈山西曲沃等十二州县水灾。

九月庚午朔,上行围额尔托昂色钦。辛未,上行围多伦鄂博图。壬申,遣祭明陵。上行围古哲诺尔。癸酉,张允随以猛缅土司奉廷徵等通缅莽,请改土归流,命详议。上行围塔奔陀罗海。乙亥,赈河南永城等五县水灾。上行围札玛克图。丙子,上行围崀尔呼。丁丑,赈直隶故城等十五州县卫旱灾。癸未,上驻宣化府。甲申,上阅宣化镇兵。丁亥,赈山东济宁等六州县卫水灾,海丰旱灾。癸巳,上奉皇太后还京师。甲午,授鄂弥达湖广总督。赈两淮庙湾场水灾。丁酉,以普免钱粮,命查各省历年存余银,以抵岁需。戊戌,授尹继善两江总督。命修明愍帝陵。赈江苏淮、徐、海被灾州县。庆复奏收抚上瞻对,进剿下瞻对班滚,克加社丫等卡及南路各寨。赈陕西长安等六县水灾。

冬十月丁未,以甘肃甘山道归并肃州道。戊申,赈河南商丘等五县水灾。辛亥,裁通政使司汉右通政一。丙辰,命塞陈家浦决口。戊午,命四川严查啯匪。礼部尚书任兰枝乞休,允之。癸亥，免江苏海州等七州县漕粮。甲子，给江南灾民葺屋银。赈江苏江浦等二十一州县卫水灾。乙丑，赈湖南湘阴等三县、湖北汉川等二十一州县卫旱灾。丙寅，除湖北当阳等二县卫水冲地赋。

十一月庚午，赈顺直香河等四十八州厅县旱灾，陕西兴平等六县水灾。辛未，赈山东滕县等七州县卫水灾。壬申，以王安国为礼部尚书。甲戌，赈两淮庙湾等场水灾。乙亥，傅清奏准噶尔台吉噶尔丹策零与阿卜都尔噶里木汗构兵。丁丑，赈山西大同等十八州县旱霜雹灾。湖北巡抚晏斯盛乞养，以开泰代之。辛巳，赈广西思恩等县旱灾。壬午，准噶尔台吉噶尔丹策零卒。命西北两路筹备边防。乙酉，赈广东海𬇹等四场风灾。戊子，免安徽宿州等五州县水灾地方漕粮。庚寅，陈家浦决口合龙。癸巳，赈直隶宣化府属及庆云县旱灾。

十二月辛亥，大学士福敏乞休，优诏允之，加太傅。壬子，命庆复为文华殿大学士，留川陕总督任。命高斌协办大学士。赈陕西陇西等州县旱灾。赈淮北板浦等场水灾。乙卯，命协办大学士高斌、侍郎蒋溥均在军机处行走。

高宗本纪二

十一年春正月庚午，以纪年开帙，命减刑。癸未，命庆复进剿瞻对，为李质粹声援。辛卯，赈江苏铜山、安徽宿州等州县饥。甲午，朝鲜入贡。李质粹进攻灵达，班滚之母赴营乞命，仍纵归。上饬其失机。谕庆复督兵前进。

二月戊戌，赈山西大同等十二州县饥。辛丑，召北路军营参赞大臣拉布敦、乌勒来京，以塔尔玛善、努登代之。癸卯，上幸南苑行围。丁未，免广东新宁等州县、云南鹤庆府水灾额赋。辛亥，以三月朔日食，诏修省以实。定皇后不行亲蚕礼之年遣妃代行。丙辰，免河南永城等五县水灾额赋。庚申，西藏台吉冷宗鼐以攻瞻对擅撤兵，论斩。谕宥其死。

三月己巳，免直隶盐山等八州县水灾额赋。甲戌，赈云南白盐井水灾。乙亥，准噶尔台吉策旺多尔济那木札勒以新立，遣使哈柳贡方物，请派人往藏熬茶。戊寅，庆复至打箭炉，劾李质粹等老师玩寇，请续调官兵进剿，允之。辛巳，遣内大臣班第等赴瞻对军营。壬午，赐哈柳等宴。召见，允其往藏熬茶，颁如意赉之。甲申，赐准噶尔台吉策旺多尔济那木札勒敕。予故台吉噶尔丹策零布施。丙申，免湖北潜江等州县上年水灾额赋。庆复奏进驻灵雀。

闰三月丁酉朔，饬陕西修列代陵墓。庚子，召白钟山来京，命顾琮署江南河道总督，高斌暂管之，以刘统勋署漕运总督。赈直隶宣化府饥。赈甘肃陇西等十二州县水旱雹霜灾。丙午，命汪由敦署左都御史。癸丑，左都御史杭奕禄休致，以阿克敦代之。

夏四月丁丑，白钟山褫职，发南河效力。戒军机处漏泄机密。以鄂昌署广西巡抚。丁亥，免湖南湘阴等五县水灾额赋。己丑，免广东新宁等四州县水灾额赋。

五月丙申朔，以盛安为左都御史，阿克敦为刑部尚书。丁酉，谕顾琮查明南河虚糜之款，令白钟山赔补。壬寅，免山西大同等十八州县上年旱霜各灾额赋。丙午，庆复奏进攻瞻对，番酋班滚计日授首。加庆复太子太保。戊申，免甘肃靖远等三县上年旱灾额赋。己酉，永除直隶庆云县每年额赋十分之三。乙卯，达赖喇嘛等请宥班滚，不许。以傅清代奏，严饬之。

六月丙寅，庆复、班第等会攻丫鲁尼日寨，克之。班滚自焚死。丁卯，以打箭炉口内外番从征效力，再免贡赋二年。丙子，京城地震。壬辰，命送还俄罗斯逃人于恰克图。

秋七月丙申，加那苏图、策楞太子少傅衔，周学健太子少保衔。丁酉，命高斌赴江苏察看黄、运工程，刘于义署直隶河道总督。壬寅，四川大乘教首刘奇以造作逆书，磔于市。庚戌，周学健奏捕天主教两千余人。上以失绥远之意，宥之。壬戌，赈湖北汉川等七县水灾。癸亥，以云南张保太传邪教，蔓延数省，谕限被诱之人自首，其仍立教堂者捕治之。丁卯，召吉林将军巴灵阿来京，命阿兰泰代之。赈直隶庆云等七县场旱灾。己巳，以四川提督李质粹进剿瞻对欺饰，罢之。免广宁等处旗地水灾赋。辛未，赈湖南益阳等四州县水灾。癸酉，加赏江苏、安徽被水灾民修葺房屋银。乙酉，赈山东金乡等十一州县卫水灾。庚寅，上御瀛台，赐宗室王公等宴。改崇雅殿为敦叙殿。辛卯，上御瀛台，赐大学士、九卿、翰林、科道等宴，宣示七言律诗四章。壬辰，福建上杭县民罗日光等纠众请均佃租滋事，捕治之。癸巳，允朝鲜国王请，停奉天设牪牛哨汛兵。

九月甲午朔，除浙江归安等三县沙积坍卸地赋。戊戌，训督抚实心行政。赈山东滕县等三州县、两淮板浦等六场水灾。己亥，命高斌往奉天疏浚河道。辛丑，停今年秋决。以周学健为江南河道总督。调陈大受为福建巡抚，以安宁署江苏巡抚。定钦差大臣巡阅各省营伍例。赈河南郑州等三州县水灾。壬寅，命讷亲兼管户部。免甘肃陇西等九州县水灾额赋。癸卯，上奉皇太后启跸诣泰陵，并巡幸五台山。丁未，上谒泰陵。己酉，阿里衮患病，以班第署山西巡抚。庚戌，赉经过直隶州县耆民。甲寅，赈江苏丰县等三州县雹灾。乙卯，上驻跸五台山射虎。以山西风俗淳朴，谕疆吏教养兼施，小民崇习礼让。丙辰，免山西五台县明年额赋十分之三。丁巳，召马尔泰来京，以喀尔吉善为闽浙总督。调塞楞额为山东巡抚，陈宏谋为江西巡抚，以徐杞为陕西巡抚。庚申，上奉皇太后回跸。壬戌，召鄂弥达来京，以塞楞额为湖广总督。调阿里衮为山东巡抚，爱必达为山西巡抚。赈河南鄢陵等二十六州县水灾。

冬十月甲子，赈山西阳曲等二十二州县水雹各灾。丁卯，上阅滹沱河堤。赈湖北汉川等九州县卫水灾。庚午，上奉皇太后驻跸保定府。壬申，上阅兵，赐银币有差。甲戌，以张广泗发摘逆犯魏王氏、刘奇等，予叙。定加山西归绥道兵备衔，稽查靖远营。戊寅，上奉皇太后还京师。调开泰为江西巡抚，陈宏谋为湖北巡抚。庚辰，免张廷玉带领引见，并谕不必向早入朝及勉强进内。壬午，命汪由敦军机处行走。癸未，御史万年茂以劾学士陈邦彦等献媚傅恒不实，褫职。戊子，免安徽寿州等二十三州县水灾额赋。辛卯，拨赈江苏淮、扬、徐、海各属灾民银粮二百二十万两石有奇。

十一月癸巳，寝甄别科道之命。御史李兆钰下部议处。乙未，以河南学政汪士锽考试瞻徇，褫职。免江苏山阳等二十四州县卫水灾额赋，并分别蠲缓漕粮有差。乙巳，除奉天锦县等二县冲压地赋。己酉，予故内阁学士张若霭治丧银，并谕张廷玉节哀自爱。辛亥，李质粹发军前效力。戊午，庆复奏大金川土司莎罗奔扰小金川，倘不遵剖断，唯有用番力以收功。上是之。

十二月癸亥，召班第来京，以陶正中护山西巡抚。甲子，赈湖北潜江等七州县卫水灾。乙丑，以傅清奏达赖喇嘛看茶之绥绷喇嘛镇压郡王颇罗鼐，赐手敕慰解之，并谕以与达赖喇嘛同心办力，保安地方。戊辰，以瑚宝为驻防哈密总兵。甲戌，免直隶静海虫灾额赋，并赈之。丁丑，以张廷玉年老，命其子庶吉士张若澄在南书房行走，俾资扶掖。戊寅，赈甘肃安定等州县旱灾。免山东金乡等八州县水灾额赋。庚辰，除广西永福水冲地赋。癸未，准噶尔台吉策旺多尔济那木札勒遣使玛木特等入觐，召见于太和斋。己丑，赈苏尼特、阿巴噶等旗灾。陈大受奏，苏禄国遣番官赍谢恩表番字、汉字二道，与例不符，却之，仍优给番官令回国。上嘉为得体。

十二年春正月壬辰，命玉保办理准噶尔使赴藏事务。甲午，免山西太原等六府八州及归化城额征本色十分之三，大同、朔平二府全蠲之。乙未，赐玛木特宴于丰泽园。戊戌，免江苏海州等三州县及板浦等六场民灶旧欠。丁未，赈山东寿光等十三州县饥。乙卯，赐准噶尔台吉策旺多尔济那木札勒敕，允所遣西藏念经人在哈集尔得卜特尔过冬及贸易。

二月辛酉朔，免吉林上年旱灾应交租谷。壬申，上谒昭西陵、孝陵、孝东陵、景陵。纪山奏大金川土司侵革布什咱土司，诱夺小金川土司泽旺印信。谕饬修守御，毋轻举动。甲戌，上幸盘山。庚辰，赈山东兰山饥。壬午，除河南孟县冲坍卫地额赋。癸未，上还京师。戊子，原任内务府大臣丁皂保年届百龄，赐御书匾额朝服綵币。免湖北枣阳上年水灾额赋。

三月，免山西阳曲等二县上年水灾额赋。辛丑，召庆复入阁办事，调张广泗为川陕总督。复设云贵总督，以张允随为之。命图尔炳阿为云南巡抚，孙绍武为贵州巡抚。赈河南水灾。以大金川土司掠革布什咱、明正各土司，扰及汛地，命庆复留四川，同张广泗商进剿，并饬张广泗抚驭郭罗克、曲曲乌、瞻对、巴塘诸番。免江苏淮安等四府州属上年水灾额赋。大学士查郎阿乞休，允之。乙巳，西藏郡王颇罗鼐卒，以珠尔默特那木札勒袭封郡王。丙午，以高斌为文渊阁大学士，来保为吏部尚书。调海望为礼部尚书，傅恒为户部尚书。命索拜驻藏，协同傅清办事。免安徽寿州等二十三州县卫上年水灾额赋。丁未，命副都统罗山以原衔管阿尔泰军台，并都达布逊诺尔马厂事务。己酉，命张广泗进剿大金川土司莎罗奔。西路军营参赞大臣保德期满，以那兰泰代之。庚戌，免直隶蓟州等十四州县厅上年水灾额赋。戊辰，命高斌往江南会同周学健查勘河工，并清理钱粮积弊。己巳，以那苏图署直隶河道总督。壬午，给讷亲钦差大臣关防，命往山西会同爱必达谳安邑等二县聚众之狱。甲申，召雅尔图回京。

五月辛卯，召准泰来京，以策楞兼管广东巡抚。丙申，赈山东安丘等二县饥。甲辰，祭地于方泽，以旱屏卤簿。乙巳，命刑部清理庶狱，减徒以下罪。己酉，上诣黑龙潭祈雨。辛亥，爱必达免，调准泰为山西巡抚。壬子，以福建、山东、江南、广东、山西迭出挟制官长之狱，谕："顽民聚众，干犯刑章，不得不引为己过。各督抚其谆切化导，使愚民知敬畏官长，服从教令。"

六月庚申朔，谕来春奉慈舆东巡，亲奠孔林，命各衙门预备事宜。辛未，命贵州巡抚节制通省军务。霍备以不查劾州县亏空褫职，发军台效力。壬申，赈山东益都等七州县饥。丙子，小金川土司泽旺率众降，并归沃日三寨。官兵进剿大金川，攻毛牛及马桑等寨，克之。召庆复回京。

秋七月己丑朔，抚恤山东历城等二十州县卫水雹各灾。命高斌等疏浚江苏六塘等河。丙申，命纳延泰赈苏尼特等六旗旱灾。癸卯，停刘于义兼管户部，以讷亲代之。丙午，赈顺直固安等七十五厅州县水旱雹灾。戊申，上奉皇太后幸避暑山庄。癸丑，张广泗进驻小金川美诺寨，分路攻剿，受小金川降。乙卯，上奉皇太后驻跸避暑山庄。戊午，赈长芦永利等三场旱灾灶户。

八月辛酉，上奉皇太后幸木兰行围。丙寅，赈长芦、海丰等二县灶户。戊辰，上行围温都尔华。赐蒙古王、公、台吉等宴。辛未，采买热河八沟等处米，赈苏尼特六旗旱灾。癸酉，赈江苏苏、松等属潮灾。丙子，命赈苏尼特六旗银，均用库帑，免扣王贝勒等俸。辛巳，庆复奏进攻噶尔崖，连战克捷。谕："小小破碉克寨，何以慰朕。"壬午，赈浙江寿昌等三县水灾。乙酉，赈顺直霸州等十五州县水灾。赈湖南耒阳等九县、陕西朝邑、广东顺德等三县水灾。

九月戊子朔，免经过地方额赋十分之三。赈甘肃伏羌等十县、云南安宁等三州县厅旱灾。上奉皇太后回驻避暑山庄。癸巳，以江苏崇明潮灾，淹毙人民一万二千余口，免明年额赋，仍赈之。乙巳，赈安徽歙县等八州县卫、河南通许等二十七州县、山东齐河等八十七州县水灾。丁酉，上奉皇太后回跸。乙巳，拨奉天粮十万石赈山东。丁未，致仕大学士查郎阿卒。戊申，谕江苏清查积欠，以陈维新与侍郎陈德华规避，均褫职。壬子，赈河南许州水灾。甲寅，以顾琮为浙江巡抚，蕴著为漕运总督。乙卯，赈两淮吕田等二十场水灾。丁巳，以陈大受为兵部尚书，调潘思榘为福建巡抚，以纳敏为安徽巡抚。

冬十月辛酉，以苏禄复遣番人至福建申理吕宋番目劫夺贡使事，谕："岛夷互争，可听其自办，不必有所袒护。"乙丑，上以皇太后疾，诣慈宁宫问安视药。是日，宿慈宁宫。每日视药三次，至辛未皆如之。庚午，赈江苏阜宁等二十州县卫水灾。丁丑，免吉林被水地方额赋。戊寅，赈浙江海宁等十一县水灾。己卯，以准噶尔赴藏熬茶，宰桑巴雅斯瑚朗等至得卜特尔交易，召庆复回京。壬午，赈江苏常熟等十九州县卫潮灾，上元等十五州县卫旱灾，命江苏复截明岁漕粮四十万石备赈。癸未，谕张广泗勿受莎罗奔降。

十一月丁亥朔，上诣皇太后视药，日三次，至己丑皆如之。召阿里衮来京，以赫赫护山东巡抚。癸巳，赈浙江寿昌等三县饥，补豁被灾额赋。己酉，额驸策凌陛见，以塔尔玛善暂署定边左副将军。庚戌，赈江苏崇明等县灾民有差。癸丑，赈山东东平等州县卫灾民。辛酉，赈安徽歙县等州县卫水灾。己巳，召徐杞来京，调陈宏谋为陕西巡抚，以彭树葵署湖北巡抚。赈山东齐河等八十五州县水灾。辛未，予告大学士徐本卒。乙亥，以张广泗进剿大金川，命黄廷桂署陕甘总督。赈直隶天津等六州县水灾。

张广泗奏莎罗奔请降，告以此次用兵，不灭不已。上以"用卿得人"勉之。己卯，以大学士庆复进剿瞻对，奏报班滚自焚不实，命褫职待罪。以班第、努三均奏班滚自焚，罢御前行走。庚辰，以来保为武英殿大学士。

十三年春正月壬辰，赈江苏阜宁等县、安徽宿州等五州县水灾。庚子，命傅恒兼管兵部尚书事。辛丑，命讷亲赴浙江同高斌会鞫巡抚常安。乙巳，命阿克敦协办大学士，傅恒协办巡幸内阁事务。戊申，上至曹八屯。甲寅，大学士张廷玉乞休，温谕慰留之，停兼理吏部，以来保代之。

二月戊午，上东巡，奉皇太后率皇后启銮。癸亥，上驻跸赵北口，奉皇太后阅水围。朝鲜、琉球入贡。甲子，赈直隶天津等十五州县水灾。丙寅，常安坐婪收褫职。壬申，福建瓯宁会匪作乱，总兵刘启宗捕剿之。癸酉，经过山东被灾州县赈一月。罢奇通阿领侍卫内大臣，以阿里衮代之。乙亥，免直隶、山东经过州县额赋十分之三。戊寅，上驻跸曲阜县，免驻跸之山东曲阜、泰安、历城三县己巳年额赋。己卯，上释奠礼成，谒孔林。诣少昊陵、周公庙致祭。命留曲柄黄伞供大成殿，赐衍圣公孔昭焕及博士等宴。壬午，上驻跸泰安府。癸未，上祭岱岳庙，奉皇太后登岱。

三月乙酉，减直隶、山东监候、缓决及军流以下罪。丁亥，命班第赴金川军营协商军务。谕张广泗、班第调岳钟琪赴军营，以总兵用。戊子，上至济南府，幸趵突泉。己丑，上奉皇太后阅兵，谒帝舜庙。庚寅，上阅城，幸历下亭。免浙江余姚等五县潮灾本年漕粮。壬辰，上奉皇太后率皇后回跸。癸巳，免安徽歙县等七州县卫上年被水额赋。乙未，上至德州登舟，皇后崩，命庄亲王允禄、和亲王弘昼奉皇太后回京，上驻跸德州。召完颜伟回京，以顾琮为河东河道总督，爱必达为浙江巡抚。协办大学士、吏部尚书刘于义卒。辛丑，还京师。大行皇后梓宫至京，奉安于长春宫。上辍朝九日。壬寅，四川成都等二十三州县厅地震。甲辰，皇太后至京师，上迎还寿康宫。乙巳，上至长春宫大行皇后梓宫前致奠。丙午，上亲定大行皇后谥曰"孝贤皇后"。以皇长子届丧未能尽礼，罚师傅、谙达等俸有差。丁未，上至长春宫大行皇后梓宫前行殷奠礼。命高斌、刘统勋查办山东赈务。己酉，大行皇后梓宫移观德殿。颁大行皇后敕谕于各省。遣官赍敕谕于朝鲜及内札萨克、喀尔喀、哈密、青海等处。辛亥，调爱必达为贵州巡抚，以方观承为浙江巡抚。丁巳，加傅恒、那苏图、张广泗、班第太子太保，喀尔吉善太子少保。庚申，召驻藏副都统傅清来京，以拉布敦代之。正白旗领侍卫内大臣伊勒慎卒，以那苏图、旺札勒署。来保免兼领侍卫内大臣，以丰安代之。壬戌，上至观德殿祭大行皇后。甲子，命讷亲经略四川军务。协办大学士阿克敦免，以傅恒代之，并兼管吏部尚书。哈达哈署兵部尚书。免上年江苏常熟等十六州县卫潮灾、上元等十四州县卫旱灾额赋。乙丑，调梁诗正为兵部尚书，以蒋溥为户部尚书。免江苏山阳等十八州县卫上年被灾额赋。丁卯，军机大臣蒋溥免，以陈大受代之。癸酉，以陈大受协办大学士，达勒当阿为刑部尚书。乙亥，起原任川陕总督岳钟琪赴金川军营，赏提督衔。调阿兰泰为盛京将军，以索拜为宁古塔将军。丙子，起傅尔丹为内大臣，赴金川军营。加赈福建台湾等二县旱灾。戊寅，晋一等侯富文为一等公。庚辰，裁都察院佥都御史、通政司右通政、大理寺少卿、詹事府少詹事、太仆寺少卿、国子监司业汉缺各一。改通政司满参议一缺为右，满、汉左通政为通政副使。

五月甲申朔，赐梁国治等二百六十四人进士及第出身有差。乙酉，免直隶文安等三十二州县厅上年被水额赋。丙戌，命傅恒署户部三库事。庚寅，阿克敦论斩。辛卯，张广泗奏克戎布寨之捷。丁酉，免河南通许等二十八州县水灾额赋。壬寅，免安徽旌德等七州县卫上年旱灾额赋。甲辰，上至观德殿册谥大行皇后曰"孝贤皇后"，颁诏。丙午，释阿克敦于狱，命署工部侍郎。戊申，免山东永利等八场上年水灾额赋。壬子，免山西永济等十二州县上年水雹灾额赋。

六月丙辰，李坦以祭祀久不到班，夺伯爵。申诫旗员。庚申，御试翰林、詹事等官，擢齐召南等三员为一等，余升黜有差。御试由部院入翰林、詹事等官，擢少詹事世贵记名升川。癸亥，赈陕西耀州等二十二州县旱灾。戊辰，四川汶川县典史谢应龙驻沃日土司，阻镇将移营。上嘉之，予州同衔。己巳，命兆惠兼管户部事。庚午，裁归化城土默特左右翼副都统。甲戌，谕禁廷臣请立皇太子，并责皇长子于皇后大事无哀慕之诚。上至观德殿孝贤皇后梓宫前奠酒，行百日致祭礼。

秋七月癸未朔，皇太后懿旨："娴贵妃那拉氏继体坤宁，先册立为皇贵妃，摄行六宫事。"丁亥，免福建长乐等二县上年旱灾额赋。戊子，谕讷亲等速奏进兵方略。壬辰，贷山东农民籽种银。免江苏宿迁上年水灾额赋。甲午，命高斌会周学健勘河、湖疏泄事宜。乙未，以山西永济等五县歉收，抚恤之。戊戌，德沛免，调达勒党阿为吏部尚书，以盛安为刑部尚书。辛丑，赈直隶青县等二十九州县旱灾。癸卯，阿里衮请减饥民掠夺罪，谕斥为宽纵养奸，不许。赈山东历城等二十九州县水雹等灾。丙午，常安论绞。

闰七月癸丑朔，以阿克敦署刑部尚书，德通为左都御史。丙辰，免直隶霸州、固安水灾额赋。赈湖南益阳等八州县水灾。戊午，以彭树葵为湖北巡抚。戊辰，周学健以违制剃发，逮下狱。命高斌管南河总督。尹继善以瞻徇，褫职留任。己巳，上幸盘山,以新柱署湖广总督。召安宁来京,以尹继善兼理江苏巡抚。宁古塔将军索拜迁古北口提督,以永兴代之。辛未,以讷亲奏金川进剿持两议,谕斥之,并申饬傅尔丹、岳钟琪、班第等。壬申,上驻跸盘山。癸酉,调准泰为山西巡抚,阿里衮为山东巡抚,鄂昌为江苏巡抚,舒辂为广西巡抚。塞楞额以违制剃发,逮下狱。丁丑,赈云南昆阳等州县水灾。戊寅,召阿里衮来京,以唐绥祖护山东巡抚。己卯,免江苏元和等十县本年雹灾额赋。庚辰,上还宫。

八月甲申,以班第署四川巡抚。乙酉,以谒泰陵,命庄亲王允禄等总理在京事务。癸巳,追议征瞻对诳奏罪,下庆复于狱,许应虎论斩。庚子,谕抚恤四川打箭炉地震灾民。命来保兼管工部尚书。辛丑,上诣泰陵。甲辰,召安宁来京。乙巳,上谒泰陵。丙午,免直隶庆云等二县九年逋赋。丁未,命户部侍郎兆惠赴四川军营督运。讷亲请调兵三万进剿,不许。戊申,命仓场侍郎张师载往江南随高斌学习河务。己酉,上还京师。

九月壬子朔,调鄂昌为四川巡抚。命策楞、高斌会鞫周学健。戊午,赐塞楞额自裁。己未,召北路参赞大臣塔尔玛善、努三来京,以穆克登额、萨布哈善代之。讷亲等奏克申札、申达诸城。调策楞为两江总督,尹继善为两广总督。辛酉,召讷亲、张广泗来京。命傅尔丹护四川总督,与岳钟琪相机进讨。甲子,起董邦达在内廷行走。命尚书班第赴军营,同傅尔丹、岳钟琪办理军务。命军营内大臣以下听傅尔丹节制。丁卯,召黄廷桂来京,以瑚宝署甘肃巡抚,兼办陕甘总督事。己巳,上幸静宜园阅兵。壬申,简亲王神保住以凌虐兄女,夺爵。癸酉,命德沛袭简亲王。丁丑,谕责讷亲、张广泗老师糜饷,饬讷亲缴经略印。己卯,命傅恒暂管川陕总督事,赴军营。命侍郎舒赫德军机处行走。庚辰,讷亲、张广泗以贻误军机,褫职逮问。召张广泗来京，发讷亲北路军营效力。以傅恒为经略，统金川军务。辛巳，命来保暂管户部。

冬十月壬午朔，调满洲兵五千名赴金川军营。诸王大臣请治讷亲罪。谕责讷亲负国负恩，候回奏再行降旨。乙酉，召尹继善来京，以硕色为两广总督，鄂容安署河南巡抚。赈湖南新宁县水灾。丙戌，班第以不劾讷亲罪，降调。以舒赫德为兵部尚书。丁亥，命傅恒为保和殿大学士，兼管户部。戊子，移孝贤皇后梓宫于静安庄，上如静安庄奠酒。乙丑，赈山东邹平等三十州县卫水灾。以尹继善为户部尚书。辛卯，上幸丰泽园，赐经略傅恒并从征将士宴。岳钟琪奏克跟杂之捷。壬辰，调开泰为湖南巡抚，以唐绥祖为江西巡抚。甲午，赈山西阳曲等十五州县旱灾。戊戌，上幸宝谛寺，阅八旗演习云梯兵。丁未，赈安徽阜阳等州县卫灾。己酉，命尹继善协办大学士。壬子，幸重华宫，赐经略傅恒宴。癸丑，上诣堂子行祭告礼，及祭吉尔丹纛。甲寅，赈江苏铜山县、湖北汉川等八州县卫水灾。丙辰，命各省巡抚皆兼右副都御史衔。丁巳，上幸南苑行围。戊午，上阅兵。戊辰，赐周学健自裁。平郡王福彭卒，辍朝二日。己巳，命尹继善在军机处行走。赈福建晋江等十四县旱潮等灾。庚午，免直隶文安等三县水灾地租。癸酉，上幸丰泽园，赐东三省兵队宴，并赏赉有差。以策楞为川陕总督，雅尔哈善署两江总督。以傅恒日驰二百余里，嘉劳之。甲戌，给尹继善钦差大臣关防，署川陕总督。丁丑，以讷亲请命张广泗、岳钟琪分路进兵，责以前后矛盾，逮治之。己卯，以用兵金川劳费，密谕傅恒息事宁人。庚辰，分设四川、陕甘总督，以尹继善为陕甘总督，策楞为四川总督，管巡抚事，鄂昌为甘肃巡抚。调舒赫德为户部尚书，珊宝为兵部尚书。

十二月甲申，定内阁大学士满、汉各二员，协办大学士满、汉一员或二员，改所兼四殿二阁为三殿三阁。乙酉，加傅恒太保。命阿克敦协办大学士。丁亥，以黄廷桂为两江总督。上御瀛台，亲鞫张广泗。戊子，遣舒赫德逮讷亲赴军营，会傅恒严鞫之。以海望署户部尚书，哈达哈署兵部尚书、步军统领。辛卯，庆复、李质粹论斩。大学士陈世倌罢。壬辰，张广泗处斩。丙寅，密谕傅恒，明年三月不能奏功，应受降撤兵。丁酉，命川、陕督抚皆听傅恒节制，班第专办巡抚事务，兆惠专办粮运。免高斌大学士，仍留南河总督任。癸卯，命傅恒等讯明讷亲，以其祖遏必隆刀于军前斩之。甲辰，赈陕西耀州等二十五州县旱灾。

十四年春正月辛亥，谕傅恒、岳钟琪由党坝进剿，傅尔丹办理卡撒一路。癸丑，以大学士张廷玉年老，命五日一进内备顾问。谕傅恒以四月为期，纳降班师。乙卯，赈山东金乡等州县灾。丁巳，命傅尔丹、达勒党阿、舒赫德、尹继善、策楞参赞大金川军务。戊午，命瑚宝署陕甘总督，侍郎班第褫职，仍署四川巡抚。甲子，召傅恒还京。命尚书达勒党阿、舒赫德、尹继善均回任，策楞、岳钟琪办理大金川军务。丙寅，以傅尔丹请深入，严饬之。丁卯，以大金川莎罗奔、郎卡乞降，命傅恒班师，特封忠勇公。丙子，谕傅恒受莎罗奔等降。丁丑，南掌国王岛孙进牙象。

二月乙酉，唐绥祖请率属捐廉助饷。上以不知政体，严饬之。丙戌，加来保太子太傅，陈大受、舒赫德、策楞、尹继善太子太保，汪由敦、梁诗正太子太师，达勒党阿、纳延泰、阿克敦、哈达哈太子少师。壬辰，傅恒奏，于二月初五日设坛除道，宣诏受大金川土司莎罗奔、土舍郎卡降。赐傅恒四团龙补服，加赐豹尾枪二、亲军二，岳钟琪加太子少保。癸巳，以岳钟琪亲至勒乌围招莎罗奔等来降，谕特嘉之。丙申，召拉布敦、众佛保来京。庚子，命舒赫德查阅云南等省营伍，会同新柱勘金沙江工程，以瑚宝署湖广总督。乙巳，上幸丰泽园演耕。莎罗奔进番童番女各十人，诏却之。

三月癸丑，命皇长子及裕亲王等郊迎傅恒。乙卯，上奉皇太后至静安庄孝贤皇后梓宫前临奠。丁巳，上率经略、大学士、公傅恒诣皇太后宫问安。封岳钟琪为三等公，加兵部尚书衔。己未，命傅恒兼管理藩院，来保兼管兵部。命那木札勒、德保仍为总管内务府大臣。辛酉，上诣东陵。甲子，上谒昭西陵、孝陵、孝东陵、景陵。丁卯，上至南苑行围。癸酉，上谒泰陵。甲戌，赈湖北汉川等六州县水灾。乙亥，免直隶保安等十州县厅旱灾额赋。丁丑，裁直隶河道总督，兼理加入关防敕书。富森改西安将军。以傅尔丹为黑龙江将军。

四月壬午，上御太和殿，奉皇太后命，册封娴贵妃那拉氏为皇贵妃，摄六宫事。甲申，改来保兼管刑部。召蕴著来京，以顾琮署漕运总督。命纳延泰等勘察哈尔灾。乙酉，加上皇太后徽号曰崇庆慈宣康惠皇太后，次日颁诏覃恩有差。辛卯，免山东邹平等二十州县水灾、甘肃皋兰等十二厅州县雹灾额赋。召彭树葵来京，调唐绥祖为湖北巡抚，以阿思哈为江西巡抚。命仓场侍郎张师载以原衔协办江南河务。戊戌，以瑚宝为漕运总督，命唐绥祖署湖广总督。调哈达哈为兵部尚书，以三和为工部尚书。免山东王家冈等四场额赋。己亥，命江西巡抚兼提督衔。庚子，召纳敏来京，以卫哲治为安徽巡抚。乙巳，赈福建台湾等三县灾。免湖南新宁上年水灾额赋。

五月乙卯，免甘肃皋兰等十三厅州县旱灾额赋。丙辰，免安徽阜阳等十三州县卫上年旱灾额赋。辛酉，上至黑龙潭祈雨。

六月丙申，赈甘肃渭源等州县旱灾。己亥，广西学政胡中藻以裁缺怨望，命来京候补，仍下部严议。

秋七月戊申，赈福建光泽等二县水灾。庚戌，免湖北汉川等六州县上年水灾额赋。辛亥，直隶总督那苏图卒。免福建晋江等九县潮灾额赋。壬子，以方观承为直隶总督，陈大受署之，永贵署山东巡抚。命来保兼管吏、户二部，阿克敦兼署步军统领。庚申，上奉皇太后驻避暑山庄。辛酉，命傅恒、陈大受译西洋等国番书。丁卯，上奉皇太后木兰行围。乙亥，补蠲山西永济等六州县被灾额赋。

八月庚辰，上行围巴颜沟，蒙古诸王等进筵宴。壬午，赈湖北罗田等二县水灾。癸卯，赈河南延津等七县水灾。甲辰，赈湖北潜江等十三州县水灾。

九月乙卯，上奉皇太后回跸。乙丑，授鄂容安河南巡抚。丙寅，瞻对番目班滚降。赐庆复自裁。

冬十月甲午，赈浙江钱塘等二十二州县厅、鲍郎等十八场水灾。赏傅清都统衔，同纪山驻藏，掌钦差大臣关防。丁酉，召八十五来京，以卓鼐为归化城都统。戊戌，饬四川严缉啯匪。以珠尔默特那木札勒纵恣，谕策楞、岳钟琪、傅清、纪山防之。喀尔喀台吉额林沁之子旺布多尔济获额鲁特逃人，上嘉赉之。免江苏阜宁等二十三州县漕粮有差。己亥，免直隶蓟州等十八州县水灾额赋，并赈之。甲辰，召原任左副都御史孙嘉淦来京。

十一月丁未，命梁诗正兼管吏部尚书。癸亥，命刑部尚书汪由敦署协办大学士。戊辰，大学士张廷玉乞休，允之。庚辰，以刘统勋为工部尚书。辛巳，起彭维新为左都御史。癸未，赐张廷玉诗，申配飨之命。丁亥，汪由敦以漏泄谕旨，免协办大学士，留尚书任。以梁诗正协办大学士。辛卯，削致仕大学士张廷玉宣勤伯爵，以大学士原衔休致，仍准配享太庙。调哈达哈为工部尚书，舒赫德为兵部尚书，海望为户部尚书。以木和兰为礼部尚书，新柱为吉林将军，永兴为湖广总督。乙未，召卫哲治来京，调图尔炳阿为安徽巡抚，岳濬为云南巡抚。以苏昌为广东巡抚。

十五年春正月丙午，免直隶、山西、河南、浙江未完耗羡。免江苏、安徽、山东耗羡十分之六。丁未，命张允随为东阁大学士，硕色为云贵总督，陈大受为两广总督，梁诗正为吏部尚书，李元亮为兵部尚书。甲寅，上幸瀛台紫光阁，赐准噶尔使尼玛宴。乙卯，召纪山回京，命拉布敦同傅清驻藏办事。壬戌，命工部侍郎刘纶在军机处行走。李质粹处斩，王世泰、罗于朝论斩。

二月乙亥，上奉皇太后西巡五台，免经过地方额赋三分之一。庚辰，朝鲜入贡。丙戌，上奉皇太后驻跸五台山菩萨顶。己丑，定边左副将军喀尔喀超勇亲王策凌卒，命贝勒罗布藏署定边左副将军。丁酉，再免山西蒲县等二县上年被灾额赋十分之三。戊戌，上驻赵北口行围。辛丑，采访经学遗书。癸卯，上阅永定河堤工。

三月丙午，加张允随太子太保，蒋溥、方观承、黄廷桂太子少保。再免直隶蓟州等十七州县额赋十分之三。己酉，上奉皇太后还京师。甲寅，孝贤皇后二周年，上诣静安庄致奠。乙卯，致仕大学士张廷玉回籍，优赉有加，令散秩大臣领侍卫十员护送之。戊午，免安徽贵池等三十州县十四年水灾额赋，并赈之。乙丑，免湖北潜江等四州县十四年水灾额赋。庚午，免山东邹平等二十七州县卫十四年水灾额赋。

夏四月丙子，云南省城火药局灾。壬辰，起阿桂在吏部员外郎上行走。乙未，罢致仕大学士张廷玉配享。免安徽贵池等三十州县卫十四年水灾额赋。戊戌，召拉布敦来京，命班第驻西藏，纪山驻青海。

五月庚戌，上诣黑龙潭祈雨。辛亥，命刑部清理庶狱，减徒杖以下罪，直隶亦如之。癸丑，谕九卿科道直陈阙失。甲寅，召新柱来京，以卓鼐为吉林将军，众佛保为归化城都统。庚午，上诣黑龙潭祈雨。

六月丙子，以喀尔喀亲王成衮札布为定边左副将军。丙申，赈直隶乐亭水灾。以保德为北路军营参赞大臣。

秋七月丙午，广东巡抚岳濬褫职。命图尔炳阿、卫哲治仍留云南、安徽巡抚任。己酉，命刘统勋赴广东查折米收仓积弊。庚申，汪由敦降兵部侍郎。以刘统勋为兵部尚书，孙嘉淦为工部尚书。乙丑，缅甸入贡。

八月壬申，上御太和殿，奉皇太后懿旨，册立皇贵妃那拉氏为皇后。癸酉，以册立皇后，上率王大臣奉皇太后御慈宁宫行庆贺礼，加上皇太后徽号曰"崇庆慈宣康惠敦和皇太后"。丁亥，上奉皇太后率皇后谒陵，并巡幸嵩、洛。戊子，命纪山赴西宁办事，班第赴藏办事，代拉布敦回京。庚寅，上奉皇太后谒昭西陵、孝陵、孝东陵、景陵。甲午，左都御史德通、彭维新，左副都御史马灵阿以瞻徇傅恒议处，降革有差。丁酉，赈山东峄县等七州县水灾。

九月庚子朔，以梅毂成为左都御史。壬寅，上奉皇太后率皇后谒泰陵。癸卯，御史索禄等以劾蒋炳矫饰，谕斥其有心乱政，褫职。丙午，吏部奏原任大学士张廷玉党援门生，又与朱荃联姻，应革职治罪。上特免之。己酉，上驻正定府阅兵。辛亥，以拉布敦为左都御史。丙辰，免河南经过地方额赋十分之三。丁巳，上驻跸彰德府，幸精忠庙。辛酉，上驻跸百泉，奉皇太后幸白露园。准噶尔台吉策旺多尔济那木札勒为部人所弑，立其兄喇嘛达尔札。癸卯，再免河南歉收地方额赋十分之五。乙丑，赈福建闽县等九县水灾。己巳，免河南祥符等县明年额赋。云南河阳地震。

冬十月辛未，幸嵩山。丙子，上奉皇太后驻跸开封府。戊寅，上幸古吹台。加鄂容安为内大臣。赈浙江淳安水灾。甲申，调爱必达为云南巡抚、开泰为贵州巡抚,以杨锡绂为湖南巡抚。乙酉,免江苏清河等九州县水灾额赋。戊子,免山西应州等三州县水灾额赋。甲午,免顺直固安等四十六厅州县水雹各灾额赋,仍赈贷有差。戊戌,赈江苏溧阳等州县水灾。

十一月辛丑,上奉皇太后率皇后还京师。己酉,赈甘肃平凉二十八州雹旱灾。壬子,免山东兰山等县旱灾额赋,并赈之。癸丑,珠尔默特那木扎勒谋作乱,驻藏都统傅清、左都御史拉布敦诱诛之。其党卓呢罗卜(布)藏扎什等率众叛,傅清、拉布敦遇害。甲寅,命策楞、岳钟琪率兵赴藏,调尹继善赴四川经理粮饷,命侍郎那木扎勒同班第驻藏。逮纪山来京,命舒明驻青海,众佛保署之。乙卯,宣谕珠尔默特那木扎勒戕其兄车布登及悖逆诸状。追赠傅清、拉布敦为一等伯,封傅清子明仁、拉布敦子根敦为一等子,世袭。命侍郎兆惠赴藏,同策楞办善后事宜。丙辰,命舒赫德仍在军机处行走。调穆和蔺为左都御史,以伍龄安为礼部尚书。召雅尔哈善来京,以王师为江苏巡抚。丁巳,命策楞择藏番目与班第协办噶布伦事务。乙丑,以阿里衮为湖广总督,调阿思哈为山西巡抚,卫哲治为广西巡抚,以定长为安徽巡抚。戊辰,以捕获卓呢罗布藏扎什等,乱已定,止岳钟琪进藏,命驻打箭炉。

十二月庚午朔,赈盛京高丽堡等六站水灾。壬申,始命汉大臣梁诗正等恩荫分部学习。戊寅,赈两淮莞渎等三场水灾。庚辰,命舒赫德勘浙江海塘。壬午,乌里雅苏台参赞大臣萨布哈沙褫职,以宝德代之。戊子,赈盛京辽阳等七城、承德等六州县水灾,并蠲缓额赋有差。癸巳,唐绥祖被劾免,以严瑞龙护湖北巡抚。

十六年春正月庚子,以初次南巡,免江苏、安徽元年至十三年逋赋,浙江本年额赋,减直省缓决三次以上人犯罪。以上年巡幸嵩、洛,免河南十四年以前逋赋。辛丑,赈安徽宿州等州县上年水灾。癸卯，以江苏逋赋积至二百二十余万，谕厘革催征积弊。丙午，免甘肃元年至十年逋赋。以严瑞龙署湖北巡抚。辛亥，上奉皇太后南巡。癸丑，免经过直隶、山东地方本年额赋十分之三。自是南巡皆如之。壬戌，卓呢罗布藏札什等伏诛。癸亥，赈安徽歙县等十五州县旱灾。甲子，免山东邹平等县逋赋及仓谷。

二月辛未，赈山东兰山等七州县旱灾。癸酉，免两淮灶户逋赋。乙亥，命喀尔喀亲王德沁扎布为喀尔喀副将军，公车布登扎布为参赞大臣。丙子，上奉皇太后渡河，阅天妃闸。丁丑，阅高家堰。辛巳，免山东峄县等七州县水灾额赋有差。乙酉，上幸焦山。丙戌，调定长为广西巡抚。己丑，上驻跸苏州，谕三吴士庶，各敦本业，力屏浮华。辛卯，宣布珠尔默特那木扎勒叛逆罪状，惩办如律。严瑞龙褫职，命阿里衮兼湖北巡抚。壬辰，免江苏武进等县新旧田租，免兴化县元年至八年逋赋。癸巳，准噶尔使额尔钦等觐于苏州行宫。

三月戊戌朔，上奉皇太后幸杭州府。贷黑龙江呼兰地方水灾旗民，免官庄本年额赋。免浙江淳安县水灾本年漕粮。己亥，以张师载为安徽巡抚。庚子，上幸敷文书院，幸观潮楼阅兵。甲辰，裁杭州汉军副都统。乙巳，上祭禹陵。丙午，上奉皇太后还驻杭州府。丁未，阅兵。戊申，命高斌仍以大学士衔管河道总督事。庚戌，谕浙江士庶崇实敦让，子弟力田。命班第掌驻藏钦差大臣关防。辛亥，东阁大学士张允随卒。癸丑，上奉皇太后驻跸苏州府。甲寅，赈广东海康等县水灾。乙卯，幸宋臣范仲淹祠，赐园名曰高义，赏后裔范宏兴等貂币。辛酉，上奉皇太后幸江宁府。壬戌，上祭明太祖陵。乙丑，赐纪山自裁。丁卯，起陈世倌为文渊阁大学士。免江苏江浦等十五州县被灾额赋有差。

夏四月辛未，吉林将军卓鼐改杭州将军，以永兴代之。免甘肃皋兰等九厅州县十三年被灾额赋。癸酉，上阅蒋家坝。免江南沛县九年以前逋赋。甲戌，赈浙江永嘉等十州县场卫水灾。赈广东龙川等十二州县十五年水灾。丙子，赈江苏山阳等二十四厅州县卫十五年水灾。己卯，免甘肃狄道等二十州县十四年被水旱雹霜灾额赋有差。以恒文为湖北巡抚。癸未，免河南鄢陵等十六州县十四年水灾额赋。乙酉，永兴褫职逮问，吉林将军卓鼐降调，以傅森代之。丙戌，上驻跸泰安府，祀东岳。戊子，诏以五月朔日食，行在彻悬、斋戒。己丑，遣履亲王允祹代行常雩礼。

五月丁酉朔，日食。丁未，上临奠都统傅清、左都御史拉布敦。戊申，以永兴等诬劾唐绥祖，给还籍产，召来京。辛亥，赐吴鸿等二百四十三人进士及第出身有差。丁巳，免广东海康等十一州县十五年风灾额赋。己未，严瑞龙以诬告唐绥祖，论斩。癸亥，赈山东掖县等六州县潮灾。

闰五月戊寅，调黄廷桂为陕甘总督，尹继善为两江总督。戊子，以永贵为浙江巡抚。壬辰，命保举经学之陈祖范、吴鼎、梁锡兴、顾栋高进呈著述，原赴部引见者听。癸巳，直隶河间等州县蝗。是月，免山西太原等十九州县上年水雹等灾额赋有差。赈山东寿光等六县、官台等三场、福建宁化等二县水灾，云南剑川等七州县地震灾。

六月己亥，起唐绥祖为山西按察使。壬子，赈江苏靖江县雹灾。赈广东英德等四州县水灾。赈山西凤台、高平水灾。甲寅，免江苏沛县上年水灾额赋。丙辰，免浙江永嘉等七州卫上年旱灾额赋。赈福建宁化等县水灾。庚申，缅甸入贡。辛酉，免安徽寿州等二十五州县水灾额赋。甲子，准噶尔部人布图逊林特古斯来降。

秋七月庚午，赈福建归化等县水灾。壬申，上奉皇太后秋狝木兰。戊寅，上奉皇太后驻跸避暑山庄。己卯，河南阳武十三堡河决。庚辰，上奉皇太后巡幸木兰，行围。乙卯，免山西清水河雹灾额赋。丙戌，赈陕西朝邑县水灾。己丑，赈山东平度等州县水灾。壬辰，赈山西凤台等九县水灾。

八月乙未，赈浙江海宁等六十五州县卫所及大嵩等场旱灾。赈江西上饶等七县被旱灾。赈湖北天门旱灾。丙申，赐陈祖范、顾栋高国子监司业衔。戊戌，以硕色举发伪撰孙嘉淦奏稿，假造朱批，谕方观承等密缉之。己酉，上奉皇太后回驻避暑山庄。辛亥，命修房山县金太祖陵、世宗陵。丁巳，上奉皇太后还京师。己未，赈河南商丘等十四县水灾。庚寅，准泰以徇隐伪奏，褫职逮问。调鄂容安为山东巡抚、舒辂为河南巡抚、鄂昌为江西巡抚，以杨应琚为甘肃巡抚。命高斌赴河南办阳武河工。辛酉，以庄有恭为江苏巡抚。癸亥，免甘肃平凉等五州县雹灾额赋。乙丑，定明年二月各省举行恩科乡试。诏停本年秋决。癸酉，赈山东邹平等五十三州县水灾。丙子，上奉皇太后诣泰陵。丁丑，赈福建福安等二县水灾。庚辰，上奉皇太后谒泰陵。是日，回跸。甲申，命舒赫德赴江南查办伪撰孙嘉淦奏稿事。庚寅，命陈世倌兼管礼部。两广总督陈大受卒，调阿里衮代，以永常为湖广总督。辛卯，赈河南上蔡等州县水灾。癸巳，赈福建霞浦等四县潮灾。

冬十月戊戌，以范时绶署湖南巡抚。壬寅，赈长芦属富国等七场、山东王家冈等三场水灾。甲寅，赈安徽歙县等十八州卫旱灾。丙辰，赈江苏铜山等八州县水灾。调陈宏谋为河南巡抚，舒辂为陕西巡抚。赈山东齐东等七州县本年水灾、荣成县雹灾。戊午，赈直隶武清等二十六州县水雹灾。癸亥，赈山东官台二场灶潮灾。

十一月甲戌，赈河南祥符等五县水灾。乙亥，赈直隶东明等三州县本年水灾。庚辰，阳武决口合龙。乙酉，以皇太后六旬万寿，上徽号曰"崇庆慈宣康惠敦和裕寿皇太后"，颁诏覃恩有差。

丙戌，命高斌、汪由敦会勘天津河工。戊子，皇太后圣寿节，上奉皇太后御慈宁宫，率王公大臣行庆贺礼。

十二月癸巳朔，以乌尔登为北路军营参赞大臣。丁酉，浚永定河引河。戊戌，赈吉林珲春地方本年水灾。庚子，赈山东邹平等五十五州县水灾。壬寅，以雅尔哈善为浙江巡抚。甲辰，浚直隶南北两运减河。命多尔济代班第驻藏办事。辛亥，赈浙江鄞县等六十州县卫所、大嵩等八场旱虫灾。

十七年春正月乙亥，赐准噶尔使图卜齐尔哈朗等宴。庚戌，设盛京总管内务府大臣，以将军兼管。甲申，以准噶尔达瓦齐、阿睦尔撒纳内讧，增兵阿尔泰边隘。命舒赫德、玉保查阅北路军营。丙戌，以阿巴齐、达清阿为北路参赞大臣。丁亥，赈江苏铜山等六州县、安徽歙县等九州县被灾贫民。辛卯，修直隶永定河下口及凤堤。

二月乙未，以钟音为陕西巡抚。己亥，释准泰。甲寅，上诣东陵。丙辰，布鲁克巴之额尔德尼第巴贡方物。丁巳，上谒昭西陵、孝陵、孝东陵、景陵。戊午，上驻跸盘山。己未，赈山西山阴、虞乡被灾贫民。辛酉，修房山县金太祖、世宗陵。

三月戊辰，以浙东灾重，谕雅尔哈善加赈，毋令流移。庚午，上还宫。壬申，以莫尔欢为归化城都统。戊寅，福建巡抚潘思榘卒，调陈宏谋为福建巡抚，以蒋炳为河南巡抚。

夏四月甲午，免山东齐东等十二州县卫上年水灾额赋。乙巳，免直隶武清等二十三州县上年水灾额赋。庚戌，免浙江海宁等七十三州县卫及大嵩等十三场上年水灾额赋。丁巳，免直隶永利等四场、山西山阴等县上年水灾额赋。

五月辛未，直隶东光、武清等四十三州县蝗。庚辰，赈河南祥符等十四县水灾。己丑，赈甘肃狄道等十四州县上年水灾。山东济南等八府蝗，江南上元等十二州县生螨。

六月甲午，准噶尔部人呢雅斯来降。丁未，御试翰林、詹事等官，擢汪廷玙等三员为一等，余升黜有差。试满洲由部院改入翰林、詹事等官，擢德尔泰为一等，余降用有差。丙辰，以鄂乐舜为甘肃巡抚。

秋七月丁丑，上奉皇太后秋狝木兰。己卯，免所过州县钱粮十分之三。癸未，上奉皇太后驻跸避暑山庄。丁亥，赈江苏铜山等县水灾。

八月丙申，顺天乡试内帘御史蔡时田、举人曹咏祖坐交通关节，处斩。壬寅，抚赈福建晋江等厅县风灾。甲辰，上奉皇太后巡幸木兰，行围。丙午，命黄廷桂查办陕西赈恤。乙卯，赈陕西咸宁等二十一州县旱灾。

九月辛酉，西洋波尔都噶尔亚国遣使入贡。四川杂谷土司苍旺作乱，命岳钟琪率兵剿之。庚午，苏禄番目所赍入贡国书不合，饬喀尔吉善等遣回国。甲戌，四川官军克杂谷脑，降番寨一百有六。予策楞、岳钟琪优叙。戊寅，减甘肃张掖等五县偏重额赋。赈河南被灾饥民。己卯，上奉皇太后还京师。庚辰，协办大学士、吏部尚书梁诗正请终养，许之。以孙嘉淦为吏部尚书、协办大学士，汪由敦为工部尚书。辛巳，准噶尔喇嘛根敦林沁等来降。丁亥，召尹继善来京，以庄有恭署两江总督。苍旺伏诛。

冬十月戊子朔，赐秦大士等一百四十一人进士及第出身有差。召鄂昌来京，以鄂容安署江西巡抚，杨应琚署山东巡抚。壬寅，阿思哈奏平阳绅民捐赈灾银。谕不忍令灾地富民出赀，饬还之。调定长为山西巡抚，以李锡泰为广西巡抚。己酉，上诣东陵，并送孝贤皇后安地宫。壬子，上谒昭西陵、孝陵、孝东陵、景陵。丁巳，赈江苏上元等十九州县、山西临晋等十州县、湖北钟祥等二十五州县卫旱灾。四川杂谷、黑水后番上下寨来降。

十一月庚申，上还京师。甲子，命刑部尚书刘统勋在军机处行走。戊辰，赈山西闻喜等五州县旱灾。庚辰，以鄂容安为江西巡抚。

十二月戊子，赈甘肃皋兰二十一厅州县水灾雹灾。己丑，修陕西永寿等九县城，以工代赈。赈河南武陟县水灾。黑龙江将军富尔丹卒，以绰尔多代之。乙巳，御史书成请释传钞伪奏稿人犯忤旨，褫职。谕陈宏谋毋究捕天主教民。

十八年春正月戊午，赈陕西耀州等三十七州县、山西永济等十一州县旱灾。丙寅，广东东莞县匪莫信丰等、福建平和县匪蔡荣祖等作乱，捕治之。戊寅，调黄廷桂署四川总督，尹继善署陕甘总督，以鄂容安兼署两江总督，班第署两广总督。辛巳，鄂昌等褫职逮问。乙酉，免山东章丘等三十一州县卫积年逋赋。

二月丁亥朔，以岳钟琪请用兵郭罗克，谕黄廷桂议奏。丙申，上谒泰陵。丁酉，上祭金太祖、世宗陵。江南千总卢鲁生坐伪撰孙嘉淦奏稿，磔于市。己亥，皇太后自畅春园启跸至涿州，上诣行宫请安。壬寅，上奉皇太后御舟至莲花淀阅水围。丙午，免河南夏邑等五县十六年被水额赋。丁未，命兆惠赴藏办事。戊申，上阅永定河工。庚戌，上幸南苑行围。辛亥，免江苏上元等十州县十七年水灾额赋。

三月癸亥，以雅尔哈善于查办伪奏稿不加详鞫，下部严议。戊寅，赈安徽寿州等十一州县卫上年旱灾饥民。己卯，以开泰署湖广总督，定常署贵州巡抚。辛巳，赈湖北十九州县卫上年旱灾。

夏四月丁亥，钱陈群谏查办伪奏稿，上斥以沽名，并饬勿存稿，以"尔子孙将不保首领"谕之。己丑，西洋博尔都噶里雅遣使贡方物，优诏答之。以恒文署湖广总督。甲午，赐西洋博尔噶都里雅贡使宴。乙未，免云南剑川州十六、七年地震水灾额赋有差，并赈恤之。辛丑，赐西洋博尔都噶里雅国王敕，加赉文绮珍物。丙午，以旱命刑部清理庶狱，减徒以下罪，直隶亦如之。丁未，上诣黑龙潭祈雨。壬子，命永常、努三往安西，给钦差大臣关防。

五月癸亥，减秋审、朝审缓决三次以上罪。丁卯，山东济宁、汶上等州县蝻。免广东丰顺等三县上年水灾额赋。辛未，免浙江仁和等六县、仁和场上年水灾额赋，并赈恤之。辛未，准噶尔台吉喇嘛达尔札与达瓦齐相攻被执，达瓦齐自为台吉。

六月癸巳，以策楞署兵部尚书。乙未，浙江上虞人丁文彬以衍圣公孔昭焕发其造作逆书，鞫实，磔之。丙申，天津等州县蝗。

秋七月甲子，顺天宛平等三十二州县卫蝗。壬申，江南邵伯湖减水二闸及高邮车逻坝同时并决，命策楞、刘统勋会同高斌查办水灾。赈安徽歙、太湖等县水灾。庚辰，命庄有恭赈高邮、宝应水灾。壬午，停各省分巡道兼布政使司参政、参议，按察使司副使、佥事等衔，及升用鸿胪寺少卿。

八月戊子，命履亲王允祹代祭大社、大稷。赈两淮板浦等场水灾。戊戌，上奉皇太后秋狝木兰。庚子，高斌免，以策楞署南河河道总督，同刘统勋查办河工侵亏诸弊。辛丑，命永常、开泰各回本任。甲辰，上奉皇太后驻跸避暑山庄。乙巳，拨江西、湖北米各十万石赈江南灾。丁未，上奉皇太后巡幸木兰，行围。庚戌，高斌、张师载褫职，留河工效力，以卫哲治为安徽巡抚。辛亥，赈江苏铜山十二州县水灾、山东兰山等县水灾。

九月庚申，赈湖北潜江等三县水灾。壬戌，河南阳武十三堡河决。丁卯，以扈从行围畏葸不前，褫丰安公爵、田国恩侯爵，阿里衮罢领侍卫内大臣。以弘升为正白旗领侍卫内大臣。庚午，以皇后至盘山，命舒赫德为领侍卫内大臣管理内务府大臣随往。江苏铜山河决。壬申，命舒赫德协办江南河工，以阿里衮署领侍卫内大臣，随扈盘山。以尹继善为江南河道总督，鄂容安为两江总督，调永常为陕甘总督，开泰为湖广总督，黄廷桂为四川总督，以定常为贵州巡抚，胡宝瑔为山西巡抚，范时绶为江西巡抚，杨锡绂为湖南巡抚。召班第来京，以策楞为两广总督。癸酉，上奉皇太后驻避暑山庄。甲戌，左都御史梅毂成休致。丙子，谕将贻误河工之同知李焞、守备张宾斩于铜山工次。命策楞等缚高斌、张师载令目睹行刑讫释放。丁丑，赈山东利津等县水灾。

冬十月庚寅，苏禄国王遣使劳独万查剌请内附，下部议。辛卯，召刘统勋来京。乙未，赈山东海丰等六县本年潮灾。命钟音署陕甘总督。辛丑，以杨锡绂为左都御史，调胡宝瑔为湖南巡抚，恒文为山西巡抚，以张若震为湖北巡抚。癸卯，免江苏阜宁等二十六州县卫新旧额赋有差。乙巳，赈安徽太湖等三十州县卫水灾。庚戌，免浙江钱塘等二十八州县卫所旱灾额赋有差。

十一月己未，召苏昌来京，以鹤年为广东巡抚。癸亥，江西生员刘震宇以所著《治平新策》有"更易衣服制度"等语，处斩。甲子，赈甘肃皋兰等二十九州县卫所水雹灾，并免额赋有差。甲戌，以杨应琚为山东巡抚。准噶尔杜尔伯特台吉车凌乌巴什等率所部来降。丙子，赈浙江玉环厅旱灾。庚辰，安徽池州府知府王岱因亏空褫职，潜逃拒捕，处斩。

十二月丙戌，赈两淮富安等场旱灾。命归降杜尔伯特台吉车凌等移居呼伦贝尔。丁亥，协办大学士、吏部尚书孙嘉淦卒。命玉保、努三、萨喇勒为北路参赞大臣。命舒赫德赴鄂尔坤军营。庚寅，命户部尚书蒋溥协办大学士，以黄廷桂为吏部尚书，仍管四川总督，鄂尔达署之。丙申，江南张家马路及邵伯湖二闸决口同日合龙。庚子，以准噶尔台吉达瓦齐未遣使来京，谕永常暂停贸易。

十九年春正月壬子，赈安徽宿州等十五州县卫、江苏阜宁等十五州县卫上年水灾。壬戌，命萨喇勒等讨入卡之准噶尔乌梁海。乙亥，命杨锡绂署吏部尚书，罢鄂弥达兼管。丁丑，琉球入贡。己卯，准噶尔台吉车凌等入觐。

二月丙申，赈山东兰山十八年水灾。戊戌，苏禄入贡，命广东督、抚檄国王毋以内地商人充使。赈山东昌邑等四县、永丰等五场潮灾。癸卯，召策楞来京。乙巳，准噶尔乌梁海库木来降。己酉，命策楞赴北路军营。

三月辛亥朔，以白钟山为河东河道总督，杨应琚署之。准噶尔台吉阿睦尔撒纳等与达瓦齐内閧。戊午，命舒赫德、成衮札布、萨喇勒来京。喀尔喀亲王额琳沁多尔济管理喀尔喀兵事。庚申，四川提督岳钟琪卒。赈湖北潜江等四州县卫水灾，并蠲赋有差。癸亥，免直隶大城等十厅州县十八年水雹旱灾额赋。庚午，免安徽太平等二十五州县卫十八年水灾额赋，并赈之。乙亥，赈两淮富安等十二场灶户。

夏四月庚辰朔，加刘统勋、汪由敦太子太傅，方观承、喀尔吉善、黄廷桂太子太保，鄂容安、开泰太子少傅，永常、硕色太子少保。命准噶尔台吉车凌等入觐。庚寅，成衮札布降喀尔喀副将军，以策楞为定边左副将军。辛卯，召班第回京。以杨应琚署两广总督。丙午，命都统德宁、准噶尔台吉色布腾为北路军营参赞大臣。是月，免长芦沧州等二场上年旱灾灶户、直隶沧州等二州上年水灾灶户额赋。赈甘肃皋兰等十五州县上年旱灾。赈安徽宿州等十二州县、江苏阜宁等二十三州县上年水灾。

闰四月庚戌朔，赐庄培因等二百三十三人进士及第出身有差。己未，免湖北潜江等四州县卫上年水灾额赋。辛未，色布腾入觐，命大学士傅恒至张家口传旨迎劳，封贝勒。壬申，京师雨。

五月辛巳，命清保为黑龙江将军。以准噶尔内乱，谕两路进兵取伊犁。召永常、策楞来京，面授机宜。甲申，上奉皇太后巡幸盛京。戊子，免安徽太平等二十五州县卫上年水灾额赋。庚寅，上奉皇太后驻跸避暑山庄。封准噶尔台吉车凌为亲王，车凌乌巴什为郡王，车凌孟克为贝勒，孟克特穆尔、班珠尔、根敦为贝子。癸巳，免浙江庙湾等十一场十八年被水灶户额赋，灾重者赈之。丁酉，免长芦属永阜等三场上年水灾灶户额赋。戊戌，召陈宏谋来京。命刘统勋协同永常办理陕甘总督事务。调陈宏谋为陕西巡抚，钟音为福建巡抚。己亥，召雅尔哈善来京，调鄂乐舜为浙江巡抚，以鄂昌为甘肃巡抚。

六月壬子，赈福建龙溪等州县水灾。庚申，赈甘肃皋兰等五州县旱灾。壬戌，阿睦尔撒纳等为达瓦齐所败，奔额尔齐斯夔博和硕之地。谕策楞等接应归附。壬申，命雅尔哈善署户部侍郎，在军机处行走。

秋七月辛巳，赈直隶蓟州等州县水灾。壬午，上奉皇太后诣盛京。癸未，命护军统领塔勒玛善、副都统扎勒杭阿为北路军营参赞大臣。丙戌，以乌梁海人巴朗逃，降车布登为贝子，参赞大臣安崇阿、德宁论斩。丁酉，阿睦尔撒纳率部众来降，命萨喇勒迎劳。己亥，上驻跸彰武台河东大营，奉皇太后御行幄。庚子，以喀尔喀台吉丹巴札布失机，命处斩。召策楞、舒赫德、色布腾、萨喇勒来京，以额林沁多尔济署将军，兆惠为参赞大臣。壬寅，命阿睦尔撒纳入觐。丙午，以班第为兵部尚书，署定边左副将军。以阿里衮为步军统领。赈江苏兴化等州县水灾。

八月辛亥，授杨应琚两广总督。癸丑，命达勒党阿为黑龙江将军。甲寅，上驻跸吉林。乙卯，上诣温德亨山望祭长白山、松花江。丁巳，召鄂容安赴行在，以尹继善署两江总督。己未，赈齐齐哈尔等三城水灾。庚申，赈甘肃皋兰等五州县旱灾。丙寅，上阅辉发城。丁卯，命阿睦尔撒纳游牧移鄂尔坤、塔密尔。癸酉，以车凌孟克及车凌乌巴什、讷默库为西路参赞大臣。乙亥，北路以达勒党阿、乌勒登、努三、兆惠为参赞大臣，西路以萨喇勒、阿兰泰、玉保为参赞大臣。

九月丁丑朔，赈两淮角斜等场灶潮灾。辛巳，上奉皇太后率皇后谒永陵。萨喇勒等征乌梁海。甲申，免甘肃皋兰等十五州县被水被雹额赋。丙戌，谒昭陵、福陵。丁亥，上奉皇太后驻跸盛京。戊午，上率群臣诣皇太后行庆贺礼。御崇政殿受贺。免奉天府所属本年丁赋。自山海关外及宁古塔等处，已结、未结死罪均减等，军流以下悉免之。朝鲜国王李昑遣使诣盛京贡献。己丑，停本年秋决。辛卯，上谒文庙。癸巳，上御大政殿，盛京宗室、觉罗、将军等进御膳。甲午，上奉皇太后率皇后自盛京回跸。己亥，减直隶武清等四县额赋。辛丑，以班第为定边左副将军，鄂容安为参赞大臣。癸卯，命车凌乌巴什、讷默库、车凌孟克等赴西路，在参赞大臣上行走，喀尔喀王巴雅尔什第等在北路军营领队上行走。

冬十月癸丑，赈山东惠民等十六州县卫、永和等三场水灾。甲寅，调卫哲治为广西巡抚，鄂乐舜为安徽巡抚，以周人骥为浙江巡抚。乙卯，赈安徽寿州等十九州县卫本年水灾、山西马邑雹灾。丙辰，上奉皇太后还宫。戊午，上御太和殿，受王以下文武百官进表朝贺。己未，以工部尚书汪由敦管刑部尚书。辛酉，赈江苏阜宁等十六州县卫水灾，并蠲赋有差。辛未，移京城满洲兵三千驻阿勒楚喀等处屯垦，增副都统一、协领一。庚午，以鄂弥达署吏部尚书。

十一月戊寅，赈福建诸罗等二县风灾。上幸南苑。苏禄国王苏老丹嘛喊㗂麻安柔律嶙遣使贡方物。准噶尔克尔辖特台吉阿布达什来降。庚辰，赈顺天直隶武清等十五州县被水被雹饥民，并免额赋有差。乙酉，上幸避暑山庄。丁亥，辉特台吉阿睦尔撒纳、杜尔伯特台吉讷默库等率降众于广仁岭迎驾。是日，上召见阿睦尔撒纳等赐宴，赏赉有差。戊子，封阿睦尔撒纳为亲王，讷默库、班珠尔为郡王；杜尔伯特台吉刚多尔济、巴图博罗特，辉特台吉札木参、齐木库尔为贝勒；杜尔伯特台吉布图克森、额尔德尼、罗垒原端，辉特台吉德济特、普尔普、克什克为贝子；辉特台吉根敦札布等，杜尔伯特台吉布颜特古斯等为公；杜尔伯特台吉乌巴什等，辉特台吉伊什等为一等台吉。以辉特亲王阿睦尔撒纳为北路参赞大臣，郡王讷默库为西路参赞大臣。命额琳沁多尔济为西路参赞大臣，召班第来京。命阿睦尔撒纳署将军，额驸色布腾巴勒珠尔协办。命车凌同车凌乌巴什往西路军营，讷默库同阿睦尔撒纳、班珠尔往北路军营。戊戌，上还京师。

十二月戊申，以班第为定北将军，阿睦尔撒纳为定边左副将军，永常为定西将军，萨喇勒为定边右副将军。辛亥，上幸大学士来保、予告大学士福敏第视疾。以亲王固伦额驸色布腾巴勒珠尔、亲王衔琳沁、郡王讷默库、班珠尔、郡王衔青滚杂卜、尚书公达勒党阿、总督伯鄂容安、护军统领乌勒登为北路参赞大臣，亲王额琳沁多尔济、车凌、郡王车凌乌巴什、贝勒车凌孟克、色布腾、贝子扎拉丰阿、公巴图孟克、玛什巴图、将军阿兰泰为西路参赞大臣。癸亥，安南国王黎维祎进方物。赈甘肃河州等十五州县卫水灾。丙寅，调鄂容安为西路参赞大臣，命阿兰泰、库克新玛木特为北路参赞大臣。

二十年春正月丁丑，命定边左副将军阿睦尔撒纳率参赞大臣额驸色布腾巴勒珠尔、郡王品级青滚杂卜、内大臣玛木特、奉天将军阿兰泰由北路进征，定边右副将军萨喇勒率参赞大臣郡王班珠尔、贝勒品级札拉丰阿、内大臣鄂容安由西路进征。癸未，以阿里衮署刑部尚书。癸卯，免乌梁海、札哈沁、包沁等贡赋一年。

二月乙巳朔，日食。命兆惠留乌里雅苏台协办军务，在领队大臣上行走。丙午，朝鲜贡方物。乙卯，上谒东陵。戊午，上谒昭西陵、孝陵、孝东陵、景陵，至孝贤皇后陵奠酒。己未，召范时绶来京，调胡宝瑔为江西巡抚，以杨锡绂署湖南巡抚，蒋溥署吏部尚书。赈山东惠民等十二州县卫水灾。庚申，准噶尔噶勒杂特部人齐伦来降。丁卯，赈云南易门、石屏地震灾民。己巳，赈江苏高邮等州县卫上年灾民。

三月丙子，永常等奏额鲁特业克明安巴雅尔来降。戊寅，免江苏江浦等二十二州县卫十九年水灾额赋。己卯，上诣泰陵。召鄂昌来京，调陈宏谋为甘肃巡抚，以台柱署陕西巡抚。壬午，上谒泰陵。乙酉，上驻跸吴家庄，阅永定河堤。丙戌，上幸晾鹰台行围，殪熊一虎二。召大学士、九卿、翰詹、科道，谕胡中藻诗悖逆，张泰开刊刻、鄂昌唱和诸罪，命严鞫定拟。庚寅，上还京师。鄂昌褫职逮问。壬辰，高斌卒。释张师载回籍。乙未，扎哈沁得木齐巴哈曼集、宰桑敦多克等来降。庚子，免直隶霸州等六州县厅本年旱灾额赋。壬寅，准噶尔台吉噶勒藏多尔济等来降。

夏四月丙午，额林哈毕尔噶宰桑阿巴噶斯等来降。壬子，致仕太保、大学士张廷玉卒，命遵世宗遗诏，配飨太庙。甲寅，胡中藻处斩。乙丑，吐鲁番伯克莽噶里克来降。免长芦永利等三场、海丰一县水灾额赋。丙寅，免山东惠民等十六州县水灾额赋。丁卯，绰罗斯台吉衮布扎布等并叶尔羌等回部和卓来降。戊辰，琉球国世子尚穆遣使入贡请封，允之。壬申，集赛宰桑齐巴汗来降。

五月甲戌朔，免安徽寿州等十九州县卫水灾额赋。喀尔喀车臣汗副将军公格勒巴木丕勒褫爵，留营效力，以札萨克郡王得木楚克代之。戊寅，赈奉天承德等七州县水灾。庚辰，命翰林院侍讲全魁、编修周煌往琉球册封。辛巳，和通额默根宰桑鄂哲特等来降。壬午，库图齐纳尔宰桑萨赍来降。甲申，准噶尔宰桑乌鲁木来降。戊子，阿勒闵沁鄂拓克宰桑塔尔巴来降。己丑，达瓦齐遁特克斯。庚寅，史贻直原品休致。赐鄂昌自尽。辛卯，命黄廷桂为武英殿大学士，仍留四川总督任。调王安国为吏部尚书，以杨锡绂为礼部尚书，何国宗为左都御史。调陈宏谋为湖南巡抚，以吴达善为甘肃巡抚，图尔炳阿为河南巡抚。壬辰，阿睦尔撒纳奏克定伊犁，赏阿睦尔撒纳亲王双俸，封其子为世子。晋封班第、萨喇勒为一等公，玛木特为三等公。赏色布腾巴勒珠尔亲王双俸。封扎拉丰阿为郡王，车布登扎布、普尔普为贝勒。赏车凌亲王双俸。封车凌乌巴什、班珠尔、讷默库为亲王，策楞孟克为郡王。再授傅恒一等公爵。军机大臣等俱优叙有差。赈江苏清河、铜山等州县水灾。癸巳，召达勒党阿来京协办大学士，以绰勒多署黑龙江将军。大学士傅恒辞公爵，允之。封班第为诚勇公，萨喇勒为超勇公，玛木特为信勇公。

六月癸卯朔，以平定准部告祭太庙，遣官告祭天、地、社、稷、先师孔子。命四卫喇特如喀尔喀例，每部落设盟长及副将军各一人。丙午，阿睦尔撒纳奏兵至格登山，大败达瓦齐之兵。封喀喇巴图鲁阿玉锡、巴图济尔噶勒、察哈什等男爵，并授散秩大臣，余赏赉有差。己酉，加上皇太后徽号曰"崇庆慈宣康惠敦和裕寿崇禧皇太后"，颁诏覃恩有差。癸丑，阿克敦免，以鄂弥达为刑部尚书，仍署吏部尚书，阿里衮署兵部尚书，降永常为侍郎。命大学士黄廷桂为陕甘总督，调开泰为四川总督。召刘统勋来京，以硕色署湖广总督，爱必达署云贵总督。己未，罗卜藏丹津等解送京师，遣官告祭太庙，行献俘礼。庚申，上御午门受俘，宥罗卜藏丹津罪，巴朗、孟克特穆尔伏诛。甲子，以班第等奏阿睦尔撒纳与各头目往来诡秘，擅杀达瓦齐众宰桑，图据伊犁。温旨令即行入觐。戊辰，获达瓦齐，准部平。

秋七月戊寅，杜尔伯特台吉伯什阿噶什等来降。丁亥，乌兰泰以获达瓦齐封男爵。黑龙江将军绰勒多改荆州将军，以达色代之。

八月丙午，赈江苏海州等七州县水灾雹灾。丁未，上奉皇太后巡幸木兰。壬子，上奉皇太后驻跸避暑山庄。甲寅，赈山东金乡等二十二州县卫水灾。封准噶尔台吉伯什阿噶什为亲王。丁巳，上奉皇太后至木兰行围。庚申，召尹继善来热河。

九月壬申朔，免福建台湾等三县上年被水额赋。甲戌，上御行殿，绰罗斯噶勒臧多尔济等入觐，赐宴。阿睦尔撒纳入觐，至乌陇古，叛，掠额尔齐斯台站。丙子，准噶尔头目阿巴噶斯等叛。起永常为内大臣，仍办定西将军事，策楞、玉保、扎拉丰阿为参赞大臣。命哈达哈留乌里雅苏台，会同阿兰泰办事。丁丑，阿睦尔撒纳犯伊犁。庚辰，颁招抚阿睦尔撒纳谕。壬午，上奉皇太后回驻避暑山庄。癸未，赐噶勒臧多尔济等冠服，封噶勒臧多尔济为绰罗斯汗，车凌为杜尔伯特汗，沙克都尔曼济为和硕特汗，巴雅尔为辉特汗。晋封喀尔喀郡王桑斋多尔济为亲王。命哈达哈等讨阿睦尔撒纳。丁亥，命策楞为定西将军。以喀尔喀郡王巴雅尔什第等捕诛包沁叛贼台拉克等，晋封巴雅尔什第为亲王，沙克都尔扎布为贝勒，达尔扎诺尔布扎布为贝子。赈浙江山阴等十五州县、曹娥等五场、湖州一所，云南剑川一州本年被水灾民。赈湖北江陵等八州县卫本年被水灾民。庚寅，逮永常来京，降策楞为参赞大臣，以扎拉丰阿为定西将军。刘统勋舍巴里坤退驻哈密，切责之。丙申，逮刘统勋来京，命方观承往军营办理粮饷，以鄂弥达署直隶总督。噶勒臧多尔济之子诺尔布琳沁讨阿巴噶斯，败之，获得木齐班咱，加封郡王。封贝勒齐木库尔为郡王。以阿里衮署刑部尚书，调汪由敦为刑部尚书。戊戌，户部尚书海望卒。

冬十月辛丑朔，策楞褫职逮问，命副都统莽阿纳、喀宁阿为西路领队大臣。甲辰，以卫哲治为工部尚书，鄂宝署广西巡抚。戊申，赈浙江会稽等州县场所水灾。命富德为参赞大臣。壬子，宥刘统勋、策楞发军营，以司员效力。癸丑，赈山东邹县等十九州县卫、官台等四场水灾。丁巳，达瓦齐等解至京，遣官告祭太庙社稷，行献俘礼。戊午，上御门楼受俘，释达瓦齐等。赈安徽无为等三十二州县被水饥民。命李元亮署工部尚书。辛酉，起策楞为参赞大臣，署定西将军，命进剿阿睦尔撒纳。甲子，将军班第、尚书鄂容安败绩于乌兰库图勒，死之。副将军萨喇勒被执。丙寅，命哈达哈为定边左副将军，雅尔哈善为参赞大臣，达勒党阿为定边右副将军，阿兰泰为乌里雅苏台参赞大臣。

十一月辛未，以杜尔伯特贝勒色布腾为北路参赞大臣。癸酉，以策楞为内大臣兼定西将军，扎拉丰阿为定边右副将军，达勒党阿为参赞大臣。宥青滚杂卜罪。甲戌，以鄂勒哲依、哈萨克锡喇为参赞大臣，尼玛为内大臣兼参赞大臣。云南剑川州地震。壬午，调鄂乐舜为山东巡抚，高晋为安徽巡抚，锡特库为巴里坤都统。癸未，宥达瓦齐罪，封亲王，赐第京师。甲午，噶勒杂特得木齐丹毕来降。

十二月癸卯，起乌勒登为领队大臣。以卢焯署陕西巡抚。丙午，命侍郎刘纶往浙江查办前巡抚鄂乐舜，并查江南、浙江赈务。戊申，免伊犁本年贡赋。以吉林将军傅森为兵部尚书，额勒登代之。己未，赈索伦、达呼尔水灾霜灾。赈湖北潜江等六州县卫水灾。赈两淮徐渎等十二场、山西岢岚州本年水灾各有差。

高宗本纪三

二十一年春正月庚午，以额驸科尔沁亲王色布腾巴勒珠尔贻误军机，褫爵禁锢。喀尔喀亲王额琳沁多尔济以疏纵阿睦尔撒纳，处斩。己卯，以准噶尔故总台吉达什达瓦之妻率众来降，封为车臣默尔根哈屯。命尹继善往浙江会审鄂乐舜。丁亥，阿巴噶斯得木齐哈丹等来降。乙未，命哈达哈由阿尔泰进兵协剿。原任副将军萨喇勒由珠勒都斯来归，命与鄂勒哲依同掌副将军印。命协办大学士达勒党阿由珠勒都斯进兵协剿。丁酉，致仕协办大学士阿克敦卒。

二月癸卯，授巴里坤办事大臣和起钦差大臣关防。戊申，以杨廷璋为浙江巡抚。辛亥，上启跸谒孔林。以策楞奏报获阿睦尔撒纳，命改谒泰陵。甲寅，上谒泰陵。免直隶、山东经过州县钱粮十分之三，歉收地方免十分之五。乙卯，上幸山东，诣孔林。免山东海丰等三县潮灾额赋。壬辰，赈山东兰山等州县水灾。癸亥，赈浙江仁和等十五州县场水灾。甲子，工部尚书卫哲治病免，以赵弘恩代之。策楞以误传获阿睦尔撒纳奏闻。丁卯，命萨喇勒以副将军驻特讷格尔。戊辰，授硕色为湖广总督，郭一裕为云南巡抚。

三月己巳朔，上至曲阜，谒先师孔子庙。授清保为盛京将军。庚午，释奠礼成。谒孔林、少昊陵、元圣周公庙。免曲阜丁丑年额赋。辛未，赈山东邹县等十七州县卫水灾。丙戌，免江苏宿迁被灾河租，湖北潜江等五州县上年水灾额赋。丁亥，命哈达哈进兵乌梁海布延图，以青滚杂卜、车布登为参赞大臣。策楞等奏复伊犁。戊子，免安徽宿州等二十一州县卫、江苏阜宁等七十二州县卫上年水灾额赋。壬辰，上谒昭西陵、孝陵、景陵，诣孝贤皇后陵奠酒。丙申，赐鄂乐舜自尽。丁酉，上还京师。

夏四月壬子，免山东邹县等十九州县卫上年潮灾额赋。命达勒党阿由西路、哈达哈由北路进征哈萨克，以哈宁阿、鄂实为参赞大臣。癸丑，命大学士傅恒赴额林哈毕尔噶整饬军务。策楞、玉保逮问。以乌勒登疏纵阿睦尔撒纳处斩。甲寅，命尚书阿里衮在军机处行走。丁巳，召傅恒回京。富德奏败哈萨克于塞伯苏台。壬戌，免山西岢岚州二十年霜灾额赋。癸亥，军机大臣雅尔哈善、刘纶罢。命裘曰修在军机处行走。乙丑，召刘统勋回京。

五月戊辰朔，玉保降领队大臣，以达勒党阿为定边右副将军，巴禄为参赞大臣。乙亥，免浙江仁和等十三州县上年被灾额赋。庚辰，上诣黑龙潭祈雨。乙酉，以莽阿纳、达什车凌为参赞大臣。丁亥，免甘肃甘州等三府本年民屯额赋。赈甘肃皋兰等二十州县上年霜雹灾。辛丑，噶勒杂特宰桑根敦等来降。壬子，以莽阿纳为归化城都统。癸丑，何国宗降调，以赵弘恩为左都御史，调汪由敦为工部尚书，刘统勋为刑部尚书。丙辰，伯什阿噶什属宰桑赛音伯克来降。癸亥，杜尔伯特台吉伯什阿噶什遣使来降，命封亲王。乙丑，封杜尔伯特台吉乌巴什为贝子。

秋七月戊辰，免安徽无为等三十二州卫上年水灾额赋。壬申，特楞古特宰桑敦多克及古尔班和卓等于济尔玛台诈降，哈达哈等率兵殄之。授哈达哈领侍卫内大臣，车布登扎布郡王，唐喀禄、舒赫德副都统，三都布多尔济公爵，余议叙有差。庚辰，漕运总督瑚宝卒，以张师载代之。丁亥，上幸清河，至班第、鄂容安丧次赐奠。壬辰，以青滚杂卜叛迹已著，谕舒明、成衮扎布等捕剿之。癸巳，库车伯克鄂对等来降。

八月壬寅，以绰尔多为黑龙江将军。乙巳，命喀尔喀亲王成衮扎布为定边左副将军，舒明、阿兰泰、桑斋多尔济、德沁扎布、塔勒玛善为参赞大臣。辛亥，命纳木扎勒、德木楚克为参赞大臣。以保德署绥远城将军。癸丑，上奉皇太后秋狝木兰。磔阿巴噶斯等于市。戊午，赈车臣汗部落札萨克辅国公成衮等六旗旱灾。额鲁特达玛琳来降。庚申，上奉皇太后巡幸木兰，行围。授瑚图灵阿、富昌、保德、哲库纳、阿尔宾为参赞大臣，随成衮扎布办事。以保云署绥远城将军。壬戌，台吉伯什阿噶什入觐，召见行殿，赐宴。癸亥，予成衮扎布等议叙。甲子，以喀尔喀贝勒品级车木楚克扎布接续台站，封为贝勒。乙丑，哈达哈等征哈萨克，大败之。授扎拉丰阿为贝子，明瑞为副都统。赈陕西长安等十三州县雹灾。

九月甲戌，达瓦齐近族台吉巴里率人户来降，命附牧扎哈沁地方。丁丑，土尔扈特台吉敦多布达什遣使臣吹扎布入贡，上召见于行幄，赐宴。戊子，免甘肃乾隆元年至十五年积年欠赋，及宁夏安西等二十二州县卫本年额赋有差。庚寅，上奉皇太后回驻避暑山庄。授杜尔伯特亲王伯什阿噶什为盟长。乙未，暹罗国王遣使贡方物。赈山东鱼台等县水灾。

闰九月癸卯，封罗卜藏车楞之子塔木楚克扎布为贝勒。戊申，上奉皇太后回跸。庚戌，授阿桂为北路参赞大臣。准借黑龙江被水人户籽种口粮。甲寅，上奉皇太后还京师。赈安徽宿州等十二州县卫水灾。辛酉，免江苏清河十二州县卫被灾漕项。

冬十月戊辰，命哈达哈以参赞大臣随同成衮扎布办事，阿里衮、富德回京。壬申，以富勒赫未能预防河决，召来京。命爱必达为河道总督，刘统勋署之。调鹤年为山东巡抚，授尹继善两江总督，兼管河务。癸酉，以满福为巴里坤都统。丙子，兆惠以回部霍集占叛状闻，遣阿敏道等进兵。戊寅，辉特台吉巴雅尔叛掠洪霍尔拜、扎哈沁，命宁夏将军和起讨之。己卯，赈直隶延庆等八州县卫本年水灾雹灾。乙酉，致仕大学士福敏卒。

十一月丁未，赈甘肃皋兰等二十六州县水雹灾。辛亥，调陈宏谋为陕西巡抚，图勒炳阿为湖南巡抚。甲寅，命仍逮问策楞、玉保。降封扎拉丰阿公爵。以达勒党阿为定西将军，兆惠为定边右副将军，永贵为参赞大臣。庚申，哈萨克锡喇巴玛及回人莽噶里克率众袭将军和起于辟展。和起力战死之，命如傅清、拉布敦例恤。己未，黄廷桂奏备马三万匹，增兵驻哈密等处。上以"明决担当"嘉之。赏黄廷桂双眼花翎、骑都尉世职。壬戌，王安国病免。以汪由敦署吏部尚书，赵弘恩署工部尚书，何国宗署左都御史。

十二月甲子朔，策楞、玉保逮京，途次为额鲁特人所害。庚午，赈山西汾阳等县水灾。辛未，谕哲布尊丹巴胡图克图加号敷教安众喇嘛。壬申，以卢焯为湖北巡抚。赈山东金乡等二十一州县卫水灾。甲戌，免陕西盩厔等四县本年水灾民屯额赋、马厂地额赋之半。戊寅，获青滚杂卜于杭噶奖噶斯，赏成衮扎布黄带，封子一人为世子，封纳木扎勒一等伯。己卯，召瑚图灵阿等回京。以获青滚杂卜功，晋贝勒车木楚克扎布郡王品级，赏贝勒旺布多尔济等双眼花翎。丙戌，达勒党阿罢协办大学士，以鄂弥达代之。

二十二年春正月甲午，以南巡免江苏、安徽、浙江累年逋赋。以成衮扎布为定边将军，由巴里坤进剿，车布登扎布署北路定边左副将军，舒赫德、富德、鄂实为参赞大臣，色布腾巴勒珠尔、阿里衮、明瑞等为领队大臣。乙未，赈江苏清河等十九州县水灾。戊戌，命嵩椿为荆州将军。以莽古赉为参赞大臣，赴北路军营。己亥，命哈达哈为参赞大臣，驻科布多。庚子，以哈宁阿、永贵为参赞大臣。癸卯，上奉皇太后南巡。甲辰，授汪由敦吏部尚书，调何国宗为礼部尚书，秦蕙田为工部尚书，赵弘恩仍回左副都御史，白钟山为江南河道总督，张师载为河东河道总督，杨锡绂为漕运总督，授爱必达江苏巡抚。丙午，免直隶静海等三州县逋赋。丁未，免经过直隶、山东地方本年钱粮十分之三，被灾地方十分之五。壬子，赈山东济宁五州县卫水灾。癸丑，以阿思哈为北路参赞大臣。己未，以嵇璜为江南副总河。命阿桂留乌里雅苏台办事。壬戌，噶勒藏多尔济、达什车凌等叛。

二月癸亥朔，免经过江南、浙江地方本年钱粮十分之三，被灾地方十分之五。甲子，赈江苏清河十四州县卫、安徽宿州等四州县卫灾民。丙寅，兆惠全师至乌鲁木齐，封一等伯，世袭。丁卯，上奉皇太后渡河至天妃闸，阅木龙。免江南乾隆十年以前漕项积欠。免两淮灶户乾隆十七年至十九年未完折价银两。乙亥，上奉皇太后渡江。癸未，幸宋臣范仲淹高义园。甲申，上奉皇太后幸苏州府。乙酉，上奉皇太后临视织造机房。调富森为吏部尚书，以纳木札勒为工部尚书。降阿里衮为侍郎，以兆惠为户部尚书、领侍卫内大臣，舒赫德为兵部尚书。命成衮扎布、兆惠分路捕剿额鲁特叛众。丙戌，上阅兵于嘉兴府后教场。丁亥，上阅兵于石门镇。己丑，上奉皇太后幸杭州府。庚寅，上阅兵。辛卯，免山东齐河等三州县民欠，及山西汾阳等二县、江苏清河等十二州县水灾额赋。

三月丁酉，噶勒藏多尔济陷伊犁，命成衮扎布讨之。庚子，上奉皇太后驻跸苏州府。己酉，上奉皇太后幸江宁府。免江南之江宁、苏州，浙江之杭州三府附郭诸县本年额赋。庚戌，上奠明太祖陵。辉特台吉车布登多尔济叛，哈达哈讨获之。命尽诛丁壮，以女口赏喀尔喀。辛亥，以哈达哈为兵部尚书。癸丑，上奉皇太后渡江。甲寅，召原任大学士史贻直入阁办事，黄廷桂仍以大学士兼管陕甘总督。丙辰，免陕西潼关等州县上年水雹灾额赋。召刘统勋赴行在。己未，上奉皇太后渡河。

夏四月壬戌朔，直隶总督方观承劾奏巡检张若瀛擅责内监僧人。上斥为不识大体，仍谕内监在外生事者听人责惩。乙丑，免江苏淮安等三府州地亩额赋。命刘统勋督修徐州石工，侍郎梦麟督修六塘以下河工，副总河嵇璜督修昭关滚坝支河，均会同督、抚、总河筹办。召成衮扎布、兆惠、舒赫德等来京，以雅尔哈善为参赞大臣，掌定边右副将军印，命阿里衮驻巴里坤办事。丙寅，上至孙家集阅堤工。唐喀禄获车布登多尔济，以普尔普部人赏乌梁海。丁卯，上渡河，至荆山桥、韩庄闸阅河工。戊辰，免直隶延庆等州县卫二十一年雹灾水灾额赋。庚午，减山东海丰县属黎敬等五庄粮额，并免十一年至二十年逋赋。以松阿里为绥远城将军。获普尔普。辛未，上至阙里释奠先师孔子。上奉皇太后驻跸灵岩。命史贻直仍以文渊阁大学士兼吏部尚书。乙亥，改松阿里为凉州将军，以保德为绥远城将军。戊寅，免山东济宁等五州县逋赋。己卯，调蒋炳为河南巡抚，以阿思哈为湖南巡抚。庚辰，免河南夏邑等四县逋赋。辛巳，以夏邑生员段昌绪藏吴三桂伪檄，命方观承赴河南会同图勒炳阿严鞫之。乙酉，何国宗罢。丁亥，上还京师。命秦蕙田署礼部尚书。戊子，以前布政使彭家屏藏明末野史，褫职逮问。以归宣光为礼部尚书。庚寅，福建厦门火。丁酉，上诣蓝靛厂迎皇太后居畅春园。乙巳，赐蔡以台等二百四十二人进士及第出身有差。丁未，霍集占叛，副都统阿敏道死之。

六月辛酉朔，以胡宝瑔为河南巡抚，阿思哈署江西巡抚。壬戌，免甘肃及河南夏邑等四县明年额赋。癸亥，以爱必达为云贵总督，调陈宏谋为江苏巡抚，明德为陕西巡抚，定长为山西巡抚。甲子，赈河南鄢陵等州县水灾。戊辰，彭家屏论斩。丁丑，赏达什达瓦部落两月口粮。癸未，喀尔喀达玛琳叛，命桑寨多尔济讨之。己丑，赈安徽宿州等十六州县卫水灾、甘肃碾伯等三十八州县厅水雹灾。

秋七月辛卯朔，赈山东馆陶等州县水灾。壬辰，以刘藻为云南巡抚。癸卯，赐彭家屏自尽。命史贻直仍兼工部。乙巳，赈安徽宿州等十州县水灾雹灾。丙午，赈山东东平州等五州县水灾。以获巴雅尔授富德内大臣，封贝勒罗布藏多尔济为郡王。丁未，以杨应琚为闽浙总督，以鹤年为两广总督，蒋洲为山东巡抚，塔永宁为山西巡抚。哈萨克汗阿布赍遣使入贡。戊申，上奉皇太后巡幸木兰。癸丑，额鲁特台吉浑齐等杀札那噶尔布，以其首来降。戊午，赈山东济宁等三十二州县卫水灾、福建龙岩等二州县水灾。

八月丙寅，哈萨克霍集伯尔根等降。丁卯，以萨喇善为吉林将军，傅森署之。戊辰，赈甘肃柳沟等三卫旱灾。乙亥，上奉皇太后巡幸木兰，行围。赈山西汾阳水灾。辛巳，巴雅尔、达什车凌伏诛。

九月癸巳，克埒特、乌噜特各部俱平。甲午，上御行殿，哈萨克阿布赍等使臣入觐，赐宴。戊戌，以富勒浑为湖南巡抚。珲齐等复叛。庚子，额鲁特沙喇斯、玛呼斯二宰桑叛，命都统满福讨之。以雅尔哈善为兵部尚书。辛丑，上奉皇太后回驻避暑山庄。壬寅，磔尼玛等于故将军和起墓前。丁未，命刘统勋赴山东、江南办理河工。辛亥，上奉皇太后还京师。

冬十月壬戌，上幸南苑，行围。癸亥，琉球入贡。乙丑，以雅尔哈善署定边右副将军。丁卯，召车布登扎布来京，以纳木扎勒署定边左副将军。阿桂赴科布多，以莽古赉为北路参赞大臣。辛未，以兆惠为定边将军，车布登扎布为定边右副将军。丙戌，以永贵为陕西巡抚。

十一月丙申，以喀尔喀亲王德沁扎布为北路参赞大臣。壬子，以吴拜为左都御史。戊午，赈甘肃皋兰等二十二州县霜雹等灾。

十二月癸亥，以陈宏谋为两广总督，李侍尧署之，托恩多为江苏巡抚，阿尔泰为山东巡抚。己巳，大学士陈世倌乞休，许之。乙亥，封车木楚克扎布为郡王。丁丑，赈扎噜特、阿噜、科尔沁三旗灾。庚辰，舒赫德以失机褫职。甲申，加史贻直、陈世偕太子太傅，鄂弥达、刘统勋太子太保。

是岁，朝鲜、暹罗、琉球入贡。

二十三年春正月己丑，赈河南卫辉等府属灾民一月。免甘肃乾隆十六年至二十二年逋赋。庚寅，命兆惠、车布登扎布剿沙喇伯勒、雅尔哈善、额敏和卓征回部。辛卯，赈江苏清河等十八州县、安徽宿州等十州县灾民有差。癸酉，赈直隶大名等州县灾民。丙午，以俄罗斯呈验阿睦尔撒纳尸及哈萨克称臣纳贡，宣谕中外。己酉，吏部尚书汪由敦卒，上亲临赐奠。壬子，以刘统勋为吏部尚书，调秦蕙田为刑部尚书，以嵇璜为工部尚书，调钟音为广东巡抚，周琬为福建巡抚，周人骥署贵州巡抚。癸丑，命雅尔哈善为靖逆将军，额敏和卓、哈宁阿为参赞大臣，顺德讷、爱隆阿、玉素布为领队大臣，征回部。命永贵、定长以钦差大臣关防办理屯田事务。

二月庚申，朝鲜入贡。癸亥，赈陕西葭州等八州县旱灾。乙丑，赈德州等三十七州县卫所灾民。

三月庚寅，上谒西陵。癸巳，上谒昭西陵、孝陵、孝东陵、景陵。庚子，上谒泰陵。辛丑，兆惠等进兵沙喇伯勒，获扎哈沁哈拉拜，尽歼其众。舍楞遁，命和硕齐、唐喀禄追捕之。壬寅，免江苏山阳等二十五州县卫额赋有差。乙巳，御试翰林、詹事等官，擢王鸣盛等三员为一等，余升黜有差。试由部院改入翰林等官，擢德尔泰为一等，余升黜有差。丁未，以吴士功为福建巡抚，钟音为陕西巡抚，托恩多为广东巡抚，庄有恭署江苏巡抚，冯钤为湖北巡抚。

夏四月壬戌，免甘肃兰州等六府州县乾隆三年至十年逋赋。戊辰，复封额驸色布腾巴勒珠尔为亲王。免直隶霸州等三十三州县厅乾隆十年至二十年逋赋。庚午，致仕大学士陈世倌卒。壬申，命李元亮兼署户部尚书。免直隶魏县等二十九州县厅上年水灾额赋。丙子，命陈宏谋回江苏，以总督衔管巡抚事。以冯钤为湖南巡抚，庄有恭署湖北巡抚，李侍尧署两广总督。庚辰，上诣黑龙潭祈雨。壬午，以旱命刑部清理庶狱，减徒以下罪，直隶如之。

五月戊子，免甘肃通省二十四年额赋。癸丑，赈陕西延安等三府州旱灾。

六月辛未，免陕西榆林等八州县逋赋。癸未，免陕西靖边等八州县上年额赋。直隶元城等州县蝗。

秋七月丁亥，免甘肃安西等三卫二十二年风灾额赋。己丑，毛城铺河决。庚寅，霍集占援库车，雅尔哈善等击败之。免福建台湾县旱灾额赋。丙申，加黄廷桂少保，杨应琚、开泰太子太保，杨锡绂太子少师，陈宏谋、高晋、胡宝瑔太子少傅，白钟山、爱必达、吴达善太子少保。戊戌，赈山西静乐等州县水雹灾。庚子，上奉皇太后秋狝木兰。壬寅，舍楞奔俄罗斯。召阿桂还。癸卯，右翼布鲁特玛木特呼里比米隆遣其弟舍尔伯克入觐。谕缚献哈萨克锡喇。乙巳，以纳木札勒为靖逆将军，三泰为参赞大臣。谕兆惠赴库车，丙午，上奉皇太后驻跸避暑山庄。戊申，赏车布登扎布亲王品级。壬子，赈陕西延安等十七州县旱雹灾。

八月丙寅，雨。己巳，上奉皇太后幸木兰行围。甲戌，以都赉为兵部尚书。丁丑，赈甘肃皋兰等二十四州县厅旱灾。壬午，缅甸国王莽达喇为得楞野夷所害，木梳铺土官甕藉牙自立。

九月己丑，赐布鲁特使臣舍尔伯克宴。提督马得胜以攻库车失机，处斩。庚寅，右部哈萨克图里拜及塔什干回人图尔占等来降。丙申，奉皇太后驻避暑山庄。戊戌，调归宣光为左都御史，以嵇璜为礼部尚书，命梁诗正署工部尚书。命驻防伊犁大臣兼理回部事务。己亥，赈浙江仁和等县水灾。甲辰，哈喇哈勒巴克回部来降。庚戌，和阗城伯克霍集斯等来降。壬子，乌什城降。

冬十月癸亥，赈浙江钱塘等十六县场水灾，山西朔平府属霜灾。丁卯，赈直隶大城等九县水雹霜灾。兆惠自巴尔楚克进兵叶尔羌。甲戌，吴拜病免，以德敏为左都御史。赈直隶沧州等六州县场水灾。

十一月甲申朔，右部哈萨克遣使来朝，赐宴。乙酉，上回跸。丙戌，上幸南苑行围。戊子，上大阅。己丑，以阿里衮为参赞大臣，赴兆惠军营。辛卯，赈江苏海州等五州县水旱潮灾。丁酉，兆惠至叶尔羌城外，陷贼围中。授富德为定边右副将军，阿里衮、爱隆阿、福禄、舒赫德为参赞大臣，往叶尔羌策应。己亥，以十二月朔望日月并食，谕修省。辛丑，克里雅伯克阿里木沙来降。甲辰，以兆惠深入鏖战，封一等武毅谋勇公，晋额敏和卓郡王品级，霍集斯贝子加贝勒品级。丁未，纳木扎勒、三泰、奎玛岱策应兆惠，途次遇贼，死之。加赠纳木扎勒公爵、三泰子爵、奎玛岱世职。以舒赫德为工部尚书。庚戌，富德赴叶尔羌。

十二月癸丑朔，日食。左副都御史孙灏奏请明年停止巡幸，上斥其识见舛谬，改用三品京堂，并以"效法皇祖练武习劳"谕中外。赈福建台湾等四县风灾。加赈浙江仁和等七县所水灾。壬戌，裘曰修罢军机处行走。丁卯，除甘肃张掖等四县水冲田亩额赋。戊辰，晋封喀尔喀札萨克郡王齐巴克雅喇木丕勒为亲王。壬申，免浙江钱塘等七县本年水灾额赋。

二十四年春正月甲申，免甘肃通省明年额赋及积年各项积欠。癸巳，雅尔哈善处斩。己亥，大学士伯黄廷桂卒，以吴达善为陕甘总督，明德为甘肃巡抚，暂护总督。授李侍尧两广总督。癸卯，命蒋溥为大学士，仍管户部尚书，梁诗正为兵部尚书，归宣光为工部尚书，陈德华为左都御史，李元亮兼管兵部满尚书，苏昌署满工部尚书。

二月壬戌，哈宁阿论斩。癸亥，赈车都布等三旗旱灾。甲子，富德、阿里衮与霍集占战呼尔璊，大败之。封富德为三等伯，予舒赫德、阿里衮、豆斌等世职。命舒赫德回阿克苏办事。己巳，富德兵至叶尔羌，会兆惠兵进攻。晋封富德一等伯。命车布登扎布为副将军，福禄、车木楚克扎布为参赞大臣。鄂斯满等陷克里雅。谕巴禄援和阗。庚辰，以兆惠、富德回阿克苏，严责之。

三月癸未，命舒赫德同霍集斯驻和阗，截贼窜路。己丑，以头等侍卫乌勒登、副都统齐努浑为北路参赞大臣。壬辰，召杨应琚来京，以杨廷璋署闽浙总督。甲午，彗星见。己亥，明瑞晋封承恩毅勇公。江苏淮安等三府州蝗。

夏四月辛亥，富德等援和阗。癸丑，以阿桂为富德军营参赞大臣。丁巳，常雩，祀天于圜丘。上以农田望泽，命停止卤簿，步行虔祷。以杨应琚为陕甘总督，吴达善以总督衔管巡抚事。戊午，以杨廷璋为闽浙总督，庄有恭为浙江巡抚。庚申，免浙江钱塘等十六县场上年风灾额赋。辛酉，展赈甘肃河州等处旱灾。命刑部清狱减刑，甘肃亦如之。甲子，赈甘肃狄道等二十三厅州县卫旱灾雹灾。丁卯，上临原任大学士黄廷桂丧。癸酉，免山西阳曲等五州县上年水灾雹灾额赋。丁丑，禁织造贡精巧緷绣。命舒赫德仍回驻阿克苏。

五月辛巳，免陕西潼关等六十五厅州县本年额赋有差。辛卯，上诣黑龙潭祈雨。丁酉，赈陕西咸宁等州县旱灾。己亥，诏诸臣修省，仍直言得失。辛丑，上素服诣社稷坛祈雨。丁未，上以雨泽未沛，不乘辇，不设卤簿，由景运门步行祭方泽。己酉，赈甘肃皋兰等州县被旱灾民。

六月庚戌，缓常犯奏请处决。甲寅，以恒禄为绥远城将军。

戊午，赈陕西榆林等十一州县旱灾。庚申，上以久旱，步至圜丘行大雩礼。是日，大雨。命兆惠进兵喀什噶尔，富德进兵叶尔羌。甲戌，江苏海州等州县、山东兰山等县蝗，谕裘曰修、海明捕蝗。丙子，英吉利商船赴宁波贸易，庄有恭奏却之。谕李侍尧传集外商，示以禁约。

闰六月丙戌，免福建台湾等三县上年风灾额赋。丁酉，赈甘肃皋兰等州县旱灾。庚子，布那敦弃喀什噶尔遁。甲辰，霍集占弃叶尔羌遁。丙午，以刘纶为左都御史。戊申，以甘肃旱，停发本年巴里坤等处遣犯。

秋七月己酉朔，兆惠等奏喀什噶尔、叶尔羌回众迎降。布那敦、霍集占遁巴达克山。命阿里衮等率兵攻巴尔楚克。庚戌，谕兆惠等追捕布那敦、霍集占。命车布登扎布驻伊犁，防霍集占等入俄罗斯。辛亥，以捕蝗不力，夺陈宏谋总督衔。壬子，上奉皇太后启跸，秋狝木兰。己未，上奉皇太后驻跸避暑山庄。停征山西阳曲等三十九州县厅旱灾额赋。丁丑，改西安总督为川陕总督，四川总督为四川巡抚，甘肃巡抚为甘肃总督管巡抚事。以开泰为川陕总督，杨应琚为甘肃总督。山西平定等州县蝗。

八月己卯，明瑞追剿霍集占等于霍斯库鲁克岭，大败之。壬午，赈甘肃皋兰等四十州县本年旱灾。己丑，申禁英吉利商船逗留宁波。壬辰，富德等奏追剿霍集占于阿勒楚尔，大败之。癸巳，上奉皇太后幸木兰，行围。庚子，富德奏兵至叶什勒库勒诺尔，霍集占窜巴达克山。

九月庚戌，赈浙江江山等县水灾。论剿贼功，晋封回人鄂对为贝子，阿什默特、哈岱默特为公，复敏珠尔多尔济公爵。癸丑，定西域祀典。命阿桂赴阿克苏办事。晋封玉素布为贝勒。丙寅，改甘肃安西镇为安西府。上奉皇太后还京师。以苏昌为湖广总督。除回城霍集占等苛敛。

冬十月己卯，颁给阿桂钦差大臣关防。癸未，赈山西阳曲等五十六州县旱灾。丁亥，赐哈宁阿自尽。戊子，禁州县捕蝗派累民间。癸巳，免山西助马口庄头本年旱灾额赋十分之七。乙未，以鄂弼为山西巡抚。赈盛京开原等城、承德等七州县旱灾，抚恤长芦沧州等六州县、严镇等五场被水灶户，均蠲额赋有差。免甘肃狄道等二十二厅州县上年水灾雹灾额赋。丙申，赈顺天直隶固安等四十七州县水霜雹虫灾，并蠲额赋有差。丁酉，谕："国家承平百年，休养滋息，生齿渐繁。今幸边陲式廓万有余里，以新辟之土疆，佐中原之耕凿，又化凶顽之败类为务本之良民，一举而数善备。各督抚其通饬所属，安插巴里坤各城人犯，分别惩治，勿以纵释有罪为仁，使良法不行。"己亥，赈江苏上元等十九州县厅水虫风潮灾。庚子，富德奏巴达克山素勒坦沙献霍集占首级，全部投诚。命宣谕中外。将军兆惠加赏宗室公品级鞍辔。将军富德晋封侯爵，并赏戴双眼花翎。参赞大臣公明瑞、公阿里衮赏戴双眼花翎。舒赫德以下，均从优议叙。晋封额敏和卓为郡王，赏玉素布郡王品级。辛丑，以平定准、回两部用兵本末，制《开惑论》，宣示中外。赈浙江嘉兴等二十州县卫所、双穗等九场水灾虫灾。壬寅，却诸王大臣请上尊号。赈陕西定边等九县旱雹霜灾。癸卯，召喀尔喀、杜尔伯特诸部落汗、王、公等赴太平嘉宴。

十一月辛亥，以平定回部，上率诸王大臣诣皇太后寿康宫庆贺。御太和殿受朝贺。颁诏中外，覃恩有差。辛酉，杨应琚加太子太师。乙丑，除山东济宁州、鱼台县水淹地赋。癸酉，命各回城伯克等轮班入觐。哈尔塔金布鲁特来降。

十二月甲子，赈甘肃皋兰等十四厅州县及东乐县丞属本年旱灾。癸巳，免两淮丁溪等七场被灾应纳折价十分之七。甲午，赈山东海丰等十六州县卫、永阜等三场本年水灾潮灾。丁酉，免浙江江山等三县本年水灾额赋。

二十五年春正月戊申，以西师凯旋，再免来岁甘肃额赋。己酉，赈甘肃皋兰等州县旱灾。庚戌，命乌鲁木齐屯田。乙卯，霍罕额尔德尼伯克遣使陀克塔玛特等入觐。丙辰，巴达克山素勒坦沙遣使额穆尔伯克等及齐哩克、博罗尔使入觐。定边将军兆惠等以霍集占首级来上，并俘酋扪多索丕等至京。丁巳，上御午门行献俘礼。命霍集占首级悬示通衢，宥扪多索丕等罪。己未，布鲁特阿济比遣使锡喇噶斯等入觐。

二月丁丑，命侍郎裘曰修、伊禄顺清查甘肃各州县办理军需。赈札萨克图汗等四旗部落饥。癸未，上启跸诣东陵。乙酉，赈山西阳曲等州县上年旱灾。丙戌，上谒昭西陵、孝陵、孝东陵、景陵。丁亥，以清馥迁延讳匿，命正法。辛卯，免盛京等十九驿旱灾额赋，并赈之。癸巳，上还京师。丙申，命车布登扎布以副将军统兵剿捕哈萨克巴鲁克巴图鲁，以玛巘、车木楚克扎布为参赞大臣。上诣泰陵。己亥，上谒泰陵。以兆惠、富德为御前大臣。壬寅，兆惠等凯旋，上至良乡郊劳。癸卯，上还京师。甲辰，赐哈密札萨克郡王品级、贝勒玉素布等冠服有差。

三月丙午朔，上御太和殿受凯旋朝贺。丁未，试办伊犁海努克等处屯田。设乌鲁木齐至罗克伦屯田村庄。免安徽怀宁等十七州县卫上年水虫灾额赋。壬子，以阿布都拉为乌什阿奇木伯克，阿什默特为和阗阿奇木伯克，噶岱默特为喀什噶尔阿奇木伯克，鄂对为叶尔羌阿奇木伯克。甲寅，颁阿桂关防，驻伊犁办事，常亮等协同办事。丁巳，免浙江仁和等十州县卫所、双穗等九场上年水灾虫灾额赋。辛酉，赈江苏上元等五十五州县卫上年水灾。甲子，上临和硕和婉公主丧次，赐奠。丙寅，上幸皇六子永瑢第。戊辰，命新柱往叶尔羌办事。己巳，晋封纯贵妃为皇贵妃。

以巴图济尔噶勒为内大臣。庚午，免山东海丰等十六州县、永阜等三场上年潮水灾额赋。

夏四月戊子，以山东兰山等县蝻生，命直隶预防之。己亥，内大臣萨喇勒卒。

五月甲辰朔，日食，诏修省。丙午，谕陕甘总督辖境止乌鲁木齐，饬杨应琚仍回内地。壬子，诏曰："内地民人往蒙古四十八部种植，设禁之，是厉民。今乌鲁木齐各处屯政方兴，客民前往，各成聚落，污莱辟而就食多，大裨国家牧民本图。无识者又疑劳民。特为宣谕。"癸丑，赐毕沅等一百六十四人进士及第出身有差。丁巳，免安徽怀宁等十七州县卫上年水灾虫伤额赋。乙丑，裁陕西榆葭道，改延绥道为延榆绥道，移驻榆林府，以鄜州隶督粮道。己巳，哈萨克阿布勒巴木比特遣使入觐，赐敕书，却所请游牧伊犁，及居住巴尔鲁克等地。前掠乌梁海之巴鲁克巴图鲁服罪，献还所获，仍赐赉之。

六月乙亥，免甘肃征本年及来年耗羡。丁酉，召阿里衮回京。命海明赴喀什噶尔办事。

秋七月癸卯朔，谕热河捕蝗。甲辰，山西宁远等、直隶广昌等州县蝗。甲寅，伯什克勒木等庄回人迈喇木呢雅斯叛，阿里衮剿平之。以阿思哈为江西巡抚。乙卯，赈江苏高邮等州县水灾。戊辰，以杨宁为喀什噶尔提督。己巳，以俄罗斯驻兵和宁岭、喀屯河、额尔齐斯、阿勒坦诺尔四路，声言分界，谕阿桂、车布登扎布等来岁以兵逐之。

八月丙戌，命乌鲁木齐驻扎大臣安泰、定长、永德为总办，列名奏事。其大臣侍卫等，均如领队大臣例，专任一事，咨安泰等转奏。己丑，上奉皇太后秋狝木兰。壬辰，以阿桂总理伊犁事务，授为都统。丙申，上奉皇太后驻避暑山庄。戊戌，上奉皇太后幸木兰，行围。己亥，增设江苏江宁布政使，驻江宁府，分辖江、淮、扬、徐、通、海六府州。以苏州布政使分辖苏、松、常、镇、太五府州，安徽布政使回驻安庆。命托庸调补江宁布政使。命户部侍郎于敏中在军机处行走。

九月乙卯，喀尔喀车臣汗札萨克旺沁扎布，以不能约束属人，革札萨克，降贝子为镇国公。丙辰，恒禄引见，以舒明署绥远城将军。丁巳，三姓副都统巴岱以挖参人众滋事，不能捕治，反给牌票，上以畏懦责之，命正法。庚申，命德尔格驻辟展办事。癸亥，哈萨克汗阿布赉使都勒特克埒入觐。

冬十月壬申朔，上奉皇太后回驻避暑山庄。乙亥，以苏州布政使苏崇阿刑求书吏，妄奏侵蚀七十余万，刘统勋等鞫治皆虚，革发伊犁。戊寅，以恒禄为吉林将军，如松为绥远城将军。乙酉，赈安徽宿州等十三州县卫本年水灾。辛卯，上奉皇太后还京师。以阿里衮为领侍卫内大臣。癸巳，免直隶宣化等七州县本年水雹灾额赋。己亥，赈湖南常宁等十二州县卫旱灾。

十一月癸卯，免江苏山阳等二十五州县卫本年水灾额赋有差。丁未，除山东永利等二场并海丰县潮冲灶地额赋。庚申，赈甘肃洮州等二十七州县厅卫本年水灾。丙寅，以常钧署江西巡抚。庚午，允垦肃州邻边荒地，开渠溉田。

十二月丙戌，西安将军松阿哩以受属员馈遗，褫职论绞。命甘肃总督仍改为陕甘总督。以伊犁、叶尔羌等处均驻大臣，无须更置道员，归总督辖。停四川总督兼管陕西。调胡宝瑔为江西巡抚，吴达善为河南巡抚，以明德为甘肃巡抚。丁亥，大学士蒋溥以病乞休，温谕慰留。壬辰，上幸瀛台，赐入觐叶尔羌诸城伯克萨里等食，至重华宫赐茶果。壬辰，阿思哈论绞。丙申，德敏迁荆州将军。以永贵为左都御史，命赴喀什噶尔办事，代舒赫德回京。

是年，朝鲜、南掌入贡。

二十六年春正月壬寅，紫光阁落成，赐画像功臣并文武大臣，蒙古王公等宴。赈湖南零陵等七州县、江苏清河等六州县水灾。丙午，以爱必达、刘藻两年所出属员考语相同，下部严议。浙江提督马龙图以挪用公项，解任鞠治。甲寅，尹继善陛见，高晋护两江总督。调海明赴阿克苏办事。命舒赫德赴喀什噶尔办事，永贵赴叶尔羌办事。癸亥，以傅森署左都御史。癸酉，上临大学士蒋溥第视疾。鄂宝以回护陆川县纵贼一案，下部严议。以托庸为广西巡抚，永泰署湖南巡抚。庚辰，上奉皇太后西巡五台。壬午，免所过州县额赋十分之三。甲申，上奉皇太后谒泰陵。乙酉，安南国王黎维祎卒，封其侄黎维禟为安南国王。丁亥，免直隶宣化、万全等八州县乾隆八年至十八年逋赋。癸巳，上奉皇太后驻台麓寺。己亥，免山东济宁等三州县上年水灾额赋。贷甘肃渊泉等三县农民豌豆籽种，令试种。

三月庚子，希布察克布鲁特额穆尔比自安集延来归，遣使入觐。乙巳，上幸正定府阅兵。戊申，江南河道总督白钟山卒，以高晋代之。调托庸为安徽巡抚，以熊学鹏为广西巡抚。己酉，设喀什噶尔驻扎办事大臣，命伊勒图协同永贵办事。庚戌，赈安徽宿州等十三州县卫水灾。壬子，上幸平阳淀行围。乙卯，免直隶宣化等二县上年雹灾额赋。丁卯，授阿桂内大臣。改绥远城建威将军曰绥远城将军。己巳，南掌国王苏吗喇萨提拉准第驾公满遣使表贺皇太后圣寿、皇上万寿，并贡方物。

夏四月庚午，上临庄亲王第、大学士蒋溥第视疾。辛未，庄有恭奏劾参将安廷召，不以保举在前，姑容于后，谕嘉之。己卯，大学士蒋溥卒。命旌额理、阿思哈赴乌鲁木齐办事，达桑阿赴阿克苏办事，代安泰、定长、纳世通回京。戊子，免湖南常宁等十二州县上年旱灾额赋有差。庚寅，上阅健锐营兵。壬辰，以李侍尧为户部尚书，调苏昌为两广总督，爱必达为湖广总督。以吴达善为云贵总督，常钧为河南巡抚。癸巳，命刘藻暂署云贵总督。甲午，赐王杰等二百一十七人进士及第出身有差。

五月丁未，以刘统勋为东阁大学士，兼管礼部事，梁诗正为吏部尚书、协办大学士，刘纶为兵部尚书，金德瑛为左都御史。戊午，以定长为福建巡抚，杨廷璋兼署之。

六月癸未，赈云南新兴等二州县地震灾。壬辰，免江苏句容等十八州县卫坍地额赋。

秋七月辛丑，协办大学士鄂弥达卒，命兆惠协办大学士。调舒赫德为刑部尚书，兆惠署。以阿桂为工部尚书，阿里衮署。癸丑，上启跸，秋狝木兰。命诚亲王允祕扈皇太后驾。壬戌，上驻避暑山庄。以皇太后巡幸木兰，直隶沿途地方文武玩忽规避，饬下部严议。丙寅，河南祥符等州县河溢。

八月丁丑，赈湖北汉川等十三州县卫水灾。戊寅，以汤聘为湖北巡抚，胡宝瑔为河南巡抚，常钧为江西巡抚。庚辰，命高晋赴河南协办河工。辛卯，上奉皇太后幸木兰。壬辰，察噶尔、萨尔巴噶什两部伯克之兄子孟克及雅木古尔齐入觐。

九月丁酉，停今年勾决。辛丑，命明瑞赴伊犁办事，代阿桂回京。癸卯，山东曹县二十堡黄河及运河各漫口均合龙。丙午，赈湖南武陵等州县水灾。戊申，河南怀庆府丹、沁二河溢入城，冲没人口千三百有奇，赈被灾人民。壬子，赈湖北沔阳等十一州县卫水灾。乙卯，以窦光鼐于会谳大典，纷咙谩詈，下部严议。己未，命素诚赴乌什办事，代永庆回京。以札拉丰阿为乌里雅苏台参赞大臣，雅郎阿赴科布多办事，代札隆阿、福禄回京。庚申，命傅景赴西藏办事，代集福回京。乙丑，赈山东济河等四十五州县水灾，河南祥符等五十四州县本年水灾。

冬十月戊辰，除甘肃皋兰等三十二厅州县水冲田亩额赋，并免山丹等五县水冲拨运粮米。辛未，上奉皇太后还京师。壬辰，召裘曰修回京。赈江苏铜山等县水灾。周人骥奏仁怀等处试织茧绸，各属仿行，上嘉之。

十一月乙未朔，赈顺直固安等六十九州县本年水灾。丁酉，以英廉为总管内务府大臣。己亥，河南杨桥漫口合龙。辛丑，调嵩椿为察哈尔都统，以舒明为绥远城将军。癸卯，免山西阳曲等三十八州县、大同管粮等十四厅二十四年水灾随征耗银。丁未，免河南祥符等四十三州县漕粮漕项有差。辛亥，减江苏山阳等二十一州县卫水沈地亩，并除民屯、学田、湖荡、草滩额赋。癸丑，礼部尚书五龄安以读表错误，褫职。甲寅，上奉皇太后御慈宁宫，加上徽号曰"崇庆慈宣康惠敦和裕寿纯禧恭懿皇太后"，翌日颁诏覃恩有差。以永贵为礼部尚书，阿里衮署之。丙辰，上奉皇太后御慈宁宫，率王大臣行庆贺礼。进制圣母七旬万寿连珠，奉皇太后懿旨，停止进献。以勒尔森为左都御史。

十二月丁卯，以云南江川等二州县地震成灾，命加倍赈之，仍免本年额赋。辛未，免江苏南汇等六州县二十三年水旱灾额赋。甲戌，赈山西文水等十三州县水灾。甲申，赈湖北汉川等二县卫水灾。

二十七年春正月丙申，以奉皇太后巡省江、浙，诏免江苏、安徽、浙江逋赋。赈河南祥符等州县灾民有差。丁酉，以科尔沁敏珠尔多尔济旗灾，贷仓谷济之。丙午，上奉皇太后南巡，发京师，免直隶、山东经过地方本年钱粮十分之三，上年被灾处十分之五。戊申，左都御史金德瑛卒，以董邦达代之。赈顺直文安等二十八州县上年水灾。甲寅，赈山东曹、齐河等二县水灾有差。召多尔济回京，命容保驻西宁办事。丁巳，绥远城将军舒明卒，调蕴著代之。戊午，免山东惠民等十五州县卫历年民欠谷银。己未，以周人骥固执开南明河，荒农累民，罢之。命乔光烈为贵州巡抚。癸亥，命清查俄罗斯疆界。

二月己巳，赈江苏高邮等十一州县、安徽太和等五州县水灾。庚午，命尹继善为御前大臣。壬申，上奉皇太后渡河，阅清口东坝、惠济闸。命阿里衮为御前大臣，高晋为内大臣。丙子，朝鲜入贡。丁丑，哈萨克使策伯克等入觐行在，赐冠服有差。庚辰，上奉皇太后渡江，阅京口兵。辛巳，上幸焦山。乙酉，上奉皇太后临幸苏州府。丙戌，免河南祥符等四十三州县上年水灾额赋。戊子，上谒文庙。

三月甲午朔，上奉皇太后临幸杭州府。乙未，上幸海宁阅海塘。丁酉，赈湖北潜江等九州县卫水灾。戊戌，上阅兵。庚子，免江、浙节年未完地丁屯饷、漕项，并水乡灶课银。辛丑，赈山东齐河等五州县上年水灾。壬寅，上幸观潮楼。赐浙江召试贡生沈初等二人举人，与进士孙士毅等二人并授内阁中书。癸卯，上奉皇太后临视织造机房。丙午，回跸。丁未，加钱陈群刑部尚书衔。甲寅，上奉皇太后渡江。乙卯，命浚筑直隶各河堤，以工代赈。丙辰，移山西归绥道驻绥远城。己未，上祭明太祖陵。阅兵。幸两江总督尹继善署。庚申，免江苏江宁、苏州，杭州附郭诸县本年额赋。辛酉，赐江南召试诸生程晋芳等五人举人，与进士吴泰来等三人并授内阁中书。壬戌，上奉皇太后渡江。

夏四月庚午，上阅高家堰，谕济运坝至运口接建砖工。上奉皇太后渡河。以大理寺少卿顾汝修奉使安南，擅移书诘责国王，褫职。癸酉，命庄亲王允禄等由水程奉皇太后回跸。上登陆由徐州阅河。甲戌，免浙江仁和等十县、湖州一所、仁和等五场上年水灾额赋。庚辰，上祭孟子庙，谒先师庙。辛巳，上谒孔林。赈甘肃安定等十州县上年雹灾。壬午，免山东齐河等四十四州县卫所上年水灾额赋。戊子，皇太后登陆，驻跸德州行宫。己丑，上送皇太后登舟。庚寅，命刘统勋会勘景州疏筑事宜。辛卯，免顺直大兴等十州县逋赋。

五月甲午，以乾清门行走额鲁特鄂尔奇达逊奋勉勇往，赏三等伯爵。赈安徽寿州等十州县卫上年水灾。乙未，上至涿州。哈萨克陪臣阿塔海等入觐，赐冠服有差。赈长芦属沧州等七州县及严镇等七场上年水灾灶户，并免赋有差。辛丑，上诣黄新庄迎皇太后居畅春园。赈湖南武陵等四州县上年水灾，并免额赋有差。癸卯，除安徽虹县等四州县卫水占洼地额赋。戊申，调鄂弼为陕西巡抚。以扎拉丰阿为正白旗领侍卫内大臣。癸丑，以倭和为总管内务府大臣。

闰五月癸亥朔，以清保年老，召来京。调格舍图为盛京将军，朝铨署之。丁卯，免湖北潜江等九州县卫上年水灾额赋。辛巳，籍没纳延泰财产。辛卯，命西安将军如松袭封信郡王，以德昭之子修龄袭如松公爵。改察哈尔都统嵩椿为西安将军，以巴尔品代之。

六月丁酉，免直隶固安七十四州县上年水灾额赋。壬寅，召此次南巡接驾休致之编修沈齐礼来京，及因事降革之冯镐等十三员引见。乙巳，以库尔勒伯克等进贡，谕计直颁赏，仍通谕各城，非盛典进方物者皆止之。己酉，以原任将军班第、参赞大臣鄂容安在伊犁竭忠全节，命于伊犁关帝庙后设位致祭。

秋七月壬戌，以朝鲜三水府滋事逃人越境，命恒禄等赴边境查勘。癸亥，免安徽寿州等十六州县卫上年水灾额赋。戊辰，上奉皇太后巡幸木兰，免经过地方本年钱粮十分之五。乙亥，霍罕侵据额德格讷阿济毕布鲁特之鄂斯等处，谕永贵檄霍罕还之。

八月庚子，建伊犁之固勒札、乌哈尔里克两城，赐名绥定、安远。上奉皇太后回驻避暑山庄。甲辰，托恩多丁忧，调明山署广东巡抚，苏昌兼署，汤聘为江西巡抚，以宋邦绥为湖北巡抚，爱必达兼署。壬子，免顺直文安等十七州县厅逋赋及宁河等五县本年水灾额赋。丙辰，赐察哈尔都统敕书。黑龙江将军绰勒多卒，调国多欢代之。

九月癸亥，赏自哈萨克来投之塔尔巴哈沁额鲁特巴桑银绮。庚午，上奉皇太后回跸。辛未，巴达克山素勒坦沙遣使入觐。丁丑，命乾清门侍卫明仁带御医驰视胡宝瑔疾。赈山东齐河等三十五州县卫水灾，并免额赋。甲申，建乌鲁木齐城堡，赐城名曰宁边、辑怀，堡名曰宣仁、怀义、乐全、宝昌、惠徕、屡丰。戊子，理藩院尚书、领侍卫内大臣富德以索取蒙古王公马畜，褫职逮问。己丑，以新柱为理藩院尚书，明瑞为正白旗领侍卫内大臣。

冬十月辛卯，调陈宏谋为湖南巡抚，宋邦绥署之，庄有恭为江苏巡抚，熊学鹏为浙江巡抚，冯钤为广西巡抚，顾济美护之。癸巳，缅目宫里雁以焚杀孟连土司刀派春全家，命处斩，传首示众。癸卯，以爱乌罕汗爱哈默特沙遣使入贡，谕沿途督抚预备筵宴，并命额勒登额护送。乙巳，设总管伊犁等处将军，以明瑞为之。命筑科布多城。己酉，赈顺直霸州等六十三州县厅水雹霜灾，免江苏清河等十七州县卫本年水灾额赋。甲寅，赈浙江仁和等二十八州县卫场水灾。丁巳，奉天府府尹通福寿以徇纵治中高锦勒索商人，解任鞫治。

十一月己未朔，浚山东德州运河。庚申，设伊犁参赞大臣，以爱隆阿、伊勒图为之。辛酉，设伊犁领队大臣。命明瑞等率兵驱逐塔尔巴哈台山阴之哈喇巴哈等处越牧哈萨克。戊辰，以萨鲁布鲁特头目沙巴图交还所掠霍罕贸易人等马匹，谕永贵等酌赏之。呼什齐布鲁特为霍罕所侵来投，命移于阿拉克图呼勒等处游牧。庚午，命博斯和勒为杜尔伯特盟长，设副将军二员，以车凌乌巴什为右翼副将军，巴桑为左翼副将军。辛未，建喀什噶尔新城。壬申，改山西平鲁营参将为都司，裁原设中军守备及井坪营都司。丙子，哈萨克努尔赉、乌尔根齐城哈雅克等遣使入觐。甲申，谕方观承仿河南浚道路沟洫。赈甘肃皋兰等二十厅州县本年冰雹霜雪灾。戊子，浚山东寿张等州县河道沟渠。

十二月庚寅，大学士史贻直以老病乞休，优诏慰留，命不必兼摄工部，以示体恤。丙申，克什密尔呢雅斯伯克请入觐，允之。霍罕呈书，以布鲁特鄂斯故地为己有，谕永贵等严檄令给还。辛丑，以霍罕伯克复永贵等书谓前遣使人奉旨称为汗，欲以喀什噶尔为界，谕严檄斥驳之。丁未，工部尚书归宣光卒，以董邦达代之。壬子，命纳世通赴喀什噶尔办事，代永贵回京。癸丑，巴达克山侵围博罗尔，谕新柱等严檄责令息兵，并索献布拉尼敦妻孥。

二十八年春正月庚申，赈顺直属之霸州等三十五州县、山东齐河等三十州县卫水灾有差。甲子，上御紫光阁，赐爱乌罕、巴达克山、霍罕、哈萨克各部使人宴。丁卯，上大阅畅春园之西厂，命各部使人从观。以法起为归化城都统。壬申，命阿桂在军机处行走。壬午，河南巡抚胡宝瑔卒，以叶存仁为河南巡抚。甲申，以纳世通为参赞大臣，驻喀什噶尔，总理回疆事务。壬辰，命方观承赴河南会勘漳河工程。戊戌，改西安满洲、汉军副都统为左右翼副都统。壬寅，裁西宁办事大臣。庚戌，上谒昭西陵、孝陵、孝东陵、景陵。是日，回跸。改乌鲁木齐副将为总兵。乙卯，命侍郎裘曰修督办直隶水利。

三月己未，上还京师。壬戌，免山东齐河等三十一州县卫水灾额赋。丁卯，上谒泰陵。是日，回跸。赏宁津县百有三岁寿民李友益及其子侄孙银牌缎疋有差。丁丑，设伊犁额鲁特总管三员，副总管以下员额有差。戊寅，命福德赴库伦，同桑斋多尔济办事。丙戌，免江苏清河等十四州县卫水灾额赋。

夏四月壬辰，赈浙江钱塘等十七州县场上年水灾。癸卯，上诣黑龙潭祈雨。乙巳，雨。戊申，法起以赃免。以傅良为归化城都统。壬子，赐秦大成等一百八十八人进士及第出身有差。甲寅，裁归化城都统。

五月辛酉，圆明园火。癸亥，命尚书阿桂往直隶霸州等处，会同侍郎裘曰修、总督方观承督办疏浚事。以舒赫德署工部尚书。甲子，封朝鲜国王孙李算为世孙。己巳，果亲王弘瞻以干预朝政削王爵，仍赏给贝勒。和亲王弘昼以仪节僭妄，罚俸三年。庚午，大学士史贻直卒。壬申，上试翰林、詹事等官，擢王文治等三员为一等，余各升黜有差。甲戌，上奉皇太后秋狝木兰。以李侍尧为湖广总督，辅德为湖北巡抚，陈宏谋兼署之。调刘纶为户部尚书，仍兼署兵部。以陈宏谋为兵部尚书。调乔光烈为湖南巡抚，来朝署之。乙亥，以崔应阶为贵州巡抚。己卯，调明德为江西巡抚。以和其衷为山西巡抚。丙戌，命福德往库伦办事，仍带署理藩院侍郎衔。以额尔景额为参赞大臣，往叶尔羌办事。

六月庚寅，山东历城等州县蝗。壬辰，赈甘肃狄道等三十厅州县水旱霜雹灾。戊戌，开泰以恇怯规避免。以鄂弼为四川总督，明山为陕西巡抚，阿里衮署之，阿思哈为广东巡抚，苏昌兼署，命阿思哈先署广西巡抚。壬寅，四川总督鄂弼卒。以阿尔泰为四川总督，崔应阶为山东巡抚，图勒炳阿为贵州巡抚，吴达善兼署云南巡抚。以梁诗正为东阁大学士，刘纶协办大学士。调陈宏谋为吏部尚书，彭启丰为兵部尚书，张泰开为左都御史。甲辰，上幸简亲王第视疾。壬子，简亲王奇通阿卒。

秋七月庚申，英廉丁忧，命舒赫德兼署户部尚书，刘纶留部治事。戊辰，仍设西宁办事大臣，以七十五为之。己巳，顺直大城、沧州等州县蝗。庚辰，履亲王允祹卒。

八月癸巳，赐乌鲁木齐城名曰迪化，特讷格尔城名曰阜康。

辛丑，上奉皇太后幸木兰，行围。

九月乙卯朔，日食。乙丑，上奉皇太后回驻避暑山庄。庚午，上奉皇太后回跸。癸酉，改甘肃临洮道为驿传道，兼巡兰州府，洮岷道为分巡巩秦阶道。丙子，上奉皇太后还京师。

冬十月甲申，加梁诗正、高晋太子太傅，兆惠、刘纶、阿里衮、舒赫德、秦蕙田、阿桂、陈宏谋、杨锡绂、杨廷璋、李侍尧、苏昌、阿尔泰太子太保，庄有恭、刘藻太子少保。丙戌，上临奠履亲王允祹。丁未，免江苏铜山等九州县水灾额赋。

十一月甲寅朔，召成衮扎布来京，以扎拉丰阿署乌里雅苏台将军，雅郎阿留科布多。辛酉，河东河道总督张师载卒，以叶存仁代之。调阿思哈为河南巡抚，明山为广东巡抚，明德为陕西巡抚，辅德为江西巡抚，常钧为湖北巡抚。以杨应琚兼署甘肃巡抚。丁卯，大学士梁诗正卒。己卯，以杨廷璋为体仁阁大学士，仍留闽浙总督任。

十二月乙酉，免直隶延庆等十州县雹旱灾额赋。丁亥，赈甘肃皋兰等十二厅县旱灾饥民。辛卯，赈山东济宁等八州县卫水灾。乙未，召国多欢来京，调富僧阿为黑龙江将军。庚子，休致左都御史梅瑴成卒。丁未，命绰克托赴乌鲁木齐办事，代旌额里回京。

二十九年春正月癸丑朔，赈山东济宁等七州县卫、甘肃永昌等二十四州县灾民。甲戌，加赈云南江川等五州县地震灾民，并免额赋。己卯，朝鲜入贡。

二月丁亥，命阿敏尔图驻藏办事，代福鼐回京。甲午，上谒泰陵。乙未，命观音保赴伊犁，代爱隆阿回京。己亥，上还京师。己酉，免上年直隶蔚州雹灾、万全县旱灾额赋。辛亥，免湖北沔阳等三州县卫上年水灾额赋。

三月癸丑，太子太傅、大学士来保卒。乙卯，移陕甘总督驻兰州，兼管甘肃巡抚事，裁甘肃巡抚。移固原提督回驻西安。改河州镇总兵为固原镇总兵。免山东济宁等七州县卫上年水灾额赋。庚申，上临故大学士来保第赐奠。免江苏铜山等二十八州县卫上年水灾额赋。壬戌，命兆惠署工部尚书，阿桂赴西宁会同七十五及章嘉呼图克图选派郭罗克头目。

夏四月甲午，赈甘肃金县等县旱灾。

五月壬子朔，谕粤海关官贡毋进珍珠等物。辛酉，以托恩多署兵部尚书。

六月癸未，赈湖南武冈等州县水灾。甲申，命玉桂赴北路，代扎拉丰阿回京。丁亥，河东河道总督叶存仁卒，以李宏代之。庚寅，奉天宁远等州县蝗。丁酉，赈广东英德等县水灾。甲辰，调苏昌为闽浙总督，李侍尧为两广总督，明山署之。调吴达善为湖广总督。以刘藻为云贵总督。乙巳，调常钧为云南巡抚。以王检为湖北巡抚。丁未，命阿尔泰回四川总督。

秋七月辛亥朔，以杨应琚为大学士，留陕甘总督任，陈宏谋协办大学士。壬子，命常钧暂兼署湖广总督，刘藻兼署云南巡抚。甲子，湖北黄梅等州县江溢，命抚恤灾民。丙寅，湖南湘阴等州县湖水溢，命赈恤灾民。丁卯，上奉皇太后秋狝木兰。癸酉，上奉皇太后驻跸避暑山庄。丁丑，赈安徽当涂等州县水灾。

八月辛巳，免甘肃皋兰等三十二州县厅本年旱灾额赋。壬辰，谕阿尔泰等晓谕绰斯甲布九土司会攻金川。戊戌，上奉皇太后巡幸木兰，行围。秦蕙田以病解任，以刘纶兼署礼部尚书。庚子，增伊犁、雅尔等处领队大臣各二员。以绰克托为塔尔巴哈台参赞大臣。命伍弥泰等仍留乌鲁木齐办事。

九月己未，命刑部侍郎阿永阿会同吴达善谳湖南新宁县民传帖罢市狱。癸亥，赈江西南昌等八县水灾，并免额赋。丙寅，刑部尚书秦蕙田卒，以庄有恭代之，暂留江苏巡抚任。己巳，上奉皇太后回驻避暑山庄。

冬十月癸巳，乔光烈以新宁罢市狱褫职，调图勒炳阿为湖南巡抚。以方世俊为贵州巡抚。丙申，以托恩多为理藩院尚书。辛丑，山东进牡丹。壬寅，赈江苏上元等六州县灾民。癸卯，召钟音回京。调富明安赴叶尔羌办事。甲辰，赈安徽怀宁等十九州县卫水灾。

十一月壬子，赈甘肃皋兰等二十州县旱灾。癸丑，筑呼图壁城成，赐名曰景化。丙辰，免湖南武冈等二州县水灾额赋。赈甘肃皋兰等十五州县水雹灾。乙丑，协办大学士、户部尚书兆惠卒，上临奠。丁卯，以阿里衮为户部尚书、协办大学士。调托恩多为兵部尚书。以五吉为理藩院尚书，兆德为正黄旗领侍卫内大臣。

十二月戊寅朔，以常复为乌里雅苏台参赞大臣。戊子，赈湖北黄梅等州县水灾。甲午，礼部尚书陈德华病免，调董邦达代之。以杨廷璋为工部尚书。

三十年春正月戊申，以皇太后四巡江、浙，免江苏、安徽、浙江历年因灾未完丁漕。赈甘肃皋兰等二十九厅州县旱灾、湖北监利等四县水灾有差。癸丑，刘纶丁忧，命庄有恭以刑部尚书协办大学士。以于敏中为户部尚书。调明德为江苏巡抚，和其衷为陕西巡抚。以彰宝为山西巡抚，文绶护之。壬戌，上奉皇太后启跸南巡。癸亥，免直隶、山东经过州县额赋十分之三。

二月戊子，上奉皇太后渡河。阅清口东坝木龙、惠济闸。命阿桂赴伊犁办事。壬辰，免江苏州县乾隆二十八年以前熟田地丁杂款旧欠，并经过州县本年额赋之半。丙申，上奉皇太后渡江。己亥，朝鲜入贡。

闰二月丙午朔，上奉皇太后临幸苏州府。上谒文庙。己酉，免江宁、苏州、杭州附郭诸县本年丁银。免浙江经过州县本年额赋之半。辛亥，丑达改叶尔羌办事。命索琳赴库伦办事。以额尔景额为喀什噶尔参赞大臣。壬子，上奉皇太后临幸杭州府。乙卯，乌什回人作乱，戕办事大臣素诚。丁巳，加沈德潜、钱陈群太子太傅。命明瑞进剿乌什。庚申，命明瑞、额尔景额总理乌什军务，明瑞节制各军。命阿桂、明亮赴伊犁办事。辛酉，舒赫德留京办事。以托恩多署工部尚书。戊辰，调明山为江西巡抚，王检为广东巡抚，李侍尧兼署。以李因培为湖北巡抚。己巳，赐伊犁新筑驻防城名曰惠远，哈什回城曰怀顺。乙亥，免江苏上元等五县上年水旱灾额赋。

三月丙子朔，赈湖北汉阳等七州县上年水灾。上幸焦山。戊寅，上奉皇太后驻江宁府。壬午，上诣明太祖陵奠酒。幸尹继善署。观音保剿乌什逆回失利。甲申，以冯钤为湖南巡抚，宋邦绥为广西巡抚。丙戌，上奉皇太后渡江。丁亥，果郡王弘瞻卒。甲午，以京察予大学士傅恒等叙。乙未，上阅高家堰堤，奉皇太后渡河。召尹继善入阁办事。以高晋为两江总督。调李宏为江南河道总督，以李清时为河东河道总督。壬寅，追论素诚贪淫激变罪，籍产，戍其子于伊犁。以纳世通、卡塔海讳匿败状，籍产治罪。命永贵赴喀什噶尔办事。以托恩多署礼部尚书。癸卯，上渡河。

夏四月丙午朔，赈甘肃河州等三十六厅州县上年雹水旱霜灾。庚戌，免湖北汉阳等十二州县卫上年水灾额赋。辛亥，追予故刑部尚书王士祯谥"文简"。丁巳，上奉皇太后驻德州。庚申，裁江苏淮徐海道。丙寅，上还京师。庚午，上迓皇太后居畅春园。辛未，哈萨克使臣鄂托尔济等入觐。

五月乙亥，晋封喀尔喀郡王罗布藏多尔济为亲王。乙酉，上临果郡王弘瞻殡所，及简勤亲王奇通阿园寝赐奠。以和阗办事大臣和诚婪索回人，夺职逮问。命伊勒图赴塔尔巴哈台办事。辛卯，京师地震。丁酉，免安徽怀宁等十九州县卫上年水灾额赋。甲辰，纳世通、卡塔海贻误军务，正法。

六月己酉，以杨廷璋署两广总督，明山暂署，董邦达署工部尚书。乙卯，晋封令贵妃魏氏为皇贵妃。己巳，谕明瑞勿受乌什逆回降。

秋七月辛巳，上奉皇太后秋狝木兰。戊子，以官保为左都御史。乙未，前和阗办事大臣和诚以贪婪鞫实，正法。丁酉，夺喀尔喀亲王桑斋多尔济爵。

八月甲辰朔，减朝审、秋审缓决三次以上刑。己未，上幸木兰行围。庚申，赈甘肃靖远等十一县旱灾。甲子，甘肃宁远等州县地震，命赈恤，并免本年额赋。

九月丙子，赈山东章丘等二十一州县水灾。戊寅，命尹继善管兵部，刘统勋管刑部。乌什叛回以城降。乙酉，以高恒为总管内务府大臣。辛卯，以明瑞等未将乌什叛人殄诛，送往伊犁，下部严议。辛丑，以李侍尧署工部尚书。

冬十月己酉，明瑞、阿桂以办乌什事务错谬，褫职留任。赈长芦属沧州等三场水灾。己巳，杨应琚陛见。命和其衷署陕甘总督，汤聘署陕西巡抚。

十一月癸酉，免江苏海州等六州县本年旱灾额赋。乙酉，以吏部尚书傅森年老，授内大臣，调托恩多代之。以托庸为兵部尚书。调冯钤为安徽巡抚。庚寅，丑达以扶同桑斋多尔济私与俄罗斯贸易，正法。明瑞等以尽诛乌什附逆回众奏闻。辛卯，赈山东章丘等十八州县水灾，甘肃狄道等十二州县雹霜灾。甲午，以阿桂为塔尔巴哈台参赞大臣，代安泰回京。丁未，解阿桂工部尚书，以蕴著代之。以嵩椿为绥远城将军。戊申，赈甘肃靖远等十一厅县旱灾，并免额赋。乙卯，赈山东齐河等十五州县水灾。丁卯，命托恩多兼署兵部尚书。壬辰，封皇五子永祺为荣亲王。

十二月戊午，以陕西泾阳县贡生张珪七世同居，赐御制诗章、缎匹。

高宗本纪四

三十一年春正月壬申朔，诏以御宇三十年，函夏谧宁，寰宇式辟，自本年始，普免各省漕粮一次。甲戌，免甘肃靖远等十四厅州县、陕西延安等三府州属积年逋赋。丙戌，云南官军剿莽匪于猛住，失利。调杨应琚为云贵总督，吴达善为陕甘总督，以和其衷护之。调刘藻为湖广总督，汤聘署陕西巡抚。癸巳，刑部尚书庄有恭以谳段成功劾案不实，褫职下狱，籍产。调李侍尧为刑部尚书，以张泰开为礼部尚书，范时绶为左都御史。

二月壬寅，刘藻降湖北巡抚，仍与云南提督达启下部严议。以定长为湖广总督，调李因培为福建巡抚，常钧为湖南巡抚，汤聘为云南巡抚。庚戌，上谒东陵。辛亥，和其衷以弥补段成功亏空，褫职逮问。以舒赫德署陕甘总督。命四达赴陕西会彰宝审办段成功亏空一案。调明山为陕西巡抚，以吴绍诗为江西巡抚。庚申，上还京师。辛酉，庄有恭论斩。壬戌，上谒泰陵。癸亥，刘藻褫职，留滇效力。甲子，以鄂宁为湖北巡抚。戊辰，上还京师。

三月丁亥，刘藻畏罪自杀。己丑，杨应琚以复猛笼等土司内附奏闻。

夏四月辛丑，杨应琚奏大猛养头人内附，官军进取整欠、孟艮。壬寅，以莽匪整欠平，宣谕中外。丙午，和其衷论斩，段成功处斩。丁未，免云南普藤等十三土司本年额赋及猛笼逋赋。甲子，赐张书勋等二百一十三人进士及第出身有差。

五月甲戌，上诣黑龙潭祈雨。戊寅，命正一真人视三品秩。丙戌，上诣黑龙潭祈雨。

六月丙午，杨应琚奏猛勇头目召斋及猛龙沙头目叭护猛等内附。戊申，予故三品衔西洋人郎世宁侍郎衔。

秋七月丙子，上奉皇太后秋狝木兰。己卯，以阿里衮、于敏中扈从，命舒赫德兼署户部尚书。壬午，上奉皇太后驻跸避暑山庄。是日，皇后崩。癸未，谕以皇后上年从幸江、浙，不能恪尽孝道，丧仪照皇贵妃例。癸巳，御史李玉鸣奏皇后丧仪未能如例，忤旨，戍伊犁。丁酉，杨应琚奏补哈大头目噶第牙翁、猛撒头目喇鲊细利内附。

八月己亥，赈湖南湘阴等十三县卫水灾。癸丑，上幸木兰行围。宥庄有恭罪，起为福建巡抚。甲寅，伊犁蝗。乙卯，江苏铜山县韩家堂河决。癸亥，裁察哈尔副都统，留一员驻张家口。

九月壬申，免甘肃靖远等九县，红水、东乐二县被旱额赋。己卯，赈山东历城等五十五县、东昌等五卫所水灾，并蠲新旧额赋。乙未，杨应琚赴永昌受木邦降。

冬十月己亥，上奉皇太后还京师。戊申，杨应琚奏整卖、景线、景海各部头人内附。辛亥，韩家堂决口合龙。兵部尚书彭启丰降补侍郎。甲寅，以陆宗楷为兵部尚书。壬戌，增设云南迤南道。

十一月乙亥，杨应琚奏，缅甸大山、猛育、猛答各部头人内附。戊寅，以杨应琚病，命杨廷璋赴永昌接办缅匪。癸巳，命侍卫福灵安带御医往视杨应琚病。

十二月乙巳，调鄂宁为湖南巡抚，以鄂宝为湖北巡抚。癸丑，以巴禄为绥远城将军。

是岁，朝鲜、琉球入贡。

三十二年春正月乙亥，云南官军剿缅匪于新街，失利，谕杨廷璋回广东。

二月乙未，以杨应琚病，命其子江苏按察使杨重英赴永昌襄理军务。丙午，云南官军与缅匪战于底麻江，失利，逮提督李时升下狱。戊申，调鄂宁为云南巡抚。甲寅，庄亲王允禄卒。丙辰，上临奠。己未，上巡幸天津。癸亥，赈奉天承德等五州县及兴京凤凰城灾民。

三月乙丑朔，上阅子牙河堤。召杨应琚入阁办事，以明瑞为云贵总督。丙寅，调托庸为工部尚书，以明瑞为兵部尚书。己巳，免直隶全省逋赋。庚午，上阅天津驻防满洲兵。以阿桂为伊犁将军。壬申，上阅绿营兵。庚辰，上还京师。辛巳，大学士杨应琚褫职。壬午，以缅匪入寇盏达、陇川，宣示杨应琚贻误罪状。癸未，命鄂宁赴普洱办军务。庚寅，以李侍尧为两广总督，召杨廷璋为刑部尚书。癸巳，以鄂宁署云贵总督。

夏四月己酉，上诣黑龙潭祈雨。庚戌，以云南边境瘴盛，命暂停进兵。庚申，命张泰开以礼部尚书管左都御史事，嵇璜署礼部尚书。

五月己巳，以鄂宝为贵州巡抚，定长兼署湖北巡抚。庚午，以范时绶为湖北巡抚。调张泰开为左都御史，嵇璜为礼部尚书。壬申，命陈宏谋管工部。丙子，云南官军失利于木邦，杨宁等退师龙陵。庚寅，李时升、朱仑处斩。

六月辛酉，以额尔景额为参赞大臣，遣赴云南。

秋七月，福建巡抚庄有恭卒，调崔应阶代之。以李清时为山东巡抚，裘曰修为礼部尚书。壬午，上奉皇太后秋狝木兰。戊子，上奉皇太后驻跸避暑山庄。己丑，盛京将军舍图肯免，以新柱代之。

闰七月甲寅，赐杨应琚自尽。丙辰，缅匪渡小猛仑江入寇云南茨通。

八月癸酉，调裘曰修为工部尚书，董邦达为礼部尚书。丁丑，上幸木兰。乙酉，以钟音为广东巡抚。乙丑，谕明瑞以额勒登额代谭五格分路进兵。

九月庚子，赈湖北江夏等二十七县、武昌等七卫水灾。甲寅，命托恩多署兵部尚书。

冬十月壬戌，赐李因培自尽。己卯，谕明瑞以将军管总督。

十一月壬寅，赈甘肃平凉等三十四厅州县被雹灾民。壬子，调鄂宝为湖北巡抚。丁巳，密谕明瑞，以阿瓦不能遽下，退师木邦。

十二月甲戌，杨宁褫职戍伊犁。戊寅，明瑞奏渡大叠江进军锡箔，波龙等处土司头人罗外耀特等内附。

三十三年春正月辛卯，明瑞奏克蛮结。壬辰，封明瑞一等诚毅嘉勇公，赐黄带、红宝石顶、四团龙补服。丁酉，明瑞进军宋赛。庚子，调彰宝为山东巡抚，以苏尔德为山西巡抚。丙午，盛京将军新柱卒，调明福代之。闽浙总督苏昌卒。丁未，命阿里衮为参赞大臣，往云南军营。以崔应阶为闽浙总督，富尼汉为福建巡抚。甲寅，缅人围木邦。

二月丙寅，谕用兵缅甸，轻敌致衄，引为己过，令明瑞等班师。额勒登额、谭五格褫职逮问。命鄂宁回云南，阿里衮署云贵总督，驻永昌。缅人陷木邦，珠鲁讷死之。戊寅，上还圆明园。丙戌，明瑞等败绩于猛育，死之。召阿桂来京，以伊勒图署伊犁将军。命傅恒为经略，阿里衮、阿桂为副将军，舒赫德为参赞大臣，赴云南。以鄂宁为云贵总督，调明德为云南巡抚。以福隆安为兵部尚书，命在军机处学习行走。以永德为浙江巡抚，调彰宝为江苏巡抚，富尼汉为山东巡抚，鄂宝为福建巡抚，程焘为湖北巡抚。

三月癸巳，免山东高苑等三县三十二年被水额赋。乙巳，调鄂宝为广西巡抚，钟音为福建巡抚，良卿为广东巡抚，钱度为贵州巡抚，巴禄为察哈尔都统，傅良为绥远城将军。癸丑，免江西南昌等十三县三十二年被水额赋。

夏四月丁卯，调钱度为广东巡抚。己巳，免安徽安庆等七府州属三十二年被水额赋。壬申，御试翰林、詹事等官，擢吴省钦等三员为一等，余升黜有差。试由部院入翰林等官，擢觉罗巴彦学为一等，余升擢有差。甲申，磔额勒登额于市，谭五格处斩。乙酉，上临奠明瑞、扎拉丰阿、观音保。

五月庚申，命明德赴永昌。乙丑，色布腾巴勒珠尔病免，以伊勒图为理藩院尚书。庚午，改命官保署理藩院尚书。辛巳，以范时绶为左都御史。壬午，以阿桂为云贵总督。尹继善、高晋以两淮盐务积弊匿不以闻，均下部严议。

秋七月癸巳，上奉皇太后秋狝木兰。甲午，调托庸为兵部尚书。以官保为刑部尚书，仍兼署理藩院尚书。己亥，上奉皇太后驻避暑山庄。辛丑，以尹勒图为伊犁将军，仍兼理藩院尚书。壬子，纪昀以漏泄籍没前运使卢见曾谕旨，褫职，戍乌鲁木齐。

八月丁卯，允俄罗斯于恰克图通商。辛未，上幸木兰行围。壬申，直隶总督方观承卒，以杨廷璋代之。调裘曰修为刑部尚书，以蔡新为工部尚书。甲戌，李侍尧奏，暹罗为缅人所破，其国王之孙诏萃奔安南河仙镇，土官莫士麟留养之，内地人甘恩敕据暹罗，乞封敕。嘉奖莫士麟，命甘恩敕求其主近支立之，不得自王乞封号。己卯，加托恩多、于敏中、崔应阶太子太保，托庸、杨廷璋太子少保。

九月戊子，以嵩椿署伊犁将军。乙未，上回驻避暑山庄。戊戌，高恒、普福论斩。丁未，上奉皇太后还京师。以鄂宝为山西巡抚。黑龙江将军富僧阿改西安将军，以傅玉代之。

冬十月己未，免甘肃平凉等十二州县三十二年被灾额赋。辛未,以宫兆麟为广西巡抚。辛巳,高恒、普福、达色处斩,改海明等缓决。

十一月戊戌,以缅人来书不逊,谕阿里衮筹进剿。

十二月己未,以富明安为山东巡抚,揆义署湖北巡抚。漕运总督杨锡绂卒,以梁翥鸿署之。乙丑,湖广总督定长卒,调吴达善代之,彰宝兼署两江总督,明山为陕甘总督。调阿思哈为陕西巡抚,以文绶为河南巡抚。丁卯,召明福来京,以额尔德蒙额署盛京将军。甲戌,赈奉天承德等四州县水灾。壬午,留阿思哈为河南巡抚,改文绶为陕西巡抚。

三十四年春正月丙戌,免云南官兵所过地方及永昌等三府州本年额赋。其非经过地方,免十分之五,并免湖北、湖南、贵州三省官兵经过地方本年额赋十分之三。庚寅,以缅人书词桀骜,命副将军阿桂与副将军阿里衮协助傅恒征剿。辛卯,命明德为云贵总督,驻永昌,喀宁阿为云南巡抚。壬辰,阿里衮等败缅人于南底坝。拨运通仓米二十万石赈霸州等十二州县灾。甲午,右部哈萨克阿勒比斯子卓勒齐等来朝。乙未,调恒禄为盛京将军,傅良为吉林将军,常在为绥远城将军。辛丑,傅恒赴云南。命官保署户部尚书。裁宁夏右翼副都统、吉林拉林副都统。命常青署绥远城将军。癸卯,赐傅恒御用盔甲。戊申,命官保协办大学士,以福隆安署刑部尚书。癸丑,以南掌国王之弟召翁遣使请兵复仇,谕阿桂等预备由南掌分路进兵。

二月甲寅朔,嵇璜缘事降调,以程景伊为工部尚书。乙丑,以富尼汉为安徽巡抚。癸未,命傅恒整饬云南马政。以诺伦为绥远城将军。

三月乙酉,命伊犁将军伊勒图往云南军营。己丑,命伊尔图为乌里雅苏台参赞大臣。辛丑,正白旗领侍卫内大臣福禄罢,以阿桂代之。丙午，命阿桂署云贵总督。丁未，右部哈萨克斡里苏勒统等入觐，命坐赐茶，赍冠服有差。戊申，赈甘肃皋兰等二十九州县厅上年灾民。蠲安徽合肥等十六州县及庐州等五卫上年额赋。

夏四月己未，以温福为福建巡抚。壬申，傅恒进兵老官屯，阿桂进兵猛密。丁丑，赐陈初哲等一百五十一人进士及第出身有差。

五月己丑，裁江宁副都统一。

六月丙辰，以阿思哈为云贵总督，喀宁阿为河南巡抚。丁巳，傅恒奏猛拱土司内附。戊寅，湖北黄梅江堤决，命湖广总督吴达善、湖北巡抚揆义勘之。

秋七月丁亥，以明德署云贵总督，移驻腾越、经理军务。辛卯，设伊犁巴彦岱城领队大臣一。傅恒奏猛密土司内附。甲午，李侍尧奏暹罗仍为甘恩敕所踞。丁酉，礼部尚书董邦达卒。己亥，调陆宗楷为礼部尚书，蔡新为兵部尚书。以吴绍诗为刑部尚书，海明为江西巡抚，梁国治为湖北巡抚。己酉，李侍尧檄莫士麟会暹罗土目讨甘恩敕。

八月乙丑，上幸木兰行围。己巳，以蔡琛自缢狱中，褫福建按察使孙孝愉职，发军台。

九月丙戌，阿桂进抵蛮暮。己丑，上回驻避暑山庄。乙未，上奉皇太后回銮。己亥，命阿桂、伊勒图自蛮暮迓傅恒会师。壬寅，命刘统勋会勘山东运河。癸卯，傅恒奏猛拱土司浑觉率众来降。上嘉之。特赏三眼孔雀翎。戊申，傅恒进抵猛养。阿桂奏克哈坎，渡江。命阿桂据新街剿贼。

冬十月乙卯，命彰宝署云贵总督，明德署云南巡抚。调永德为江苏巡抚。起熊学鹏署浙江巡抚。以增海署伊犁将军。丁巳，傅恒奏攻克猛养。癸亥，梁国治兼署湖广总督。甲子，以阿桂不能克老官屯，夺副将军，为参赞大臣。命伊勒图为副将军。调喀宁阿为贵州巡抚，富尼汉为河南巡抚。以胡文伯为安徽巡抚。乙丑，傅恒奏进抵新街。命彰宝驻老官屯。壬申，调永贵为礼部尚书，托庸为吏部尚书，伊勒图为兵部尚书，以托庸兼署。调吴绍诗为礼部尚书。以裘曰修为刑部尚书。

十一月乙酉，副将军、户部尚书阿里衮卒于军。命阿桂仍在副将军上行走，并以尹勒图为副将军，乌三泰、长青为参赞大臣。调官保为户部尚书。以素尔纳为刑部尚书，托恩多署左都御史。戊子，傅恒等进攻老官屯。癸巳，以黄登贤为漕运总督。丙申，以缅地烟瘴，官军损失大半，命班师屯野牛坝，召经略傅恒还，阿桂留办善后。己亥，起观保署左都御史。丁未，傅恒等攻老官屯不克。其土官以缅酋猛驳蒲叶书诣军营乞降。上命班师。

十二月辛亥，免云南办理军需地方及永昌等三府州明年钱粮十分之五。其直隶、河南、湖北、湖南、贵州等省官兵经过州县并免十分之三。调宫兆麟为湖南巡抚，以德保为广东巡抚，陈辉祖为广西巡抚。乙卯，傅恒等奏缅酋猛驳称臣纳贡。谕俟来京时降旨。己巳，上以来年奉皇太后谒东陵，巡幸天津，免经过地方及天津府属乾隆三十五年钱粮十分之三。以阿桂为礼部尚书。

三十五年春正月己卯朔，以上六十寿辰，明岁皇太后八十万寿，诏普蠲各省额征地丁钱粮一次。辛卯，以增海为理藩院尚书。丁未，授喀尔喀和硕亲王成衮扎布世子拉旺多尔济为固伦额驸。

二月乙丑，上奉皇太后谒东陵。庚午，上奉皇太后回銮，驻盘山。壬申，以缅酋猛驳贡表不至，谕彰宝备之，并严禁通市。

三月己卯，上奉皇太后还京师。起吴绍诗为刑部郎中。辛巳，调宫兆麟为贵州巡抚，吴达善以湖广总督兼署湖南巡抚。壬午，上奉皇太后谒泰陵，巡幸天津。丙戌，上谒泰陵。己丑，免经过州县及天津府属乾隆三十一年至三十三年积欠地粮银及常借灾借谷石，直隶乾隆三十一年至三十三年积欠地粮银及折色银两。减直隶军流以下罪。免直隶乾隆三十一年至三十三年因灾缓征银谷。甲午，上奉皇太后驻跸天津府。丙申，上阅驻防兵。经略大学士傅恒还京师，命与福隆安俱仍为总管内务府大臣。戊戌，调永德为河南巡抚，萨载署江苏巡抚。癸卯，上奉皇太后还京师。己酉，以缅酋索木邦土司线甕团等，谕责哈国兴粉饰迁就，召来京，以长青代为云南提督。己未，召傅良来京，命富椿为吉林将军。丙寅，天津蝗，命杨廷璋督捕。庚午，上诣黑龙潭祈雨。是月，蠲浙江仁和等八州县，杭严、嘉湖二卫，陕西定远县三十四年被水被雹额赋。

五月丁丑朔，日食。壬午，以皇八子擅自进城，褫上书房行走观保、汤先甲职，并戒谕之。乙未，以祈雨命刑部清理庶狱，减军流以下罪。

闰五月丙午朔，命裘曰修赴蓟州、宝坻一带捕蝗。戊申，京师大雨。己未，命温福为吏部侍郎，在军机处行走。甲子，裘曰修以捕蝗不力免，调程景伊为刑部尚书。以范时绶为工部尚书，张若溎为左都御史。

六月甲申，谕阿桂等调海兰察、哈国兴进兵。丙戌，河南永城、江苏砀山、安徽宿州等州县蝗。丁亥，调官保为刑部尚书，素尔纳为户部尚书。壬辰，命丰升额署兵部尚书。甲午，贵州古州苗香要等伏诛。命侍郎伍纳玺往古北口会同提督王进泰查勘水灾，发帑银二万两恤之，并开仓赈粜。

秋七月乙巳朔，李侍尧奏，河仙镇土官莫士麟请宣谕缅番恢复暹罗，不许。丙午，以增海为黑龙江将军，温福为理藩院尚书。命和尔精额、伍纳玺往古北口筹办河工。壬子，以小金川与沃克什土司构衅，命四川总督阿尔泰传集小金川土司劝谕之。癸丑，上临和亲王弘昼第视疾。丁巳,和亲王弘昼卒。太保大学士傅恒卒。戊午,赏来京祝嘏之百十二岁原任浙江遂昌县学训导王世芳国子监司业衔,并在籍食俸。辛酉,以裴宗锡为安徽巡抚。甲子,截漕粮二十万石赈武清等六县水灾。以诺穆亲为云南巡抚。

八月戊寅,以副将军阿桂办事取巧,褫领侍卫内大臣、礼部尚书、镶红旗汉军都统,以内大臣革职留任办副将军事。己卯,以永贵为礼部尚书,观保为左都御史。阿尔泰奏僧格桑伏罪,交出达木巴宗地方及所掠番民。辛巳,命刘统勋兼管吏部。丙戌,万寿节,上诣皇太后宫行礼。御太和殿,王以下文武各官进表,行庆贺礼,奉旨停止筵宴。命丰升额在军机处行走。己丑,上奉皇太后幸热河。乙未,上奉皇太后驻跸避暑山庄。己亥,上幸木兰。

九月丙午,命阿尔泰为武英殿大学士,仍留办四川总督事。戊午,上回驻避暑山庄。甲子,命高晋兼署漕运总督。

冬十月癸酉朔,上奉皇太后回銮。辛巳,召崔应阶来京,命钟音署闽浙总督。壬午,召阿尔泰来京,以德福署四川总督,吴达善兼署湖南巡抚。召萨载来京,命李湖署江苏巡抚。甲午,阿桂等奏老官屯缅目遣使致书,请停今岁进兵,允之。丁酉,大学士陈宏谋以衰病乞休,温旨慰留。

十二月甲戌,免新疆本年额粮十分之三。丙子,以崔应阶为漕运总督。丙戌,谕阿桂、彰宝密议进剿缅匪。庚寅,以李湖为贵州巡抚。

三十六年春正月甲辰,免福建台湾府属本年额征粟米。乙巳,免广东广州、韶州等府州属本年官租十分之一,广西桂林七府州属本年官租及桂林平乐等府州学租十分之三。丁未,免四川宁远等四府州属、建昌镇标各营、雷波等厅民番本年额粮。己未,调德福署云贵总督,命阿尔泰回四川总督任。

二月甲戌，上奉皇太后东巡。庚辰，命内大臣巴图济尔噶勒会同集福谳乌梁海副都统莫尼扎布等互控之案。辛巳，大学士陈宏谋以病乞休，允之，加太子太傅。免直隶沧州等十五州县民欠借谷，并武清县本年钱粮十分之五。癸未，命侍郎裘曰修会同杨廷璋、周元理筹办直隶河工。丙戌，免山东经过州县本年额赋十分之三、灾地十分之五。免山东泰安等二县本年地丁钱粮。庚寅，免山东济南各属民欠借谷及东平州、东平所逋赋。以阿桂请大举征缅，申饬之。辛卯，免山东济南等六府属民欠麦本银两。命刘纶为大学士，兼管工部，于敏中协办大学士。调程景伊为吏部尚书，范时绶为刑部尚书，以裘曰修为工部尚书。丙申，上奉皇太后谒岱岳庙，上登泰山。乙巳，上至曲阜谒先师孔子庙。丙午，上释奠先师孔子。丁未，上谒孔林。祭少昊陵、元圣周公庙。赐衍圣公孔昭焕族人银币有差。戊申，上奉皇太后回銮。乙卯，予大学士尹继善等、尚书官保等、总督杨廷璋等、巡抚钟音等议叙。内阁学士陆宗楷等原品休致。戊午，以富明安为闽浙总督、周元理为山东巡抚。庚申，以甘肃比岁偏灾，免通省民欠籽种口粮仓谷。甲子，上至捷地阅堤。乙丑，纳逊特古斯处斩。己巳，以阿桂奏辨非于本年大举征缅，下部严议。

夏四月辛未朔，以李侍尧为内大臣。甲戌，命户部侍郎桂林在军机处行走。丁丑，上奉皇太后还京师。乙酉，以旱命刑部清理庶狱，减军流以下罪，直隶亦如之。丙戌，上诣黑龙潭祈雨。壬辰，大学士尹继善卒。乙未，赐黄轩等一百六十一人进士及第出身有差。

五月辛丑朔，调吴达善为陕甘总督，文绶署之，勒尔谨护陕西巡抚。调富明安为湖广总督，永德为湖南巡抚。以何煟为河南巡抚，兼管河务，钟音为闽浙总督，余文仪为福建巡抚。癸卯，命减秋审缓决三次人犯罪。甲辰，谕立决人犯当省刑之际，暂缓行刑，著为令。乙巳，阿桂以畏葸褫职，降兵丁效力。命温福驰赴云南署副将军事。壬戌，以高晋为文华殿大学士，兼礼部尚书，仍留两江总督任。召阿尔泰入阁办事，以德福为四川总督。

六月辛未，直隶北运河决。甲戌，以努三为正黄旗领侍卫内大臣。戊寅，命巴图济尔噶勒赴伊犁办土尔扈特投诚事宜。己卯，谕土尔扈特投诚大台吉均令来避暑山庄朝觐，命额驸色布腾巴勒珠尔驰驿迎之。壬午，致仕大学士陈宏谋卒。癸巳，命土尔扈特部众暂驻博罗博拉。以金川土舍索诺木请赏给革布什咱土司人民，命阿尔泰详酌机宜，毋姑息。

秋七月壬寅，阿尔泰等奏小金川土舍围攻沃克什，命剿之。乙巳，命侍郎桂林带银一万两赴古北口会同提督王进泰赈水灾。丙午，永定河决。丁未，命舒赫德署伊犁将军。戊申，上秋狝木兰。以小金川复侵明正土司，谕阿尔泰等进剿。丁巳，上奉皇太后启銮。癸亥，上奉皇太后驻避暑山庄。丙寅，以此次巡幸木兰。沿途武职懈忽，杨廷璋、王进泰等均下部严议。

八月己丑，定边左副将军、喀尔喀札萨克和硕亲王成衮扎布卒，以车布登扎布为定边左副将军，额驸拉旺多尔济袭札萨克和硕亲王。罢德福军机处行走。庚寅，召大学士两江总督高晋来京，查勘永定河工。命萨载兼署两江总督。壬辰，永定河决口合龙。癸巳，上幸木兰行围。丁酉，命阿尔泰仍管四川总督事，召德福回京。

九月戊戌朔，停本年勾决。癸卯，命理藩院侍郎庆桂在军机处行走。乙巳，土尔扈特台吉渥巴锡等入觐，赏顶戴冠服有差。命副将军温福、参赞大臣伍岱赴四川军营，会商进剿。辛亥，封渥巴锡为乌纳恩素珠克图旧土尔扈特部卓哩克图汗，策伯克多尔济为乌纳恩素珠克图旧土尔扈特部布延图亲王，舍楞为青塞特奇勒图新土尔扈特部弼哩克图郡王，巴木巴尔为毕锡呼勒图郡王，余各赐爵有差。甲寅，上回驻避暑山庄。丁卯，以文绶为四川总督，勒尔谨为陕西巡抚。调永德为广西巡抚，梁国治为湖南巡抚，陈辉祖为湖北巡抚。

冬十月戊辰朔，以三宝为山西巡抚。己巳，上奉皇太后回銮。以舒赫德为总统伊犁等处将军，伊勒图为塔尔巴哈台参赞大臣，安泰为乌什参赞大臣。甲戌，宥纪昀，赏翰林院编修。乙亥，上奉皇太后还京师。己卯，高晋等奏桃源陈家道口河工合龙，上嘉之。命高晋、裘曰修、杨廷璋查勘南运河。丁亥，召杨廷璋为刑部尚书，以周元理为直隶总督，徐绩为山东巡抚。甲午，陕甘总督吴达善卒，调文绶代之。

十一月己酉，董天弼奏攻取小金川牛厂。丙辰，上奉皇太后御慈宁宫，恭上徽号曰"崇庆慈宣康惠敦和裕寿纯禧恭懿安祺皇太后"，颁诏覃恩有差。以温福为武英殿大学士，兼兵部尚书，桂林为四川总督。丁巳，调素尔纳为理藩院尚书，以舒赫德为户部尚书。辛酉，皇太后万寿圣节，上诣寿康宫，率王大臣行庆贺礼。壬戌，董天弼进攻达木巴宗，失利。甲子，小金川番复陷牛厂。

十二月庚午，温福奏进驻向阳坪，攻小金川巴朗拉山碉卡，不克。桂林奏克小金川约咱寨。褫四川提督董天弼职，以阿桂署之。乙亥，蠲甘肃陇西等三十三州县三十三年被水旱雹霜等灾额赋。丙戌，以大金川酋僧格桑遣土目赴桂林军营献物，命给赏遣归。己丑，温福奏克巴朗拉碉卡。癸巳，温福奏进驻日隆宗地方，董天弼收复沃克什土司各寨。

三十七年春正月辛丑，免奉天锦州二府额征米豆。免浙江玉环、海宁两县额征银谷。免山西大同等二府额征兵饷米豆谷麦，并太原等十四府州及归化城各属十分之三。壬寅，免和林格尔等处及太仆寺牧厂地亩额征银，并清水河额征银及太仆寺牧厂地亩额征米豆十分之三。癸卯，刑部尚书杨廷璋卒，以崔应阶为刑部尚书，嘉谟署漕运总督。乙巳，温福奏攻克小金川曾头沟、卡丫碉卡。丁未，桂林奏克郭松、甲木各碉卡。庚戌，以恒禄为内大臣。癸丑，建乌鲁木齐城，驻兵屯田。癸亥，命尚书裘曰修协同直隶总督周元理浚永定河、北运河。

二月丁卯，以阿桂为四川军营参赞大臣。甲戌，上幸盘山。丙戌，上回銮，幸圆明园。丁亥，以色布腾巴勒珠尔为四川军营参赞大臣。乙未，免陕西西安等十二府州上年额征本色租粮。

三月丙申朔，免江苏金坛等十一州县六年至十年逋赋。戊戌，以索诺木策凌为乌鲁木齐参赞大臣，德云为领队大臣，命俱受伊犁将军节制。乙巳，以丰升额为四川军营参赞大臣。己酉，河南罗山县在籍知县查世柱，以藏匿《明史辑要》，论斩。壬子，桂林奏攻克大金川所据革布什咱土司之木巴拉等处。乙卯，温福奏攻克小金川资哩碉寨。丁巳，桂林奏攻克吉地官寨。温福奏克小金川阿克木雅寨。桂林奏攻克革布什咱土司之党哩等寨，及小金川扎哇窠崖下碉卡。

夏四月丙寅朔，桂林奏攻克小金川阿仰东山梁等寨。豁甘肃节年民欠仓粮三百七十六万石有奇。壬申，桂林奏尽复革布什咱土司之地，及攻克小金川格乌等处。谕温福、桂林进剿索诺木。乙亥，授李湖云南巡抚，图思德贵州巡抚。壬午，改安西道为巴里坤屯田粮务兵备道，甘肃道为安肃兵备道，凉庄道为甘凉兵备道。裁乌鲁木齐粮道。庚寅，赐金榜等一百六十二人进士及第出身有差。甲午，桂林攻小金川达乌东岸山梁，失利。

五月乙未朔，以温福劾色布腾巴勒珠尔贻误军务，褫爵职。丙申，免直隶沧州等十五州县积年逋赋。丁酉，以舒赫德为领侍卫内大臣。命福隆安赴四川查办阿尔泰劾桂林乖张捏饰一案。命托庸暂兼管兵部尚书，索尔讷署工部尚书。壬寅，命户部侍郎福康安在军机处行走。癸卯，命海兰察等赴四川西路军营，鄂兰等赴四川南路军营。调容保为绥远城将军。桂林以隐匿挫衄，褫职逮问。以阿尔泰署四川总督。己未，上奉皇太后幸避暑山庄。甲子，湖广总督富明安卒，以海明为湖广总督，海成为江西巡抚。免直隶大兴等十五州县额赋有差。

六月乙丑朔，上奉皇太后驻避暑山庄。温福等攻克小金川东玛寨。谕阿桂督上中下杂谷及绰斯甲布各土司进剿金川。丁丑，蠲甘肃皋兰等二十五县旱灾额赋。辛巳，盛京将军恒禄卒，调增海代之。以傅玉为黑龙江将军。甲申，调文绶为四川总督，海明为陕甘总督，以勒尔谨署之。命阿尔泰署湖广总督。丙戌，阿尔泰罢，调海明为湖广总督。以勒尔谨署陕甘总督，调富勒浑为陕西巡抚。命仓场侍郎刘秉恬赴四川西路军营督饷。辛卯，湖广总督海明卒，以富勒浑代之，陈辉祖署。命巴延三为陕西巡抚。

秋七月乙未，命刑部侍郎鄂宝赴四川南路军营督饷，授勒尔谨陕甘总督。

八月己巳，阿桂奏攻克小金川甲尔木山梁碉卡。以阿桂为内大臣。赏布拉克底土司安多尔"恭顺"名号，巴旺土妇伽让"恭懿"名号。壬申，温福等奏小金川贼袭玛尔迪克运路，海兰察等败之。己丑，小金川犯党坝官寨，阿桂遣董天弼援之。

九月壬寅，温福奏进至木兰坝，贼毁南北两山碉卡，聚守路顶宗山梁。谕严防后路。阿桂奏绰斯甲布土司分兵进攻勒乌围。上送皇太后回銮。戊申，上自避暑山庄回銮。甲寅，上奏皇太后还京师。

冬十月壬申，董天弼奏攻克穆阳冈等卡。壬午，阿桂奏攻克小金川甲尔木山梁。

十一月乙未，温福等奏攻克路顶宗及喀木色尔碉寨。丙申，除四川乐山等九州县三十五年坍废盐井额赋。辛丑，广州将军秦璜以纳仆妇为妾，褫职逮讯。设凉州副都统。裁西安副都统一。丙午，温福等奏克博尔根山等碉寨。戊申，阿桂奏攻克翁古尔垄等城寨。己酉，命富勒浑赴四川，以陈辉祖兼署湖广总督。癸丑，阿桂奏攻克得里等碉寨。丁巳，阿桂奏攻克邦甲、拉宗等处，拉约各寨番人降。

十二月癸亥，阿桂奏攻克僧格宗碉寨。癸酉，以温福为定边将军，阿桂、丰升额俱为副将军，舒常、海兰察、哈国兴俱为参赞大臣，福康安为领队大臣，复兴等为温福一路领队大臣，兴兆等为阿桂一路领队大臣，董天弼等为丰升额一路领队大臣。赏给绰斯甲布土司工噶诺尔布"尊追归丹"名号。丙子，温福奏攻克明郭宗等碉卡。丁丑，阿桂奏攻克美诺碉寨。庚辰，温福奏彭鲁尔等寨番人就抚。辛巳，温福等奏克布朗郭宗、底木达碉寨，泽旺降，僧格桑逃往金川。乙酉，秦璜以婪赃论斩。丙戌，授萨载江苏巡抚。丁亥，文绶以祖徇褫职，命刘秉恬为四川总督，仍督饷，以富勒浑署之。

三十八年春正月壬辰，召永德来京，调熊学鹏为广西巡抚，三宝为浙江巡抚。鄂宝仍授山西巡抚。以小金川平，缓四川官兵经过之成都等五十一厅州县三十八年额赋及分办夫粮之温江等九十厅州县三十七年蠲剩额赋。番民赋贡，一体缓之。温福等进剿金川，分由喀尔萨尔、喀拉依、绰斯甲布三路进兵。甲辰，哈萨克博罗特使臣入觐。以阿尔泰婪赃，赐自尽。戊午，调永贵署户部尚书，以阿桂为礼部尚书。

二月庚申朔，谕温福等檄索诺木擒献僧格桑。

三月庚寅朔，日食。壬辰，上诣泰陵。奉皇太后巡幸天津，免所过地方及天津府属本年钱粮十分之三。癸巳，上阅永定河堤。丁酉，上谒泰陵。戊戌，上命简亲王丰讷亨奉皇太后自畅春园启銮，免跸路所经之宛平等二十州县及天津府属各州县三十三年至三十六年逋赋。己亥，免直隶三十三年至三十五年逋赋。庚子，上阅淀河。乙巳，上奉皇太后驻跸天津。己酉，上奉皇太后回銮。免通州、宝坻等九州县三十六年逋赋。壬子，上阅永定河。丙辰，上奉皇太后还京师。

闰三月己巳，以扎拉丰阿为御前大臣。命刘统勋等充办理《四库全书》总裁。乙酉，以素尔讷署工部尚书。

夏四月戊戌，以绰克托为乌什参赞大臣。庚戌，命索琳以署礼部侍郎在军机处行走。辛亥，命庆桂以理藩院侍郎、副都统为伊犁参赞大臣。丙辰，谕高晋赈清河等州县及大河、长淮二卫被水灾民。戊午，加大学士温福、户部尚书舒赫德、工部尚书福隆安太子太保，礼部尚书王际华、工部尚书裘曰修太子少傅，礼部尚书阿桂、署兵部尚书丰升额、直隶总督周元理、闽浙总督钟音、四川总督刘秉恬太子少保。

五月辛酉，工部尚书裘曰修卒，以嵇璜代之。丙寅，上奉皇太后启銮，免经过地方本年钱粮十分之三。壬申，上奉皇太后驻跸避暑山庄。乙亥，盛京将军增海卒，调弘晌代之。丁丑，改乌鲁木齐参赞大臣为都统，以索诺木策凌为之，仍听伊犁将军节制。己卯，猛遮土目叭立斋等内附。癸未，召车布登扎布来京，命拉旺多尔济署乌里雅苏台将军。乙巳，阿桂等奏金川番贼陷喇嘛寺粮台，袭据底木达、布朗郭宗。己酉，鄂宝奏金川番贼袭据大板昭。壬子，定边将军温福、四川提督马全、署贵州提督牛天畀败绩于木果木，俱死之。癸丑，以阿桂为定边将军，赠温福一等伯。小金川酋僧格桑父泽旺伏诛。大学士刘纶卒。甲寅，以富勒浑为四川总督，起文绶为湖广总督。丙辰，阿桂奏剿洗小金川番贼，尽毁碉寨，谕嘉之。

秋七月戊午朔，召舒赫德来京，以伊勒图为伊犁将军，庆桂为塔尔巴哈台参赞大臣。己未,金川番贼陷美诺、明郭宗,海兰察退师日隆。谕阿桂由章谷退师,丰升额退驻巴拉朗等处。癸亥,命富德为参赞大臣赴军营,命阿桂撤噶尔拉之师。甲子,命舒赫德为武英殿大学士。调阿桂为户部尚书,永贵为礼部尚书。丙寅,齐齐哈尔蝗。丁卯,以温福乖方偾事,革一等伯爵,仍予恤典。褫刘秉恬职。命议恤木果木阵亡提督马全、牛天畀,副都统巴朗、阿尔素纳,总兵张大经及各文武员弁。丙戌,谕阿桂先复小金川,分三路进剿。

八月戊子,以阿桂为定西将军。命于敏中为文华殿大学士,舒赫德管刑部,刘统勋专管吏部。己丑,命程景伊协办大学士。调王际华为户部尚书,蔡新为礼部尚书,嵇璜为兵部尚书。以阎循琦为工部尚书。戊戌,以明亮为定边右副将军,富德为参赞大臣。壬寅,上幸木兰行围。

九月壬戌,降海兰察为领队大臣。甲子,上回驻避暑山庄。戊辰,上送皇太后回銮。己巳,索诺木挟僧格桑归大金川,以其兄冈达克往美诺。谕阿桂乘机收复。允户部请开金川军需捐例。壬申,上自避暑山庄回銮。甲戌,以多敏为科布多参赞大臣,车木楚克扎布为乌里雅苏台参赞大臣。戊寅,上奉皇太后还京。庚辰,吏部尚书托庸致仕,调官保为吏部尚书。以英廉为刑部尚书,仍兼管户部侍郎事。

冬十月乙巳,和硕諴亲王允祕卒。己酉,褫车布登扎布定边左副将军职,仍留亲王衔,以瑚图灵阿代之。

十一月丁卯,阿桂等奏进剿小金川,攻克资哩山梁等处,收复沃克什官寨。戊辰,命福禄往西宁办事。召伍弥泰回京。己巳,阿桂等奏克复美诺,命进剿金川。辛未,军机大臣、大学士刘统勋卒,上亲临赐奠,赠太傅。壬申,召梁国治来京,在军机处行走。调巴延三为湖南巡抚。以毕沅为陕西巡抚。癸酉,明亮等奏克复僧格宗等碉寨。

十二月癸巳，以彰宝为云贵总督。辛丑，命李侍尧为武英殿大学士，仍管两广总督事。

是岁，朝鲜、安南来贡。

三十九年春正月丙子，以姚立德为河东河道总督。丁丑，阿桂等克赞巴拉克等山梁。

二月甲申朔，命丰升额等助阿桂进攻勒乌围。丁亥，明亮等奏克木溪等山梁。戊戌，丰升额等克莫尔敏山梁。乙巳，蠲江苏山阳等十州县卫三十八年水灾额赋有差。丁未，上诣东陵，并巡幸盘山。庚戌，谒昭西陵、孝陵、孝东陵、景陵，至孝贤皇后陵奠酒。临故大学士公傅恒茔赐奠。辛亥，上驻跸盘山。

三月庚申，阿桂等克罗博瓦山梁，加阿桂太子太保，以海兰察为内大臣，额森特为散秩大臣。甲子，上幸南苑行围。辛未，阿桂等克得斯东寨。庚辰，明亮等克喀咱普等处，上嘉赉之。

夏四月乙酉，顺天大兴等州县蝗。辛亥，以京师及近畿地方旱，命刑部清理庶狱，减军流以下罪，直隶如之。戊戌，以御史李漱芳劾福隆安家人滋事，上嘉之，予叙。

五月癸丑朔，命刑部减秋审、朝审缓决一二次以上罪。丙寅，彰宝以病解任，以图思德署云贵总督。戊辰，上奉皇太后秋狝木兰。甲戌，上奉皇太后驻跸避暑山庄。

六月癸卯，阿桂等奏克穆尔浑图碉卡。

秋七月甲寅，阿桂等克色溯普山碉卡。己未，阿桂等克喇穆喇穆山等碉卡。壬戌，阿桂等克日则雅口等处寺碉。乙丑，乌鲁木齐额鲁特部蝗。庚午，明亮等克达尔图山梁碉卡。甲戌，以于敏中未奏太监高云从嘱托公事，下部严议。以阿思哈为左都御史。乙亥，命阿思哈在军机处行走。太监高云从处斩。辛巳，阿桂等克格鲁瓦觉等处碉寨。

八月壬午朔，日食。壬辰，富德等克穆当噶尔、羊圈等处碉卡。丁酉，上幸木兰行围。癸卯，金川头人绰窝斯甲降，献贼目僧格桑尸。

九月乙卯，山东寿张县奸民王伦等谋逆，命山东巡抚徐绩剿捕之。丁巳，命大学士舒赫德赴江南，同高晋塞决口。戊午，上回驻避暑山庄。命舒赫德先赴山东剿捕王伦。庚申，命额驸拉旺多尔济、左都御史阿思哈带侍卫章京及健锐、火器二营兵，往山东会剿王伦。辛酉，王伦围临清，屯闸口。壬戌，上送皇太后回銮。癸亥，以天津府七县旱，命拨通仓米十万石备赈。丙寅，上自避暑山庄回銮。丁卯，山东兖州镇总兵惟一、德州城守尉格图肯以临阵退避，处斩。庚午，以江苏山阳等四县水灾，命免明年额赋。壬申，上奉皇太后还京师。丙子，山东临清贼平，王伦自焚死。

冬十月辛巳朔，以杨景素为山东巡抚。壬辰，免临清新城本年未完额赋，并旧城未完额赋十分之五。丙午，以徐绩为河南巡抚。

十一月癸丑，明亮等克日旁等碉寨。甲寅，以舒赫德为御前大臣。阿桂等克日尔巴当噶碉寨。以阿桂为御前大臣，海兰察为御前侍卫。丙辰，以四川成都等一百四十府厅州县行军运粮，免历年额赋有差。戊辰，阿桂克格鲁古丫口等处碉寨。

是岁，朝鲜、琉球来贡。

四十年春正月甲戌，阿桂等克康尔萨山梁。

二月己卯，阿桂等克甲尔纳等处碉寨。丙戌，阿桂克斯莫思达碉寨。癸巳，以李瀚为云南巡抚。

三月辛亥，上幸盘山。甲寅，上驻跸盘山。蠲江南句容等十九州县，淮安、大河二卫三十九年水旱灾额赋。壬申，蠲长芦属沧州等六州县、严镇等六场，河南信阳等五州县三十五年旱灾额赋。

夏四月戊寅朔，蠲安徽合肥等十四州县、庐州等四卫三十九年旱灾额赋。丙戌，四川军营参赞大臣、领侍卫内大臣、和硕亲王、固伦额驸色布腾巴勒珠尔卒。己丑，命明山为乌里雅苏台参赞大臣。壬寅，赐吴锡龄等一百五十八人进士及第出身有差。癸卯，阿桂等克木思工噶克丫口等处城碉。明亮等克甲索、宜喜。乙巳，明亮等克达尔图等处碉寨。以明亮、福康安为内大臣。

五月己酉，蠲直隶霸州、保定等三十九州县三十九年旱灾额赋。甲寅，阿桂等奏克巴木通等处碉卡。丁巳，明亮奏克茹寨、甲索等处碉卡。戊辰，阿桂等奏克噶尔丹等处碉寨。壬申，上幸木兰，奉皇太后驻汤山行宫。明亮等奏克巴舍什等处碉寨。乙亥，阿桂等奏克逊克尔宗等处碉寨。加封定边右副将军、果毅公丰升额为果毅继勇公。

六月丁丑朔，蠲湖北汉阳等十五州县、武昌等六卫一所三十九年旱灾额赋。戊寅，上驻避暑山庄。癸未，上诣广仁岭万寿亭迎皇太后驻跸避暑山庄。壬辰，以丰升额为兵部尚书。丙申，领队大臣额尔特褫职逮治。庚子，设管理乌鲁木齐额鲁特部落领队大臣，以全简为之。

秋七月壬戌，阿桂等奏攻克昆色尔等处山梁碉寨。丁卯，阿桂等克章噶等碉寨。额洛木寨头人革什甲木参等率众来降。庚午，蠲甘肃皋兰等七厅州县三十九年被水被旱额赋。阿桂等克直古脑一带碉寨。

八月丙子朔，日食。丁丑，阿桂等克隆斯得寨。明亮等克扎乌古山梁。己卯，以霸州等三十余州县被水，拨直隶藩库银五十万两赈之。辛卯，上幸木兰行围。己亥，阿桂等奏克勒乌围之捷，进剿噶尔崖贼寨。上命优叙将军阿桂，副将军丰升额，参赞大臣海兰察、额森特等功。辛丑，召舒赫德赴热河行在。癸卯，封罗卜藏锡喇布为贝子。乙巳，命侍郎袁守侗等赴贵州，谳知府苏墧禀揭总督、藩、臬袒护同知席缵一案。

九月庚戌，蠲湖北钟祥等十二州县并武昌等七卫三十九年旱灾额赋。癸丑，上回驻避暑山庄。丁巳，上送皇太后回銮。辛酉，以图思德劾苏墧浮收勒索，命袁守侗等严鞫之。丙寅，以明亮请赴西路失机，严斥之，仍夺广州将军。丁卯，上奉皇太后还京师。阿桂等克当噶克底等处碉寨。

冬十月己卯，召驻藏办事伍弥泰，以留保住代之。己丑，以霸州等六州县被灾较重，命即于闰十月放赈。庚寅，蠲甘肃皋兰等十七州县厅水雹霜灾额赋。壬辰，上还宫。丙申，调裴宗锡为贵州巡抚，命袁守侗暂署，图思德署云南巡抚，李质颖为安徽巡抚。

闰十月壬子，苏墧以侵税诬讦，处斩。壬戌，明亮等奏克扎乌古山梁。甲子，阿桂等奏克西里山黄草坪等处碉卡，总兵曹顺死之。命袁守侗赴四川，同阿扬阿谳冀国勋一案。复封庆恒为克勤郡王。壬申，明亮等克耳得谷寨。

十一月，明亮等克甲索诸处碉卡。乙酉，福禄以立塔尔一案未能鞫实，革，戍伊犁。己丑，阿桂克西里第二山峰，并进围鸦玛朋寨落。壬辰，明亮等奏攻得克尔甲尔古等处碉卡。壬寅，阿桂等奏克舍勒固租鲁、科思果木、阿尔古等处碉寨。

十二月甲辰朔，日食。丁未，工部尚书阎循琦卒，调嵇璜为工部尚书，蔡新为兵部尚书，以曹秀先为礼部尚书。阿桂等克萨尔歪等寨落。丙辰，以阿桂为镶黄旗领侍卫内大臣。调熊学鹏为广东巡抚，以吴虎炳为广西巡抚。甲子，明亮等由达撒谷进兵，连克险要山梁及沿河格尔则寨落。丙寅，阿桂等克格隆古等处寨落。庚午，阿桂等由索隆古进据噶占山梁，直捣噶尔崖。其头人色木里雍中及布笼普阿纳木来降。壬申，明亮等克甲杂等隘口，并后路巴布里、日盖古洛，进抵独松隘口，克日会捣噶尔崖。其头人达固拉得尔瓦等来降。

高宗本纪五

四十一年春正月癸酉朔，富德克打噶咱普德尔窝、马尔邦等碉卡。明亮等克独松等碉卡。甲戌，定郡王绵德以交结礼部司员削爵，命绵恩承袭。阿桂克喇乌喇等碉卡及舍齐等寺。己卯，阿桂率诸军进围噶尔崖，索诺木之母及其姑姊妹出降。命封阿桂一等诚谋英勇公，予四团龙补服、金黄带。加赏果毅继勇公丰升额一等子。封明亮一等襄勇伯，海兰察一等超勇侯，额森特一等男，和隆武三等果勇侯，福康安、普尔普三等男。加赏奎林一等男。丰升额、明亮、海兰察、奎林、和隆武仍各予双眼花翎，赏于敏中一等轻车都尉，均世袭。阿桂请安插降众于绰斯甲布十二土司地方，从之。壬午，赏阿桂紫缰。甲申，调明善为科布多参赞大臣。以法福里为乌里雅苏台参赞大臣。己丑，吏部尚书、协办大学士官保以病乞休，允之。以阿桂为吏部尚书、协办大学士。调丰升额为户部尚书，福隆安为兵部尚书。以绰克托为工部尚书。庚寅，嘉谟迁仓场侍郎。命阿思哈署漕运总督，永贵署吏部尚书，英廉署户部尚书。

二月己酉，授文绶四川总督，调富勒浑为湖广总督。庚戌，命嗣后社稷坛祭时，或值风雨，于殿内致祭。蠲江苏上元等三十九州县、镇江等五卫四十年旱灾额赋。辛亥，上谒东陵。以祗谒两陵，并巡幸山东，免经过州县本年额赋十分之三。甲寅，上谒昭西陵、孝陵、孝东陵、景陵，诣孝贤皇后陵奠酒。阿桂等奏索诺木等出降，槛送京师，两金川平。乙卯，命永贵回礼部尚书，仍兼署吏部事。丙辰，命图平定金川前后五十功臣像于紫光阁。

命新设将军驻雅州，四川提督桂林驻金川。丁巳，上还京师。戊午，上谒泰陵。命袁守侗赴四川，会同阿桂查办参赞大臣富德。壬戌，上谒泰陵。设云南腾越镇总兵官。丁卯，上奉皇太后巡幸山东。己巳，免顺天直隶通州等二十八州县未完地粮仓谷。庚午，停湖北勘丈湖地。免直隶霸州等二十一州县未完地粮仓谷。辛未，减直隶军流以下人犯罪。

三月丁丑，免山东泰安、曲阜二县本年额赋。戊寅，免山东邹平等三十九州县卫各项民欠额赋。己卯，增设成都将军，以明亮为之。辛巳，减山东军流以下人犯罪。壬午，免山东德州等十一州县缓征漕米漕项。癸未，以萨载为江南河道总督，杨魁为江苏巡抚。甲申，勒尔谨陛见，命毕沅署陕甘总督。丙戌，上驻跸泰安，谒岱庙。命还督抚贡物，仍严饬之。设金川勒乌围总兵。丁亥，上登泰山。辛卯，户部尚书王际华卒，以袁守侗代之。免四川通省上年额赋及本年夷赋有差。蠲河南武陟县四十年水灾额赋。乙未，上至曲阜，谒孔子庙。蠲安徽怀宁等三十二州县、建阳等七卫四十年水旱额赋。丙申，释奠先师孔子，告平两金川功。丁酉，上谒孔林。调李质颖为广东巡抚，以闵鹗元为安徽巡抚。戊戌，富德褫职逮治。己亥，云南车里逃夷刀维屏等悔罪自归，谕免死，锢之。庚子，命户部侍郎和珅军机处行走。辛丑，上奉皇太后自济宁登舟。

夏四月癸卯，以平定金川，遣官祭告天地、太庙、社稷。以英廉兼署户部尚书。命刘埔会同陈辉祖查勘湖北沔阳州冲溃堤工。甲辰，予告协办大学士、吏部尚书官保卒。丁未，上阅临清州旧城。辛亥，命阿桂仍在军机处行走。癸丑，蠲直隶霸州等五十二州县四十年水灾额赋有差。乙卯，以平定金川，遣官告祭昭西陵、孝陵、孝东陵、景陵、泰陵、孝贤皇后陵。丙辰，遣官告祭孔子阙里。壬戌，遣官告祭永陵、福陵、昭陵。甲子，以阿思哈为漕运总督，素尔讷为左都御史，索琳为理藩院尚书，仍留库伦办事，命丰升额署理藩院尚书。乙丑，上送皇太后自宝稼营还京师。丙寅，献金川俘馘于庙社。丁卯，定西将军阿桂等凯旋。戊辰，上幸良乡城南行郊劳礼，赐将军及随征将士等宴，并赏阿桂等御用鞍马各一。上还京师。己巳，受俘。上御瀛台，亲鞫俘囚。索诺木等皆磔于市。上御紫光阁，行饮至礼，赐凯旋将士及王大臣等宴，赐将军阿桂以下银币有差。庚午，斩番目布笼普占巴、雅玛朋阿库鲁等于市。

五月辛未朔，上奉皇太后御慈宁宫，上徽号曰"崇庆慈宣康惠敦和裕寿纯禧恭懿安祺宁豫皇太后"，颁诏覃恩有差。戊寅，富德以诬评阿桂悖逆，处斩。辛巳，豁山西石楼等三县丁徭虚额银。癸未，上奉皇太后启銮，秋狝木兰。己丑，上驻跸避暑山庄。

六月庚子朔，定文渊阁官制。壬子，以甘肃皋兰等二十九州县厅旱灾，命多留市米以供民食。庚申，黄邦宁论斩，逮治前护广西巡抚苏尔德、署按察使广德。

秋七月庚申，索琳以不职镌级，以伍弥泰为理藩院尚书。丁亥，授巴延三山西巡抚，调鄂宝为湖南巡抚。

八月丁未，召瑚图灵阿，以巴林王巴图为定边左副将军，以额驸拉旺多尔济为伊犁参赞大臣。乙卯，上幸木兰围。

九月丙子，上回驻避暑山庄。庚辰，上送皇太后回銮。庚寅，上奉皇太后还京师。

冬十月己亥朔，命丰升额为步军统领，福隆安仍兼管。壬寅，绥远城将军容保罢，以伍弥泰代之。甲辰，命英诚公阿克栋阿在领侍卫内大臣上行走，以奎林为理藩院尚书。戊申，左都御史张若溎病免。辛亥，调崔应阶为左都御史，以余文仪为刑部尚书。壬子，阿思哈病免，以鄂宝为漕运总督。癸丑，以敦福为湖南巡抚。丙辰，命三宝查浙江漕粮积弊。甲子，以甘肃皋兰等二十九厅州县旱灾，豁历年积欠仓粮四百万有奇。

十一月甲申，命《四库全书》馆详核违禁各书，分别改毁。谕曰："明季诸人书集词意抵触本朝者，如钱谦益等，均不能死节，妄肆狂狺，自应查明毁弃。刘宗周、黄道周立朝守正，熊廷弼材优干济，诸人所言，若当时采用，败亡未必若彼其速，惟当改易字句，无庸销毁。又直臣如杨涟等，即有一二语伤触，亦止须酌改，实不忍并从焚弃。"

十二月庚子，命戊戌年八月举行繙译乡试，次年三月举行会试。丙午，命明亮军机处行走，伍弥泰迁西安将军，博成署绥远城将军。戊申，以雅朗阿为绥远城将军。甲寅，蠲山东德州等三十州县卫所本年被灾额赋。丙辰，缅目得鲁蕴请送还内地官人，准其入贡。谕令进京乞恩。戊午，上幸瀛台。库车阿奇木伯克、哈萨克使人，及四川明正土司等瞻觐，各赐冠服有差。

四十二年春正月戊辰朔，蠲甘肃乾隆二十三年至三十五年民欠银八十四万两有奇。丙子，上御阅武楼阅兵，命诸王、大臣、外藩蒙古及回部、库车、哈萨克使臣、金川土司等从观。辛巳，以皇太后不豫，诣长春仙馆问安，奉皇太后幸同乐园，侍晚膳。自是每日诣长春仙馆请安。乙酉，以图思德奏缅番内附，命阿桂往云南筹办。调李侍尧为云贵总督，以杨景素为两广总督，郝硕为山东巡抚，图思德回贵州巡抚，裴宗锡回云南巡抚。己丑，宥熊学鹏罪，苏尔德、广德论斩。庚寅，皇太后崩，奉安于慈宁宫正殿，上以含清斋为倚庐，颁大行皇太后遗诏。谕穿孝百日，王大臣官员等二十七日除服。辛卯，尊大行皇太后谥号为"孝圣宪皇后"，推恩普免钱粮一次。壬辰，定二十七日内郊庙社稷遣官致祭用乐之制。乙未，尊大行皇太后陵曰泰东陵。丙申，移大行皇太后梓宫于畅春园，奉安于九经三事殿。上居圆明园。

二月丁酉朔，上诣安佑宫行告哀礼。上居无逸斋苫次。己亥，上还居圆明园。庚子，上诣九经三事殿大行皇太后梓宫前供奠。诸王大臣请间一二日行礼，不允。甲辰，谕二十七月内停止元旦朝贺。其百日后，寻常御殿视朝，届日请旨。乙巳，定百日内与二十七月内御用服色及臣下服色制。甲寅，高晋会同阿扬阿赴安徽查案，杨魁兼署两江总督。蠲安徽宿州等八州县、凤阳等三卫四十一年水灾额赋。丁巳，上诣九经三事殿大行皇太后梓宫前行月祭礼。以颜希深为湖南巡抚。

三月辛未，左都御史素尔讷、大理寺卿尹嘉铨休致。壬申，以萨载赴京，命德保兼署江南河道总督。戊寅，以迈拉逊为左都御史。壬午，上大行皇太后尊谥曰"孝圣慈宣康惠敦和敬天光圣宪皇后"。戊子，以恒山保为乌里雅苏台参赞大臣。

夏四月戊戌，以缅番投诚反复，召阿桂回京，留缅目所遣孟干等。戊申，上诣九经三事殿孝圣宪皇后梓宫前行祖奠礼。己酉，孝圣宪皇后发引，上送往泰东陵，免经过州县本年额赋十分之七。癸丑，上谒泰陵。是日，孝圣宪皇后梓宫至泰东陵，奉安于隆恩殿。丙辰，上诣泰东陵孝圣宪皇后梓宫前行百日祭礼。丁巳，大学士舒赫德卒。戊午，命永贵署大学士兼吏部尚书。辛酉，蠲安徽宿州等八州县、长河等三卫四十一年水灾额赋。壬戌，命福隆安兼署吏部尚书。甲子，上还京师。

五月乙丑朔，孝圣宪皇后神牌升祔太庙。翌日，颁诏覃恩有差。戊辰，上临舒赫德丧次赐奠。壬申，蠲直隶清苑等十州县逋赋。戊寅，以普蠲全国钱粮，免福建台湾府属官庄租息十分之三。甲申，马兰镇总兵满斗于东陵掘墙通路，论斩。丁亥，命阿桂为武英殿大学士，兼管吏部事，英廉协办大学士。命尚书果毅继勇公丰升额之父阿里衮原袭果毅公爵号，亦加"继勇"二字。调永贵为吏部尚书，以富勒浑为礼部尚书，三宝为湖广总督，王亶望为浙江巡抚。蠲顺天直隶大兴等三十三厅州县被灾额赋。

六月乙卯，以吉林将军富椿调杭州将军，命福康安代之。己未，上诣黑龙潭祈雨。

秋七月，蠲甘肃皋兰等二十九州县四十一年被灾额赋。丙戌，命甘肃应征各属番粮草束免十分之三。暹罗头目郑昭进贡，送所获缅番，谕杨景素以请封檄谕之。

八月庚子，免乌鲁木齐各州县户民额粮十分之三。庚申，命侍郎金简赴吉林，会同福康安查办事件。

九月丙子，上谒泰陵、泰东陵。壬午，上还京师。

冬十月戊戌，户部尚书果毅继勇公丰升额卒，调英廉为户部尚书，仍兼管刑部，命德福为刑部尚书。乙巳，诏陕西民屯租粮草束届轮免钱粮之年，一体蠲免。庚申，设密云副都统一，驻防兵二千。辛酉，命袁守侗赴浙江查审归安县知县刘均被控案。命侍郎周煌、阿扬阿赴四川查审大足县知县赵宪高被控案。

十一月丙寅，广德处斩。戊辰，海成以纵庞王锡侯褫职，以郝硕为江西巡抚，国泰为山东巡抚。壬申，刑部尚书余文仪乞休，允之。甲戌，调袁守侗为刑部尚书，梁国治为户部尚书。乙酉，蠲甘肃宁夏等七县本年被灾额赋。

十二月丁酉，蠲甘肃皋兰等十七厅州县四十一年被灾额赋。癸丑，赈甘肃皋兰等三十二州县被旱灾民。

四十三年春正月壬戌朔，免朝贺。癸亥，以郑大进为河南巡抚。辛未，追复睿亲王封爵及豫亲王多铎、礼亲王代善、郑亲王济尔哈朗、肃亲王豪格、克勤郡王岳托原爵，并配享太庙。己卯，上谒西陵，免经过地方本年额赋十分之三。癸未，上谒泰陵、泰东陵。甲申，上谒泰东陵行期年礼。

二月丁酉，朝鲜、琉球入贡。己酉，以特成额为礼部尚书。

调绰克托为吏部尚书，富勒浑为工部尚书。特成额迁成都将军，以钟音为礼部尚书。调杨景素为闽浙总督，桂林为两广总督，李质颖护之。戊午，以诚亲王弘畅为正白旗领侍卫内大臣。

三月甲子，上诣西陵。戊辰，上谒泰陵、泰东陵。己巳，上亲祭泰东陵。乙亥，上阅健锐营兵。己丑，以李湖为湖南巡抚。

夏四月辛卯，以河南旱，命减开封等五府军流以下罪。壬寅，命先免河南四十五年田赋。癸卯，肃亲王蕴著卒。乙巳，上诣黑龙潭祈雨。辛亥，命减河南军流以下罪。乙卯，赐戴衢亨等一百五十七人进士及第出身有差。

五月庚申朔，以山东荒歉，命预免四十五年钱粮。丁卯，命山西巡抚兼理河东盐政。戊辰，怡亲王弘晓卒。

六月乙未，以九江关监督全德浮收，逮治之。

闰六月癸亥，河南祥符河决。

秋七月癸巳，河南仪封考城河决。乙未，命袁守侗往河南，会同河督姚立德、巡抚郑大进查办河工。戊戌，命高晋督办堤工。丁未，上诣盛京谒陵，免经过直隶、奉天各州县本年额赋十分之三。

八月癸酉，以仪封决河下注安徽凤阳各州县，谕萨载等赈灾民。甲戌，上谒永陵。乙亥，行大飨礼。己卯，上谒福陵。免奉天所属府州县明年丁赋。庚辰，行大飨礼。上谒昭陵。辛巳，行大飨礼。命奉天、吉林、黑龙江各属已结未结死罪均减等，军流以下悉宥之。癸未，上临奠克勤郡王岳托墓。甲申，上临奠武勋王扬古利、弘毅公额亦都、直义公费英东墓。乙酉，上诣文庙行礼。

九月甲午，锦县生员金从善，以上言建储立后、纳谏施德，忤旨，论斩。戊戌礼部尚书钟音卒。金从善以妄肆诋斥，处斩。己亥，以德保为礼部尚书。丁未，申谕立储流弊，及宣明归政之期。壬子，上还京师。甲寅，高朴以婪赃论斩。绰克托以失察高朴褫职。命永贵为吏部尚书。乙卯，命迈拉逊署吏部尚书。

冬十月己未，以庚子年七旬万寿，巡幸江、浙，命举恩科乡会试，并普蠲钱粮。甲戌，江苏布政使陶易以徇纵徐述夔，褫职论斩。丙子，免甘肃皋兰等三十二厅州县四十二年旱灾额赋。

十一月戊子，禁贡献整玉如意及大玉。壬辰，定驿务归巡道分管，裁甘肃驿传道。赈广西兴安等九州县本年旱灾。庚子，免甘肃宁夏等七厅州县四十二年被灾额赋。

十二月庚申，河南仪封堤工塌坏，高晋等下部严议。丙寅，谕国泰严治山东冠县义和拳教匪。甲戌，赈安徽当涂等三十四州县卫本年水旱灾、湖南湘阴等十五州县卫旱灾，并蠲额赋有差。

四十四年春正月丙戌朔，调陈辉祖为河南巡抚，郑大进为湖北巡抚。乙未，大学士、两江总督高晋卒。命三宝为东阁大学士，仍留湖广总督任，萨载为两江总督，李奉翰为江南河道总督。癸卯，上诣西陵，免经过地方本年丁赋十分之三。裁福州副都统。乙巳，命阿桂赴河南查勘河工。丁未，上谒泰陵、泰东陵。辛亥，上还京师。

二月癸亥，左都御史迈拉逊病免。丙子，以增福为福建巡抚，申保为左都御史。庚辰，命辑明季诸臣奏疏。谕曰："各省送到违碍应毁书籍，如徐必达《南州草》，萧近高《疏草》，宋一韩《掖垣封事》，切中彼时弊病者，俱无惭骨鲠。虽其君置若罔闻，而一时废弛瞀乱之迹，痛切敷陈，足资考镜。朕以为不若择其较有关系者，别加编录，名为《明季奏疏》，勒成一书，永为殷鉴。诸臣在胜国言事，于我国家间有干犯之语，不宜深责，应量为改易选录，余仍分别撤毁。"壬午，建江南龙泉庄等处行宫。

三月丙申，命英廉署直隶总督。丁酉，命德福署协办大学士。调杨景素为直隶总督，三宝为闽浙总督。以图思德为湖广总督,舒常为贵州巡抚。乙巳,以谭尚忠署山西巡抚。己酉,赈湖北江夏等三十九州县卫上年旱灾。

夏四月己未,改辟展办事大臣为吐鲁番领队大臣。戊辰,上诣西陵。壬申,上谒泰陵、泰东陵。丁丑,改甘肃驿传道为分巡兰州道。戊寅,以袁守侗为河东河道总督,胡季堂为刑部尚书。己卯,上阅健锐营兵。庚辰,上还京师。

五月乙未,上秋狝木兰,免经过地方本年丁赋十分之三。丙申,以李世杰为广西巡抚。辛丑,上驻避暑山庄。丙午,以富纲为福建巡抚。丁未,上诣文庙行释奠礼。

六月丁卯,免甘肃乾隆二十七年至三十七年逋赋银二十三万五千两、粮一百零五万石各有奇。戊辰,河南武陟、河内沁河决。庚辰,建吐鲁番满城。

秋七月乙未,以孙士毅为云南巡抚。

八月戊辰,上幸木兰行围。辛未,命和珅在御前大臣上学习行走。甲戌,以宗室永玮为黑龙江将军。乙亥,宁寿宫成。

九月庚子,上还京师。

冬十月壬戌,免陕西延安等三府州属乾隆二十年至三十七年民欠社仓谷。免西藏那克舒三十九族番子等应交马银。乙亥,免甘肃庄浪等十七厅州县被灾额赋。

十一月甲申,免安徽亳州等十一州县额赋。戊戌,杭州将军嵩椿坐耽于逸乐褫职,仍通谕申儆。癸卯,赈甘肃皋兰等十二厅州县灾民,并蠲本年额赋。丙午,以姚成烈为广西巡抚。以伍弥泰护送班禅至热河,给钦差大臣关防。

十二月癸丑,命侍郎德成至河南会办河工。甲寅,命户部侍郎董诰在军机处行走。乙卯,两广总督桂林卒,以巴延三代之,雅德为山西巡抚。戊午,大学士于敏中卒。湖广总督图思德卒,以富勒浑代之,绰克托代为工部尚书。丙寅,赈湖北沔阳等七州县卫本年水灾。己巳，命程景伊为文渊阁大学士，调嵇璜为吏部尚书、协办大学士，周煌为工部尚书。辛未，直隶总督杨景素卒，以袁守侗代之。调陈辉祖为河东河道总督，荣柱为河南巡抚。

四十五年春正月庚辰朔，以八月七旬万寿，颁诏覃恩有差。辛巳，免河南仪封等十三州县被灾额赋。辛卯，上巡幸江、浙，免直隶、山东经过地方本年额赋十分之三。壬辰，免直隶顺德等四府属逋赋。己亥，免山东历城等二十八州县逋赋及仓谷。己酉，朝鲜国王李算表贺万寿，优诏答之。修浙江仁和、海宁塘工。

二月癸丑，命舒常同和珅、喀宁阿查办海宁劾李侍尧各款。甲寅，免江南、浙江经过地方本年额赋十分之三。免两江所属四十三年以前逋赋。丙辰，调李奉翰为河东河道总督，陈辉祖为江南河道总督。丁巳，免台湾府属本年额谷，免两淮灶户灾欠及川饷未缴银。己未，上渡江，阅清口东坝堤工。甲子，免江南、浙江省会附郭诸州县本年额赋。戊辰，上幸焦山。壬申，上幸苏州府。仪封决口合龙。己卯，免浙江仁和等县逋赋。

三月辛巳，上幸海宁州观潮。壬午，上幸尖山。召索诺木策凌来京，以奎林为乌鲁木齐都统。癸未，上幸杭州府。甲申，上幸秋涛宫阅水师。以博清额为理藩院尚书。壬辰，调李质颖为浙江巡抚，李湖为广东巡抚，以刘墉为湖南巡抚。以京察届期，予阿桂等议叙，左都御史崔应阶等原品休致。癸巳，以罗源汉为左都御史。丁酉，李侍尧褫职逮问。孙士毅褫职，发伊犁效力。以福康安为云贵总督，索诺木策凌为盛京将军。辛丑，命英廉为东阁大学士，和珅为户部尚书。丙午，上诣明太祖陵奠酒。

夏四月己酉朔，上渡江。壬子，山东寿光人魏塾以著书悖妄，处斩。丁巳，上至武家墩，阅高家堰堤工，渡河。免山西太原等十六府州并归化城等厅应征额赋十分之三，大同、朔平及和林格尔等属全免之。辛酉，调杨魁为陕西巡抚，刘秉恬署云南巡抚，颜希深为贵州巡抚，吴坛为江苏巡抚。丁卯，调杨魁为河南巡抚，雅德为陕西巡抚，喀宁阿为山西巡抚。

五月甲申，以大学士、九卿改和珅所拟李侍尧监候为斩决，谕各督抚各抒所见，定拟题奏。丁亥，上还京师。癸巳，赐汪如洋等一百五十五人进士及第出身有差。丁酉，宥孙士毅罪。己亥，上秋狝木兰。乙巳，上驻跸避暑山庄。甲寅，免湖北沔阳等五州县本年水灾额赋。乙卯，召大学士三宝入阁办事。调富勒浑为闽浙总督，舒常为湖广总督。丁卯，以和珅为正白旗领侍卫内大臣。庚午，江苏睢宁郭家渡河决。

秋七月丁丑，起孙士毅为编修。丁酉，班禅额尔德尼自后藏入觐，上御清旷殿，赐座，赐茶。戊戌，顺天良乡永定河决。庚子，上御万树园，赐班禅额尔德尼及王、公、大臣，蒙古王、贝勒、贝子、公、额驸、台吉等宴，并赐冠服金币有差。辛丑，山东曹县及河南考城河决。壬寅，以李本为贵州巡抚。

八月戊申，赈河南宁陵等四县水灾。乙卯，大学士程景伊卒。丁巳，永定河决口合龙。湖北巡抚郑大进贡金器，不纳，切责之。己未，上七旬万寿节，御澹泊敬诚殿，王、公、大臣及蒙古王、贝勒、贝子、额驸、台吉等行庆贺礼。癸酉，调闵鹗元为江苏巡抚，农起为安徽巡抚。甲戌，上诣东西陵，免经过地方本年额赋十分之三。赈浙江诸暨等七县水灾。

九月，以嵇璜为文渊阁大学士，蔡新为吏部尚书、协办大学士。调周煌为兵部尚书，以周元理为工部尚书。壬午，上谒昭西陵、孝陵、孝东陵、景陵，诣孝贤皇后陵奠酒。辛卯，上谒泰陵、泰东陵。睢宁郭家渡决口合龙。乙未，上还京师。乙巳，赈吉林珲春水灾。

冬十月戊申，定李侍尧斩监候。调雅德为河南巡抚。辛酉，免河南仪封等六县本年水灾额赋。壬戌，免直隶霸州等六十三州县本年水灾额赋。免江苏清河等八州县卫本年水旱额赋。免甘肃皋兰等三十五厅州县四十四年水灾额赋。甲戌，命博清额署左都御史，和珅仍兼署理藩院尚书。

十一月庚辰，命博清额为钦差大臣，护送班禅额尔德尼往穆鲁乌苏地方。壬午，以庆桂为乌里雅苏台将军。癸未，班禅额尔德尼卒于京师。

十二月乙卯，赈甘肃皋兰等十八厅州县饥民。庚申，以会同四译馆屋坏，压毙朝鲜人，礼部尚书等下部严议。丁卯，命阿桂会同陈辉祖、富勒浑、李质颖勘视海塘。

四十六年春正月己卯，定蒙古喀尔喀、青海杜尔伯特、土尔扈特、和硕特，回部王、公、札萨克、台吉等世袭爵秩。丙申，朝鲜国王李算表谢赐缎匹，仍贡方物，温谕受之。癸卯，召富勒浑、李质颖来京。以陈辉祖为闽浙总督，兼管浙江巡抚，督办塘工。调李奉翰为江南河道总督，韩鑅为河东河道总督。

二月丙辰，免浙江诸暨水灾额赋。癸亥，命阿桂勘视江南、河南河工。乙丑，上西巡五台山，免经过地方本年额赋十分之三。丙寅，免顺天保定七府州县逋赋。己巳，调雅德为山西巡抚。庚午，以富勒浑为河南巡抚。王燧论绞。

三月甲戌朔，上幸正定府阅兵。乙亥，免安徽亳州等九州县、凤阳等三卫水灾额赋有差。丙子，免江苏清河等八州县卫水灾额赋有差。戊寅，召庆桂来京，以巴图署乌里雅苏台将军。辛巳，上驻跸五台山。己丑，免甘肃皋兰等十五厅州县雹灾额赋有差。甲午，以宗室嵩椿为绥远城将军。庚子，上还京师。壬寅，甘肃循化撒拉尔回匪苏四十三等作乱，陷河州，命西安提督马彪同勒尔谨剿之。癸卯，回匪犯兰州，命阿桂往甘肃调度剿贼机宜。

夏四月甲申朔，命尚书和珅、额驸拉旺多尔济、领侍卫内大臣海兰察，并巴图鲁侍卫等，赴甘肃剿贼。乙巳，命安徽巡抚农起往甘肃办理军需，宥李侍尧罪，赏三品顶戴赴甘肃。己酉，甘肃官军收复河州，仁和进援省城。庚申，休致大理寺卿尹嘉铨坐妄请其父从祀孔庙及著书狂悖，处绞。免直隶霸州等五十厅州县水灾额赋。戊辰，赐钱棨等一百六十九人进士及第出身有差。庚午，逮勒尔谨，以李侍尧管理陕甘总督事，未至，以阿桂兼管之。召和珅回京。辛未，免安徽寿州等十二州县卫、河南仪封等五县水灾额赋。

五月辛卯，谕阿桂等除回民新教。

闰五月癸卯朔，勒尔谨论斩。己酉，免江苏阜宁等七县卫逋赋。庚戌，上秋狝木兰。丙辰，上驻跸避暑山庄。

六月庚辰，江苏睢宁魏家庄河决。己丑，以甘肃累年冒赈，命刑部严鞫勒尔谨，逮王亶望至都。壬辰，免陕西西安等十二府州民欠仓谷。癸巳，甘肃回匪苏四十三等伏诛。

秋七月壬寅朔，江苏崇明、太仓等州县海溢。甘肃布政使王廷赞，以冒赈浮销，褫职逮治。丙午，以奎林为乌里雅苏台将军，明亮为乌鲁木齐都统。己酉，河南万锦滩及仪封曲家楼河决。庚申，暹罗国长郑昭遣使赍表贡方物。辛酉，命阿桂阅视河南、山东河工。乙丑，南掌国王弟召翁贡方物。庚午，王亶望处斩，赐勒尔谨自尽，王廷赞论绞。免江苏崇明县本年额赋。赈江苏崇明等九厅州县、河南仪封县水灾。

八月甲戌，赈甘肃陇西等四县水灾。免金县等七县额征半赋。己卯，袁守侗等坐查监粮失实，下部严议。壬午，调福康安为四川总督，以富纲为云贵总督，杨魁署福建巡抚。乙酉，赈湖北潜江等四州县水灾。丙戌，上幸木兰行围。魏家庄决口合龙。

九月戊申，王廷赞处绞。丁卯，赈山东金乡水灾。

冬十月丙子，赈江苏铜山等县水灾。丁丑，赈山东邹平等二十九州县、济宁等三卫、永阜等三场水灾。乙酉，赈直隶沧州等四州县、严镇等四场水灾。戊子，赈河南祥符十三县水灾。庚寅，赈湖北江夏等十七州县水旱灾。癸巳，赈安徽灵壁等二十四州县卫水旱灾。丁酉，上以御史刘天成奏，谕曰："均田之法，势必致贫者未富，富者先贫。我君臣惟崇俭尚朴，知愧知惧，使四民则效而已。"罢陕西贡皮。

十一月庚子，工部尚书周元理予告，以罗源汉代之。以刘墉为左都御史，仍暂管湖南巡抚。丙午，以李世杰为湖南巡抚。戊辰，以郑大进为直隶总督。

十二月己巳朔，调姚成烈为湖北巡抚。以朱椿为广西巡抚。丁丑，以雅德为广东巡抚，谭尚忠为山西巡抚。戊子，大学士等议驳嵇璜请复黄河故道，上韪之。庚寅，毕沅以御史钱沣劾，降三品顶戴留任。辛卯，调农起为山西巡抚，谭尚忠为安徽巡抚。

四十七年春正月庚子，陈辉祖、闵鹗元降三品顶戴留任。乙卯，建盛京文溯阁。丙寅，《四库全书》成。

二月己巳，上御文渊阁，赐《四库全书》总裁等官宴，赏赉有差。丁亥，命乾清门侍卫阿弥达致祭河神。

三月庚子，上幸盘山。壬寅，上驻跸盘山。癸丑，调雅德为福建巡抚，以尚安为广东巡抚。甲寅，上还京师。乙卯，免甘肃积年逋赋粮二百四十五万石、银三十万两各有奇。戊午，免江苏常熟等二十八州县卫水灾额赋。癸亥，免直隶天津等三十九州县厅水灾额赋。

夏四月戊辰，命和珅、刘墉同御史钱沣查办山东亏空。戊寅，免山东寿光等五县水灾额赋。己卯，山东巡抚国泰褫职逮问，以明兴代之。辛巳，上阅火器营兵。甲申，免山西永济县水灾额赋。丁亥，上阅健锐营兵。壬辰，协办大学士、吏部尚书蔡新乞假，允之。以刘墉署吏部尚书。甲午，罗源汉罢，以刘墉为工部尚书，王杰为都察院左都御史，庆桂为盛京将军。

五月丁酉，召阿桂来京，命韩鑅、富勒浑筹办河工。己亥，赈山东曹州、兖州、济宁等府州、江苏徐州、丰、沛等县水灾。辛丑，免河南祥符等六县水灾额赋。定新建巴尔噶逊城名曰嘉德。戊申，上幸木兰。庚戌，免安徽怀宁等十八州县、安庆等五卫水灾额赋。甲寅，上驻跸避暑山庄。

六月丙子，国泰、于易简论斩。以富躬为安徽巡抚。

秋七月丙申朔，命阿桂仍督办河工。戊戌，索诺木策凌论斩。癸卯，国泰、于易简赐自尽。甲辰，以李侍尧、国泰所办贡物过优，皆致罪戾，谕各督抚等惟当洁清自矢，毋专以进献为能。己未，以何裕城署河东河道总督。癸亥，免甘肃陇西等四县四十六年水灾额赋。

八月丁卯，以福康安为御前大臣。癸酉，以宗室永玮为吉林将军，宗室恒秀为黑龙江将军。甲戌，加英廉、嵇璜、和珅、李侍尧、福康安太子太保，梁国治、郑大进太子少傅，萨载太子少保。壬午，赈江苏沛县等州县，山东邹、峄二县被水灾民。癸未，上幸木兰行围。乙酉，赐索诺木策凌自尽。壬辰，赈山东兖州等府县被水灾民。

九月丙申，建浙江文澜阁。壬寅，上回驻避暑山庄。癸卯，刑部尚书德福卒，以喀宁阿代之。命英廉暂管刑部。乙巳，调宗室永玮为盛京将军，庆桂为吉林将军。辛亥，陈辉祖褫职逮问，调富勒浑为闽浙总督，福长安署之。调李世杰为河南巡抚，以查礼为湖南巡抚。己未，赈浙江玉环等处海溢灾民。辛酉，免奉天承德等五厅县水灾额赋。

冬十月癸酉，新建库尔喀喇乌苏城名曰庆绥，晶河城名曰安阜。丁卯，赈河南汝阳等十六县水灾。甲申，直隶总督郑大进卒，以袁守侗署之。以福崧为浙江巡抚。赈安徽寿州等十六州县卫水旱灾。

十二月癸亥朔，陈辉祖及国栋等论斩。甲申，常青迁杭州将军。以乌尔图纳逊为察哈尔都统。

四十八年春正月甲午，以伊星阿为湖南巡抚。戊申，以萨载为两江总督，毕沅为陕西巡抚，刘秉恬为云南巡抚。

二月甲子，赐陈辉祖自尽，王燧处斩。乙丑，以毓奇为漕运总督。丙寅，以拉旺多尔济为御前大臣。戊辰，命建辟雍于太学。辛未，上诣西陵，免经过地方额赋十分之三。乙亥，上诣泰陵、泰东陵。戊子，赐明辽东经略熊廷弼五世孙泗先为儒学训导。

三月辛丑，予大学士阿桂等议叙。礼部侍郎钱载等原品休致。予总督袁守侗等、巡抚农起等议叙。召朱椿来京，以刘峨为广西巡抚。甲寅，免江苏铜山等十九州县、淮安等三卫水旱灾额赋。

夏四月乙丑，御前大臣喀喇沁郡王札拉丰阿卒，以拉旺多尔济为御前大臣。乙亥，上阅火器营兵。辛巳，召福康安来京。

五月壬辰，以福康安为正黄旗领侍卫内大臣。予李奉翰兵部尚书、右都御史衔。甲辰，以朱椿为左都御史。丙午，协办大学士、吏部尚书永贵卒。免安徽寿州等十一州县上年水灾额赋。丁未，直隶总督袁守侗卒，以刘峨代之。以孙士毅为广西巡抚，伍弥泰为吏部尚书、协办大学士。己酉，上有疾，命永瑢代祀方泽。癸丑，上幸木兰。庚申，上驻跸避暑山庄。

六月乙丑，体仁阁火。乙酉，免山东永阜等五场上年水灾额赋。丁亥，赈湖北广济等六州县水灾。

秋七月戊戌，命海禄署伊犁将军，图思义署乌鲁木齐都统。乙卯，命蔡新为文华殿大学士，梁国治协办大学士，刘墉为吏部尚书。

八月甲午，赐达赖喇嘛玉册玉宝。甲戌，明亮、巴林泰等褫职逮问，以海禄为乌鲁木齐都统。乙亥，上自避暑山庄诣盛京谒陵，免经过地方本年额赋十分之五。庚辰，太子太保、大学士英廉卒。辛巳，上驻跸哈那达大营。喀喇沁郡王喇特纳锡第等迎驾，赏赉有差。丁亥，上驻五里屯大营，科尔沁亲王恭格喇布坦、巴林郡王巴图等迎驾，赏赉有差。戊子，予明辽东经略袁崇焕五世孙炳以八九品官选补。

九月己丑朔，上驻跸四堡子东大营阅射。命皇十一子永瑆等迎册宝至盛京，藏于太庙。癸巳，上驻老边大营阅射。朝鲜国王遣使贡方物。乙未，免奉天各属乾隆四十九年额赋。戊戌，上谒永陵。己亥，行大飨礼。阅兴京城。免盛京户部各庄头仓粮。免盛京等处旗地应纳米豆草束十分之五。减奉天等处死罪，免军流以下罪。癸卯，上谒福陵。甲辰，行大飨礼。上谒昭陵，临奠武勋王扬古利墓。乙巳，行大飨礼。丙午，上临奠克勤郡王岳托墓。丁未，上临奠弘毅公额亦都、直义公费英东墓。戊申，上御崇政殿受庆贺。御大政殿赐扈从皇子、王、公、大臣等宴，赏赉有差。己酉，上诣清宁宫祭神，赐皇子、王、公、大臣等食胙。庚戌，上回跸。戊午，申谕詹事府备词臣升转之阶，及建储之必不可行。

冬十月壬戌，赈陕西榆林八州县等旱灾。癸亥，上驻跸文殊庵行宫。壬申，上谒昭西陵、孝陵、孝东陵、景陵。乙亥，上还京师。

十一月己亥，释国栋。庚子，以福隆安病未痊，命福康安协同办理兵部尚书。辛丑，命刘瑾饬玉田附近州县掘蝗蝻。壬寅，命刘峨查办南宫县义和拳邪教。己酉，以阿克栋阿为乌里雅苏台参赞大臣，那尔瑚善为塔尔巴哈台参赞大臣。

十二月丙寅，命福康安赴广东，会同永德谳盐商狱。

四十九年春正月丁未，上南巡，免直隶、山东经过地方本年钱粮十分之三。戊申，免直隶顺天等十二府州属逋赋。甲寅，调孙士毅为广东巡抚，以吴垣为广西巡抚。丙辰，免山东利津等二十一州县卫逋赋。召巴延三来京，调舒常为两广总督。以特成额为湖广总督，保宁为成都将军。

二月壬戌，上幸泰安府，诣岱庙行礼。丙寅，上谒少昊陵。至曲阜谒先师庙。丁卯，释奠先师，诣孔林酹酒。祭元圣周公庙。壬申，免江宁、苏州、安徽各属逋赋。免江南、浙江经过地方本年钱粮十分之三。以永保为贵州巡抚。赉江南、浙江耆民。戊寅，祭河神。上渡河。减江苏、安徽、浙江三省军流以下罪。壬午，免江南江宁、苏州，浙江杭州等附郭诸县额赋。甲申，免两淮灶户四十五、六两年逋赋。

三月丙戌朔，祭江神。上渡江，幸金山。丁亥，上幸焦山。调周煌为左都御史。己丑，以王杰为兵部尚书，俟服阕后供职。辛卯，上幸苏州府。壬辰，免湖北江夏等二十四州县卫三十年至四十四年逋赋。乙未，上诣文庙行礼。丁酉，再免浙江杭州、嘉兴、湖州三府属额赋十分之三。己亥，上幸海宁州祭海神。以福建钦赐进士郭钟岳年届一百四岁，来浙迎銮，赏国子监司业。庚子，上幸尖山观潮。阅视塘工。辛丑，上幸杭州府。癸卯，上诣圣因寺祭圣祖神御。戊申，上阅福建水师。庚戌，上自杭州回銮。改庆桂为福州将军。以都尔嘉为吉林将军。增西安副都统一。甲寅，上驻跸苏州府。巴延三褫职。

闰三月丙辰朔，兵部尚书福隆安卒，以福康安为兵部尚书，复兴署工部尚书。壬戌，上幸江宁府。甲子，祭明太祖陵。乙丑，上阅江宁府驻防兵。戊辰，上渡江。丙子，上祭河神，渡河。以伊龄阿为总管内务府大臣。是月，免江苏上元等八州县卫、安徽怀宁等十州县、安庆等三卫上年水旱灾额赋。

夏四月丙戌，免直隶宛平等五州县上年水灾额赋。庚寅，上祭禹庙。壬寅，以李绶为江西巡抚。甲辰，以河南卫辉等属旱，免汲县等十六县逋赋。乙巳，免直隶大名等七州县逋赋。丙午，甘肃新教回人田五等作乱，命李侍尧、刚塔剿之。丁未，上还京师。以海禄为乌什参赞大臣。庚戌，免陕西、甘肃三十八年至四十六年逋赋。辛亥，调李绶为湖南巡抚，以伊星阿为江西巡抚。甲寅，赐茹棻等一百十二人进士及第出身有差。是月，免湖北黄梅等四县、武昌等三卫上年水灾额赋。

五月丙辰，绰克托以缘事褫职逮问，以庆桂为工部尚书。调常青为福州将军，以永铎为杭州将军。己未，命庆桂在军机处行走。壬戌，上秋狝木兰。癸亥，免陕西延安等三府州逋赋。戊辰，上驻跸避暑山庄。己巳，命福康安、海兰察赴甘肃剿捕回匪。甲戌，命阿桂领火器、健锐两营兵往甘肃剿叛回。以阿桂为将军，福康安、海兰察、伍岱并为参赞大臣。乙亥，甘肃回匪陷通渭县，寻复之。以舒亮为领队大臣。庚辰，李侍尧坐玩误褫职，以福康安为陕甘总督。刚塔以失机褫职逮问。辛巳，调庆桂为兵部尚书，复兴为工部尚书。以阿扬阿为左都御史。癸未，江南巡抚郝硕坐贪婪逮问。是月，免山东兖州等三府州属上年水灾额赋。

六月庚寅，免甘肃本年额赋。甲午，赈湖南茶陵、攸县水灾。壬寅，东阁大学士三宝卒。戊申，以书麟为安徽巡抚。是月，免安徽怀宁等十三州县卫上年水旱额赋。

秋七月甲寅朔，日食。丁巳，礼部尚书曹秀先卒，以姚成烈为礼部尚书。调李绶为湖北巡抚，以陆燿为湖南巡抚。己未，赐郝硕自裁。甲子，甘肃石峰堡回匪平，俘贼首张文庆等。予阿桂轻车都尉，晋封福康安嘉勇侯，擢海兰察子安禄二等侍卫，授伍岱都统，俱给骑都尉，和珅再给轻车都尉，余各甄叙有差。丙寅，以常青为乌鲁木齐都统。癸酉，以伍弥泰为东阁大学士。调和珅为吏部尚书、协办大学士，兼管户部。以福康安为户部尚书，仍留陕甘总督任。戊寅，命颁行军纪律。癸未，李侍尧论斩。宥刚塔罪，戍伊犁。是月，免陕西榆林等八州县上年旱灾额赋。

八月己丑，河南睢州河决，命阿桂督治之。癸巳，免甘肃积年逋赋银三十五万两、粮四十七万石各有差。乙未，以河南偃师县任天笃九世同居，赐御制诗御书匾额。己亥，上幸木兰行围。辛丑，张文庆等伏诛。甲辰，暹罗国长郑华遣陪臣贡方物，乞封。

九月癸丑朔，赈安徽宿州等处水灾。乙卯，以回匪平，封和珅一等男。庚申，上驻跸避暑山庄。甲子，调乌尔图纳逊为察哈尔都统，积福为绥远城将军。甲戌，上还京师。丙子，宥绰克托罪。庚辰，命内大臣西明、翰林院侍读学士阿肃使朝鲜，册封世子。是月，赈陕西华州等三州县水灾。

冬十月辛卯，命重举千叟宴。戊戌，赈江西南昌等六县水灾。己酉，减京师朝审情实句到逾三次人犯罪。

十一月乙丑，谕秋审、朝审各犯缓决至三次者，分别减等。壬申，睢州河工合龙。庚辰，命留保住为驻藏大臣，以福禄为西宁办事大臣。

十二月甲辰，谕预千叟宴官民年九十以上者，许其子孙一人扶掖；大臣年逾七十者，如步履稍艰，亦许其子孙一人扶掖。

是岁，朝鲜、琉球、暹罗、安南来贡。

五十年春正月辛亥朔，上以五十年国庆，颁诏覃恩有差。丙辰，举千叟宴礼，宴亲王以下三千人于乾清宫，赏赉有差。丁巳，左都御史周煌致仕，以纪昀为左都御史。调吴垣为湖北巡抚，以孙永清为广西巡抚。戊辰，召奎林来京，以拉旺多尔济署乌里雅苏台将军。甲戌，喀什噶尔阿奇木伯克阿里木以潜与萨木萨克交通事觉，处斩。乙酉，赈江西萍乡等三县水灾。丁亥，上释奠先师，临辟雍讲学。戊子，免河南汲县等十四县逋赋。己丑，御试翰林院、詹事府官，擢陆伯焜、吴璥为一等，余升黜有差。试六部升用翰詹等官，擢庆龄为一等，余升黜有差。辛卯，调毕沅为河南巡抚，何裕城为陕西巡抚。甲辰，免江南江宁等六府州逋赋。是月，赈江西萍乡等三县、福建建安等二县水灾，河南汲县等十四县旱灾。

三月壬子，上幸盘山。甲寅，上诣明长陵奠酒。丁巳，上驻跸盘山。辛酉，截河南、山东漕粮三十万石，赈河南卫辉旱灾。甲子，免江苏安东、阜宁逋赋。丙寅，上还京师。丁卯，以永铎为伊犁参赞大臣，常青为西安将军，奎林为乌鲁木齐都统，复兴为乌里雅苏台将军。以舒常为工部尚书，孙士毅兼署两广总督。乙亥，免直隶霸州等四十九州县逋赋。丙子，免河南商丘等六州县上年水灾额赋。

夏四月甲申，甘肃肃州等处地震，赈恤之。壬辰，上阅健锐营兵。丁酉，刑部尚书喀宁阿、胡季堂，侍郎穆精阿、姜晟以检验失实，降四品顶戴。戊戌，大学士蔡新致仕。是月，免河南汲县等旱灾额赋。赈祥符等州县旱灾。

五月壬子，免河南祥符等十六州县、郑州等三十二州县新旧额赋积欠。甲寅，调永保为江西巡抚，陈用敷为贵州巡抚。己未，拨两淮运库银一百万两交河南备赈。丙寅，上秋狝木兰。丁卯，山西平阳等属饥，给贫民两月粮。壬申，上驻跸避暑山庄。丙子，命梁国治为东阁大学士，兼户部尚书，刘墉协办大学士。

以曹文埴为户部尚书。丁丑，柘城盗匪平。是月，赈江苏铜山等十六州县、山东陵县等四十州县旱灾。

六月壬午，以漕运迟误，萨载等下部严议，分别赔偿。乙酉，理藩院尚书博清阿卒。丙戌，以留保住为理藩院尚书。辛丑，以奎林署伊犁将军，永铎署乌鲁木齐都统。乙巳，命再截留江西漕粮十万石于安徽备赈。是月，赈安徽亳州等八州县旱灾。

秋七月己酉，调富勒浑为两广总督，以雅德为闽浙总督，浦霖为福建巡抚。庚戌，调浦霖为湖南巡抚，以徐嗣曾为福建巡抚。辛酉，以李庆棻为贵州巡抚。乙丑，拨户部银一百万两交河南备赈。辛未，赈山西代州等六州县水灾。乙亥，以奎林为伊犁将军，永铎为乌鲁木齐都统。

八月乙酉，命阿桂赴河南勘灾，兼赴江南、山东查办河运。癸巳，上幸木兰行围。庚子，赈陕西朝邑县水灾。癸卯，以伊桑阿为山西巡抚。

九月己酉，命福康安赴阿克苏安辑回众。以庆桂为乌什参赞大臣，署陕甘总督。降海禄为伊犁领队大臣。命明亮以伊犁参赞大臣署乌什参赞大臣。甲寅，上驻跸避暑山庄。戊午，调永保为陕西巡抚，何裕城为江西巡抚。戊辰，上还京师。壬申，赈江苏长洲等五十六州县卫旱灾。

冬十月丁丑朔，召勒保、松筠回京，命佛住驻库伦，会同蕴端多尔济办事。庚辰，赈湖南巴陵等十州县旱灾。辛丑，赈安徽亳州五十一州县并凤阳等九卫旱灾。是月，免甘肃皋兰等十二州县卫本年雹水灾额赋。赈直隶平乡等十六州县水旱灾，河南永城等十二厅州县旱灾。

十一月乙亥，以乾隆六十年乙卯正旦推算日食，宣谕定次年归政。是月，赈山东峄县等九州县旱灾，甘肃河州等七州县水雹灾。

十二月丁丑，以御史富森阿条陈地丁钱粮请收本色，谕斥为断不可行，罢之。丙戌，以明亮为乌什参赞大臣，庆桂为塔尔巴哈台参赞大臣。壬寅，禁广东洋商及粤海关监督贡献。是月，赈陕西朝邑等三县水灾。

是岁，朝鲜来贡。

高宗本纪六

五十一年春正月丙午朔，日食，免朝贺。戊申，命户部拨银一百万两解往安徽备赈。辛酉，礼部尚书姚成烈卒，以彭元瑞代之。丙寅，以普福为驻藏大臣。庚午，江西巡抚何裕城奏粮价日昂，由江、楚贩运过多所致。上以意存遏籴，切责之。命范建中往哈密办事。

二月庚辰，上御经筵赐宴，命工歌新谱《抑戒诗》，岁为例。加福建水师提督黄仕简太子太保。乙酉，上幸南苑行围。辛卯，命尚书曹文埴，侍郎姜晟、伊龄阿往浙省盘查仓库。壬辰，上诣西陵，巡幸五台山，免经过地方额赋十分之三。丙申，上谒泰陵、泰东陵。丁酉，免直隶顺德、广平、大名三府属上年灾欠银米。己亥，以图萨布为湖北巡抚。癸卯，免山西忻州等六州县逋赋。

三月丙午，上驻跸五台山。丙辰，两江总督萨载卒，调李世杰代之。以保宁为四川总督，鄂辉为成都将军。己未，上阅滹沱河，阅正定镇兵。壬戌，上祭帝尧庙。癸亥，命李侍尧署户部尚书。甲子，赈陕西朝邑等三县灾民。庚午，上还京师。辛未，以伊龄阿为浙江巡抚。

夏四月己卯，命大学士阿桂往江南筹办河工。乙酉，浙江学政窦光鼐奏嘉兴、海盐、平阳三县亏空各逾十万，郡县采买仓储，俱折收银两，以便挪移。命曹文埴等严查覆奏。赈山西代州等六州县水灾。己丑，命窦光鼐会同曹文埴等查办浙江亏空。

五月丙午，命阿桂赴浙，会同曹文埴等查办亏空，并勘海塘。丙辰，富勒浑褫职，交阿桂等审讯。丁巳，以孙士毅为两广总督，调图萨布为广东巡抚，以李封为湖北巡抚。己未，以李侍尧署湖广总督。辛未，上秋狝木兰。赈四川打箭炉等地震灾。是月，免江苏上元等五十六州县卫上年旱灾额赋。

六月丁丑，上驻跸避暑山庄。乙酉，以福崧署山西巡抚。丁亥，湖南常德府沅江溢。辛丑，调富纲为闽浙总督，以特成额为云贵总督。以毕沅为湖广总督，江兰为河南巡抚。

秋七月戊申，免河南商丘等十二州县上年旱灾额赋。壬子，江苏清河李家庄河溢。丁巳，命阿桂由浙江赴清口，会同李世杰等办理堵筑事宜。己巳，曹锡宝劾和珅家人刘全，不能指实，加恩革职留任。

闰七月庚辰，大学士、伯伍弥泰卒。召刘秉恬来京，以谭尚忠为云南巡抚。己丑，浙江学政、吏部右侍郎窦光鼐褫职。庚寅，富勒浑论斩。乙未，命和珅为文华殿大学士，管理户部事。福康安为吏部尚书、协办大学士，仍留陕甘总督任。福长安为户部尚书，绰克托署兵部尚书。戊戌，赈湖南武陵、龙阳水灾。

八月丙辰，上幸木兰行围。庚申，调嵩椿为绥远城将军，积福为宁夏将军。

九月戊寅，上驻跸避暑山庄。丁亥，以勒保为山西巡抚。戊子，以永保为塔尔巴哈台参赞大臣。以巴延三为陕西巡抚。壬辰，上还京师。甲午，调福长安署兵部尚书，以绰克托署户部尚书。乙未，以琅玕为浙江巡抚。己亥，皇长孙贝勒绵德卒。赈安徽五河等十七州县并凤阳等五卫水灾。

冬十月辛丑朔，调富纲为云贵总督，以常青为闽浙总督。丁未，降毕沅仍为河南巡抚，江兰仍为河南布政使，授李侍尧湖广总督。丁巳，免直隶安州等四州县被灾额赋有差。

十一月，赈安徽合肥等十七州县水灾。

十二月辛丑，福建南靖县匪徒陈荐等作乱，捕治之。壬子，大学士梁国治卒。命兵部尚书王杰在军机处行走。戊午，封郑华为暹罗国王。丙寅，福建彰化县贼匪林爽文作乱，陷县城，知县俞峻死之。命常青、徐嗣曾等剿办。

是岁，朝鲜、琉球、暹罗来贡。

五十二年春正月辛未，林爽文陷诸罗竹堑。癸酉，命鄂辉署四川总督。乙亥，宥富勒浑罪。丁丑，调李侍尧为闽浙总督，常青为湖广总督，仍留福建督办军务，命舒常署之。癸未，林爽文陷凤山，知县汤大全死之。甲申，常青以守备陈邦光督义民守鹿仔港，收复彰化奏闻。丁亥，命王杰为东阁大学士，管礼部事。调彭元瑞为兵部尚书，以纪昀为礼部尚书。庚寅，允户部尚书曹文埴终养，以董诰代之。辛卯，命松筠往库伦办事。丁酉，命常青渡台剿匪。

二月壬寅，林爽文复陷凤山，犯台湾府，柴大纪督兵民御之。癸卯，以李绶为左都御史。乙巳，以长麟为山东巡抚。壬子，免台湾府属本年额赋。丙辰，复诸罗。甲子，上诣东陵。丁卯，上谒昭西陵、孝陵、孝东陵、景陵。

三月癸酉，上回跸。丙子，以重修明陵成，上临阅，申禁樵采。辛巳，复凤山。辛卯，以姜晟为湖北巡抚。黄仕简以贻误军机褫职，令其长孙嘉谟袭公爵。乙未，逮黄仕简下狱。

夏四月辛丑，以常青为将军，恒瑞、蓝元枚为参赞。调蓝元枚为福建水师提督，柴大纪署陆路提督。戊午，上诣黑龙潭祈雨。壬戌，赐史致光等一百三十七人进士及第出身有差。甲子，上阅火器营兵。

五月丁卯朔，乌里雅苏台参赞大臣贡楚克扎布病免，以三丕勒多尔济代之。戊辰，授兰第锡河东河道总督。甲戌，上秋狝木兰。庚辰，上驻跸避暑山庄。湖南凤凰苗作乱，总兵尹德禧讨平之。

六月庚戌，免浙江仁和场潮冲荡地额课。壬子，授柴大纪福建陆路提督，兼管台湾总兵事。丙辰，召福康安赴行在，以勒保署陕甘总督。

秋七月壬辰，以海兰察为参赞大臣，舒亮、普尔普为领队大臣，率侍卫、章京等赴台湾剿贼。癸巳，赈安徽怀远、凤阳等州县水灾。赈山西丰镇等九州县旱灾。

八月，常青免，命福康安为将军，赴台湾督办军务。辛亥，上幸木兰行围。

九月壬申，上回驻避暑山庄。庚辰，上回跸。壬午，调柴大纪为福建水师提督，以蔡攀龙为福建陆路提督，并授参赞。辛卯，以诸罗仍未解围，催福康安径剿大里杙贼，并分兵进大甲溪。

冬十月丁未，命福长安署工部尚书。戊申，修福陵。丁未，睢州下汛决口合龙。丙辰，命阿桂赴江南勘高堰等处堤工。戊午，免江苏清河等二十三州县及淮安等五卫本年水灾漕项漕米有差。辛酉，以福州将军恒瑞剿贼怯懦，召来京，调鄂辉代之。赈直隶保安等七州县旱灾。壬戌，命江苏、浙江拨济福建军需钱各五万贯。

十一月甲子朔，加李侍尧、孙士毅太子太保，柴大纪太子少保。赐台湾广东庄、泉州庄义民御书匾额。壬申，以柴大纪固守嘉义，封一等义勇伯，世袭。免台湾嘉义县五十四年额赋。以巴延三奏达赖喇嘛遣使称"夷使"，申饬之。乙酉，奎林以婪赃，褫职逮问，以保宁为伊犁将军。调李世杰为四川总督，以书麟为两江总督，陈用敷为安徽巡抚。

十二月丁未，福康安等败贼于仑仔顶庄等处，解嘉义围，晋封福康安、海兰察公爵，各赏红宝石顶、四团龙补褂。己酉，迁常青福州将军。以舒常为湖广总督，福长安为工部尚书。以福康安劾柴大纪、蔡攀龙战守之功多不确实，谕："柴大纪坚持定见，竭力固守。蔡攀龙奋勇杀贼，竟抵县城。或在福康安前礼节不谨，致为所憎。岂可转没其功，遽加无名之罪？"以孙士毅调兵运械，不分畛域，赏双眼花翎。戊午，以德成奏称柴大纪贪纵废弛，命福康安、李侍尧据实参奏，并以喀什噶尔办事大臣雅德在福建时徇隐，逮之。庚申，伍拉纳护福建巡抚。以永铎为盛京将军，尚安为乌鲁木齐都统。

五十三年春正月丁卯，免兵差经过之福建晋江等二十县本年额赋有差。辛未，明兴奏山西永宁等处河清。丙戌，柴大纪褫职逮问。福州将军常青以徇隐柴大纪褫职。

二月甲午朔，获林爽文，赏福康安、海兰察御用佩囊，议叙将弁有差。晋封大学士和珅三等伯爵。大学士阿桂、王杰，尚书福长安、董诰议叙。予孙士毅轻车都尉世职。乙未，释黄仕简、任承恩。壬寅，伊犁参赞大臣海禄以劾奎林失实褫职，与奎林俱罚在拜唐阿上效力。乙巳，立先贤有子后裔《五经》博士。辛亥，上巡幸天津。庚申，获台湾贼首庄大田，议叙提督许世亨等有差。辛酉，免天津府属逋赋。壬戌，上御阅武楼阅兵。

三月戊辰，命侍郎穆精阿赴湖北，会同舒常查案。壬申，林爽文伏诛。癸未，再赏福康安、海兰察紫缰、金黄辫珊瑚朝珠及福康安金黄腰带。

夏四月辛丑，以旱命刑部减徒以下罪。丙午，上阅健锐营兵。庚戌，免江苏清河等十八州县、淮安等五卫上年水灾额赋有差。己未，富勒浑、雅德以失察柴大纪论绞。

五月丁卯，蠲河南商丘等六州县上年水灾额赋有差。癸酉，蠲直隶保安等七州县上年水灾民田旗地额赋。庚辰，上秋狝木兰。癸未，宥常青罪。庚寅，赈台湾难民。

六月丙申，富纲奏缅甸孟陨差头目业渺瑞洞等赍金叶表文进贡，谕护送迅来行在。戊戌，赈湖南溆浦县水灾。免安徽凤阳等四府州卫上年水灾额赋有差。辛丑，赈湖北长阳县水灾。丁未，免陕西华州等三州县五十一年水灾额赋。戊申，安南人阮惠等叛逐其国王黎维祁，维祁来求援。命孙士毅赴广西抚谕之。免山西大同等九州县上年旱灾额赋。

秋七月辛酉朔，以安南牧马官阮辉宿奉黎维祁之母及子来奔，谕孙士毅等抚恤之。壬戌，赈山东胶州、寿光水灾。湖北荆州江溢，府城及满城均浸没，谕舒常等查勘抚恤。丁丑，赏还闽浙总督李侍尧伯爵，予现袭之李奉尧提督衔。戊寅，湖北武昌、汉阳江溢。以毕沅为湖广总督，伍拉纳为河南巡抚，明兴为乌什办事大臣。赈安徽怀宁等州县水灾。柴大纪处斩。召姜晟来京，以惠龄为湖北巡抚。戊子，廓尔喀据后藏济咙、聂拉木，命成德与穆克登阿剿之。

八月甲辰，赈湖北监利、石首水灾。丙午，上幸木兰。庚戌，以木兰大水，停行围。癸丑，廓尔喀复陷宗喀，以鄂辉为将军、成德为参赞大臣剿之。丙辰，安南阮岳等遁，命孙士毅督许世亨进剿，命富纲统兵进驻蒙自。戊午，上回驻避暑山庄。

九月壬戌，缅甸番目细哈觉控等入觐，谕暹罗、缅甸现均内附，二国应修好，不得仍前构兵。戊辰，赈湖北沔阳、黄冈水灾。癸酉，免安徽宿州等二十一州县卫上年水灾额赋。

冬十月庚寅，廓尔喀侵后藏萨喀。命孙士毅出关督剿。甲午，赈湖北潜江水灾。丙申，赈湖北江夏等三十六州县水灾。己亥，以黎维祁闇弱，谕孙士毅选择黎裔入京朝贡。庚子，命云南提督乌大经统兵出关，檄谕阮惠等来归。癸卯，调舒濂为驻藏大臣，以恒瑞为伊犁参赞大臣。调都尔嘉为盛京将军，恒秀为吉林将军。改嵩椿为西安将军，以兴兆代之。琳宁为黑龙江将军。乙卯，李侍尧病，命福康安署闽浙总督。

十一月辛酉，免安徽望江等二十六州县卫本年被水额赋有差。癸亥，李侍尧卒，以福康安代之。以勒保为陕甘总督，海宁为山西巡抚。丙子，修湖北江陵、公安各堤。免湖北江陵等三十六州县本年水灾额赋有差。

十二月己丑，释富勒浑、雅德。孙士毅奏败贼于寿昌江。癸巳，又败贼于市球江。丙申，收复黎城，复封黎维祁安南国王，封孙士毅为一等谋勇公，许世亨为一等子。戊申，命孙士毅班师。

五十四年春正月己未，以元旦受贺，朝班不肃，褫纠仪御史等职，尚书德保摘翎顶，都察院、鸿胪寺堂官均下部严议。庚申，成德以收复宗喀、济咙，克聂拉木奏闻。癸酉，礼部尚书德保卒，以常青代之。甲戌，以缅甸孟陨悔罪投诚，谕令睦邻修好，并赐暹罗国王郑华綵币，令其解仇消衅。免福建淡水等六县灾欠额赋。癸未，阮惠复陷黎城，广西提督许世亨等死之。召孙士毅来京，削公爵。调福康安为两广总督。以伍拉纳为闽浙总督，梁肯堂为河南巡抚。以海禄为广西提督。甲申，安南国王黎维祁复来奔，命安插广西。丙戌，褫孙士毅职，命仍以总督顶戴在镇南关办事。

二月庚寅，以京察届期，予大学士阿桂等议叙，内阁学士谢墉等下部议处，理藩院侍郎福禄原品休致，予总督福康安等议叙。丁酉，勒保陛见，以巴延三署陕甘总督。和阗领队大臣格绷额以婪索鞫实，处斩。甲寅，调兰第锡为江南河道总督，李奉翰为河东河道总督。乙卯，以安南瘴疠炎荒，不值用兵，详谕福康安。

三月甲子，免甘肃积年逋赋及未完籽种口粮。免陕西延安等三府州未完仓谷。谕福康安檄阮惠缚献戕害提镇之匪。乙丑，刘墉以上书房师傅旷职，降侍郎衔。以彭元瑞为吏部尚书，孙士毅为兵部尚书。丁卯，上幸盘山。

夏四月戊子，免奉天广宁、凤凰二城属上年水灾额赋，仍赈恤有差。丙申，晋赠许世亨伯爵，令其子承谟袭。召孙士毅回京。庚子，以恒瑞为乌里雅苏台将军，福长安署兵部尚书。谕福康安安插安南黎氏宗族旧臣。予从军出力之谅山都督潘启德以都司用。壬寅，命阿桂覆勘荆州堤工。丁未，宣谕："安南水土恶劣，决计不复用兵。阮惠已三次乞降，果赴阙求恩，可量加封号。朕抚驭外夷，无不体上天好生之德，从未敢穷兵黩武。"辛亥，赐胡长龄等九十八人进士及第出身有差。调都尔嘉为黑龙江将军，嵩椿为盛京将军，恒秀为绥远城将军，琳宁为吉林将军。癸丑，以阮惠不亲来吁恳，遣阮光显入关进贡，谕福康安却之。丙辰，豁直隶宣化等四县上年旱灾额赋。

五月己未，免官兵经过之广西柳州等五府属本年额赋。福康安等奏安南阮惠遣其侄阮光显赍表贡乞降，并吁恳入觐。许之，却其贡。乙酉，增伊犁惠远城、惠宁城官。

闰五月庚寅，上秋狝木兰。辛卯，免奉天广宁等七城上年水灾额赋。甲午，赈云南通海等五州县地震灾民。

六月，免安徽安庆等七府州五十三年水灾额赋。甲子，以管幹贞为漕运总督。戊辰，赈直隶蠡县水灾。庚午，命兵部尚书孙士毅军机处行走。壬申，以郭世勋为广东巡抚。癸酉，以陈步瀛为贵州巡抚。丙子，福康安奏，阮惠即阮光平，因赦其前罪，准令降附，具表谢恩进贡，并求于明年到京祝釐。上以其情词肫切，册封为安南国王，并赐敕谕。免湖北江夏等二十四州县上年水灾额赋。

秋七月乙酉朔，以决河下注泗州一带，谕赈恤灾民。丁酉，赈直隶安州等八州县水灾。庚子，户部尚书绰克托卒。丙午，以巴延三为户部尚书，秦承恩为陕西巡抚。戊申，安南贡使阮光显等入觐。

八月乙丑，赈河南永城、临漳等县水灾。戊辰，赈安徽宿州水灾。己巳，上幸木兰行围。甲戌，赈直隶清苑等三十四州县水灾。

九月己丑，廓尔喀贡使入觐，封拉特纳巴都尔王爵，巴都尔萨野公爵。庚寅，上回驻避暑山庄。辛卯，赈江苏铜山等十一州县水灾。丙申，赈吉林属珲春水灾，豁应交义仓粮石及上年借给仓谷。丁酉，上回跸。丙午，安南黎维祁自保乐袭牧马，为阮光平所败。谕福康安，如黎维祁来奔，收纳之。辛亥，左都御史阿扬阿卒，以舒常代之。

冬十月癸丑，察哈尔都统乌尔图纳逊罢，以保泰代之。命伍尔伍逊为科布多参赞大臣。乙卯，以佛住为乌里雅苏台参赞大臣。赈吉林打牲乌拉等处水灾。己未，睢宁决口合龙。辛酉，赈湖南华容等县水灾。

十一月乙酉，安南国王阮光平以受封进谢恩贡物，允之。丙戌，免安徽宿州等十四州县卫逋赋。庚寅，命福康安将黎维祁及其属人送京师，隶汉军旗籍，以黎维祁为世管佐领。癸巳，四川总督李世杰病，命侍卫庆成带医诊视，以孙士毅署之，彭元瑞署兵部尚书。戊戌，免盛京等五城借仓谷。

十二月庚申，追夺故大学士冯铨等谥。辛未，上以来年八旬万寿，命镌八徵耄念之宝。

五十五年春正月壬午朔，以八旬万寿，颁诏覃恩有差。普免各直省钱粮。己丑，颁恩诏于朝鲜、安南、琉球、暹罗等国。壬辰，赏大学士和珅黄带、四开裰袍。赐安南国王阮光平金黄鞓带。乙巳，朝鲜国王李算表贺万寿，贡方物。己酉，琉球国王尚穆进表谢恩，贡方物。

二月壬子朔，以河南考城城工错谬，降江兰道员，毕沅等褫职，仍留任。癸丑，免直隶永清、武清五十四年水灾额赋。己未，上诣东陵、西陵，巡幸山东，免经过直隶州县钱粮十分之三。壬戌，上谒昭西陵、孝陵、孝东陵。庚午，上谒泰陵、泰东陵。辛未，免直隶各属节年因灾缓征钱粮。壬申，命福康安带同阮光平入觐，郭世勋兼署两广总督。乙亥，免云南通海等五州县五十四年分地震灾田额赋，并除傍海震没田赋。免经过山东钱粮十分之三。降直隶总督刘峨侍郎，以梁肯堂为直隶总督，调穆和蔺为河南巡抚。戊寅，免山东各属因灾缓征银两。以福崧为安徽巡抚。

三月乙酉，上登岱。甲午，上谒少昊陵。至曲阜谒先师庙。乙未，释奠。赐衍圣公孔宪培及孔氏族人等章服银币有差。丙申，上谒孔林。庚子，免乌鲁木齐各州县额征地粮十分之一。乙巳，缅甸国长孟陨遣使表贺万寿，贡驯象，请封号。命封为缅甸国王。免直隶昌平等七州县水灾旗地租银。南掌国王召温猛表贺万寿，贡驯象。己酉，免直隶长芦等五场上年水灾灶课。

夏四月丁巳，上幸天津府。谕伍拉纳查浙江浮收漕粮情弊。己未，大学士嵇璜重与恩荣宴，御制诗章赐之。辛酉，命吉庆会同嵩椿勘明英被边至瑷阳边。乙丑，免安徽宿州、灵壁等八州县卫上年水灾额赋。上还京师。丙寅，上诣黑龙潭祈雨。闵鹗元罢，调福崧为江苏巡抚，何裕城为安徽巡抚。庚午，以书麟覆奏欺饰，下部严议，仍留任。闵鹗元褫职逮问。壬申，免河南永城五十四年水灾额赋。癸酉，以孙士毅为四川总督，李世杰为兵部尚书。乙亥，赐石韫玉等九十七人进士及第出身有差。己卯，免山西太原、辽州等十六府州并归化城等处额赋十分之三。

五月庚寅，上幸避暑山庄。庚子，赏黎维祁三品职衔。壬寅，免西藏所属三十九部落钱粮。己酉，书麟褫职逮问，福崧兼署两江总督。韩鑅赴江南帮办河工。

六月壬子，调孙士毅为两江总督，保宁署四川总督，永保署伊犁将军。乙卯，以陈用敷为广西巡抚。闵鹗元论斩。丁巳，免直隶霸州等五十四厅州县并各属旗地上年水灾额赋。戊午，除湖南乾州等五县苗民杂粮。

秋七月己丑，安南国王阮光平入觐。庚寅，以朱珪为安徽巡抚。甲午，赈直隶朝阳、天津水灾。丙申，赈奉天锦州九关台，山东平原、禹城等县水灾。丁酉，兵部尚书李世杰以失察书吏休致。己亥，起刘峨为兵部尚书。戊申，上还京师。赈江苏砀山等县，安徽宿州，河南永城、夏邑水灾。江苏砀山王平庄河决。命福崧赴宿州办河工。丁未，赈山东临清水灾。

八月庚戌，暹罗国王郑华表贺万寿，贡方物。琅玕以失察漕粮自劾，罢之。调海宁为浙江巡抚，书麟为山西巡抚。辛酉，上八旬万寿节，御太和殿，王、贝勒、贝子、公、文武大臣，蒙古汗、王、贝勒、贝子、公、额驸、台吉，回部王、公、台吉、伯克，哈萨克、安南国王、朝鲜、缅甸、南掌贡使，各省土司，台湾生番等行庆贺礼。礼成，宁寿宫、乾清宫赐宴如仪。己巳，刑部尚书喀宁阿卒，以明亮代之，命舒常兼署。

九月戊寅，赈安徽泗州水灾。癸未，命安南国王阮光平归黎维祁亲属及旧臣之在其国者。己丑，上阅健锐营兵。甲午，赈山东平原等二十七州县水灾。庚子，长麟以谳狱不实褫职，调惠龄为山东巡抚，以福宁为湖北巡抚，毕沅兼署之。

冬十月丙辰，赈山东平原等二十七州县水灾。甲子，命保宁回伊犁将军，以鄂辉为四川总督。壬申，以福崧为浙江巡抚，起长麟署江苏巡抚。赈甘肃皋兰等三县霜灾。

十一月丁丑朔，以浦霖为福建巡抚，冯光熊为湖南巡抚。丙戌，加大学士王杰太子太保，尚书彭元瑞、董诰、胡季堂、福长安、将军保宁太子少保。乙未，释富勒浑、雅德。戊戌，命庆成同尹壮图往山西盘查仓库。壬戌，赈奉天锦县等三州县水灾。戊辰，命吏部尚书彭元瑞协办大学士。

五十六年春正月丁丑，赈江苏萧县等三县、安徽宿州等三州县上年水灾。己卯，赈直隶文安等三十州县、山东平原等二十七州县水灾。乙酉，以尹壮图覆奏欺罔，褫职治罪。戊戌，袁凤鸣处斩。朝鲜、暹罗、缅甸均遣使谢恩，贡方物。赏赉筵宴如例。己亥，以保宁为御前大臣。甲辰，调刘墉为礼部尚书，纪昀为左都御史。

二月己酉，谕："朕孜孜求治，兢惕为怀。尹壮图逞臆妄言，亦不妨以谤为规。加恩免尹壮图治罪，以内阁侍读用。"戊午，御试翰林詹事等官，擢阮元等二员为一等，余升黜有差。

三月乙亥，赈奉天锦州等处上年水灾旗地人户，并蠲租有差。戊寅，上幸盘山。甲申，免甘肃皋兰等三县上年霜灾额赋。丁酉，以永保为内大臣。

夏四月丁卯，免山东临清等三十州县卫上年水灾额赋。辛未，彭元瑞以瞻徇降侍郎，命孙士毅为吏部尚书。以书麟为两江总督，长麟暂署。调冯光熊为山西巡抚。以姜晟为湖南巡抚。

五月庚寅，以长麟为江苏巡抚。乙未，上秋狝木兰。辛丑，上驻跸避暑山庄。

六月甲辰朔，免直隶霸州等六十九厅州县上年水灾额赋。

秋七月庚辰，免江苏江宁等五府州属因灾积逋半赋。甲申，以缅甸国王孟陨资送羁留内地人民，嘉赉之。己亥，蠲安徽宿州等十九州县卫上年水灾额赋。辛丑，蠲陕西朝邑等二县逋赋。

八月丁未，命喇特纳锡第为喀喇沁札萨克一等塔布囊。戊午，上幸木兰行围。甲子，上围。廓尔喀以逋欠诱围喇嘛、噶布伦，扰西藏。命四川总督鄂辉、将军成德剿之。命孙士毅署四川总督。己巳，命福康安来京祝其母生辰，郭世勋署两广总督。廓尔喀陷西藏定日各寨，据济咙。

九月丙子，上回驻避暑山庄。庚辰，召嵩椿回京，以琳宁为盛京将军，调恒秀为吉林将军。丙戌，上回跸。戊子，唐古忒兵与达木蒙古兵御廓尔喀失利，唐古忒公札什纳木札勒及达木协领泽巴杰等死之。命乾清门侍卫额勒登保等赴西藏军营。壬辰，以保泰懦怯褫职，命奎林赴藏办事，赏舒濂副都统衔，协同办理。以达赖喇嘛等坚守布达拉，嘉奖之。命刘墉署吏部尚书。甲午，以廓尔喀围扎什伦布，谕鄂辉等进剿。辛丑，豁奉天广宁县逋赋。

冬十月乙巳，宥闵鹗元罪。丁未，廓尔喀入扎什伦布，寻遁去。癸丑，户部尚书巴延三以浮估城工褫职，调福长安代之。以金简、彭元瑞为满、汉工部尚书。丙辰，以安南开关通市，改广西龙州通判同知。乙丑，谕王大臣不必兼议政虚衔。

十一月癸酉，授福康安为将军，海兰察、奎林为参赞，征廓尔喀。辛巳，鄂辉、成德褫职，以惠龄为四川总督，奎林为成都将军，吉庆为山东巡抚。癸未，以陈淮为贵州巡抚。

十二月辛亥，命海兰察等及索伦、达呼尔兵由西宁进藏。丁卯，召都尔嘉回京。以明亮为黑龙江将军，明兴为喀什噶尔参赞大臣。

五十七年春正月壬申，赏七代一堂致仕上驷院卿李质颖御书匾额。免奉天、直隶、安徽、湖南、广东逋赋。乙亥，以达赖喇嘛复遣丹津班珠尔等私与廓尔喀议和，谕止之。丙子，追论巴忠与廓尔喀议和擅许岁银罪。甲午，以苏凌阿为刑部尚书。

二月壬寅，成德奏败贼于拍甲岭。癸卯，予大学士阿桂等、尚书福长安等、侍郎德明等、总督福康安等、巡抚长麟等叙。裁河东盐政、盐运使等官。移山西河东道驻运城。丁未，命皇十五子嘉亲王祭先师孔子。免奉天锦州府属上年旱灾额赋。己巳，命侍郎和琳管理藏务。鄂辉等奏收复聂拉木，谕以迟延斥之。

三月丁丑，上诣西陵，巡幸五台山，免经过地方本年钱粮十分之三。戊寅，允济咙呼图克图"慧通禅师"法号。以帕克哩营官番众收复哲孟雄、宗木，赉之。辛巳，上谒泰陵、泰东陵。壬午，免直隶大兴等八州县积欠米谷。甲申，加福康安大将军。庚寅，免五台本年钱粮十分之五，大同、朔平二府属未完逋赋。辛卯，上驻跸五台山。

夏四月己亥朔，以和阗办事大臣李侍政失察迈玛特尼杂尔，下部严议。甲辰，上阅滹沱河。以贡楚克扎布为乌里雅苏台参赞大臣。丁未，上祭帝尧庙。甲寅，上还京师。乙卯，上诣黑龙潭祈雨。命刑部清理庶狱，减徒以下罪。

闰四月甲申，以久旱，谕台湾及沿海各省详鞫命盗各案，毋有意从严。蠲河南汤阴等五县上年旱灾额赋。丙申，以久旱，下诏求言。丁酉，雨。以失陷扎什伦布，治仲巴呼图克图及孜仲喇嘛等罪。命和琳、鄂辉宣谕达赖喇嘛等。

五月辛丑，定安南国两年一贡，六年遣使一朝。丁未，上幸避暑山庄，免经过地方钱粮十分之五。戊申，调长麟为山西巡抚，以奇丰额为江苏巡抚。辛亥，允霍罕额尔德尼伯克那尔巴图遣使入贡。癸丑，上驻跸避暑山庄。

六月甲戌，福康安奏克廓尔喀所踞擦木要隘。丁丑，赈江西南丰、广昌水灾。福康安奏珍玛噶尔辖尔甲山梁之贼。己卯，福康安等奏克济咙。辛巳，调陈淮为江西巡抚，冯光熊为贵州巡抚。丙戌，福康安等奏攻克热索桥。丁酉，福康安等奏攻克协布鲁寨。

秋七月甲辰，赈直隶河间等处旱灾，顺直宛平、玉田等州县蝗。己酉，福康安等克廓尔喀东觉山梁，并雅尔赛拉等处营卡，成德等克扎木、铁索桥等处。

八月辛未，成德克多洛卡、陇冈等处。命孙士毅驻前藏督粮运。癸酉，命福康安为武英殿大学士，孙士毅为文渊阁大学士。调金简、刘墉为吏部尚书，和琳为工部尚书，纪昀为礼部尚书，窦光鼐为左都御史。庚辰，以博兴为库伦办事大臣。丙戌，福康安等奏克噶勒拉、堆补木城卡，阿满泰、墨尔根保阵亡。成德等克利底、大山贼卡。戊子，福康安奏廓尔喀酋拉特纳巴都尔等乞降。上以其悔罪乞降，许之，命班师。丙申，赈陕西咸宁等六州县旱灾。

九月丁酉，上还京师。己亥，论征廓尔喀功，赏福康安一等轻车都尉，晋海兰察二等公为一等，议叙孙士毅等各有差。丙午，上命福康安、孙士毅等会商西藏善后事宜。命御前侍卫惠伦等赍金奔巴瓶往藏，贮呼毕勒罕名姓，由达赖喇嘛等对众拈定。壬子，复廓尔喀王公封爵，定五年一贡。

冬十月戊辰，廓尔喀贡使入觐。己巳，赈河南安阳等十六县灾民，蠲缓新旧额赋有差。己卯，免嵇璜、阿桂翰林院掌院学士，以和珅、彭元瑞代之。壬午，赈直隶河间、任丘五州县旱灾，并免顺天等十三府州属被灾旗民额赋。乙酉，郭世勋奏英吉利遣使，请由天津进贡，允之。丁亥，以鄂辉隐匿廓尔喀谢恩表贡褫职，交福康安等严鞫之。赈陕西咸阳等十四州县旱灾。癸巳，调图桑阿为绥远城将军。

十一月丙午，赈山东德州等二十州县旱灾。

十二月庚午，定唐古忒番兵训练事宜。铸银为钱，文曰"乾隆宝藏"。甲戌，免长芦兴国等五场并沧州等七州县被灾灶地额赋。丙子，以长麟为浙江巡抚，蒋兆奎为山西巡抚。以伊犁回民地亩雪灾，免本年额谷。癸未，赈河南安阳等二十五县旱灾。辛卯，命永远枷号鄂辉等于西藏。

五十八年春正月丙申，赈河南林县等五县、陕西咸宁等三州县旱灾。己亥，赈直隶保定等二十一州县旱灾。庚子，改杭州织造为盐政兼管织造事，改盐道为运司，南北两关税务归巡抚管理。以全德为两浙盐政。恒秀回吉林将军。乙巳，敕谕安南国王阮光平睦邻修好，慎守封疆，赐以綵币。丙辰，安南国王阮光平卒，以世子阮光缵嗣。乙亥，免河南安阳等二十五县上年旱灾额赋。壬午，命喀什噶尔阿奇木伯克作为喀什噶尔协办大臣。

三月丁酉，上幸盘山。庚子，上驻跸盘山。甲辰，礼部尚书常青卒，以德明代之。戊申，谕于雍和宫设金奔巴瓶，饬理藩院堂官、掌印札萨克喇嘛等，公同掣蒙古所出之呼毕勒罕。丁未，上回跸。乙卯，调冯光熊为云南巡抚，以英善为贵州巡抚。戊午，领侍卫内大臣海兰察卒。

夏四月壬申，命松筠为内务府总管大臣，在御前侍卫上行走。辛巳，通谕设金奔巴瓶于前藏大昭及雍和宫，公同掣报出呼毕勒罕，以除王公子弟私作呼毕勒罕陋习。乙酉，删除大学士兼尚书衔、翰林院掌院学士兼礼部侍郎衔、顺天府府丞兼提督学政衔。丁亥，赐潘世恩等八十一人进士及第出身有差。戊子，命于乾隆五十九年秋特开乡试恩科，六十年春为会试恩科。庚寅，廓尔喀归西藏底玛尔宗地方。以西藏卡外之拉结、撒党两处归廓尔喀。

五月乙未，命广西按察使成林赴安南升隆城，赐奠册封。丁未，上幸避暑山庄。己酉，以明兴未奏遣回人赴霍罕等处办理外藩事件，罢喀什噶尔参赞大臣，调永保代之。以伍弥伍逊为塔尔巴哈台参赞大臣，贡楚克札布为科布多参赞大臣。以特成额为乌里雅苏台参赞大臣。辛酉，加封福康安为一等忠锐嘉勇公。癸丑，上驻跸避暑山庄。

六月己卯，赈四川泰宁地震灾。乙酉，英吉利贡船至天津。戊子，于通州起陆。命在天津筵宴之。

秋七月癸巳，命和琳稽核藏商出入。壬寅，命英吉利贡使等住宏雅园，金简、伊龄阿于圆明园分别安设贡件。己酉，以旱命刑部清理庶狱，减徒以下罪。庚午，上御万树园大幄，英吉利国正使马戛尔尼、副使斯当东等入觐。辛未，调福康安为四川总督，以惠龄暂代，长麟为两广总督，调吉庆为浙江巡抚，惠龄为山东巡抚。壬午，免长芦官台等二场潮灾灶地额赋。丙戌，上还京师。戊子，以庆桂为兵部尚书。庚寅，谕英吉利贡使由内河水路赴广东澳门附船回国。

九月丁酉，加长麟太子少保。命松筠护送英吉利使臣等至浙江定海。甲辰，调福宁为山东巡抚，惠龄为湖北巡抚。丙午，以安徽无为等三州县水灾，赏口粮有差。

冬十月癸亥，安南国王阮光缵表进谢恩，贡物二分，纳其一。戊子，以长麟奏英吉利使称再进表章贡物，呈总督转奏，谕："系援例而行，并无他意，国王可安心，再来表贡，亦不拘定年限。"

十一月甲午，命和宁赴藏帮同和琳办事。戊午，以上年各省奏报民数三万七百四十六万有奇，较康熙四十九年增十五倍，谕："生之者寡，食之者众，势必益形拮据。各省督抚及有牧民之责者，务当劝谕化导，俾皆俭朴成风，服勤稼穑，惜物力而尽地利，共享升平之福。"己未，以安南等国进象已多，谕云贵、两广督抚檄却象贡。

十二月癸未，伍拉纳陛见，命吉庆署闽浙总督。

五十九年春正月庚寅，免直隶、山东、河南逋赋十分之三。庚戌，管幹贞病免，命书麟兼署漕运总督。乙卯，恒秀以侵帑褫职，调宝琳为吉林将军，松筠署之。戊午，安置安南内附人黎维治于江南。

二月庚申，以明年元旦上元值日月食，谕修省，毋举行庆典。癸亥，廓尔喀遣使进表贡。丁亥，增造广东水师战船。

三月己丑，恒秀论绞。庚子，上巡幸天津，免经过地方及天津府属额赋十分之三，免天津府属逋赋，免大兴等十三州县逋赋十分之四。壬子，上驻跸天津府。

夏四月壬戌，常雩，命皇八子仪郡王永璇代行礼。癸亥，上还京师。丁丑，上诣黑龙潭祈雨。

五月丙申，京师雨。甲辰，郭世勋病免，调朱珪为广东巡抚，陈用敷为安徽巡抚。丙午，以直隶保定等八十三州县旱，命赏给一月口粮。减奉天商贩豆麦等项经过直隶、山东关津税。辛亥，上幸避暑山庄，免经过地方钱粮有差。

六月丙辰朔，以山东历城等五十一州县旱，给贫民一月口粮，除山东临清州水冲地亩田赋。丁巳，上驻跸避暑山庄。庚午，设唐古忒西南外番布鲁克巴、哲孟雄、作木朗、洛敏汤、廓尔喀各交界鄂博。

秋七月戊子，永定河决。庚寅，河南丹、沁二河决。辛卯，赈山西平定等处水灾。己亥，赈山东临清等州县水灾。辛丑，赈直隶天津等处水灾。癸卯，河南丰北曲家庄河决。甲辰，书麟以徇隐盐政巴宁阿交结商人褫职，调富纲为两江总督，命苏凌阿署之。调福康安为云贵总督。以和琳为四川总督，孙士毅署之。以驻藏办事松筠为工部尚书。乙巳，命冯光熊署云贵总督。大学士嵇璜卒，召孙士毅入阁办事。癸丑，停本年及明年木兰行围。免直隶保定等府属、河南卫辉等府属、山东临清等五州县、山西代州等三州县被水额赋。

八月丁巳，以直隶天津、河间二府水灾重，免因灾缓征额赋。戊午，永定河南工决口合龙。己巳，以明岁御宇届六十年，普免各省漕粮一次。甲戌，上回跸。调福宁为河南巡抚，穆和蔺为山东巡抚，江兰护之。福康安奏四川大宁教匪谢添秀等传习邪教，蔓延陕西、湖北、河南，谕严为捕治。丁丑，免直隶通州等二十三州县逋赋。甲申，毕沅降山东巡抚，罚缴湖广总督养廉五年。以福宁为湖广总督，穆和蔺留为河南巡抚。

九月己丑，赈湖北沔阳等州县水灾。丙申，以秀林为吉林将军。己亥，赈福建漳、泉二府水灾。减直隶遵化内务府官地租。命福宁驻襄阳，督缉邪教案犯。辛丑，以校正石经，加彭元瑞太子少保衔。癸卯，赈广东高要等县水灾。以湖北来凤县教匪段汉荣等纠众拒捕，谕责毕沅废弛。戊申，免齐齐哈尔等三城水灾逋赋。

冬十月丙辰，免河南汲县等九县、山东临清等十州县逋赋。壬戌，勒保奏获邪教首犯刘松。命安徽严缉其徒刘之协。癸亥，荷兰入贡。乙丑，免福建漳州府属四厅州县本年水灾额赋。戊辰，命将科布多威豁尔等七卡移驻原处北界，余地赏杜尔伯特汗玛克素尔札布等游牧。己卯，调陈用敷为湖北巡抚，惠龄为安徽巡抚。辛巳，释恒秀罪。

十一月丙戌，以河南扶沟县知县刘清鼏疏防刘之协潜逃，革逮，穆和蔺下部严议。壬辰，免山东临清等州县本年漕赋。壬寅，命富纲署刑部尚书。甲辰，穆和蔺褫职，发乌鲁木齐效力。以阿精阿为河南巡抚。

十二月丙辰，普免各省积年逋赋。丙子，吏部尚书金简卒，以保宁代之。以明亮为伊犁将军。戊寅，命舒亮为黑龙江将军。改绥远城将军图桑阿为西安将军，以永琨代之。

六十年春正月甲申朔，日食，免朝贺。乙酉，赈直隶天津等二十州县、河南汲县等十四县、山东临清等十州县上年被水贫民有差。丙戌，召苏凌阿来京，调福宁为两江总督，复以毕沅为湖广总督，玉德为山东巡抚。戊子，调陈用敷为贵州巡抚，英善为湖北巡抚，毕沅兼署。乙未，以固伦额驸丰绅殷德为内务府大臣。辛丑，免山东积年逋赋。庚戌，免江苏积年逋赋。免江西应缓征银谷。

二月癸丑朔，免广东积年逋赋。陈用敷以查拿要犯刘之协办理错谬，褫职逮问。调姚棻为贵州巡抚，以成林为广西巡抚。丙辰，免陕西积年逋赋。贵州松桃厅苗匪石柳邓等、湖南永绥苗匪石三保等作乱。戊午，湖南苗匪陷乾州，同知宋如椿等死之。命福康安往剿，毕沅驻常德筹办粮饷。庚申，以大学士阿桂等书上谕不能称旨，停甄叙，侍郎成策等下部议处。予总督福康安等议叙。辛酉，贵州苗匪围镇远镇总兵珠隆阿于正大营。免奉天广宁、锦州旗地逋赋。免甘肃皋兰等四十五州县积年逋赋。丙寅，命四川总督和琳赴酉阳州备苗，孙士毅仍留四川办理报销。丁卯，免浙江积年民地灶地逋赋。己巳，苗匪陷永绥鸦酉寨，镇筸镇总兵明安图等死之。辛未，湖南永顺苗匪张廷仲等作乱，扰保靖、泸溪。丙子，免安徽积年逋赋。壬午，贵州苗匪扰思南、印江一带，窜入四川秀山。福康安赴铜仁督剿。命德楞泰领巴图鲁侍卫等赴贵州军营。

闰二月乙酉，福康安奏解正大营之围。壬辰，冯光熊留为贵州巡抚，调姚棻为云南巡抚。以苗匪乱，免贵州铜仁府属松桃、正大等处额赋。乙未，上诣东陵，免经过地方钱粮十分之三。戊戌，上谒昭西陵、孝陵、孝东陵、景陵。己亥，福康安奏解嗅脑围。乙巳，福康安奏攻克石城，剿除岩洞苗匪。丁未，上谒泰陵、泰东陵，尊孝贤皇后陵。免两淮场灶积欠。戊申，福康安奏解松桃之围。

三月乙卯，和琳奏肃清秀山后路，命往松桃与福康安会剿。以孙士毅署四川总督。己未，福康安奏殄除长冲、卡落苗匪，进兵楚境。命额勒登保迅赴福康安军营。己卯，福康安奏解湖南永绥匪围。

夏四月辛卯，台湾彰化匪徒陈周全等作乱，陷县城，寻复之。癸巳，窦光鼐以会试衡文失当，降调。以朱珪为左都御史，仍留广东巡抚任。己亥，以魁伦劾洋盗肆行，命浦霖来京候旨，调姚棻为福建巡抚，以魁伦署之，江兰为云南巡抚。庚子，赐王以衔等一百十一人进士及第出身有差。癸卯，赏会试荐卷文理较优之举人徐炘、傅淦、李端内阁中书。戊申，上诣广润祠祈雨。是夜，雨。丁未，免贵州官兵经过地方本年额赋有差。福康安等奏克黄瓜寨。己酉，以福宁、惠龄经理湖南军务未竣，命苏凌阿仍署两江总督，费淳为安徽巡抚。庚戌，免福建龙溪等四县上年水灾额赋有差。匪首陈周全等伏诛。

五月丙辰，上幸避暑山庄。伍拉纳、浦霖以办理灾赈不善，褫职鞫治。命魁伦兼署闽浙总督。免经过地方本年钱粮十分之三。丁巳，调费淳为江苏巡抚，仍留惠龄为安徽巡抚。福康安等奏克构皮寨及苏皮寨等处。调福康安为闽浙总督，勒保为四川总督。以宜绵为陕甘总督。壬戌，上驻跸避暑山庄。甲子，以福建仓库亏缺查实，申饬科道无人奏及，并命嗣后陈奏地方重大事件，毋忝言责。召阿精阿来京，以景安为河南巡抚。丁卯，召惠龄来京，以汪新为安徽巡抚。戊辰，命苏凌阿驻清江浦，兼署江苏巡抚。辛未，以于敏中营私玷职，褫轻车都尉世职。

六月壬午，以湖南苗匪扰镇筸后路，谕责福宁怯懦，刘君辅株守。命惠龄仍署湖北巡抚。戊子，以旱命刑部清理庶狱，减徒以下罪，承德府如之。庚寅，福康安等奏克沙兜、多喜等处苗寨。乙未，赈广东南海等县水灾。戊申，姚棻以质讯解任，命魁伦兼署福建巡抚，长麟署闽浙总督。

秋七月庚申，德明以罣累滋阳县知县陈照自缢，论绞。乙丑，免湖北江陵等十二州县卫上年水灾额赋。丙寅，以福康安等奏连克苗寨，渡大乌草河，赍珍物。壬申，哲布尊丹巴呼图克图等入觐，召见赐茶。

八月壬午，调永琨为乌里雅苏台将军，恒瑞为绥远城将军。癸未，赐南掌国王召温猛、缅甸国王孟陨敕谕，均赍文绮。丙申，允兵部尚书刘峨乞休，以朱珪代之，仍留广东巡抚任。以金士松为左都御史。丁未，免直隶通州等五十二州县积欠旗租。福康安等进驻杨柳坪。

九月辛亥，上御勤政殿，召皇子、皇孙、王、公、大臣等入见，宣示立皇十五子嘉亲王为皇太子，明年为嗣皇帝嘉庆元年。抚恤江苏海州等七州县水灾。壬子，皇太子及王、公、内外文武大臣，蒙古王、公等各奏吁请俟寿跻期颐，再举行归政典礼，不允。丙辰，富勒浑、雅德以前总督婪赃，均褫职，分别发热河、伊犁效力。己未，上阅健锐营兵。晋封福康安忠锐嘉勇贝子，和琳一等宣勇伯。庚申，上命皇太子谒东陵、西陵。乙丑，黑龙江将军舒亮以婪索，褫职鞫治，调永琨代之。命图桑阿为乌里雅苏台将军。改恒瑞为西安将军，以乌尔图纳逊代之。命博兴为察哈尔都统。调特克慎为库伦办事大臣，策巴克为西宁办事大臣。丙寅，明亮以任黑龙江将军时侵渔貂皮褫职，命保宁为伊犁将军。己巳，舒亮论绞。明亮留乌鲁木齐效力。癸酉，以奉天、山西、四川、湖南、贵州、广西赋无逋欠，免明年正赋十分之二。乙亥，免福建龙溪等六县，华封、罗溪二县上年被水额赋。

冬十月戊寅朔，颁嘉庆元年时宪书。庚辰，福康安等奏擒匪首吴半生。赏福康安之子德麟副都统衔，和琳黄带，余议叙赏赉有差。甲申，以伍拉纳等贪黩败检，戍其子于伊犁。长麟以徇庇伍拉纳、浦霖褫职，命来京。以魁伦署闽浙总督，姚棻署福建巡抚。乙酉，普免天下嘉庆元年地丁钱粮。丙戌，伍拉纳、浦霖处斩。壬辰，以额勒登保、德楞泰剿捕苗匪奋勇，授内大臣。乙未，命定丙辰年传位典礼。癸卯，命明年正月初吉，重举千叟宴。

十一月丁巳，福康安等奏克天星寨等处。加和琳太子少保衔，赏福康安、和琳上用黄里玄狐端罩各一。庚申，赈奉天金州、熊岳、锦州三城，宁海等三州县旱灾旗民，免额赋有差。乙丑，上命皇太子居毓庆宫。

十二月戊寅朔，谕曰："朕于明年归政后，凡有缮奏事件，俱书太上皇帝。其奏对称太上皇。"戊子，赈贵州铜仁被扰难民。福康安等奏克天星等苗寨。壬寅，允朱珪收英吉利国王表贡，赐敕嘉奖，交英商波郎赍回，并以其表言劝廓尔喀投顺，于赐敕内以无须英国兵力告之。甲辰，赐琉球国王尚温敕谕。丁未，以来岁元旦，传位皇太子为嗣皇帝，前期遣官告祭天地宗社。

是岁，缅甸、南掌、暹罗、安南、英吉利、琉球、廓尔喀来贡。

嘉庆元年正月戊申朔，举行授受大典，立皇太子为皇帝。尊上为太上皇帝，军国重务仍奏闻，秉训裁决，大事降旨敕。宫中时宪书用乾隆年号。

三年冬，上不豫。四年正月壬戌崩，寿八十有九。是年，四月乙未，上尊谥曰"法天隆运至诚先觉体元立极敷文奋武孝慈神圣纯皇帝"，庙号高宗。九月庚午，葬裕陵。

论曰：高宗运际郅隆，励精图治，开疆拓宇，四征不庭，揆文奋武，于斯为盛。享祚之久，同符圣祖，而寿考则逾之。自三代以后，未尝有也。惟耄期倦勤，蔽于权倖，上累日月之明，为之叹息焉。

古今名家评说

纯皇帝（乾隆帝）即位，承宪皇（雍正帝）严肃之后，皆以宽大为政，罢开垦、停捐纳、重农桑、汰僧尼之诏累下，万民欢悦，颂声如雷。

（平定西域）三载之间，拓地二万余里，天山雪窟，无不隶我版图。其间虽有成功赏赉之费，然视往昔边防转饷，十不一二，足见上之贻谋宏远，非人臣所及也。

——（清）昭梿：《啸亭杂录·纯皇初政》

上自甲戌后，平定西域，收复回疆，以及缅甸、金川诸役，每有军报，上无不立时批示，洞彻利害，万里外如视燎火，无不輗中。每逢午夜，上必遣内监出外问有无报否。尝自披衣坐待竟夕，直机密近臣罔敢退食。其勤政也若此。

——（清）昭梿：《啸亭杂录·平西域》

纯皇忧勤稼穑，体恤苍黎，每岁分命大吏报其水旱，无不见于翰墨。地方偶有偏灾，即命开启仓廪，蠲免租税，六十年如一日。

——（清）昭梿：《啸亭杂录·纯皇爱民》

惟我高宗纯皇帝，当大一统之运，临御六十年，亲传宝位，犹时勤训政，享年至八十有九。今上自受禅后，极尊养之，诚无一日不亲承色笑。视孝宗之一月四朝，曾不足比数焉。然则两宫授受，慈孝兼隆，福德大备，真开辟以来所未见，岂不盛哉！

——（清）赵翼：《廿二史札记》卷十三
《魏齐周隋书并北史》

西陲僻处要荒，三代以前，阻于声教；汉唐而后，史乘传记间及其疆围、风俗，然皆以羁縻为事，未有隶入版图者。洪惟我皇祖高宗纯皇帝，化覃九有，功藏十全，一再平定准噶尔，继复平定回部。而窜徙异域之土尔扈特，旋亦向阙输诚，归命恐后。于是，二万余里之新疆自古顽梗弗率者，莫不在我户闼，列诸编氓，袆矣盛矣！诚开辟以来所未有也。

——（清）旻宁（道光帝），见《清宣宗实录》
卷十二"道光元年正月二十九日"

高宗登极，所布诏令，善政络绎，海宇睹闻，莫不蹈舞。

——（清）陈康祺：《郎潜纪闻续笔》卷二

清高宗席祖、父之业，承平殷阜，以右文之主自命，开四库馆，修《一统志》，纂《续三通》《皇朝三通》，修《会典》，修《通礼》，日不暇给，其事皆有待于学者。

——梁启超：《清代学术概论》十八

乾嘉以来，家家许、郑，人人贾、马，东汉学烂然如日中天矣。悬崖转石，非达于地不止。则西汉今古文旧案，终必须翻腾一度,势则然矣。

——梁启超:《清代学术概论》二十一

世宗、高宗两朝,为清极盛之时,特世宗操劳,且戕贼诸兄弟,亦觉少暇豫之乐;高宗则享尽太平之荣,位禄名寿,直可俦拟舜之大德,然日中则昃,衰象亦自高宗兆之。

——孟森:《清史讲义》

高宗自谓英明,方之圣祖,有愧多矣。有制裁之臣民,享高年或可言福;无制裁之帝王,享高年恒足为祸。梁武、唐明,其晚节颓唐之尤甚者耳。

——孟森:《清史讲义》

高宗于新疆定后,志得意满,晚更耄荒。和珅以容悦得宠,务极其玩好之娱,不恤边远疾苦,此皆盛极之所由衰也。自此以前,可言武功;自此以后,或起内乱,或有外衅,幸而戡定,皆救败而非取胜矣。乾隆前后金川两役,以大军与土司相角,胜之不足为武。而初定金川时,以失机诛总督张广泗、经略讷亲,再定金川时,定边将军温福败死,损耗亦甚大,而亦预于十全武功之列,皆高宗之侈也。十全武功者,除准噶尔两役、回部一役外,为两定金川,为土司;一定台湾,为内地;缅甸、安南各一役,廓尔喀两役,为御外。

——孟森:《清史讲义》

乾隆末叶,以"十全武功"自夸大,吏治不饬,滋生变端,得清强长吏可了者,必用帝室私亲、旗下贵介,借以侈其专征之绩。轻调重兵,但张声势,不求其肯綮所在,费繁役困,迭殒重臣，草草告蒇事，而患且百出。卒之得贤有司，而后真有措手之道，历十余年乃大定。绝非高宗所信赖之武力，克有成功。此亦见人君骄侈偏私，虽富强无益于事。

——孟森：《清史讲义》

高宗二十五岁始即位，自称在位六十年必退休，居然满六十年，以八十六岁之年，内禅仁宗，称太上皇训政逾三年，以嘉庆四年正月始崩，享寿至八十九岁。西陲拓地万里，臣属至葱岭以西、卫藏以外。国内太平，文治自然兴起。而顺、康、雍、乾四朝，人主聪明，实在中人以上，修文偃武，制作可观。自三代以来，帝王之尊荣安富、享国久长，未有盛于此时者也。而乃盈满骄侈，斩刈士夫，造就奴房，至亡国无死节之臣，呜呼晚矣！

——孟森《清史讲义》

乾隆焚书，其阴鸷不后于秦也。群之大者，在建国家、辨种族……曰：言语、风俗、历史，三者丧一，其植不萌。俄罗斯灭波兰易其语言，突厥灭东罗马而变其风俗，满洲灭中国而毁其历史。自历史毁，明之遗绪，满洲之秽德，后世不闻，斯非以遏吾民之发奋自立，且绝其由蘗邪？自是以后，掌故之守，五史之录，崇其谀佞，奖襃虚美，专以驾言狂曜，使莫能罪状己以阶革命，伟哉！夫帝王南面之术，固鸷于秦哉！

——章太炎：《哀焚书》

乾隆时代的一定办法是：凡以文字获罪者，一面拿办，一面就查抄，这并非着重他的家产，乃在查看藏书和另外的文字，如果别有"狂吠"，便可以一并治罪。因为乾隆的意见，是以为既敢"狂吠"必不止于一两声，非彻底根治不可。

——鲁迅：《买小学大全记》

现在不说别的，单看雍正、乾隆两朝的对于中国人著作的手段，就足够令人惊心动魄。全毁、抽毁、剜去之类也且不说，最阴险的是删改了古书的内容。乾隆朝的纂修《四库全书》，是许多人颂为一代之盛业的，但他们却不但捣乱了古书的格式，还修改了古人的文章；不但藏之内廷，还颁之文风较盛之处，使天下士子阅读，永不会觉得我们中国的作者里面，也曾经有过很多有些骨气的人。

他们（清朝皇帝）是深通汉文的异族的君主，以胜者的看法，来批评被征服的汉族的文化和人情，有鄙夷，但也恐惧，有苛论，但也有确评，文字狱只是由此而来的辣手的一种……我们不但可以看见那策略的博大和恶辣，并且还能够明白我们怎样受异族主子的驯扰，以及遗留至今的奴性的由来的罢。

——鲁迅：《病后杂谈之余》

却说乾隆帝在位六十年，多福多寿多男子，把人生荣华富贵的际遇，没一事不做到，没一件不享到。

——蔡东藩：《清史演义》第四十一回
"太和殿受禅承帝统　白莲教倡乱酿兵灾"

清朝的衰机，可说是起于乾隆之世的。高宗性本奢侈，在位时六次南巡，耗费无艺。中岁后又任用和珅，贪渎为古今所无。官吏都不得不剥民以奉之，上司诛求于下属，下属虐取于人民，于是吏治大坏。

——吕思勉：《中国通史·清代的盛衰》

（乾隆帝）在位六十年，武功文治，堪称极盛，于时海宇清宴，民物雍熙。在有清二百六十余年中，固属绝无仅有之时代；即在我国历史上，亦可以媲美汉唐，光延史册。

——萧一山：《清代通史》中卷

乾隆帝是一个颇有政治抱负、很有作为的人。他处处以乃祖康熙帝为榜样，乾纲独断，事必躬亲，大半生勤于政事……这种勤于政事的精神，同前明许多皇帝的高拱深居、万事不理，是一个鲜明的对照。

——郑天挺：《清史》上编

乾隆末年，土地集中的现象极为严重，统治阶级奢侈腐化，大小官僚贪污成风，在全国范围内，阶级矛盾和民族矛盾日益尖锐，农民起义不断爆发，清王朝长期积弱的局面开始形成了。

随着当时海上商业的发展，清朝政府对外贸易的限制也日益严格，清朝的闭关自守，最突出的表现是在乾隆、嘉庆时期。

……

到了乾嘉时期，清朝的统治更加稳定了，考据之风大盛，并且已发展成为一种专门的学问。由于清朝政府屡兴文字狱，也迫使一部分学者不得不在古书中寻章摘句。提倡考据，对于巩固清朝的统治是有利的。考据的对象以经书为主，由于要通经，又不得不精通文字音韵、名物训诂，甚至地理金石、天算乐历，校勘辑佚，再用这些来解经治史，于是各种学问都走向了考据的道路。

乾嘉考据学派在文禁森严的形势下，终日只在书本内下工夫，使学术完全脱离了实际生活，眼光窄隘，思想闭塞，排挤了一切进步思想的发展。但是他们在整理和保存古典文献方面却有一定的功绩。

——翦伯赞：《中国史纲要》

历史上有"康乾盛世"之说。据我看来，康熙、雍正、乾隆三朝，康熙时代最强盛，雍正次之，乾隆最差。

——启功：《启功全集》第九卷《启功口述历史》

他（乾隆帝）在位六十年，继康熙、雍正之后，为加强封建专制统治、发展封建经济和文化以及巩固国家统一等许多方面，都作了重大的努力，从而使清朝的统治发展到了全盛期；同时，由于他在晚年任情挥霍和吏治松弛，又直接导致了国内阶级矛盾的激化，清朝也由盛转衰。因此，他是一位对中国封建社会的历史进程发挥过重要作用和占有重要地位的历史人物。

……

乾隆中叶以后，吏治的严重败坏成为清朝封建统治极端腐败的明显象征。当时，权臣专擅，结党营私，欺蒙粉饰；官吏昏聩无能，贪赃枉法。乾隆、嘉庆、道光三朝，权臣的专擅，前有和珅，后有穆彰阿。

——白寿彝：《中国通史》

乾隆是中国历代帝王中的幸运儿。……在位期间，国力强盛，四海升平，经济文化发展鼎盛。他以强大的武力和比较正确的政策，平定西北，保护西藏，加强国家的统一，奠定了中华的版图。……文治武功，臻于极盛。

——戴逸：《清代人物研究》

乾隆帝不愧是明君康熙帝、雍正帝培养出来的帝王，他能总结两朝的政治得失，初政即提出宽严相济、刚柔相济的政治方针，尤其可贵的是能随时观察政治动向，比较及时地纠正露出端倪的偏差。

——冯尔康：《乾隆初政与乾隆帝性格》

以乾隆一生的际遇来说，他真是得力于父祖的遗荫。照俗话来说，也可说他靠祖宗有德的结果。从他的祖父康熙立下统一的根基，经过他父亲雍正的整肃守成，打好财政、经济、吏治的稳定基础后，他在正当青年的时期，称帝六十年。

……

乾隆到了晚年，自称为"十全老人"，并且在让位授玺（交印）归政给儿子颙琰，改年号为嘉庆的时候，又自称为"千古第一全人"，比起十全老人更要全了。其实，他所谓的十全，是包括了康熙、雍正前两代的功业在内，是指清朝的武功而言，并非完全属于文治。因为由于清代"康、雍、乾"三朝的领土扩张，全国版图，除元朝以外实为中国历史上版图最大的一朝。……至于乾隆时代自夸的武功，便是曾经征服准噶尔、大小金川、廓尔喀各两次，臣服回部、台湾、缅甸、安南各一次。以此自炫，便称为是十全武功。

——南怀瑾：《原本大学微言》

乾隆靠着人才济济的智力优势，靠着康熙、雍正给他奠定的丰厚基业，也靠着他本人的韬略雄才，做起了中国历史上福气最好的大皇帝。承德避暑山庄，他来得最多，总共逗留的时间很长，因此他的踪迹更是随处可见。乾隆也经常参加"木兰秋狝"，亲自射获的猎物也极为可观，但他的主要心思却放在边疆征战上，避暑山庄和周围的外八庙内，记载这种征战成果的碑文极多。

……好大喜功的乾隆把他的所谓"十全武功"雕刻在避暑山庄里乐滋滋地自我品尝，这使山庄回荡着一些燥热而又不祥的气氛。……乾隆不断地写诗，说避暑山庄里的意境已远远超过唐宋诗词里的描绘，而他则一直等到时间卸任成为"林下人"，在此间度过余生。在山庄内松云峡的同一座石碑上，乾隆一生竟先后刻下了六首御制诗，以表述这种自得情怀。

——余秋雨：《乾隆的"十全武功"》

乾隆帝自恃对治下之国的情况了如指掌，在位期间做了很多事情，却也让诸多政策矛盾重重。如前所述，他一方面优待满洲八旗，将政治军事上的重要工作交由满人去做，力图振兴满洲；另一方面又崇尚汉族文化，潜心汉学。

乾隆帝是将中国盛世推向巅峰的皇帝。乾隆时期可谓清朝的黄金时代。

——［日］内藤湖南：《清史九讲》

自我中心的错觉，这本是一种自然现象，害这种病的人并不限于我们西方人。但是"自我中心错觉"的最杰出的一个代表也许还是中国贤明的乾隆帝在1793年交给英国使节转给英王乔治三世的那封信："照管尔国买卖一节，此则与天朝体制不合，断不可行，天朝抚有四海，天朝德威远被，万国来王。"在这封信交出以后的一百年里，乾隆那里的人民的骄傲就受到了一系列失败的挫折。

——［英］约瑟·汤因比：《历史研究》

由于对欧洲的贸易，广州官职一直是被视为全国的肥缺，而李侍尧在广州任最高地方长官长达十四年之久，超过任何一个总督在此的任期，想必聚敛了大量的财富。我们料想，正是这笔财富打动了和珅甚至高宗皇帝本人，才一再使李侍尧获罪，以便将其财产籍没。

——［美］恒慕义：《清代名人传略》

他（乾隆帝）也许是中国历史上最强有力的君主。首先，乾隆帝在18世纪50年代打败了准噶尔部，最终结束了中亚游牧民族势力的分立状态。由此，清帝国将今天中华人民共和国、蒙古国、哈萨克斯坦的伊犁河谷以及西伯利亚部分地区等都纳入自己的版图，同时继承了古老的中国政治制度。可以看出，为了实现朝廷对中国内地和中亚大草原史无前例的控制，乾隆和他的将军们解决了先前困扰其军事行动的后勤问题，并将数量众多的清军广泛部署在西北地区的沙漠、森林和崇山峻岭之中。乾隆成功进行的军事远征在行军距离上超过了拿破仑对俄国以失败而告终的侵略。

乾隆作为一个政治人物依然是个谜。焚书者、好战者、诗人、艺术家、穷人的保护者，凡此种种，哪个才是真正的乾隆帝呢？回答这个问题的难点只是其在一定程度上带有个性色彩。乾隆帝进行的大规模版图扩张是基于他标榜的帝国理想，但是没有英明的临机决策和折中精神就无法实现帝国理想。而这些临机决策与折中精神能够养活这些多种多样的土地和人民，并免受苛重的压迫。问题的关键就是个性。乾隆帝敢爱敢恨。甚至对于当时了解他的西方人而言，乾隆帝仍旧是个谜。

乾隆帝的困境是：他既有着惊人的自信，又有着格外的不安。这位与众不同的皇帝统治的阳光里，总是充斥着冷峻的色调。

——［加］亚历山大·伍德赛德，
见［美］裴德生主编《剑桥中国清代前中期史》

归根到底,他(乾隆帝)是倾向倒退,眼光向里,防守和排外的。

十八世纪时的中国享受着史无前例的盛平和繁荣,人口空前增长,但是人口的增长最终却破坏了这种盛平和繁荣的局面……这种增长并未引起清代统治制度的相应发展。人口虽然增长了一倍,但民政、军事却日渐腐败,国内问题也日趋尖锐。

——[美]费正清:《剑桥中国晚清史》

中国作者通常强调朝代循环。当乾隆退位之日,清朝已达到成长的饱和点。旗军的尚武精神至此业已消散,这也和明代的卫所制度一般无二。

乾隆的记录不如他说的那么完美。一开始,他并没有接受一套完善的财政系统,有如最近的研究所发现。也像和珅事件所显示,他生前有不少难为人言的事迹,当时仔细的遮羞,事后才逐渐暴露。传统官僚主义的作风,真理总是由上至下,统计数字反映着上级的要求和愿望。"十全老人"的"十全武功"主要是由汉人组成的"绿营"担当,他们曾遭受严重的损失,只是没有对外公布。白莲教为一种秘密结会的组织已有多时,事实上也在他御宇的最后数年内公开叛变。

——[美]黄仁宇:《中国大历史》

继位太子与荒唐御弟

　　乾隆帝创下的所谓"盛世",其实是积弊多多。继承者嘉庆帝,倒算得上勤政图治的守成君主,亲政后采取了一系列政策,对改变前朝弊政起了一定作用,但积重难返,已经不可能从根本上转变清王朝中衰之势。而乾隆的弟弟以及其他子弟,有的是"荒唐王爷",有的风流儒雅、行为不检,有的出身卑微、缺少仁孝,或被削爵,或被革职,或受谴责,多是抑郁而终。

嘉庆帝颙琰

颙琰（1760—1820），清朝入关后的第五位皇帝，乾隆帝第十五子，母孝仪纯皇后魏佳氏。初名永琰，继位后改"颙琰"。因年号"嘉庆"，故亦习称"嘉庆（帝）"。在位二十五年，庙号"仁宗"，谥号"睿皇帝"。他除掉和珅，整饬吏治，镇压起义，抵御外敌，都显示出中兴大清王朝的勃勃雄心。无奈当时的清朝内忧外患、积重难返，无论如何励精图治，也已回天无力。而嘉庆帝面临的左支右绌的局面，可以说正是乃父乾隆帝一手造成的。

一、内禅继位　惩处和珅

乾隆二十五年（1760）十月初六日，永琰诞生在圆明园的"天地一家春"。他长得高鼻梁、宽面颊，相貌俊秀。生活在帝王之家，生活条件优裕，自幼受到严格的贵族教育，举止端庄凝重，为人内向多思，因此很得父亲的器重。

永琰是在乾隆三十八年（1773）立为皇储的，时年十四岁。按照雍正时定下的规矩，乾隆将永琰的名字写在诏书里，然后密封起来，放在乾清宫"正大光明"匾额的后面。

乾隆帝是个权力欲很强的人，身体又非常健康。一晃二十年过去了，永琰仍待在皇储的位置上。在这期间，他被封为嘉亲王，逐步由弱冠少年越过青年时代而步入了中年。乾隆六十年（1795），垂垂老矣的乾隆帝决定举行内禅，让出帝位，自己退为太上皇。这种帝位传接方式，在清朝历史上是唯一的一次，在整个中国古代社会也不多见。

嘉庆元年（1796）正月，紫禁城里举行了庄严的内禅仪式，永琰陪同乾隆帝到奉先殿等处行了礼，又在太和殿接过乾隆帝亲授的玉玺。这样，他形式上成了皇帝。然而，在登基后的最初几年，嘉庆帝根本谈不到有何作为。太上皇乾隆依然贪恋君临天下的权势，宣称自己健康状况依然很好，每天都勤勉不倦地处理政事，继续把握着朝中的所有军政大权，各项用人理政的措施都要由他决断。直到嘉庆四年（1799）正月，八十九岁高龄的乾隆一命归天，嘉庆帝才开始亲政，成为真正的天下之主。

嘉庆帝从乾隆帝手里继承的，不但有君临天下的权势，还有夕阳西下、悲风不息的动荡时局。乾隆朝是清王朝由盛而衰的转折点。在康熙、雍正两朝文治武功的基础上，乾隆帝在位前期励精图治，使清朝的统治达到了强盛的顶点，社会经济出现繁荣景象，耕地、人口有了显著增长。乾隆中期，全国的耕地面积达到七亿八千多万亩，超过了明末耕地的最高数字，比顺治时期增加了三成左右。到乾隆末期，全国人口也急增到三亿左右。在政治上，乾隆前期多次蠲免赋税，革除苛政，打击朝廷朋党，惩治不法官吏，一度出现了奋发有为的局面。但是，从乾隆中期开始，大清的国势走上了下坡路。

首先，吏治陷入腐败泥淖。乾隆陶醉于所谓盛世景象之中，志满意骄，自以为是，对一些切责时弊、指陈过失的意见总是十分反感。朝廷大员为了迎合皇上的虚骄之心，刻意粉饰太平，报喜不报忧，极尽阿谀逢迎之能事。乾隆的心腹重臣和珅，担任军机大臣二十四年，深受倚重。他凭借手中权柄，在朝野上下结党营私，横行不法。当时的官吏若想得到肥缺或尽快升迁，都要巴结和珅，向他送纳重贿。和珅贪财嗜货，多方搜刮，聚敛了惊人的财富。由此上至朝廷、下到地方，贪赃枉法的风气盛行。乾隆为此曾诛戮了一批贪官污吏，其中包括不少督抚大员，但除此之外，并没有采取多少彻底的措施。因而，逃避法网的贪官污吏大有人在，官场依然一片乌烟瘴气。

其次，土地兼并严重。土地兼并始于康熙中叶，到乾隆后期，土地集中的现象已经极为严重。有人指出当时的状况是：占有土地的人不到十分之一二，其余十分之八九的人，不是沦为佃户，就是变成乞丐或流民。官僚地主占有大量土地。如直隶怀柔的大地主郝氏，家有上等良田一万多顷，军机大臣和珅占田八千顷，甚至连他的奴仆也有人占田达六百多顷。广大贫苦百姓则多数没有立锥之地。失去土地的贫苦百姓在水深火热中挣扎，朝不保夕。嘉庆元年（1796）二月的一个夜晚，北京城就有八千多个乞丐冻死在街头，其惨状触目惊心。

再次，社会矛盾尖锐，农民起义不断发生。在官僚、地主的残酷压迫和剥削下，社会矛盾激化，下层人民的反抗斗争接连不断。乾隆中叶之后，先后爆发了山东王伦起义、甘肃少数民族起义、台湾林爽文起义、湘黔苗民起义等规模较大的武装斗争。下层民众各种方式的反抗斗争如澎湃汹涌的波涛，强烈冲击着清王朝的统治，使它日益走向衰朽。

上述情况表明，摆在嘉庆帝面前的形势可谓严峻，扭转衰败政局、中兴国家大业的担子相当沉重。

为了扭转衰败的政局，嘉庆帝以铲除和珅打响了亲政的第一炮。早在亲政以前，嘉庆帝已经洞悉和珅的奸佞贪婪，只是自己手中无权，无法对他采取行动。乾隆的去世给政局带来了转机。在乾隆去世的第三天，嘉庆帝就撤了和珅军机大臣、九门提督的职务，将其软禁起来。御史王念孙等，此时纷纷揭发和珅的罪行，要求皇上严加惩办。这正对了嘉庆的胃口，在半月之内，嘉庆帝宣布了和珅的二十条罪状，关进了大狱，随后又下令赐死。和珅的一班亲信，如福长安、苏凌阿、吴省兰等人，也分别被定罪降黜。

和珅被逮下狱后，其家产亦被抄没。在当权的二十多年里，和珅巧取豪夺，广蓄家私。他被抄没的家产共有一百零九处，约有八十三处没有估价，仅其中已经估价的二十六处，价值就达二亿二千万两白银。后来有人估计，和珅的整个家产，可折合白银八亿两之多。当时清廷每年的财政收入约七千万两白银，和珅一人的家产就相当于朝廷十余年的总收入，真是惊人得很。嘉庆帝以迅雷不及掩耳之势铲除和珅，受到许多人的赞许。人们在灰暗已久的现实中，似乎看到了一线曙光。

二、整顿吏治　倡导节俭

嘉庆帝注意到，父亲乾隆倚重和珅，偏听偏信，犯下许多错误。他从中吸取教训，意识到要扭转衰败政局，单靠个人智慧是不够的，为君者应该做到耳聪目明、集思广益，广泛听取臣僚的意见。于是他颁布谕旨，要求九卿科道官员负有言责的，对用人行政方面有什么看法、建议，都要奏闻。

为鼓励臣僚直言，嘉庆作出保证，表示不会轻易对进言者加罪。他说："我既然提倡直言，若再对直言者加罪论处，那岂不是有意陷害臣子吗？"前内阁学士尹壮图、前御史曹锡宝，从前因上疏指责和珅及其亲信而遭到贬斥，嘉庆亲政后，马上为二人平冤昭雪，对其言行褒扬一番。不久，陕西贡生何泰上疏指出，应该黜奢崇俭，扭转日趋奢靡的社会风气。嘉庆帝表示赞同，特地赏了他两匹缎子。

长期以来，腐败堕落的吏治蠹国害民，为患匪浅。能否使吏治有所改观，是嘉庆帝扭转政局的一个关键。在整顿吏治方面，嘉庆帝下了不少工夫。他曾专门撰写《义利辨》《勤政爱民论》等文章，颁示群臣。他认为，百姓揭竿起事，大多是由于贪官污吏敲骨吸髓、为非作歹，是官逼民反。有鉴于此，嘉庆帝在亲政后，对贪官采取了接连不断的惩治措施。

在嘉庆十四年（1809）一年的时间里，嘉庆帝亲自过问处理了四五起大的贪污案件。湖北襄阳道员胡齐仑，在任期间经管湖北军需供应，肆意侵蚀挥霍，亏空银两二十多万，嘉庆帝断然将其判处极刑。江苏淮安府的知县王伸汉，谎报县里户口，侵吞大量赈灾银两，并毒死要揭发其罪行的查赈官员李毓昌，然后勾结知府王毂，狼狈为奸，掩饰劣迹。此案暴露后，王伸汉、王毂都被处死，两江总督铁保被革职流戍。这一年，总管内务大臣广头、巡漕御史英纶，因为贪婪卑污，先后被嘉庆帝处以绞刑。工部书吏王书常造假印、写假条，从户部冒领数十万两白银，案发后，王书常被处死，有关大员禄康、费淳等人也遭到降黜。

嘉庆帝坚持这样的原则：害民之官必去，爱民之言必用。在惩治贪渎官员的同时，一批为官清廉、勤勉称职的官员得到破格提拔重用，其中四川南充知县刘清就是受到嘉庆帝青睐的一位。嘉庆帝在审讯白莲教起义军首领王三槐时，得知刘清居官很得人心，百姓称之为"刘青天"。在进行考察后，嘉庆帝决定提拔任用刘清。后来，刘清历任四川建昌道员、山西布政使等要职，并在镇压四川白莲教起义过程中发挥了不小的作用。

怠惰偷安、委靡不振，是乾隆末期官场普遍存在的现象。嘉庆帝将此视为国家的隐忧，认为必须加以整顿。他多次告诫臣僚要勤于职守，克己奉公。有一次，内务府官员处理御膳房的一件小事时，敷衍塞责，拖了四十天才解决。嘉庆帝得知后，厉声斥责这帮官员："几句话就能了断的事情，奏折上也超不过百字，为何处理得如此拖沓！"从嘉庆元年到十一年，直隶二十四个州县，竟被侵吞白银三十一万多两。经过查核，发现司书王丽南等在此期间串通舞弊，伪造印章、串票，盗取银两，相当猖獗。嘉庆帝痛斥直隶历任督抚："发生这样严重的事情，你们竟懵然不知，形同木偶。在任期间，你们都管了些什么事！"最后，按照在任期间虚收银两数目的多少，将直隶历任督抚颜检、瞻柱、胡季堂等分别治罪。

然而，嘉庆帝惩治腐败与整顿吏治并不彻底。他处理贪官污吏，严惩不贷者有之，姑息宽容者也不鲜见。比如在处理胡齐仑贪污军需一案时，发现永保、庆成、毕沅等大员与此案都有牵连。这些人都有收取贿赂、侵蚀滥用国家公帑的劣迹，但在结案时，嘉庆帝只严惩了胡齐仑一人，其余大员或因祖上立有勋功，或因已经故去，都免于追究。他们被抄没的家产，也大多加恩赏还。因此，吏治腐败堕落的局面并没有多少改观。

不过，嘉庆帝在当政的二十多年里，对自己的要求却是非常严格的。他每天都要处理繁多的政务，孜孜不倦，从不懈怠。嘉庆十三年（1808）四月，嘉庆帝喜得皇孙，内阁因此有两天没有递送奏章，他马上对阁臣提出了批评。过了几天，端阳节到了，朝臣们又没有奏事，嘉庆帝大发脾气，亲自对各部院衙门进行查核。结果查明，吏、刑、工等部都是有事不奏，嘉庆帝随即将有关官员交都察院议处。

亲政伊始，朱珪曾提议皇上应该身先节俭、崇尚清廉。后来，嘉庆帝对这一点始终比较注意。以往各省官员进京觐见时，按照俗例都要进呈贡物。官员们为了邀宠求荣，竞相进奉珍宝古玩，花样不断翻新。嘉庆四年（1799），在惩办和珅的同时，嘉庆帝通谕内阁："地方官员操办的各种贡物，难道是自己掏腰包？想必都是从州县以下层层敲剥而来。官员不断向民间剥取，百姓怎能承受得了！况且呈献上来的古玩珍宝，饥不可食，寒不可衣，真是不如粪土。从此以后，凡是进呈违禁宝物的官员，都要予以惩处，决不轻恕。"得知上年底由叶尔羌解运进京的大块玉石正在运送途中，随即传下谕旨，不论这些玉石运到何处，都要弃于当地,无须继续前行。同年,嘉庆帝还废除了年节大臣进呈如意的规矩,说道:"大臣们年节进呈如意,是为了取意吉祥,我觉得这没有多大意义。大臣们觉得那些东西是如意,而我看上去反倒不如意。"

为了遏制奢侈之风,嘉庆帝身体力行,带头倡导节俭。在乾隆多次巡游地方时,各地官员修建了奢侈华丽的行宫,嘉庆觉得实在是铺张浪费。他认为,各地的行宫只不过休息一宿而已,用不着刻意修饰。从经济上看,一处行宫若能省下三四万两银子,十处就是三四十万两了。嘉庆十四年(1809),在巡幸五台山之前,嘉庆特地打招呼,要求地方官员在途中不得大肆铺陈,务必追求俭朴。

同年,在庆祝自己五十大寿时,嘉庆帝下令不准民间广陈戏乐、巷舞衢歌。御史景德为讨好皇帝,奏请祝寿期间京城演戏十天,以后作为定例,很快被革掉了职务。嘉庆帝就此向大臣们指出:"我发现前代这种场合比较奢侈,总是要欢宴聚会,演好多天的戏。我心里鄙薄这种做法,并将此作为自己的鉴戒。倘若我忘记了民间疾苦,奢侈地操办庆典,做臣子的应该上疏劝谏,这才是爱君之道。现在景德竟然向我提出这种建议,他把我当成了什么样的君主了!"

对于百姓的苦难处境,嘉庆帝有所了解,官逼民反的现实更使他心有余悸。对他来说,缓和尖锐的社会矛盾,安定百姓的生计,刻不容缓。乾隆中叶以后,随着国家的由盛转衰,政治腐败,经济拮据,广大农村连年水旱,灾害频仍,严重威胁着农业生产和百姓生活。对此,嘉庆告诫地方官员,灾情发生后要予以高度重视,认真抚恤灾民,即使花钱再多,也不要吝惜。事实证明,在灾区赐赈蠲租时,嘉庆的确没有吝惜金钱。

对黄河治理工程,嘉庆也是不惜巨款,前后动用了四千多万两白银。自雍正朝以来，每年治河的工料费一般是六十万两白银，从嘉庆十二年（1807）起，嘉庆帝将工料费骤增到每年一百六十万两。他还屡次对吝惜费用而延误治河工程的事情提出批评。不仅如此，嘉庆还对治河工程提出过一些合理的见解。他认为，治河的关键是要保证入海口地段畅流无阻。黄河以前出事，大多是由于入海口地段淤塞，下壅上塞，酿成灾患。因此，他多次提醒治河官员要注意这几点，认真组织民工开挖疏导。

由于积衰日久，国家积蓄并不宽裕，加之镇压起义、治河、赈灾等方面又有很大开销，使财政更加吃紧。这便迫使嘉庆帝想方设法，开源节流。他下令裁减了一部分常备兵，节省军事开支。同时，继续实行捐纳制度。不过，嘉庆帝始终认为开捐绝非良策，不过是损下益上之举，准备在川楚白莲教起义平定后予以停止（事实上，他并没有做到这一点）。对增加盐价、赋税折银浮收之类的做法，嘉庆的态度基本上是否定的，他表示，食盐是百姓日用品，一旦加价，人人都会受到拖累，因此要慎重考虑。赋税折银浮收，对国家财政收入有好处，但百姓却要深受其害，贪官污吏又可以从中大做手脚。嘉庆十四年（1809），闽浙总督阿林保奏请漕粮加折收纳，结果遭到皇上的一顿痛斥。

清军入关以来，八旗兵都驻扎在北京和其他大城市，依靠粮饷过活。随着八旗人口的不断增加，而兵有定数、饷有定额，结果产生了一大批闲散旗人。清廷又不允许他们从事生产活动，这批闲散旗人整日无所事事，游手好闲，吃喝玩乐，成为毫无自立能力的蠹虫。为了维护这些人的生计，清廷不得不多次赏赐银两、增加兵额，由此背上了沉重的包袱。经过筹划，朝廷决定将一批闲散旗人送到地广人稀的关外，由官府拨给土地，他们可以把土地出租给佃户，也可以自己耕种。但这些八旗子弟早已习惯于恣情享乐的城市寄生生活，如今连受领土地、坐收租息也不愿意，嘉庆帝的移垦措施最后只能以失败而告终。

三、镇压起义　闭关锁国

嘉庆帝即位时，社会矛盾尖锐，农民起义不断发生。嘉庆元年（1796），他刚刚登上皇位，就爆发了震撼全国的川、楚、陕白莲教大起义。

白莲教是唐末以来流传于民间的一种秘密宗教，教徒们提出"清朝已尽""日月复来属大明"等口号。白莲教的发展对封建统治构成威胁，清廷下令严拿白莲教徒，地方上的贪官污吏趁机掀起了一股敲诈勒索百姓的歪风。比如四川达州知州戴如煌，派出五千多名衙役，以搜捕白莲教为名，肆意搜刮民财，弄得当地民不聊生。湖广武昌府同知常丹葵，在缉拿白莲教徒的过程中，暴虐贪横，残害百姓。对人稍有怀疑，就动用酷刑，将人钉在墙上，或者用铁锤猛敲身体，令人肝胆俱裂、痛不欲生。在别的地区，这些现象也不少见。于是，小规模的白莲教起义得以不断蔓延。

这次川、楚、陕白莲教起义，首先在湖北宜都、枝江两县爆发，接着迅速扩大到襄阳、长乐、长阳等地，四川、陕西的白莲教组织也纷纷起义响应，白莲教起义的烈火很快形成燎原之势，声势浩大。起义军依靠广泛深厚的群众基础和川、楚、陕险恶复杂的地理形势，与官军周旋作战，摆疑阵、设埋伏、攻城池，机动灵活，行踪飘忽，多次挫败了官军的围剿。

川、楚、陕白莲教起义使太上皇乾隆极为震惊，他命令川、楚、陕各省的督抚、将军率军全力镇压境内的起义军，并陆续抽调八旗兵和各省的绿营兵参战。然而几年下来，虽然投入大量兵力，耗费了七千多万两饷银，白莲教起义的烈火却仍持续燃烧。

这除去起义军方面的骁勇善战之外,在很大程度上与官军的腐败堕落有关。

清朝军事力量的两大支柱——八旗和绿营,此时已经严重丧失战斗力,军纪腐败不堪。士兵们平素敲诈百姓、抢掠财物,无所不能;与起义军交锋时,却毫无斗志、畏缩不前。军中将领侵吞军饷、贪赏冒功、怯懦避战,更是屡见不鲜。白莲教起义爆发后,在京的八旗将领一度曾踊跃请缨参战,但率军到了前线,却只顾四处搜刮财物,根本不听军令约束,以致前线的将帅叫苦不迭,请求皇上赶快撤回这批京兵,以免影响作战。无奈之下,清廷只得组织地方武装乡勇,来加强镇压白莲教起义的力量。乡勇并非正规军,颇受八旗和绿营的歧视。作战时,乡勇被推到前面做替死鬼;战事结束后,各种功劳却没有他们的份儿,乡勇对此心怀不满。如此反复围剿的结果,只能是徒自劳师糜饷,收效甚微。

嘉庆帝面对征剿不力、烽烟不息的形势,忧愤交加,寝食不安。亲政之后,在总结以往经验教训的基础上,立即着手调整对付起义军的对策。嘉庆四年(1799),他惩治了和珅、戴如煌、常丹葵、胡齐仑等人,把"官逼民反"的罪责都推到了这些贪官污吏身上,借以平息民愤。他通谕诸将,以往有的将领不以军务为重,投机钻营,冒功吞饷,今后这些弊端要坚决杜绝。为了改变各路官军不相统属、作战行动难以协调的局面,嘉庆任命勒保为经略大臣,统一指挥川、楚、陕、豫、甘五省的军队。勒保在职的半年里,局势未见好转,嘉庆将其逮捕治罪,以明亮接管经略事务。明亮也回天乏力,嘉庆又将明亮撤职,代之以勒登。半年之内,嘉庆帝三次更换经略大臣,可见他镇压起义军心情的迫切。此外,嘉庆还严惩了一批作战不力的统兵大员。永保、景安、秦承恩、惠龄等人因"纵贼"之罪,或被定为死罪,或被遣戍边疆，或被降级调用。以往运转不灵的清朝军事机器，在嘉庆帝的亲自操纵下，开始加速运转起来。

对于镇压白莲教起义，太上皇一味实行军事围剿。嘉庆帝从几年的实际情形看出，这种做法不可能完全解决问题，遂采用了剿抚兼施的两手策略。他宣布"但治从逆，不治从教"，对白莲教活动不予禁止，但对白莲教起义军要坚决镇压。嘉庆几次下诏，允许一般起义军将士投奔朝廷，凡能擒获起义军首领归顺的，都可受到赏赐；临阵投降或者是自行逃散的，也可以放归乡里，安排生计。

然而，嘉庆帝的招抚政策并没有收到预期效果，白莲教起义军将士同仇敌忾，即使在作战不利的形势下，也是咬紧牙关、浴血奋战，决不轻易向朝廷投降。这使嘉庆非常恼火，进而采用坚壁清野的对策。早在白莲教起义初期，明亮等人就提出过这种对策，当时未曾受到乾隆重视。嘉庆在亲政后，对这种对策加以充分肯定，下令在川、楚、陕、甘等地广为推行。

坚壁清野的主要内容，就是在起义军出没地区四处合并村落，修建堡垒，在山区扼险结寨，在平原地区掘壕筑堡，把百姓都驱赶到堡垒之中，清查户口，限制人员出入，强行隔断起义军与老百姓的联系。寨堡四起之后，嘉庆又积极组织团练乡勇，扩大地主武装。他下令军中努力纠正以前的做法，不得歧视团练乡勇。凡乡勇立功、阵亡者，都要同正规军一样对待。嘉庆帝推行的这些措施，给白莲教起义军造成了严重威胁，起义军在人员补充、粮饷供给等方面都面临许多困难，游击作战四处受阻，官军在战场上逐渐占据了优势。

嘉庆九年（1804），经过一系列的大小战斗，白莲教大起义终于被镇压下去。这次起义历时近十年之久，起义军纵横川、陕、楚、豫、甘五省，抗击清廷从十六个省调集的军队，使清廷耗费饷银两亿两，严重动摇了清朝的统治基础。从此，清王朝陷入武力削弱、财政窘迫的困境，嘉庆帝的日子愈发难熬。

就在川、楚、陕白莲教起义方兴未艾之际，湘、黔一带的苗民起义又掀起了澎湃的波澜。虽然起义规模较小，但此起彼伏、相互呼应，一直坚持到嘉庆十二年（1807）。

嘉庆十八年（1813），北方大地又涌起了农民起义的风云，李文成、林清等领导的天理教起义爆发。天理教是白莲教的一个支派，其教徒按八卦名称分股活动，故亦称"八卦教"。川、楚、陕白莲教起义失败后，天理教首领李文成、林清等积极活动，秘密组织反清起义。嘉庆十八年（1813）九月，河南方面不慎泄露了起义的机密，李文成身陷囹圄，河南滑县的天理教徒遂提前举行起义，救出了李文成。直隶的长垣、东昌，山东的曹县、定陶，随之也接连起事。

嘉庆帝闻讯，急忙饬令直隶总督、河南巡抚率军前往镇压，可他万万没有想到，起义军竟然打进了皇宫！九月十五日，林清组织的一部分起义军化装潜入北京城，然后按照原定计划，在内线太监的引导下，分别由东华门和西华门闯入宫中。他们白布裹头，高举"大明天顺""顺天保民"的大旗，奋勇冲杀。至今，隆宗门的匾额上还留有当年起义军射上去的一个箭镞。在起义军的喊杀声中，正在南书房的皇次子旻宁和几个亲王慌忙组织侍卫抵抗，接着又有大批官军从神武门入宫，势单力薄的起义军经过一番苦战，寡不敌众，进攻皇宫的战斗失败。

宫中发生激战时，嘉庆帝正在承德避暑山庄。得到消息后，他震惊不已，急匆匆地赶回京城，随后颁布"罪己诏"，惊呼这次事件"变生肘腋，祸起萧墙"，实在是旷古奇闻。紧接着，他下令严密搜捕林清等人，并将林清诱捕处死。同时，又调集各路大军，对河南李文成领导的起义军进行镇压。十一月，李文成在林县司寨被围战死,天理教起义的火焰遂被扑灭。

此时的清王朝不仅内乱不休,而且外患迭至。嘉庆帝当政时期,英、法等国已先后完成工业革命,正积极向东方拓展势力,古老的中华帝国成了西方殖民者觊觎的重要目标,商人、传教士、炮舰、鸦片纷纷涌来。对西方殖民者的军事挑衅,嘉庆帝始终保持了高度警惕。

嘉庆十年(1805),英国四艘军舰以替货船护航为名,闯到澳门和广东口岸,嘉庆帝立即训令两广总督要密切注意英国人的动向,不准其自由行动。

嘉庆十三年(1808),英国又借口帮助澳门的葡萄牙人抵御法国人,派军队在澳门登陆,随后有三艘军舰闯到黄埔,二百多名英国士兵和水手进驻广州十三行(商馆)。面对英国人的嚣张行动,嘉庆以日传五百里的特急军令,指示广东地方官员迅速整饬军备,在英人面前要态度强硬。如果英人敢于违反约束,将不惜动用武力剿办。广东的督抚大员吴熊光、孙玉庭措施不力,表现软弱,嘉庆毫不犹豫地革掉了他们的职务,并一再嘱咐继任官员到任后对涉外问题要悉心筹划,不能大意。

嘉庆二十一年(1816),发生了颇有滑稽色彩的阿美士德使团事件。这一年,英国派遣阿美士德率领一批人,带着外交、商务要求来到北京,要求觐见中国皇帝。嘉庆帝允诺予以接见,但在接见之前,清朝官员与阿美士德等人在觐见礼节上发生争执。清朝官员把阿美士德使团当作贡使对待,而英国人坚持不行三跪九叩大礼,双方形成僵局。嘉庆十分生气,下令将英国使节立即遣送回国,负责接待的一班大臣也被严加议处。

另外,鸦片此时已经开始危害中国。鸦片本是作为药品输入的,开始输入量也不多,直到雍正中期,每年也就二百来箱。但自清中期以来,西方殖民者为了扭转对华贸易的不利地位,以便赢得巨额利润，开始不择手段地将大批鸦片运进中国，乾隆时已达到每年四千箱左右。鸦片的大量输入，使国内财政、军事、百姓生活诸方面受到严重损害，嘉庆帝对此认识得相当清醒，采取了多种禁烟措施。朝廷规定，外国货船来华贸易时，在澳门要接受检查，并要由行商出具保证书，保证船上没有夹带鸦片。在内地，多次下令严厉打击鸦片贩子，禁烟不力的官员必须惩处，吸食鸦片者也要治罪。

对于西方传教士在华的活动，嘉庆帝也予以多方限制。嘉庆十年（1805），一个名叫德天赐的西方传教士不听清廷禁令，在内地刊书传教，结果被嘉庆帝下令押到热河加以囚禁。同年，嘉庆还下令销毁了一批西方传教士的经卷，惩处了对西方传教士约束不严的内务府大臣。嘉庆十六年（1811），嘉庆帝又下令，在华的西方传教士，除在钦天监负责天文观测外，其余都送到广州打发回国。

嘉庆帝在位的二十多年，清王朝中兴的局面并未出现，而自己却在不知不觉中走到了生命的尽头。嘉庆三十七岁继位，即位之后，很早就开始考虑储嗣问题。在五个儿子里（长子夭折），他最中意的是皇次子旻宁。嘉庆四年（1799），旻宁被定为皇储。嘉庆二十五年（1820）七月，嘉庆帝前往热河行猎，中途中暑，身体状况突然恶化。二十五日，在承德避暑山庄去世，葬清西陵（在河北易县）中的昌陵。

和恭亲王弘昼

弘昼（1711—1770），雍正帝第五子，乾隆帝异母弟，母纯悫皇贵妃耿氏。雍正十一年封和亲王。乾隆年间，历任正白旗满洲都统，迁镶黄旗满洲都统，充玉牒馆总裁，升议政大臣。他倚仗威势，傲慢任性，肆意妄为，是历史上著名的"荒唐王爷"。

一、乾隆御弟　荒唐王爷

弘时、弘历、弘昼，是雍正帝仅存的三个成年之子（不含出继）。弘时不满三十岁，便死于父亲的猜忌重压之下；不久，弘历、弘昼受封为宝亲王、和亲王。

众所周知，弘历才高八斗，心机颇深。弘昼与哥哥迥然不同，他从小软弱，没有意图、也没有资格和哥哥争夺皇位，于是便纸醉金迷，成天在府第里挥霍浪费。弘历即位后，虽然有些心疼银子，但想到可以避免兄弟阋墙，就把赡养费给得老高，还把雍正做王爷时的财产全给了他，任由御弟胡闹。而弘昼财力雄赡，总是做些出格的事。

弘昼最喜欢弋阳腔曲文，将《琵琶》《荆钗》等旧曲翻成弋阳调来演唱，客人们都捂上耳朵不愿意听，但这位王爷仍旧乐此不疲。弘昼特别喜欢葬礼，说人都要死的，没有必要忌讳。他亲自制定自己葬礼的各种仪程，然后坐在院子里预演一番礼，命卫士、下人给自己供上饭，再哇哇大哭，自己却安安稳稳坐在那里边吃边喝，很是开心。因此，有很多人称他是"荒唐王爷"。

乾隆朝在纂修《古今图书集成》和《数理精蕴》时，铸了一批铜活字，印刷质量非常好。但弘昼在掌管修书处时，居然偷了些铜活字，给自己府中铸了铜陈设、铜炉、铜狮等。因他事先也给宫中陈设了同样的物什，乾隆帝有口说不出，只好命人重刻木活字来继续印这些书。不过，弘昼后来还是为此受了处分。

乾隆帝对弘昼分外亲爱、优容，甚至弘昼殴打朝臣讷亲，他也不闻不问。这很大程度上是因为崇庆皇太后的缘故。弘昼由崇庆皇太后抚养长大，太后对他非常袒护。相传乾隆帝即位后，皇太后闷闷不乐，有一次询问，太后说要看看和亲王府中的金山、银山。为了取悦母亲，乾隆很快堆了金山、银山给弘昼，使其成为王爷中的首富。

二、兄弟积怨　法外开恩

弘昼与乾隆帝的关系，尽管表面看来风平浪静，但内里却有很多积怨、矛盾。

有一次，弘昼和乾隆帝一起到正大光明殿去监考八旗子弟。到了傍晚，他请皇兄先去吃饭，乾隆没答应，他便有意激道："难道您还防备我买通他们不成？"乾隆当时没说什么。第二天，和亲王觉得不妥，便跑来叩头谢罪，说自己出言不逊，冒犯了天威，请皇兄不要计较。乾隆答道："我要是计较，就凭你昨天一句话，就可以把你剁成肉酱！"从中不难看出他们的积怨随时有爆发的可能。

还有一次，弘瞻和弘昼一同到太后宫中请安，在太后座旁膝席跪坐，而那里正好是皇帝平日跪坐之地。乾隆责备两个弟弟"尚知有天泽之辨哉"，弘瞻被革去亲王，降为贝勒；弘昼亦因跪坐无状，被罚俸三年。这是乾隆与两个弟弟关系不和的一次集中爆发。

这种紧张的关系，一直延续到和亲王弘昼去世。据说他病重临死时，乾隆曾去看望。和亲王挣扎着爬起来，在床上给皇兄磕头，一边磕，一边用两手围在头上，比划出帽子样。和亲王的用意，是希望皇上把自己"头上"这顶"和亲王"的"帽子"永远赏给子孙，就像八家"铁帽子王"那样世袭罔替。也不知乾隆帝真不明白还是假不明白，所答非所问地摘下自己的帽子，交给弘昼，说："你是想要我的帽子啊？"

众所周知，皇帝的桂冠是权力的象征。不知乾隆此刻是把这顶帽子当成了普通的帽子，还是当成具有特殊意义的帽子。如果是后者，是想让和亲王在生命的最后一刻沾一下这顶桂冠的边，还是讽刺他临死也不忘这顶帽子？这只能是见仁见智了。

乾隆三十五年（1770）七月十三日，弘昼去世，享年六十岁。谥曰"恭"，史称"和恭亲王"。其子永璧承袭和亲王，永璧之子改袭郡王，乾隆对这位弟弟可谓法外开恩。

早在乾隆十一年（1746），弘昼就命人将自己的所有诗文加以整理，请皇兄重新作序，命名为《稽古斋全集》。这部别集，确实体现了弘昼这位"荒唐王爷"的才气。

果恭郡王弘瞻

弘瞻（1733—1765），雍正帝第六子，乾隆帝异母弟，母谦妃刘氏，过继康熙帝十七子果亲王允礼为子。他袭父爵，又得皇兄照拂，家赀巨万，富有藏书，且雅擅诗词。但因行为不检，罚俸降爵，郁郁不欢，一病不起。有《鸣盛集》。

一、出继御弟　风流儒雅

弘瞻是雍正帝第六子，序齿排行则是第十子。康熙帝第十七子果亲王允礼，第一个儿子出生六个月后夭折，乾隆三年（1738）三月，庄亲王允禄奏请把弘瞻过继给允礼，乾隆帝准奏。

弘瞻是乾隆帝最小的弟弟，即位那年，他只有两岁。由于幼时常住圆明园，弘瞻又被称作"圆明园阿哥"。后来，他沾染文人习气，曾自号"经畲道人"。

乾隆对这个幼弟非常喜爱。有一次，弘瞻在圆明园玩耍，乾隆看到后，召他近前，想和他说话；他却害怕皇帝哥哥，一溜烟跑掉了。乾隆满不高兴，不好责怪小孩，把太监骂了一顿。不过，这些小事并未影响乾隆对幼弟的喜爱，还特意请名师来教导他。

乾隆请来的这位老师，就是著名诗人沈德潜，沈德潜在乾隆初年已经闻名遐迩，乾隆早就听说过他的大名，非常仰慕。有这样的大家做老师，弘曕终于学有所成，雅擅诗词，老师誉之为"诗宗归于正音，不为凡响"。弘曕博学多知，藏书丰富，其书房可与怡王府的"明善堂"媲美。由此可见，弘曕可说是风流儒雅的王爷。

随着弘曕渐渐长大，皇兄也开始委以重任。乾隆十五年（1750）弘曕刚满十八岁，乾隆帝就让他管理武英殿、圆明园八旗护军营、御书处、药事房。乾隆十九年（1754），又让他负责管理造办处事务。

弘曕的继父允礼，作为乾隆帝的长辈和臣子，颇受皇帝的信任。乾隆即位后，命他总理事务，赐亲王双俸。这样，允礼在"诸王中较为殷富，弘曕既得嗣封，租税所入，给用以外，每岁赢余，不啻钜万"（《清史稿·诸王列传六》）。

允礼去世后，弘曕承袭果亲王爵位。年轻位尊的弘曕渐渐生出浮躁，给自己造成了不可收拾的结局。

二、行为不检　降爵忿死

弘曕喜好积聚钱财，自己行为放纵不检，对待下属却苛刻严厉。他本已非常富有，却仍旧疯狂敛财，"居家尚节俭，俸饷之银，至充栋宇"。他还因开设煤窑而强占平民产业。

弘曕恃宠自傲的种种作为，渐渐引起了皇兄的不满。一次，奉命前往盛京恭送玉牒，弘曕却上奏要先去打猎，然后再去盛京。乾隆非常生气，屡加训斥。弘曕仗着御弟身份，以为这些小事情，皇帝不能把自己怎么样。

乾隆帝对弘曕的不满日积月累，终于在乾隆二十八年（1763）一并爆发。当时，审理两淮盐政高恒替京师王公大臣贩卖人参牟利一案，高恒供称：弘曕因欠商人江起镨银钱，派王府护卫带江起镨到高恒处，托售人参，牟利偿还欠债。此事大失御弟身份，乾隆决心进一步查究，结果查出弘曕令各处遣关差购买蟒袍、朝衣、刺绣、古玩以及优伶，只给很少的价钱。弘曕还以门下私人，嘱托军机大臣阿里衮选用为官，阿里衮没有答应。乾隆对此极为恼火，斥责弘曕："干预朝政毫无顾忌，一至于此！此风一长，势将何所不可？……朕实为之寒心。"

乾隆帝决定惩戒这位放纵的御弟，把他所有乖谬行为都揭发出来，算一笔总账。弘曕生母谦妃刘氏寿辰的时候，乾隆没有加赐称祝，弘曕愤激不满形之于色，陈辞讽刺，乾隆反驳说："你坐拥厚赐，而侍奉母妃不但菲薄，反倒常向母妃索取财物，为人子的，能这样做吗？"

乾隆二十八年（1763），圆明园"九洲清晏"失火，诸王都进园救火，弘曕住处离得最近，来得却最晚，且和皇子们嘻嘻哈哈，毫无关念之情。又有一次，弘曕和弘昼一同到皇太后宫中请安，在皇太后座旁膝席跪坐，而那里正好是皇帝平日跪坐之地，乾隆帝责备两个弟弟"仪节错妄"。

最终，乾隆给予弘曕严厉的处罚："贝勒弘曕交罚银一万两，销毁金宝一颗。"弘曕由郡王降为贝勒，罢免所有官职；连弘昼亦因在太后前"跪坐无状"，被罚俸三年。

弘曕革职后，闭门家居，抑郁不欢，一病不起。病危时，乾隆帝亲临视疾，弘曕在衾褥间叩首谢罪。乾隆帝被手足之情感动，呜咽失声，拉着他的手说："我因你年少，故而稍加处分，以改变你的脾气，想不到你会因此得这样重的病。"随后，乾隆下令恢复弘曕郡王的封爵。但遗憾的是，弘曕不久即离世，时在乾隆三十年（1765）三月初八日，年仅三十三岁，谥曰"恭"。其子永瑹承袭郡王，孙绵从承袭贝勒，曾孙奕湘承袭镇国公、贝子衔。

弘曕去世后，乾隆极为悔痛，御制了诗文，镌刻在其园寝的石碑上。碑文中流露出对这个弟弟的喜爱和痛惜。大概意思是：我对你是真诚的，虽然你犯了一些过错，但我只给了你轻微的处分，鼓励你改正错误……在我南巡回来的途中，看到你患病的奏折，特意禀报太后，又封你为郡王，希望你听到这个消息，疾病能够快些好起来。谁能想到娇嫩的枝条被春风吹折了，菜叶上的露水很快就被吹干了。驿站的快马传来死讯，更增加了我的悲痛。

定安亲王永璜

永璜（1728—1750），乾隆帝长子，母哲悯皇贵妃富察氏。虽然贵为长子，但永璜二十年的生命旅程却平平淡淡，乾隆十三年，永璜因对孝贤皇后富察氏去世表现得不够悲伤，遭到父皇痛斥，两年后郁郁而终，追赠"定安亲王"。

永璜的母亲哲悯皇贵妃富察氏，是佐领翁果图之女。她本是乾隆做宝亲王时的侍女，因为年轻漂亮，为人机灵，善解人意，遂深得宠幸，成为贴身侍女，后收房为妾。实际上，她是乾隆帝名副其实的第一个"女人"。

雍正六年（1728），富察氏生皇长子永璜，而这一年，孝贤皇后尚未与乾隆帝大婚。雍正九年，生皇次女。雍正十三年（1735）七月初三日，距乾隆登基仅差五十天，她竟撒手人寰。乾隆元年，追封哲妃；乾隆十年，追谥"哲悯皇贵妃"。乾隆十七年，随孝贤皇后、慧贤皇贵妃一起附葬东陵之裕陵。

母亲去世时，永璜七岁，已经开始懂事。人间最大的丧亲之痛，在他幼小的心中留下了无法抹去的烙印。他没怎么哭，甚至都不知道怎么哭。

年龄稍长，永璜学诗书、习礼仪，学着皇子的样子做人做事，一切都按部就班。但在他的心中，却有一种不易察觉的冷——对人情的冷眼洞悉和对人事的冷静思索。

乾隆十三年（1748），孝贤皇后病逝，乾隆帝万分悲恸，他在《述悲赋》中发泄内心的悲痛，有句如"纵糟糠之未历，实同甘而共辛"，"悲莫悲兮生别离，失内位兮孰与随"，"春风秋月兮尽于此，夏日冬月兮复何时"，不一而足。过分的伤感使乾隆情绪有些反常，在他看来，所有的大臣都应该呼天抢地，所有的儿子都应该痛不欲生。

当乾隆觉得二十一岁的皇长子永璜、十四岁的皇三子永璋，对嫡母去世似乎并无哀切之心，简直就是毫无人子之道！他怒不可遏，斥责他们不识大体，对嫡母逝世全不在意。他还在王公大臣面前严正申明："朕百年之后，皇统绝对不能让这两位皇子承继。"不仅如此，他还说出了一番狠话："朕以父子之情，不忍心杀掉你们，你们应该明白我对你们的保全之恩，安分守己地过日子；倘若还是不思悔改，而怀揣非分之想，导致兄弟之间自相残杀，不如我现在就杀了你们！"如此杀气腾腾的斥责，自然让两个未经历练的皇子诚惶诚恐。

永璜深知母亲作为庶妃，地位卑微，因此本人绝无觊觎储嗣之位的意思，处世做人也格外小心恭谨。他天生忠厚老实，身为皇长子，对自己要求也特别严格，处处为兄弟们做着表率。因是皇长子，又为父皇生下了皇长孙，因而特受太后喜爱。虽然如此，他从来都把做皇太子当成非分之想，也没有任何越轨的行为。但父皇却经常旁敲侧击,责骂他,他很是想不通,终日忧惧郁闷。

不久,永璜一病不起,形容逐渐憔悴枯槁,竟至无药可治。弥留之际,乾隆来到永璜的病榻前,说道:"皇儿,是父皇错怪了你,冤枉了你,你不能往心里去。——那也是父皇太爱你们,担心你们兄弟之间互相残杀啊!"永璜惨然笑道:"父皇,孩儿明白您老人家的意思,是儿福浅命薄。天意如此,谁也怪不得。只是儿不能陪伴父皇了,再也不能了……"话没说完,永璜便撒手人寰,年仅二十三岁。

发引那天,乾隆帝手抚灵柩,心如刀绞。父亲为儿子送葬,已属人间惨事,更哪堪人将老而丧长子,而他又是含冤郁闷忧惧而得病,无药可治而早逝。望着渐渐远去的柩车,乾隆帝老泪纵横,沉痛地低吟着哀悼长子的挽歌:

灵旐悠扬发引行,举輤人似太无情。
早知今日吾丧汝,严训何须望汝成?

三年未满失三男,况汝成丁书史耽。
见说在人犹致叹,无端从己实何堪。

书斋近隔一溪横,长杏芸窗佔毕声。
痛绝春风廐马去,真成今日送儿行。
(《皇长子挽词》)

永璜去世后,被追赠为定安亲王,由其长子绵德承袭。乾隆帝难掩悲痛,后来还御制了多首悼亡诗,悼念永璜,如《皇长子薨逝志悲》《皇长子定安亲王园寝酹酒》等。

乾隆周围的女性

乾隆帝风流儒雅,自诩多情,他立过两位皇后,宠过妃嫔、妃嫱、嫔御、贵人无数。由于长寿,后宫女性多先他而去。两位皇后的去世,都与他的出游有关,她们身不由己,生前围着皇帝转,连死也都是被动的。除了皇后、皇贵妃,宫里宫外还有好多女性,谓之"数不胜数",当不为过。而传说中的香妃,则是乾隆帝围着转却又从未稍获其青眼顾盼的奇女子。

皇太后钮祜禄氏

钮祜禄氏（1692—1777），乾隆帝生母，后尊为皇太后。满洲正白旗人（后抬入镶黄旗），四品典仪官凌柱之女。雍正元年封熹妃。钮祜禄氏生活在"康乾盛世"，乾隆帝又十分孝敬，可谓言听计从，所以她母仪天下四十余年，享尽人间之福，是真正的"福"太后。

钮祜禄氏的父亲凌柱，为四品典仪官，后加封一等承恩公；母亲彭氏，是宝坻生员彭武公之女。

钮钴禄氏生于康熙三十一年（1692），十三岁入胤禛贝勒府，号为"格格"。康熙五十年（1711）八月，生子弘历，为雍正帝的第五个儿子；因齐妃李氏所生第二子弘盼早殇，未予序齿，所以弘历排行第四，称"皇四子"。

弘历自幼聪颖过人，深得祖父康熙帝和父亲的喜爱，生母钮祜禄氏自然也因此备受恩宠。十岁的时候，康熙将弘历接入宫中读书，亲自抚育，并称其"福过于予"；且称钮钴禄氏为"有福之人"。

钮钴禄氏入雍正贝勒府，一直是"格格"的身份，直到胤禛即位后，才封为为熹妃，后又晋封为熹贵妃。雍正帝临终，遗命封为皇后。乾隆帝即位后，尊为皇太后，居于慈宁宫。自此，钮祜禄氏母仪天下，在乾隆朝生活了四十余年。

乾隆帝非常孝敬自己的生母，在母亲面前恪守家法，对母亲的话更是唯命是从。一次，太后偶然说起顺天府东有一座废寺，应当重修，乾隆帝立即派人修整。太后听了，非常高兴。乾隆一生中，经常巡游各地，出巡时往往带着母亲。太后曾随乾隆三次南巡、三次东巡、三次到五台山。这与封建王朝常年居于深宫的后妃，可谓极大相同。这样做，不仅增加了知识，开阔了视野，身心也得到了调养，钮祜禄氏的长寿，与此不无关系。

乾隆帝知道母亲喜欢江南风光，还特地在万寿寺旁仿造了几里路长的"苏州街"，奉迎母亲穿行其间。

每遇太后万寿之日，乾隆帝总不忘母亲养育之恩，亲率王公大臣奉觞称庆。从太后六十大寿，以及此后的七十大寿、八十大寿，庆典一次比一次隆重。在皇太后回宫所经的十几里长街上，张灯结彩，几十步搭一个戏台，南腔北调，优伶毕集，轮番演出，热闹非凡。每次寿典所进寿礼，更是不计其数。先进以皇上亲制的诗文、书画，再进如意、佛像、冠服、簪饰、金玉、犀象、玛瑙、水晶、玻璃、珐琅、鼎彝、瓷器、绮绣、书画、币帛、花果，各种外国珍品，无所不全；还以彩绢做高山，锡箔做海湖，寿桃一个竟有房子那么大……

乾隆四十二年（1777）正月，钮祜禄氏去世，享年八十六岁。谥曰"孝圣宪皇后"，葬泰陵东北，称"泰东陵"。

皇后富察氏

富察氏（1712—1748），乾隆帝第一位皇后。满洲镶黄旗人，大学士傅恒之妹。雍正五年成婚，封嫡福晋；乾隆即位，册为皇后。富察氏与乾隆伉俪情深，一直深受宠爱，她也能精心照顾、有所规谏，表率六宫、和睦家庭，颇多内助之功。盛年早逝，得谥"孝贤"。

富察氏原隶满洲正蓝旗，皇太极时改隶镶黄旗。父亲李荣保，曾任察哈尔总管，赠一等承恩公；母亲为觉罗氏之女。

雍正五年（1727）七月，富察氏与雍正帝第四子弘历成婚，为嫡福晋。第二年，生弘历长女，后夭折；雍正八年，生弘历次子永琏；次年，生弘历第三女。后来在乾隆十一年（1746），富察氏又生下了第二个儿子永琮。不幸的是，这两个儿子在她生前也都夭折了。

雍正十三年（1735）九月，弘历即位，奉懿旨册富察氏为皇后。

富察氏与乾隆伉俪情深，又能表率六宫，因而深受皇帝宠爱。有一次乾隆生病，在三个多月的日子里，富察氏每夜都在皇帝寝宫外侍候，悉心照料，思虑周详。她位居六宫之首，孝奉皇太后，下抚诸妃嫔，博得内宫上下一片赞颂。有这样的贤内助，乾隆得以摆脱繁杂家事，专心处理朝政。他曾说："朕得以专心国事，有余暇以从容册府者，皇后之助也。"（《清高宗实录》乾隆十三年上谕）

富察氏做皇后时，正是清朝鼎盛时期，国力强盛，物质丰实。但富察氏却非常注重节俭，她做皇后十三年，从未佩戴过珠宝翠玉，只用绒花做装饰品。每年正月新春开始，后妃们都要做荷包献给皇帝。别的妃嫔用金银丝线，非常华丽，唯独富察氏用鹿皮制作荷包。富察氏这样做，意在仿照满洲人在关外时的样式，以此提醒皇帝不忘祖宗。乾隆帝因此很敬重她。

乾隆帝喜欢带着后妃、臣僚游山玩水。在位期间，他曾经六次下江南，五次巡幸五台山，五次告祭曲阜，七次东谒三陵，两次巡游天津，一次登赏嵩山，一次游览正定，多次避暑热河，堪称历代皇帝之最。在那个交通不发达的时代，每一次出游，都要耗费巨大人力、物力和财力。

对于皇上的挥霍无度，富察氏曾多次劝谏，乾隆表面点头应承，但内心却不以为然，依然奢侈挥霍。乾隆大修避暑山庄，所费亿万；大修圆明园，也不下亿万。圆明园里奇珍异物，令人目炫神迷。乾隆还下令在福海东边的同乐园里,添修了一条买卖街,各种时新货物、茶馆饭庄,样样俱有。开店的是内务府太监,跑堂的则须从宫外挑选声音响亮的人。龙驾经过时,更得让叫卖声、报账声、核算声叫喊得沸沸扬扬、此起彼伏,皇帝听了方能龙颜大悦。

乾隆嘴上一再讲节俭从事,实际上却从未认真过。富察氏再三提醒劝诫,也不起什么作用。乾隆十三年(1748),富察氏随同皇帝东巡,三月途径山东德州,准备乘船返回京城,却在那里得了感冒。恰巧当地连日春雨纷纷,天气格外阴冷,富察氏感冒没好,加之旅途劳累过度,转成肺炎,不治而逝,享年三十七岁。

富察氏去世后,乾隆帝很悲痛,昼夜兼程返回京城,将富察氏殡于长春宫,服缟素十二日。富察氏曾对乾隆说过:"我百年之后,陛下如赐我谥号,就请赐'孝贤'。"于是,乾隆帝遂谥富察氏为"孝贤纯皇后"。乾隆十七年(1752),孝贤纯皇后葬孝陵西胜水峪,后来便在那里修建了裕陵(乾隆帝陵寝)。

关于富察氏的死,也另有一种传说:乾隆帝东巡返回途中,行至山东德州,乾隆对当地妓女非常眷恋,富察氏劝其不要沉溺酒色,尤需自重、爱惜身体。这惹得皇帝大怒,不仅责骂,还打了几个耳光。富察氏又气又恼,便跳进运河里自尽了,回京后只说是途中病逝。

皇后乌拉那拉氏

乌拉那拉氏(1718—1766),乾隆帝第二位皇后。雍正年间选秀入宫,初为侧福晋;乾隆二年封娴妃,十年晋贵妃。孝贤皇后去世后，晋皇贵妃，执掌六宫；乾隆十五年，册为皇后。她因劝谏皇帝不要迷恋江南景色，遭到唾骂，最终抑郁而死。

那拉氏本隶满洲镶蓝旗，后抬入镶黄旗。父亲讷尔布，曾官佐领。

雍正十二年（1734）正月，那拉氏参加八旗选秀中选，被指配给皇四子弘历为侧福晋。

弘历继位后，乾隆二年（1737），册封那拉氏为娴妃；乾隆十年（1745）正月，晋封娴贵妃。

乾隆十三年（1748）三月，孝贤皇后富察氏去世。四个月后，乾隆帝奉皇太后谕旨，宣布以娴贵妃那拉氏为继皇后；因尚在前皇后丧期内，先晋为皇贵妃，摄六宫事。乾隆十五年（1750）七月，正是册立为皇后。

乾隆每次南巡，前一年都要派官员人等勘察道路、修桥铺路、修葺行宫，从北京到杭州，途中兴建行宫竟有三十处之多。没有行宫的地方，则搭建黄布城和蒙古帐房。巡行所经道路，都要洒水清尘；所经石桥、石道，则用黄土铺垫。水路码头，还要统统铺上棕毯。还有大批宫娥彩女、太监官兵随行。各处修建的行宫，陈列着官员们"借"来的书籍、字画、端砚、挂屏等，陈设着每件费工千百的象牙雕刻、紫檀花梨屏等家具。所经三十里以内，地方官员一律朝服接驾，耆民老妇、绅衿生监排列跪伏，八十岁以上的老翁、老妇则穿黄布或黄绢外褂，手执高香跪候。

除此之外，乾隆帝每到一地，还要对妃嫔、臣僚赐宴行赏。这确实是劳民伤财，也深为那拉皇后所不满。有人曾经打比方说：乾隆帝"好像一个纨袴子弟，得了先人丰富的遗产，穷奢极欲、富丽堂皇"。结果，乾隆朝成了清朝盛衰的转折点。

乾隆三十年（1765），乌拉那拉皇后随同皇帝南巡到杭州。

杭州地方官为迎接御驾，沿途用彩绸、彩布搭建彩棚、景点，设立香案等，并雇昆腔、京腔、秦腔、梆子腔、二黄腔等各种戏班，御驾光临时，奏鸣纷杂，热闹非凡。这份热闹再加江南美女如云，竟使乾隆帝留恋花丛、乐不思蜀。

乌拉那拉氏见皇帝终日寻花问柳，劝他不要迷恋江南美景，早日返京。谁知一番好心，却遭到皇帝当众唾骂。皇后受不了辱骂，又羞又气，盛怒之下，就把自己的头发全部剪光，以此表示不满。乾隆认为剪掉头发违背祖宗风俗，大发雷霆，下令提前把乌拉那拉氏遣送回京，随后又收回那拉氏娴妃、娴贵妃、皇贵妃、皇后四份册宝。

回京之后，乌拉那拉氏心情郁闷，长久不能恢复，第二年（1766）七月就病逝了。她为皇帝留下了永璂、永璟二子，还有一个女儿。

那拉氏去世后，满族御史上疏，请仍以皇后礼安葬，乾隆不同意，诏曰："无发之人，岂可母仪天下哉？"命按皇妃礼仪治丧，入葬裕陵妃园寝。

十二年后，即乾隆四十三年（1778），乾隆帝东巡。有一个叫金从善的人上疏，首及建储，次为立后。乾隆谕曰："那拉氏本朕青宫时皇考所赐侧福晋，孝贤皇后崩后，循序进皇贵妃。越三年，立为后。其后自获过愆，朕优容如故。国俗忌剪发，而竟悍然不顾，朕犹包含不行废斥。后以病死，止令减其仪文，并未削其位号。朕处此仁至义尽，况自是不复继立皇后。从善乃欲朕下诏罪己，朕有何罪当自责乎？从善又请立后，朕春秋六十有八，岂有复册中宫之理？"从此，乾隆帝再不复立皇后。

贵妃魏佳氏

魏佳氏（1728—1776），乾隆帝妃嫔，嘉庆帝之母。本系汉家女，后隶旗籍，改姓魏佳氏。她生皇十五子永琰，母以子贵，终被册为皇贵妃，并在皇后去世后执掌六宫事，更在身后被册赠为"孝仪皇后"。

魏佳氏本是汉人，姓魏，后入旗籍，改姓魏佳氏。初属满洲正黄旗包衣，后抬入满洲镶黄旗。

魏佳氏出身于中等官宦家庭，父亲魏清泰，曾任内管领（上三旗包衣管领），嘉庆继位后追封一等承恩公。

家世虽不显赫，但魏佳氏容貌艳丽，光彩照人，乾隆初年被选入宫。乾隆十年（1745），册为贵人，深得皇上宠爱。乾隆是有名的风流天子，不仅后宫妃嫔如云，还常有风流艳遇。魏佳氏从贵人升令嫔，累进令贵妃，说明风流天子对她也算情有所钟。

乾隆二十五年（1760）十月初六，魏佳氏在圆明园的"天地一家春"，生下了乾隆第十五子永琰。永琰和父亲十分相像，聪明机智，好读书、能文章，举止端庄凝重，为人内向多思，因而深得父皇器重。母以子贵，魏佳氏在后宫的地位也相应提高，乾隆三十年（1765）晋封为皇贵妃。

乾隆帝接受史上外戚为乱的教训，后宫管理非常严格。他以历史上有德行的后妃为例，命宫人画成《宫训图》十二幅，其中有"徐妃直谏""曹后重农"等，每到年节就在后宫张挂，作为后妃学习的榜样。在宫中举行宴会时，他还让后妃以《宫训图》里的人物为内容联句赋诗。

乾隆要求皇后只管理六宫之事，不得干预外朝政事。他的两位皇后富察氏、乌拉那拉氏，先后于乾隆十三年、三十一年去世。按清朝后宫的编制：皇后居中宫；皇贵妃一，贵妃二，妃四，嫔六，贵人、常在、答应无定数，分居东西十二宫。据此，皇后去世，就由皇贵妃魏佳氏执掌六宫事。在宫中生活三十多年，魏佳氏对后宫人际关系深有体会，管理起来也游刃有余。加之她受富察皇后影响，平时生活节俭，而且牢记皇帝训示，从不干预朝政。

乾隆三十八年（1773），按照雍正时所定建储规矩，永琰被秘密立为皇储。乾隆四十年（1775）正月，乾隆帝将皇贵妃的娘家，从包衣佐领抬入了满洲镶黄旗。

在乾隆二十一至三十一年的十年间，魏佳氏先后生下四子二女，足见宠幸之隆。她是为乾隆生育子女最多的后妃，也是清代生育子女最多的后妃之一。

魏佳氏经常告诫儿子要虚怀大度，多为百姓和社稷着想。她曾想象儿子登基的情形，却没能等到。因为父皇高寿，永琰长期停滞在皇储的位置上，直到乾隆六十年（1795），八十五岁的乾隆决定内禅，嘉亲王才得以位登大宝。

丈夫的内禅，儿子的即位，魏佳氏都没能看见，她早在二十年前的乾隆四十年（1776），就已经故去，享年四十九岁。但她儿子嘉庆帝即位后，在倡导节俭、惩处和珅等事务的处理上，无不受母亲魏佳氏的影响。

魏佳氏去世后，谥曰"令懿皇贵妃"，以金棺奉安裕陵。乾隆六十年，又册赠"孝仪皇后"。后经嘉庆、道光两朝加谥，全谥为"孝仪恭顺康裕慈仁端恪敏哲翼天毓圣纯皇后"。

容妃和卓氏

和卓氏（1734—1788），乾隆帝妃嫔。和卓氏，名法蒂玛，维吾尔族，世居叶尔羌。生长于战争岁月，渴望和平。二十七岁入宫，初为贵人，后册封为容嫔。尽管地位一再上升，但并无丝毫傲气。为人不卑不亢，待人和蔼可亲，处理后宫事务进止有度。她不求轰轰烈烈，只求一生平安，最终如愿以偿，保全了自己和家族。

一、战火生涯　企盼和平

容妃生于雍正十二年（1734）九月，是新疆秉持回教始祖派噶木巴尔的后裔，世居叶尔羌，其族为和卓（意为"圣裔"），故称为"和卓氏"。容妃的父亲阿里和卓，为回部第二十九世和卓。

康熙年间，准噶尔汗噶尔丹在沙俄势力的支持下，发动大规模武装叛乱。蒙古铁骑越过天山，横掠南疆，捕系当时的教主阿布都什特和卓（阿里和卓堂叔），押往北疆伊犁。和卓家族第一次劫难自天而降。

阿布都什特归真后，准噶尔汗策妄阿拉布坦率军再次攻入南疆。策妄效仿其叔噶尔丹的手法，扣押玛罕木特并废黜"和卓"（圣裔）名号，将和卓家族（包括阿里和卓）的全部成员及一些教众，掳往吐鲁番。

后来，玛罕木特在伊犁含恨去世。此后数十年，南疆没有自己的教主。而准噶尔汗策妄阿拉布坦对和卓家族的第二次劫难，更是凄惨。就是在这种恶劣的环境之中，和卓氏度过了童年、少年时期。

乾隆二十年（1755），乾隆帝谕令准噶尔部，立即释放囚禁多年的玛罕木特长子布那敦和卓，派军队护送其回叶尔羌城，恢复和卓教主地位，统领回部；次子霍集占和卓暂居伊犁，统领迁居伊犁从事农垦的回部事务。

和卓氏一家仍居伊犁，与霍集占共同管理穆斯林。这一年，和卓氏二十一岁。和卓氏与霍集占实际上是远亲堂兄妹关系，不可能像传说中的香妃那样于霍集占为夫妻。

乾隆二十三年（1758），和卓氏的两位堂兄大、小和卓布那敦、霍集占，又一次发动叛乱；而自己的叔父额色尹、兄长图尔都，则共同配合官军作战，使大、小和卓腹背受敌，对夺取战事的胜利起到了重要作用。

次年八月，南疆大、小和卓叛乱平定的捷报传到北京，为了感谢和卓氏叔父、兄长的爱国、协助之谊，也为了笼络边疆民族，清廷将和卓氏一家召入京师。于是，额色尹、图尔都等带着家眷，骑着骆驼，浩浩荡荡地向京城进发。

乾隆二十四年（1759）二月初，和卓氏随六叔帕尔萨、侄子巴巴和卓一路风尘仆仆，最后一批到达北京，同叔叔、兄长在北京的新家团聚。

和卓氏亲历了分裂与统一国家的残酷战争，生灵涂炭、尸横遍野的情景，在她脑海里留下了深刻印象。从童年起，战争的噩梦就总是伴随着她，同时也伴随着和卓家族的荣衰。因此可以说，和平一直是她的愿望，如今这个愿望实现了。

和卓氏随同六叔进京朝见天子的遥远路途中，她兴奋得难以自制，她的命运正在悄悄地变化。

二、窈窕温顺　宫内受宠

和卓氏从小生活在戈壁绿洲，从来没见过像京城这么高大的房屋，繁华的街道，熙熙攘攘，车水马龙。看到这一切，她感到格外兴奋。她端庄秀丽，善良勤快，热情活泼，能歌善舞。

图尔都有个好妹妹的消息，很快传到了乾隆帝耳中。他早就听说回人女子窈窕娇美，一直未能亲眼得见，妃嫔之中，虽说不乏满、蒙、汉人，但却没有维吾尔人。若将图尔都的妹妹纳入宫中，可算是一举两得的美事，一来对安抚回部有利，二来后宫里又多了一位佳丽。于是，乾隆帝决定纳和卓氏为妃。

乾隆二十五年（1760）二月四日，和卓氏身着回部服装，默默祈祷着跨入庄严神秘的紫禁城内宫的门槛，成了乾隆帝唯一的回部妃子。当年六月，她被封为和贵人，时年二十七岁。乾隆二十七年（1762）五月，奉皇太后懿旨，乾隆帝册封和贵人为容嫔，兄长图尔都晋封辅国公。

乾隆三十三年（1768）六月，容嫔晋升为妃。这年十月初六，在大学士尹继善的主持下，容妃穿着刚刚做好的满式朝服，戴着新赏的具有满族色彩的项圈、耳坠、数珠和朝服等，举行了隆重的晋封仪式。

容妃素无骄气，与众妃嫔融洽相处，礼尚往来。也许是没有生育子女的缘故，她把乾隆帝最小的女儿十公主视如掌上明珠，百般照顾，慈母之爱，时有流露。

容妃在宫中享有特殊的地位。乾隆帝深知这位爱妃的所好所恶，赐给她的哈密瓜等贡品总比其他妃嫔多一些。他总是把上品花皮回子瓜单赏容妃，其他妃嫔则赏给二等青皮哈密瓜。乾隆帝赐给她的御膳大都是羊肉、鸡、鸭和素菜等。宫里曾有一位名叫努倪玛特的维吾尔族厨师，专门为她做"谷伦杞"（抓饭）和"滴非雅则"（洋葱炒的菜）等维吾尔饭菜。

乾隆帝对容妃恩宠有加，并尊重她的信仰。传说乾隆曾为她建宝月楼（在今新华门），供其眺望西长安门外的维吾尔人聚居区，以缓解思乡之苦。

乾隆帝还特许容妃在宫中一直保持回部服饰，直到乾隆三十三年（1768），因为由嫔升妃，才给她做了满族朝冠与朝服。

乾隆帝对容妃的家属也很照顾。图尔都于乾隆四十三年（1778）去世后无子，由侄子托克托袭辅国公。

容妃对于皇上，也是竭力奉迎。进宫不到一年，她便恭请允许自己献上具有民族色彩的杂技班子进宫表演。乾隆二十六年（1761）正月，维吾尔杂技班的玩小羊、玩绳杆、斗羊等精彩节目表演，给新春佳节增添了许多欢笑。乾隆帝龙心大悦，先赏艺人，后赏容妃。她还经常亲点菜谱，命回部厨师做出各种可口的清真佳肴，献给皇上品尝。

容妃在宫中，待人和蔼可亲，为人不卑不亢，协助太后处理后宫事务，进退有度。从两次的册封可以看出，容妃与皇太后的关系十分融洽。

乾隆三十六年（1771）春，容妃随同乾隆帝东巡，登泰山，观日出，拜谒孔庙，领略了与江南旖旎风光迥然不同的鲁地风景。更使容妃欣慰的是，入宫十年，皇上依然尊重她的生活习惯，格外照顾她的饮食起居。

乾隆四十三年（1778），乾隆帝偕妃嫔前往盛京避暑，一并拜谒祖陵，重游大清帝国的龙兴之地。在随行的六位妃嫔中，容妃的地位已居第二。此后的数年里，容妃又伴随乾隆两次避暑热河行宫。在热河行宫澹泊敬诚殿的宴会上，容妃已坐在西边头座首位的位置。即使回到皇宫，在乾清宫论资排辈的万岁爷宴席上，她也坐到了东边席桌第二位，距天子只有一人之隔了。

容妃在宫中过着恬淡的生活，她没有染指权力的奢望，只求谨慎侍奉太后，小心处好宫廷复杂的人际关系，竭力取悦皇上，让居于宫外的兄长叔侄不致遭到灭顶之灾，让自己家族的教众能过上安居乐业的生活。

三、魂归真主　全为他人

从乾隆四十六年（1781）三月开始，南疆穆斯林世界又有了小小的骚动。也许是因上述原因，乾隆四十八年（1783）九月十五日容妃五十大寿的赏赐，直到第二年正月才兑现。从此以后，容妃便很少在宫中露面。

乾隆五十二年（1787）十月，容妃的贴身太监经常为她去御药房取药，从而证实容妃的确病了。当年年底到次年正月，容妃多次得到皇上的单独恩典，赏赐果品。这三个月里，容妃已经卧床不起，即使如此，她还惦念着皇上，竭尽自己的职责。在正月里，病榻上的容妃命厨师专门给皇上进奉热锅多达六次，两次进奉备受皇上称赏的"谷桦杞"、"滴非雅则"，尽管她自己已经不能陪皇上进餐。

乾隆五十三年（1788）四月，容妃的病情越来越重，她对宫中朝夕相处的妃嫔和本宫女子，以及娘家的叔叔、婶婶、嫂嫂、姐妹等都寄以无限的深情，把毕生积存的全部衣物和珍贵首饰分赠她们留作纪念。从赠物单上，可以看出她对家乡亲人的怀念之情与处理事情的分寸把握，以及圆通的人缘关系。容妃盼咐将分赠愉妃、颖妃、惇妃、婉嫔、循嫔、林贵人、禄贵人、明贵人、鄂常在、白常在每人玉器一盒、宫扇数柄、伽南香十八罗汉一盘和玉如意一柄，作为遗念。尤其对十公主，更是怀有特殊的情感，不忍离去。因十公主翌年将要出嫁，留给她的最多，共有二百四十多种；次之是大格格，共赠一百五十多种。此外，侍奉过她的宫内首领、太监、宫女、仆女，她也没有忘记，或赠银钱，或赠衣物。

容妃对娘家更是有着特殊的感情，她希望通过遗物使大家经常想起她来。她赠给叔叔额色尹、帕尔萨，堂侄喀申、巴克尔、阿克伯塔，以及婶母、侄媳、侄孙女等，有如意、鼻烟壶、纱缎。在她的赠物单上，对嫂子格外照顾，另加有银子几百两。对姐姐和妹妹，除如意、鼻烟壶外，姐姐还赠有蓝大缎一匹、绸一匹，妹妹有酱色缎一匹、蓝大卷纱一匹。

　　容妃在清宫生活了二十八年，于乾隆五十三年（1788）四月十九日归真，终年五十五岁。不久，"奉移容妃金棺于纯惠皇贵妃园寝安葬，并设神位于舒妃之次"。嘉庆四年（1799），乾隆帝去世，葬于裕陵。纯惠皇贵妃的园寝就在裕陵之侧。在容妃墓里，她的棺椁上有阿拉伯文写的《古兰经》"以真主的名义……"等字样。

满汉殿阁大学士

乾隆年间,确立三殿(保和、文华、武英)、三阁(体仁、文渊、东阁)大学士之制,统领百官,行使宰相之职,并沿用到清末。但内阁地位虽高,乾隆初年成为常设机构的军机处才掌握着军政大权,领班军机大臣成为事实上的宰相。不过,军机大臣绝大多数也是大学士(所谓"真宰相"),由此而大学士既多文臣,也不乏武将;满人备受青睐,汉人也多跻身。

文渊阁大学士陈世倌

陈世倌（1680—1758），乾隆年间辅臣，文渊阁大学士。字秉之，号莲宇，浙江海宁人。历经康、雍、乾三朝。康熙时中进士，雍正时授内阁学士；乾隆时历任山东巡抚等，六年拜文渊阁大学士。他为人端谨，秉政勤恳，督工、治水不无政绩，却被责"无参赞之能，多卑琐之节"；后又以大学士致仕、食原俸，加太子太傅。

一、出身世家　督修孔庙

陈世倌出身于浙江海宁望族。海宁陈家世代簪缨、家学渊源，鼎盛时更是"一门三阁老、六部五尚书"，声震朝野，乃乾隆帝御封的"江南第一世家"。

康熙四十二年（1703），陈世倌考中进士，选庶吉士，授编修，升侍读。任侍读时，曾去职服丧。

雍正二年（1724），陈世倌服阕，升任内阁学士（内阁大学士属官），出任山东巡抚。其时，山东境内旱蝗肆虐，粮道阻断。陈世倌跑遍了受灾的各个地方，察看灾情的轻重，考察官吏的政绩，还不失时机地组织捕蝗、疏治运道，取得了很好的成绩。为了褒奖陈世倌，雍正帝御笔书扇钦赐，一时以为殊荣。

雍正三年（1725），雍正帝谕令陈世倌督修阙里孔庙，由衍圣公孔传铎协理修庙事宜。于是，陈世倌亲临曲阜坐镇，确保工程如期完成。他明令山东境内各道、州、县官员，竭诚为修庙尽力，并慎选良工赴江楚购买名材，还在本省开设窑厂，烧制建筑材料。各项准备工作井然有序，很快就绪。陈世倌选择了一个开工的吉日，上奏圣裁，得到恩准。在陈世倌的监督下，历时七年，孔庙得以竣工，全部工程共耗费白银十六万七千五百两。修缮后的曲阜阙里孔庙焕然一新，气势雄伟，金碧辉煌。应该说，在修建孔庙的过程中，陈世倌是出了大力的。

从康熙末年到雍正初年，苏松地区多次发生水旱灾害。雍正四年（1726），苏松又一次遭受水灾，雍正帝连发了两道上谕，决定修治苏松水利。指示治水由江苏巡抚陈时夏负责，并任命原山东巡抚陈世倌、郎中鄂礼、副都统李淑德为钦差大臣，与陈时夏共同负责。雍正五年（1727）开始治水，采用陈世倌的意见：先把吴淞江、白茅河、孟渎、德胜、九曲河挖开，其余的各条河，等前面的河道完工后依次疏浚。这次浚治，除三江工程外，对太湖流域较大的塘浦、河流也都进行了修治，取得了很好的效果。

但不久，陈世倌却以督修水利工程迟误被革职，在家闲居了八九年，这期间，他博览群书，潜心著述。传世著述，有《学辩质疑》《读书管见》《宋十贤传》《嘉惠堂集》等。

二、治水微功　置产琐节

乾隆帝即位后，陈世倌被授任为左副都御史，后历任仓场侍郎、户部左侍郎、左都御史、工部尚书，乾隆六年（1741）授文渊阁大学士，升迁不可谓不快。

乾隆六年秋天，淮阳、徐州、凤阳和泗阳等处遭受大水，乾隆帝命侍郎周学健与总督高斌一同负责治水。陈世倌屡次上疏陈述疏导洪水、抚恤灾民，乾隆便命他乘船前往，会同周学健一起勘察。

到达水灾重地之后，陈世倌说，水势的高低情势，必须亲自勘验才能确知，应该派遣测量人员一同前往。乾隆帝同意了他的请求。十二月，陈世倌与周学健上疏陈述施工事宜，打算来年二三月份水干之后再施工。乾隆认为有理。在治水的问题上，陈世倌做出了较大的贡献。

乾隆十三年（1748）十一月，云南巡抚图尔炳阿上疏，弹劾赵州知州樊广德亏空。按照定例，巡抚参劾属员，应由总督审拟，而内阁却错误地拟为由巡抚审拟。乾隆发现错误，即予痛斥，命将大学士陈世倌、史贻直交部严查议奏。部议应予革职。乾隆降旨批示说：陈世倌"自补授大学士以来，无参赞之能，多卑琐之节，纶扉重地，实不称职"，命部议定其罪、革其职。

随后，乾隆又对陈世倌的"卑琐之节"加以具体化，下谕说："朕此前说陈世倌多有卑琐之节，并非泛泛而论。比如陈世倌本是浙江人，因与孔府有交往，便在山东兖州私置田产，希望以此来分取红利，这难道是大臣应该做的吗？"（"朕斥世倌卑琐，即如世倌与孔氏有连，乃于兖州私营田宅，冀分其余润。此岂大臣所为？"《清史稿·陈世倌传》）乾隆谕令山东巡抚，不准陈世倌在兖州居住。

民间传说，陈世倌乃乾隆帝生父。按常理来说，既为人之子，岂能骂父亲"多卑琐之节"，而且具体引例为证，还谕令革其官职、不准住居兖州。这自然可使陈世倌是乾隆生父的传言不攻自破。

乾隆十五年（1750），陈世倌入京为皇帝祝寿，乾隆赏给他原来的职衔。第二年，又命他入阁任职，兼管礼部的事务。

乾隆二十二年（1757），陈世倌以老病乞休，乾隆诏准以大学士致仕，加赠太子太傅。次年春天入宫陛辞，乾隆赐银五千两，命他在家坐食俸禄，颐养晚年，并赐给御制诗，其中有句："老成归告能无惜，皇祖朝臣有几人？"表达了重惜老臣的心意。谁知陈世倌未及启程，就在北京去世，谥曰"文勤"。

保和殿大学士讷亲

讷亲（？—1749），乾隆年间宰辅，保和殿大学士。钮祜禄氏，满洲镶黄旗人。历任兵部尚书兼议政大臣、军机大臣兼保和殿大学士、领班军机大臣，是乾隆登基后"大臣中第一受恩者"。他秉直刚正，办事得力，颇为称职。后被委任经略大臣，赴四川平定大小金川，因不谙兵事、屡战无功，被赐自尽。

一、勤于任事 敬业爱民

讷亲出身于满洲簪缨世家，代代享有勋位和俸禄。曾祖父额亦都，清朝开国元勋，封弘毅公；祖父遏必隆，康熙初年为四大辅臣之一，封一等果毅公。父亲尹德，曾任领侍卫内大臣，封二等公。

讷亲的理事才能，很早就被雍正帝发现，并委以重任。雍正五年（1727），袭公爵，授散秩大臣。雍正十年（1732），授銮仪使。次年十二月，命在办理军机处行走。雍正十三年（1735）八月，雍正帝病重，召二等果毅公讷亲与果亲王允礼、大学士张廷玉和鄂尔泰等至御前，授为顾命大臣。

乾隆帝即位后，也发现讷亲秉直刚正，很有办事能力，尽管当时他还很年轻，却仍授其为镶白旗满洲都统，兼理内务府事务。

乾隆元年（1736）十月，讷亲擢升领侍卫内大臣，与大学士鄂尔泰、张廷玉等一起处理军国大事。十二月，由于讷亲办事勤谨、慎重、得力，又因其为孝昭仁皇后（康熙帝第一位皇后）的侄子，晋升为一等公，爵位世袭。此后，讷亲更得皇帝赏识和宠信，官运亨通，步步高升。

乾隆二年（1737），讷亲升任兵部尚书；十一月，升任军机大臣。乾隆三年（1738）二月，讷亲领户部三库。十二月，转任吏部尚书。次年五月，加太子太保。乾隆十年（1745）五月，讷亲升任保和殿大学士，仍兼吏部尚书。

讷亲一生身兼数职，理事浩繁，举凡审案、赈灾、勘海塘、察河工，以及巡阅营伍等种种事务，他都一一参与，且处理得非常妥当，切合乾隆的心意，对他赏赐有加。

讷亲管理吏部事务时，适逢一生为官清廉的吏部尚书甘汝来死于任所。作为主管者，讷亲亲自将其遗体送回老家。来到甘汝来家，讷亲跨步进院，见一老妇人正坐在院子里做缝纫活儿，以为是甘家的奴婢，对她说："快去告诉你家夫人，你家相公突然亡故，是在任上去世的。"那位老妇非常惊愕，问："你是谁？"讷亲将情况仔细告诉，老妇闻知，当即号啕大哭。讷亲这才知道，老妇正是甘夫人。

讷亲问甘夫人还有没有多余的钱来办理丧事，甘夫人拿出八两银子，说："这是志书馆给的月俸，俸金本来有十六两，但我家相公很节俭，每天的用度都要精打细算，这是半个月的费用。"讷亲听后十分感动，以至落泪，他帮助甘夫人将甘汝来装殓起来，回来后奏报了皇上。乾隆帝看到奏章，也深为感动，特命拨付白银一千两，并下旨命内务府办理甘汝来的丧事。正是有了讷亲的帮助，甘汝来才得以厚葬，也算对得起他一世的清名。

讷亲办事勤奋、干练，敏捷而又谨慎，所料之事也多能称合皇上心意，因此乾隆帝对他十分倚重，允许他单独面陈，这在军机大臣中是非常罕见的。不仅如此，乾隆平日里也很注意对他的培养，曾说："人才难得，固非一朝一夕所能造就。"

乾隆三年至十二年（1738—1747），讷亲先后与孙嘉淦一起，审查总河朱藻"诈欺贪虐"的罪行，经过一番艰苦卓绝的调查取证，将之查实革职。此外，讷亲还多次就民生问题上奏，也大多得到支持。

乾隆十二年四月，乾隆帝特授讷亲钦差大臣关防，命其到山西，会同巡抚爱必达审理万全县民张世禄和安邑县民张远等人煽动民众反抗官府一案，查得实证，将他们按律治罪。在审案过程中，讷亲也发现了爱必达等人的过错，便上奏弹劾巡抚爱必达、总兵罗俊和蒲州知府朱发等人的失职渎职罪，乾隆帝也将他们革职治罪。可以说，讷亲的确是一位非常敬业爱民的好官。

二、果决刚毅　澄清冤案

乾隆十三年（1748）春，朝廷派讷亲赴浙江重新审理"陈学愈逼死三尼姑"一案。陈学愈是绍兴府的贡生，他看中的一块准备用来盖私塾的地皮，被白华庵尼姑罗氏以略高的价钱买去，妻弟全裕成为其鸣不平，二人到白华庵闹事。赶巧的是，几天之后，尼姑庵有三个尼姑暴病而亡，罗氏遂告陈学愈威逼三人致死。陈家吃了官司不服，便反诬罗氏违法。罗氏受拘，再告陈学愈。之后，有多人或为趋利、或为避害，都牵连了进来。

讷亲接到的谕旨上说："尼姑罗氏来京控告之时，都察院堂官不肯为之奏闻查办，因为官员受贿徇情。""陈学愈事发之后，托巡抚幕宾田姓广行贿赂，各衙门无不染指。""陈学愈指使金裕成进京打点都察院，广行贿赂，花费银两万两，于抚、臬、道、府、幕宾、书役处处勾结。""陈学愈派人打点都察院，抄录案卷，左右断案。""陈学愈指使田积昌收买官吏网罗大臣……"，令讷亲彻底查清。

这是一桩牵连广泛的案子，肯定会"拔出萝卜带出泥"，弄不好会被泥弄脏了脚，甚至弄伤了身。讷亲深知事关重大，需要小心行事。奉旨来到杭州后，讷亲秘密派遣多名差役捉拿犯人，又调各府、道的案卷仔细审研。他又调汪德馨来杭暂时担任宁绍道台，前往绍兴秘密捉拿一批犯人，先就地初审，然后押解到省。

为审理这一案件，讷亲还特调驻防杭州的官兵加强看守，且将各个犯人隔开关押，要犯押在总督衙门班房。讷亲特别严明衙门的制度，严禁玩忽职守。他聚集衙内幕宾、书办、差役等人员强调，此案犯人多是衙门官吏和差役，对公堂上下左右异常熟悉，定要严加看守，阻止串供、闹事、越狱等事发生。

很快，案内犯人陆续秘密解到杭州。这些犯人丝毫没有畏惧的样子，有的满脸怒气，有的满不在乎，有的精明老练而颇有几分神气，有的一脸沉重、目光逼人，反倒让差役们显出几分慌张。

过堂前后，押解上下堂的犯人相错而行时，有的用眼神暗递消息；有的审讯后发出监禁，在途中串合。所以，初到的犯人有的已供认贿通上下衙门的事，到第二天复审又全部翻供。

一天晚上，各犯质询未完，集在大厅听审。晚饭时间，暂开锁铐让他们吃饭时，突然有个名叫冯德宁的犯人大声喊叫："凭什么为了三条尼姑的命竟要杀掉我们这么二三十人！如今要杀就快杀！"态度十分强硬。

第二天，讷亲再提冯德宁过堂，问他昨天晚上为何那样激动叫喊。冯德宁回答说：绍兴地方公堂上原来有个旧俗，凡是重犯，临刑时才开锁铐，给足一顿酒饭。冯德宁本是衙门差役，一见开锁给饭，便以为刑期已到，自觉冤枉，于是大喊大叫。在公堂上陪审的地方官吏立即暗中提醒讷亲，绍兴地方历来确有这样的规矩。

讷亲认为，冯德宁存有惑众之心，应从重处治，以防日后其他犯人效仿、附和。于是聚集犯人，当堂为冯德宁换重枷，以此示众。其后，犯人们都畏惧上刑、上枷，几乎每个人都招认了。

张良佐供认受陈学愈之托，向院、府、县等各衙门送贿银。田积昌供认替陈学愈将银两送往各衙门，广泛行贿。金裕成供认在京城为陈学愈各处行贿，刺探情况。陈学愈供认找金裕成和田积昌各处行贿，疏通关节，打通官府，逃脱罪责。院幕陆皋、司幕谢从可、府幕林梦葛、县幕景干周，都供认得过陈学愈的贿银。经过连夜突审，此案果然干系重大，涉及朝中诸多大员。讷亲取得实证，连夜具明奏章，飞报朝廷。

由于讷亲的果决刚毅，原本错综复杂的案情得以澄清，还了人间一份公道。

三、金川之役　名裂身死

四川西部金沙江上游有两条大河，因山中出产黄金，俗称为"大金川""小金川"。大、小金川附近地区，居住着藏族部落。大金川首领嘉勒巴，康熙五年（1666）被清廷授予"演化禅师"职衔，统领部众。

嘉勒巴的孙子莎罗奔，曾随岳钟琪部进军西藏，有功于清廷，雍正元年（1723），受封为金川安抚使。莎罗奔依靠清廷的支持，雄踞一方，声势渐盛；他又把自己的女儿阿扣，嫁给了小金川首领泽旺，希望借此控制小金川。乾隆十年（1745），莎罗奔曾捉拿泽旺，后来为川陕总督庆复制止。

乾隆十二年（1747）正月，四川巡抚纪山上奏说，莎罗奔侵占邻近革布什咱土司的地方，彼此展开仇杀，诱夺泽旺的印信。三月，乾隆帝调任镇压苗民有功的云贵总督张广泗为川陕总督，会同庆复相机进剿。

张广泗率兵三万进攻金川。六月，小金川土司泽旺及其弟良尔吉来降。张广泗遂驻兵于泽旺的美诺寨，命良尔吉从征。庆复被召回京。张广泗分兵两路攻打大金川。莎罗奔凭借天险，阻断山路，并修筑石垒，官军无法前进。十月，纪山及张广泗先后奏报莎罗奔请求投降，乾隆帝不允，认为这次大军云集，就应当彻底剿灭，命张广泗等一定要擒获莎罗奔。

乾隆十三年（1748）正月，张广泗又奏请增兵一万进攻，但到了三月，战事仍无进展。四月，乾隆帝命讷亲为经略大臣，到四川督师，并起用以前被削职的岳钟琪到军中听用，起用董芳为四川重庆总兵，跟随出征。

岳钟琪在雍正年间，曾率金川兵入藏，在金川拥有很高威信。用岳钟琪，可谓正确；但以讷亲为经略，却是重大失误。此前，讷亲任事敏捷、清介形成的光环，颇为乾隆帝赏识，便把平定金川也寄托在了他身上。作为行政长官，讷亲是颇为称职的，但他既无带兵经历，也不曾亲历战阵；而他又是勋戚后裔，少年早贵，骄横之气严重，因而在金川屡战屡败。

六月初三，讷亲驰抵张广泗的小金川美诺军营，次日，张广泗离开美诺，前往卡撒军营。可见，二人并未仔细商讨破敌之策。六日，讷亲也赶赴卡撒，会同张广泗察看昔岭等处地形后，决定集中优势兵力，从昔岭的色尔力山梁突破，直捣大金川老巢噶尔崖。讷亲自恃其才，蔑视张广泗，限三日攻克噶尔崖，将士有劝谏者，便以军法从事，三军震惧。十四日，署总兵任举、副将唐开中、参将买国良，分兵三路进攻昔岭。结果，买国良、任举先后阵亡，唐开中身负重伤。

经过此次惨败，讷亲的骄气被打掉了，再不敢下令进攻，每当临战，便躲在营帐里，远远地指示，并决定转攻为守，奏请筑碉。接到讷亲的奏报，乾隆认为荒谬至极，给予严厉斥责。从此，讷亲对大金川束手无策，不再主持军事，军威日损。后来，乾隆听说御史王显绪之父熟悉金川情形，即命其征询其父王柔破金川之策。王柔到了军营，竟建议讷亲请终南山道士用五雷法术击贼碉。这恰恰反映出清廷上下对金川战碉可谓一筹莫展。

讷亲与张广泗分歧很大，对敌情的估计也不统一，对战略选择和战争进程的看法都不尽相同，以至于有了很难共事的无奈表白。闰七月，讷亲奏称张广泗偏袒贵州籍将领，人心不能悦服，势难与其共事，而且把劳师糜饷的责任全部推到张广泗身上，自己作为经略却似乎毫无责任。

乾隆帝阅过奏折，既气愤又忧虑，批道："如能保明年破贼，添兵费饷，朕所不惜。如以为终不能成功，不如明云臣力已竭，早图归计，以全始终。"乾隆对平定金川的必胜信心开始动摇，对讷亲更是失去了信心和耐心。在此，乾隆给了讷亲一个台阶，希望他从金川军务中及早抽身出来；同时，这也给了自己用人失误一个冠冕堂皇的解释。

八月初八，乾隆接到岳钟琪两份参奏张广泗的奏折。其一，奏陈总督张广泗调度错谬且不分兵于他；其二，张广泗重用小金川叛逆良尔吉和汉奸王秋。同时，又接到了讷亲、张广泗战败的奏报，乾隆帝对讷亲、张广泗彻底失望了，九月初十，传谕召二人驰驿来京，川陕总督印务命傅尔丹暂行护理，所有进讨事宜会同岳钟琪相机调度。十三日，又命尚书班第即赴军营，与傅、岳同办军务。

自乾隆十一年（1746）六月以来，金川用兵两年有余，兵员至四万有余，耗银上千万两，却对付不了一个方圆不过数百余里、丁壮约七八千的土司。乾隆决定惩办主帅，以震军威。乾隆十三年（1748）九月，以"玩兵养寇，贻误军机"的罪名将张广泗革职处斩，第二年正月，又以"退缩偷安，劳师糜饷"之罪，将讷亲缚赴军营，派人送去遏必隆的遗刀，令其自裁。讷亲遂用祖父的这把宝刀，结束了自己的生命。

武英殿大学士来保

来保（1680—1764），乾隆年间宰辅，武英殿大学士。字学圃，喜塔腊氏，满洲正白旗人。以侍卫进身，历仕康、雍、乾三朝，历任工、刑、礼、吏部尚书，及议政大臣、军机大臣，先后拜协办大学士、武英殿大学士。因办事勤恳受重用，亦颇有所建白。安享耄耋高年，皇帝每每赐诗荣宠。

一、侍卫进身　澝掌内府

来保可谓家世平平，先世未见高官显爵；且喜塔腊氏，曾经是包衣的身份。也正是因为来保，喜塔腊氏不仅抬出包衣，而且抬入了满洲上三旗的正白旗。后来，喜塔腊氏还出了一位皇后——嘉庆帝孝淑睿皇后。

起初，来保在内务府任库使，做的是品秩未入流的小官。康熙三十八年（1699），由库使在批本处行走；次年，改在奏事处行走。

康熙四十年（1701），可谓来保的发迹之年，这一年，他担任了蓝翎侍卫。蓝翎侍卫是正六品武职，编配九十人，都以武进士充任。能一跃成为正六品的蓝翎侍卫，可见来保能力绝非凡庸。

在蓝翎侍卫任上的第六年，来保曾因失仪革职。到康熙五十年（1711），他升任三等侍卫，但五年后又因奏事错误而遭革职。

康熙五十七年（1718），来保再任三等侍卫，后来又被擢升为一等侍卫。成为一等侍卫（武职正三品），为来保出人头地打下了基础。

来保在侍卫的职务上，结束了康熙一朝。胤禛登基后，雍正元年（1723）正月，来保受命管理南苑事。南苑是京郊的皇家御苑，清廷设置管理南苑事务处，隶属奉宸院（内务府所属管理园囿、河道的机构，来保后曾兼理奉宸院事）。二月，任佐领（正四品）。四月，任内务府总管（从二品，乾隆时改正二品）。

雍正初期，来保因其内务府职责，曾处理披甲人事件。八旗制度"以旗统军，以旗统民"，平时耕田打猎，战时披甲上阵。八旗军兵按照身份地位，分为"阿哈""披甲人"和"旗丁"三种。披甲人是降人，民族不一，地位高于阿哈（奴隶），低于旗丁（一般军人）。雍正三年（1725）十一月，内务府披甲人等因裁减员额，在廉亲王允禩府邸喧闹，又威逼总管李延禧家。来保等上奏隐匿不实，被革职。

革职之后的几年里，来保外任。先是雍正四年（1726）五月，赴河北遵化清东陵，任景陵（康熙陵）掌印郎中。八月，调任盛京三陵（永陵、福陵、昭陵）总管。

雍正九年（1731），来保还京，接着奉派前往土尔扈特部，赏二品顶带。三年后，又奉命前往喀尔喀车臣汗部办事。

雍正十三年（1735）十月，来保复任内务府总管，兼署工部尚书。十二月，来保上奏：" 满洲骑射较优于汉人，沿边古北口一带提镇副参游守等官，请兼用满洲，于控制为宜。"（《钦定八旗通志》卷一百六十一）此项建议被朝廷采纳。可见来保虽是侍卫起家，但也通晓事务，颇有见解。

二、既多建议　又能知人

乾隆帝继位后，来保仍旧受到重用。乾隆元年（1736）三月，来保总管咸安宫官学（满洲官宦子弟学校）。十二月，大学士管浙江总督嵇曾筠、江苏巡抚邵基，上疏请求停办戊午年铜运以清除积欠，下部议。来保奏云："积欠数盈六百万，应停办一年，以清旧款。但己未以后，仍招商采买，行之数年，积欠复多，又当停办。请敕部并下各直省督抚晓谕，听商具资本出洋采买，不必先给价值，随到即收，不拘多寡，但不得克扣抑勒，重滋商累。"（《清史稿·来保传》）总理王大臣讨论同意实施。

运河是南粮北运的大通道，但因为卫河上游各渠口居民私自泄水过多，粮船行至临清以北，往往因运河水浅而受到阻滞。乾隆二年（1737）六月，乾隆帝命直隶、河南督抚等，依照前任河臣靳辅题准的定例，稽查严禁。来保上奏说："水浅运阻，查禁不得不严。但卫水发源河南，至临清五百余里。沿河居民不知几千万家，待溉之地不知几千百顷。今秋成在望，已非灌溉之期，所虑者有司奉行过当。后虽运河未至浅阻，而一入五月，渠口尽行堵塞，坐使有用之利置之无用，恐不无废时失业者，不称仁育万民之意。当使漕运不致浅阻，民田亦得灌溉，或暂禁于浅阻之年，而不禁于深通之岁。应令督抚、河道诸臣悉心调剂，以期两便。"（同上）疏入，乾隆命侍郎赵殿最、侍卫安宁会同督抚查勘，请于漕船将抵临清时节，视运河之水多寡，确定渠闸的启闭。因此之故，当年十二月，来保正式出任工部尚书，兼议政大臣，成了名副其实的朝廷重臣。

乾隆四年（1739），来保因病请辞，乾隆未予准允；且当年十二月，又授其内大臣之职，并赏赐紫禁城骑马。其时，来保已经年过花甲。

乾隆五年（1740），来保调任刑部尚书，并充律例馆总裁。与此同时，乾隆下旨，以来保奉职勤劳，著将其全族抬入满洲正白旗，所立佐领允许世袭。三月，充翻译乡试正考官；四月，管右翼监督（左、右翼均为户部所属京城税关，各设监督为主官，多由内务府大臣或尚侍兼任）。

六月，御史沈世枫参奏来保"诚悫有余，习练不足"，不胜任刑部繁要之职。乾隆帝下谕说："来保人实可信，然沈世枫所言，颇中其病。倘若因此自知省惕，则心志虚公，而才识亦将日进。此闻过而喜，所以称贤也。"（同上）

来保善于相马，乾隆帝曾御制《相马歌》赐之。同时，来保还有知人之明。舒赫德任乌里雅苏台将军，上疏请将阿睦尔撒纳眷属迁徙边地。乾隆帝以此举有伤远人之心，大发雷霆，遣使封刀欲斩之。来保认为舒赫德才可大用，竭力谏阻。乾隆有些后悔，无奈已经降旨遣使。来保说："如果皇上有恩命，臣的儿子成麟善于骑马，可以派他追还前使。"乾隆同意。来保回家招来成麟，让他带着诏书前往追还。成麟日夜奔驰三百余里，比前使早三天到达，舒赫德得以幸免。后来，舒赫德在平准、征缅、镇压起义中颇著军功，乾隆列之于"五功臣"中。

三、位极人臣　年高耄耋

来保在刑部任上，审结过大案，也确实出过差错。乾隆八年（1743），来保与国子祭酒鄂容安、侍郎兆惠，共同审理奉天将军额洛图贪污军饷、受贿案，顺利结案，论罪如律。而在前一年，审问福海殴毙赎身家人并焚尸灭迹一案，来保拟罪乖错，下诏革职，从宽留任。

乾隆十年（1745）三月，来保调任礼部尚书，总理乐部，兼管太常寺、鸿胪寺事，加太子太保。四月，任领侍卫内大臣。十二月，充玉牒馆副总裁。

乾隆十二年（1747）三月，管左翼监督，任吏部尚书、协办大学士。十二月，又晋武英殿大学士。第二年九月，受命任军机大臣。至此，身兼大学士、军机大臣，来保成了地地道道

的宰相。("世谓大学士非兼军机处,不得为真宰相。"《清史稿》列传八十九)

乾隆十四年(1749)二月,用兵数年,大小金川终于平定。因这一辉煌胜利,朝官多获嘉赏,来保亦进位太子太傅。就在这一年,来保先是兼管兵部事,后又解兵部而兼管刑部事。后来,他还分别兼管过吏部、礼部事。

来保亦曾职掌"文事",诸如玉牒馆总裁、诗经馆正总裁,以及《平定金川方略》和《平定准噶尔方略》正总裁。此外,他还曾教习庶吉士,充经筵讲官。当然,这些"总裁"均是挂名,实际编纂自有人在。而这"挂名",一方面是基于职位,一方面也可见出圣眷之隆。

乾隆帝喜欢吟诗作赋,对于宠信的臣僚,经常赐诗予以荣宠。作为老臣,在耄耋之年,来保两次获得皇上赐诗。诗中祝贺高寿的同时,赞誉了来保的忠诚、谨慎、勤恳,尤其突出一个"勤"字,"宣勤""亮勤",无不念念以"勤"。

乾隆二十九年(1764)三月,来保去世,享年八十四岁,赠太保,赏银三千两治丧,乾隆帝亲临祭奠。谥"文端",入祀贤良祠。乾隆还再次给这位高寿而终的故臣赐诗:"一世笃勤行,三朝禁近臣。老成惜多谢,厚重有谁伦。那问生由命,因知寿底真。且看市鄽上,应有辍春人。"(《赐奠大学士来保辄复成诗》)

乾隆四十四年(1779),乾隆帝御制《怀旧诗》,来保名列"五阁臣"之一,诗云:"初供批本职,后充侍卫护。弓矢固所习,悫勤更其素。止进恒有常,不失尺寸处。浒陞掌内府,亦久蒙恩遇。因命长部曹,旋赞丝纶布。更践既已深,老成遂独许。虽无赫赫名,却有休休度。读书通大义,万石犹后步。"(《故大学士来保》)

东阁大学士刘统勋

刘统勋（1699—1773），乾隆年间宰辅，东阁大学士。字延清，号尔钝，诸臣（今山东高密）人。进士出身，雍正时任编修、上书房行走等。乾隆时，累官至东阁大学士兼军机大臣，先后兼管礼、兵、吏、刑部。为官四十余年，清廉正直，敢于直谏，在吏治、军事、治河、修史诸方面均有政绩，乾隆帝誉为"真宰相"。

一、悉心任政　直言敢谏

刘统勋出身于书香门第，祖父、父亲均以进士为官。在这样的家庭，他自然从小就受到了良好的教育。

康熙五十六年（1700），刘统勋考中举人。雍正二年（1724）成进士，选翰林院庶吉士，授编修。雍正年间，先后任南书房行走、上书房行走和詹事等职。

乾隆元年（1736），刘统勋升任内阁学士。乾隆四年（1739），因母亲去世，告假回家守丧。六年（1741），期满还朝，任都察院左都御史。

乾隆七年（1742）初，刘统勋的一份奏疏震动了朝廷。在疏中，他指斥尚书讷亲专断，请求皇上裁抑其权力；又指出安徽桐城张姓入仕者过众，主张今后三年内停其升转，使其他官员得有晋升机会。刘统勋所说的张姓官员，正是皇帝倚重的大学士张廷玉，三朝元老，根基深厚；而讷亲则是满洲勋贵，红得发紫的亲信大臣。

刘统勋的奏呈令人吃惊，但却深得皇上赞许。在乾隆看来，刘统勋敢于上疏，足见无论张廷玉或讷亲，其势力并不那么强大。不过，两人仍被告诫，今后行事应多加谨慎。而刘统勋无所畏惧搏击重臣，在朝野树立了刚正不阿、光明磊落的形象。

乾隆十一年（1750），刘统勋升任工部尚书，翰林院掌院学士，不久改任刑部。乾隆十七年（1752），受命在军机处行走。二十三年（1758），调吏部尚书。次年，授任协办大学士。二十六年（1761），拜东阁大学士，兼管礼部、兵部。

刘统勋不仅直言敢谏，承皇上询问，也能尽心筹谋，多有佐助。当时，朝廷新任地方大员，赴任总是自带一批亲信，以备日后任用。而这些亲信往往形成私党。为改革这一弊端，刘统勋建议，今后一律停止地方大员自带亲信。此建议得到乾隆帝批准，并交吏部实行。

有一次，户部上奏，说各省州县管理钱粮库的官吏多不尽职，弊端甚多。乾隆帝当时考虑，不如将不尽职尽心者尽行罢免，而以笔帖式（秘书）代为管理仓库钱粮。他找来刘统勋商议，刘统勋沉默再三，回复说："我老了，一时间也没有什么好主意，容我回去思考之后，再给您一个准确的答复。"第二天，刘统勋建议说：州县官员是百姓的父母官，只要能为百姓效力，仓库之事自然可以解决，没必要将各省州县管理钱粮库的官吏尽行罢免。

乾隆二十三年（1758），大金川土司莎罗奔之侄郎卡，继位后不断滋事，恃强欺弱，对抗朝廷。好大喜功的乾隆帝有了前次用兵大小金川的经验，决意再度征讨，武力解决问题。刘统勋考虑到金川自然条件恶劣，曾建议改用政治手段，亦即恩威并施加以解决。但皇上没听他的意见，仍在乾隆四十八年（1773）对金川用兵。结果，果然不出刘统勋所料，前线传来战败的消息。此时的乾隆"烦懑无计"，不知道是该"用兵"，还是该"撤兵",急忙召来刘统勋,问今后应该怎么办。刘统勋考虑到连年用兵,双方损失巨大,不如一鼓作气,彻底平息金川动乱,解决土司制度,因而答曰:"日前兵可撤,今则断不可撤。"并推荐大学士阿桂接任原来的将领,最后取得第二次大小金川战役的胜利。

二、奉命治水　惩处贪官

刘统勋为官期间,曾多次主持治理黄河、运河,组织民众兴修水利,出色地完成了朝廷交给的重任,深受民众爱戴。他一身正气,严厉惩贪,革除时弊,成为正派官员的代表之一。

乾隆十一年(1750),刘统勋出任漕运总管,开始督修河道、治理水患。乾隆十三年(1748),刘统勋等奉命巡查山东赈灾情况,并勘察河道。当时运河涨水很快,他疏请引河分流,将运河之水引出大海。

乾隆十八年(1753),江南两处水坝决口,刘统勋等前往视察,查出河道官员账目亏空、延误治河,据实上奏。河道总督高斌和协办河务巡抚张师载被撤职,贪污钱款的官吏遭到严惩。同年九月,有一处汛河决口,刘统勋又查出一批贪污渎职的官吏,上疏将不作为的李焞和张宾处死,并亲自驻守监督塞河,直到冬天竣工。

乾隆二十六年(1761)秋天,河南祥符和杨桥等处黄河漫溢,水退后需要修筑堤坝。河道官吏却以修坝的"刍茭"(干草)供应不上为由,百般拖延工程,一个多月尚无头绪。刘统勋视察杨桥决口工程时,知道其中必有"猫腻",决意搞个一清二楚。

一天晚上,刘统勋走出驻地,微服巡视河岸,看到几十个用大车送秫秆的百姓露宿在河边,人和牲畜都疲惫不堪。刘统勋发现,有几个人相对而泣,便惊奇地询问缘由。其中一人回答道:

"我们是某县的百姓，离这里有三天的路程，奉县官的命令，运送秫秆到这里。可是负责收料的县丞，每车都跟我们要十贯钱。如果拿不出钱来，草料便不能入内。我们都是穷人，哪里来的钱？在这里滞留已近十天，盘缠已经花完，打算逃跑，又走不了。"刘统勋听后半信半疑，然后灵机一动，告诉他们："我也是来送料的，与某官手下人是老相识，一会儿就把料缴完了，现在我去替你们代缴。"说完便赶起一辆车前去。

到了收料场，收料官员见刘统勋皮肤白皙细润，衣着整洁，断定他是乡间富绅，便加倍索取十余贯钱。刘统勋略与争辩，县丞便大发雷霆，命令随从挥动皮鞭将其驱出，并将其牛车扣留。刘统勋眼见县丞的所作所为，与老百姓反映的相比有过之而无不及，便急忙赶回驻地，一面命随从将县丞绑来，一面召集治河官员开会。

不一会儿，县丞押至，刘统勋略加审问，即令推出候斩。治河官员长跪请罪，过了好久，刘统勋才命令将其押回，杖责数十板，然后戴上刑具沿河示众。各料场官员闻讯惊恐万状，从此对来料随到随收，再也不敢欺负老百姓了。拉料的车随来随收，施工进度随之加快。几百车的刍茭，一晚上就收完了，人们欢声如雷。过了一个月，工程就完成了。

乾隆帝曾赞誉说："（刘）统勋练达端方，秉公持正，朝臣罕有其比，故凡审决大狱，督办大工程，悉命统勋前往莅事，无不治者。"（《清高宗实录》）

三、自奉节俭　拒不受贿

刘统勋任官四十余载，始终自奉节俭。自任官之日起，他都在中央机构任职。但他从不以此炫耀，更不与他人在荣华富贵上去攀比。即使做了大学士，清廉依旧，坚持勤俭节约。他所穿的衣服，没有超过十两银子以上的，有的甚至穿到连襟带都断了，再怎么缝补也不能穿，才不得不扔掉。

刘统勋外出办事，也极为注意，从不铺张。乾隆二十六年（1761），黄河在开封决口，刘统勋以大学士身份奉命前往视察，却只带了两个家丁，沿途用驿站之马不过六七匹，这在当时是极为罕见的。且不用说官员外出的仪仗，仅各地迎送的花费已是相当惊人。后来，嘉庆年间的学者洪亮吉曾感慨道："假使人人都像刘大学士那样，公干时只带两个仆从，只用六七匹驿马，且凡事都严格纳入法令管束之下，那还会出现今天这种民生凋敝、吏治败坏的糟糕局面吗？"

刘统勋为官清廉，不仅表现在自奉俭节，而且还能在任何场合拒绝贿赂。

有一次，刘统勋的一位老友之子出任湖北巡抚，为了让刘统勋日后给予关照，特派仆人登门馈送黄金千两。面对老友送来的黄金，刘统勋心中十分清楚：这是有求于我。按理他可以一口拒绝，但为了给老朋友留个面子，思索再三，最后唤其仆人来见，正颜厉色地说："你的主人和我世代友好，互相问候，名正言顺。我在官府任职，不需要这些财物。你回去告诉主人，留着接济那些亲朋故旧中的穷人吧！"仆人听后，深为感动，代主人表示谢意，携金而回。

刘统勋不但不受贿、不行贿，而且对贿赂者深恶痛绝，严厉惩罚。一天，有个人夜间偷偷给他家送来礼物，刘统勋当即令家人将送礼者赶出门外。第二天，刘统勋把那个官员叫到议政室，当众呵斥说："昏夜叩门，贤者不来。你有什么话，可以当着大家的面说个明白。即使老夫有什么过失，也可以当众指出。"那个送礼者吞吞吐吐，欲言又止，羞愧得一句话也说不出来。

四、荐纪晓岚 为"真宰相"

乾隆帝继位之初,就开博学鸿词科,扩充科举取录名额,搜罗天下人才,为其治国效劳。同时开馆修书,先后完成了典章制度类的史籍《清三通》(《皇朝通志》《皇朝通典》《皇朝文献通考》)等一大批史籍的编纂。

乾隆三十五年(1770),乾隆帝为了宣扬其文治武功,进一步笼络文人学子,下决心编纂一部囊括中国古今图书典籍的大型丛书。在规模上,不但要超过康熙、雍正时编辑的类书《古今图书集成》(一万卷),而且要超过明代的《永乐大典》(二万二千八百七十七卷,凡例、目录六十卷),创中国亘古未有之伟业。

然而,历代书籍浩如烟海,若想成此大业,非有学识渊通、博闻强记而且年富力强的奇才,才可能担此重任。乾隆帝思来想去,将朝野的文人学士一个个地排队,确信东阁大学士刘统勋堪当总裁之任,并由其他大学士及各部尚书协理,头脑中形成了总裁、副总裁一班人马的人选,但总纂一职却似乎无人能够胜任。

乾隆帝把刘统勋等召进宫来,廷议由谁担任总纂一职。乾隆帝叹道:"古来兵家常云:'千军易得,一将难求。'这编纂《四库全书》一事,乃千秋伟业,比疆场征战更难啊!朕筹思已久,难道以中国之大,竟无一人堪当此任吗?"

刘统勋早就有心,想举荐自己的门生纪昀(字晓岚),可纪昀在乾隆三十三年(1768)因"泄盐"案件事发,被充军发配到乌鲁木齐已经三年。此时,刘统勋觉得正是为纪昀奏请开释的好机会,便说:"陛下当朝以后,天下太平,四夷臣服,可谓国泰民安、万民乐业,为旷古未有之盛世。今圣上创千秋之伟业,成万世之宏章,地辅天助,定然早已降下堪当此任的辅臣。只是老臣愚钝,不敢贸然荐举。"乾隆帝叫他赶紧报上名来。刘统勋说:

"这人就是学富五车、才高八斗,当过侍读学士的纪昀啊!"

自从动了纂修《四库全书》的念头,乾隆也在想,由纪昀主持总纂,恐怕是最合适的人选了。如今刘统勋奏请,甚合己意,正好顺水推舟,说道:"看在老爱卿的面上,朕赦纪昀回京。"于是颁下诏书,要纪昀火速回京,担任《四库全书》的总纂修官。

《四库全书》的编校,是中国文化史上的一件大事,也是乾隆年间的一个盛举。对于刘统勋来说,他最大的贡献,倒不是担任正总裁,而在于推荐了一个一时无两的总纂修官。

乾隆三十八年(1773)十二月,刘统勋黎明入朝,至东华门外,轿子微侧,死在轿内,享年七十五岁。乾隆帝亲自前往吊唁,因刘府大门矮小,御轿去掉顶盖才得以进入。乾隆十分感动,回到皇宫乾清门,流涕对诸臣说:"朕失一股肱!"随后又说:"如统勋乃不愧真宰相。"(《清史稿·刘统勋传》)赠谥"文正"。

刘统勋平生善诗文、书法。其"书法承旨(赵孟頫),笔意清刚",诗文等有《刘文正公集》传世。

文华殿大学士尹继善

尹继善(1696—1771),乾隆年间宰辅,文华殿大学士。字元长,晚号望山,章佳氏,满洲镶黄旗人,顺天府大兴(今北京大兴)人。早年受到雍正帝青睐,渐至地方大吏,历任封疆数十年;晚年入阁,兼管兵部等。任职地方颇多政绩,受到百姓爱戴和朝廷称赏。喜好吟咏,诗作颇多,为当时八旗文坛领袖。

一、进士及第 果然大器

尹继善姓氏的"章佳",本是地名,后因以为姓。该族久居辽东，归顺清朝（后金）后，被编入满洲镶黄旗。

尹继善的父亲尹泰，以笔帖式入仕，历经升迁，官至大学士、国子监祭酒。尹泰本已于康熙五十二年（1713）致仕，但胤禛继位后，雍正元年（1723）又召其复职。据称，他东山再起、官居显要，乃缘于儿子尹继善的深受信用和出色政绩。

尹继善生于康熙三十五年，是尹泰第五子。他长像不凡，聪敏早慧，时人描绘云："公白皙，少须眉，丰颐大口，声清扬远闻，著体红瘢如朱砂鲜，目秀而慈，长寸许。"（《啸亭杂录·尹文端公》）

尹继善为庶出，其母徐氏。据载，尹继善受到雍正宠信后，父亲尹泰不仅复出，而且做到了东阁大学士兼兵部尚书，尹继善生母却未受封，且因皇上询问、欲有所奏而受到父亲责骂。得知此事，雍正命内监及宫娥四人捧衣饰，满汉学士捧玺书，八旗命妇严妆簇拥，郑重其事地封徐氏为一品夫人。一时传为佳话。

像大多数同时代人一样，尹继善走的也是学而优则仕的路子。二十多岁的时候，一个偶然的机缘，他遇到了生命中的贵人。那是康熙六十年（1721），尹泰致仕家居，雍亲王胤禛受命祭三陵，途中遇雨，宿于尹泰家中。闲谈中，胤禛问："有子仕乎？"尹泰回答说："第五子举京兆。"胤禛说："当令我见。"第二年，尹继善参加会试，曾打算遵父命拜谒雍亲王，因恰逢康熙去世、胤禛继位，只好作罢。

雍正元年（1723），尹继善进士及第。引见时，雍正帝一见其人，即对其才识、风采赞不绝口，说："汝即尹泰子耶？果大器也！"（同上）令其充日讲起居注官，随侍左右。雍正五年（1727），迁任侍讲，再迁户部郎中；当年末，奉派赴广州主审官吏纳贿案，后即署广东按察使。六年，奉命赴江苏，协理该省督抚治河，当年即署江苏巡抚。第二年，尹继善正式出任江苏巡抚。因其年仅三十二岁，江南人呼之为"小尹"。起初，当地士绅对这位年轻巡抚心存疑惑，但很快就发现他不但有才能，而且谦恭和蔼，还粗通诗文。

雍正七年（1729），尹继善署河道总督；九年，署两江总督。此后，除了乾隆二至五年（1737—1740）任刑部尚书三载，一直担任封疆大吏。直到乾隆三十年（1765），方才召还京师。

二、久任封疆　列"五督臣"

尹继善长期担任封疆大吏，主要是在江南、云贵和川陕等地。在任上，尹继善表现出卓越的才干，也为地方百姓做了不少实事。

雍正十一年（1733）初，尹继善调任云贵广西总督。当时，云南正经历着一场动乱，而前任总督高其倬却长期未能平定。尹继善抵达云南省会后，高对其颇为信赖，卸任之前，将全部平乱方案移交给他。如此一来，尹继善很快熟悉了情况，从而得以迅速平乱。而这场速胜，使他名望倍增。

此后，尹继善着手开拓、经营贵州苗民聚居区。雍正十二年（1734），他疏浚西江，使之通航。西江连接云南的广南和广西的百色，全长七百四十余里，疏浚工程只用了六个月。西江通航之后，成为水路商旅要道，云南土产得以由此外运，促进了边疆民族地区经济文化的发展。

雍正十三年（1735）初，广西划归广东总督统辖。一年后，新设贵州总督，只留云南一省，由尹继善治理。

乾隆帝继位后，尹继善仍然受到信用，任职地方大吏。其间，他曾任京官三年。那是乾隆二年（1737），他晋京陛见，以父亲年迈，请留京师。乾隆准其所请，授刑部尚书。其后三年间，除乾隆三年（1738）父丧守制数月外，他曾多次荣膺圣命，身兼多职。

乾隆五年（1740）之后，尹继善仍旧外任，先任川陕总督，后署理两江总督兼协理江苏河务总督。乾隆十年（1745），实授两江总督。乾隆十三年（1748），擢协办大学士兼户部尚书；同年末，授军机大臣兼陕甘总督，为傅恒平定大小金川筹办军饷。十五年（1750），再授四川总督。此后，他又先后出任陕甘总督，再任两江总督。

尹继善任职东南地区长达二十七年之久，百姓颇能沾其实惠。任江苏巡抚时，尹继善上《厘剔漕事疏》，建议漕粮每石征收漕费六分，一半给旗丁，一半给州县，为办漕之用。实行这一办法后，"一切耗米斛面（官吏征收钱粮时的额外加收和聚敛）尽行禁革"，百姓负担大为减轻。其时，州县仓粮采买亦多有弊端，往往导致物价暴涨，影响百姓生计。尹继善上奏，主张不宜根据"存七粜三"之例，而应因时因地制宜，"看各处情形，临时酌办"，以期"于民食、仓庾两有裨益"。任两江总督时，尹继善曾公开发布办赈条告，严禁属员侵蚀赈灾物资。诸种善举，赢得百姓的爱戴，"民相与父驯子伏，每闻公来，老幼奔呼相贺"；及其去世，"军民悬画像，士女咽悲喉"（《啸亭杂录》卷七），哀声一片。

此外，在总督川陕时，尹继善曾改变前任弊政，在乐山等地开采铜矿，"广资接济……地方穷民亦得藉以佣工觅食，于民生大有裨益"（乾隆十六年御批）。而总督陕甘仅仅八个月，对于平准、平回，尹继善亦曾积极备战、筹措军需，诸如下令凡备战马、驼务须膘壮驯熟，派人勘查口外道路及水草分布，以保证大军出师顺利。缘此，伊犁底定，乾隆拟在热河设宴款待归降"诸夷"，特召尹继善前往，谕曰："江南总督尹继善，厚重有体，来与斯会。足壮观瞻。"

乾隆四十四年（1779），乾隆帝撰《怀旧诗》，因长期任职地方，尹继善被归入"五督臣"，与前后的高斌、高晋、方观承、黄廷桂并列。

三、疆吏贤者　读书巨擘

乾隆二十九年（1764），尹继善擢升大学士，但仍留任两江总督一年有余，才被召回北京。其实，早在雍正末、乾隆初，尹继善就已经为朝野有识之士看好，在京师，"闻论相者辄曰'尹公，尹公'"。然而，此后他却长期任职外省，直到古稀才得以"入阁赞枢衡"。而这主要源于乾隆早期，皇上对他的不满。乾隆帝认为，尹继善好名用巧、居心不诚，因而履加斥责。

到了乾隆中叶，雍正朝留下的老臣所剩无几，尹继善年届垂暮，乾隆帝对他也多了几分怜惜。乾隆二十一年（1756）冬，尹继善赴京，乾隆特令傅恒带其"遍历香山、昆明诸胜"。二十六年（1761）四月，尹继善之女嫁皇八子永璇为妃，乾隆令其"先期来京料理"。此女为尹继善侧室张氏所出，张氏因此得封一品夫人。二十七年（1762）南巡，乾隆赐诗尹继善，赞其"保障资三省，忠勤著两朝"（《赐两江总督尹继善》）。

乾隆三十年（1765）七十岁时，尹继善结束了长达数十年的封疆生涯，回京城任文华殿大学士，兼管兵部，并兼上书房总师傅及翰林院掌院学士。其间，尹继善主要是循例办事：遵旨寄发上谕，审理要案，议复事件。但遇有重要事务，他仍能直陈己见，如乾隆三十二年（1767），朝廷命傅恒经略云南军务，尹继善曾以"军旅非所夙娴"加以谏阻，皇上未予未纳。结果两年后，傅恒出师失利且染上瘴疠，不久抑郁而逝。

乾隆三十六年（1771）春，尹继善染病；四月，病逝。去世之前，他尽焚奏稿，并遗言不立墓碑。朝廷追赠太保，谥曰"文端"，令入祀贤良祠。

乾隆帝云："尹继善公正端厚，所至以爱民为先务，故甚得名誉，临事不动声色，而大小悉就理筹画，河工诸务并协机要。

其待僚属，虽若上和下睦，然遇劣迹应劾者，亦不多宽假；以是人皆爱而畏之。"(《钦定八旗通志》卷首之五)

《清史稿》云："乾隆间论疆吏之贤者，尹继善与陈宏谋其最也。尹继善宽和敏达，临事恒若有余；宏谋劳心焦思，不遑夙夜，而民感之则同。……去后民思，与江南之怀尹继善、陈宏谋略相等，懿哉！"(《清史稿·陈宏谋传》)

尹继善长期在江南任职，与袁枚等相善，受到了汉文化的深刻浸染，因而乾隆帝称"八旗读书人，……继善为巨擘，能诗略如白（白傅），倡和亦颇富"(《故大学士前两江总督尹继善》)。对于满洲传统的骑射，则颇为生疏，有一次秋狝，乾隆帝令其射一疲卧之鹿，他连发三箭始中鹿身，鹿中箭后又起而带箭逃去。与此相对，尹继善甚为好诗，所谓"生平无他嗜，惟好吟咏"，"诗等牛腰"，人以其时八旗文坛领袖许之，而他"薨时，满榻纷披，皆诗草也"(《随园诗话》卷四)。

尹继善有子十三人，多以文学见长。第四子庆桂，嘉庆四年（1799）官至文渊阁大学士。庆桂七旬寿辰时，嘉庆帝赐诗褒奖，中有"名重三朝三相国，勋隆一代一贤臣"之句。历史上，祖孙三代连任"相国"者并不多见，故清人对尹继善一家称羡不已，宗室昭梿即称：尹泰、继善、庆桂"三代持衡，为升平良佐，实古今所未见也"(《啸亭杂录》卷二)。

保和殿大学士傅恒

傅恒（？—1770），乾隆年间宰辅，保和殿大学士，"五阁臣"之一。字春和，富察氏，满洲镶黄旗人，乾隆帝孝贤皇后之兄。初为蓝翎侍卫，二十七岁即拜为保和殿大学士兼领班军机大臣，封一等忠勇公。在军机处二十余年，深受皇上倚重，曾指挥平定大金川、征缅，并参与筹划平定准部之战。他地位高、关系独特，但为人谦逊和善，礼敬士夫，奖掖后辈，勇于任事，不好居功，被嘉许为"社稷臣"。

一、大红大紫　低调贵戚

在乾隆朝，傅恒担任领班军机大臣时间最长。乾隆帝在位六十年、做太上皇三年，实际掌控皇权达六十三年。在其统治期间，担任领班军机大臣时间较长的有三人：初期鄂尔泰，从元年到十年，前后十一年，但他实乃雍正朝红人，是两朝间的过渡性人物；之后是傅恒，从十三年到三十五年去世为止，前后二十二年；尔后是阿桂，从乾隆四十五年到嘉庆二年，前后十八年。其间，讷亲、尹继善、刘统勋、于敏中、和珅，先后担任过渡性领班军机大臣，短的如尹继善仅九个月，长的如于敏中也不过六年。而傅恒独占三分之一，堪称领班军机中的常青树。

清朝不设宰相，殿阁大学士当之。雍正帝设立军机处后，朝廷权力由内阁集中到了军机处，领班军机大臣实际上相当于宰相。当时，朝野私下里是这么看的，也是这么称呼的。当然，领班军机大臣并不等同于皇帝宠臣。比如，乾隆后期，阿桂长期坐军机处头把交椅，但满朝文武都知道，皇上最宠信的是和珅，而非阿桂。傅恒确实深得乾隆帝宠信。整个清代，太师、太傅、太保"三公"加于一身的宰辅寥寥无几，傅恒则是其中之一；紫光阁陈列百名功臣像，傅恒居首位；两度晋封为一等公的，在乾隆朝傅恒可谓绝无仅有。

傅恒官运亨通，提拔速度之快，如同青云直上：乾隆五年（1740），任蓝翎侍卫，很快升至头等侍卫，官至正三品。七年（1742），晋升总管内务府大臣，正二品。八年（1743），擢升户部右侍郎，成为财政部门的副长官。十年（1745）六月，在军机处行走，相当于见习军机大臣。十一年（1746）七月，正式担任军机大臣；十月，任内大臣，官至从一品。十二年（1747）二月，任会典馆副总裁；三月，任户部尚书、议政处行走、兼管銮仪卫事务；六月，任会典馆正总裁。十三年（1748），任领侍卫内大臣；四月，任协办大学士、加太子太保衔；六月，充经筵讲官；九月，暂管川陕总督，晋为保和殿大学士，官至正一品；十四年（1749），任领班军机大臣，晋封一等忠勇公。

傅恒在官场上不次擢升，主要原因在于其身份特殊，既系世臣，又是贵戚——乾隆帝的大舅子。

傅恒的曾祖哈什屯，曾任内大臣，为清朝开国功臣；祖父米思翰，曾任户部尚书，系康熙帝亲信；父亲李荣保，曾任察哈尔总管。尤其不一般的是，他的胞妹富察氏是乾隆的嫡妻，乾隆二年（1737）册立为后。与后一位忤旨剪发令圣上震怒的乌拉那拉氏不同，富察氏一直深受皇帝宠爱，且能和睦家庭、表率六宫。乾隆曾说："朕得以专心国事，有余暇以从容册府者，皇后之助也。"（《清高宗实录》乾隆十三年上谕）

富察氏如此受皇帝宠爱，胞兄傅恒也大大沾光。不过，傅恒与贵戚中的昏头之辈也大不相同，没有因为扯上天下第一的裙带而趾高气扬、忘乎所以。他处事非常谨慎，有两件事很能说明问题。其一，乾隆初年，皇上不同时召见军机处大臣，一般君臣独对，其中领班军机大臣讷亲为承旨大臣，由他负责传达皇帝谕旨。每逢召见傅恒，为回避与皇上的特殊关系，傅恒总是自称识见不广，请求各位军机大臣与他一同入见。乾隆帝晚饭后有所咨询，又把他召去，单独询问商议。因此，时人将傅恒称为"晚面"。其二，军机大臣承领皇帝旨意后，退下来独自起草谕旨，轮到傅恒，总是命军机处的其他小官员一起拟稿，然后呈给皇上。傅恒坦坦荡荡，尽力避嫌，与左右和睦相处，颇得人望。

傅恒长得很胖，稍走快一点就气喘吁吁。但这位肥胖贵戚特会做人，不讨人嫌。他为人谦逊和善，不因为自己与皇上关系独特，可以随时出入内廷而目空一切，也不武断自擅，更不仗势欺人。对待长辈尤其是士大夫，他总是十分礼让、敬重有加；对后进之辈从不压制，而是设法奖掖，使他们脱颖而出、用当其位。因此，朝臣对他也很敬重，都愿意与他一起共事效力。

如果说傅恒得宠，主要缘于皇上与他是郎舅关系，那么，他所以得以固宠，尤其是在妹妹富察皇后病逝后，仍被乾隆帝倚为心膂，主要得益于他为人德性好，勇于任事，而且不居功、不邀赏，始终谨慎小心，不摆皇帝大舅子和领班军机大臣的威风。

二、智取金川　备极高位

乾隆十三年（1748）九月，傅恒临危受命，暂管川陕总督，经略征讨大金川军务。

当时，大金川土司莎罗奔扩张势力，扰犯官军，乾隆帝命川陕总督张广泗征讨。当年四月，命大学士、一等公、领班军机大臣讷亲为经略大臣，统率皇家劲旅赴前线督师。讷亲到达前线后，先是轻率冒进，导致进攻失败，损兵折将，代理总兵任举阵亡；继而丧失斗志，畏缩不前，打算转攻为守，让四万大军构筑碉垒，以垒对垒，打持久战。讷亲的做法，遭到乾隆帝的斥责。

随后数月，讷亲、张广泗劳师费饷，始终未能前进一步，结果先后被诛杀。在此前征伐大金川失利的情况下，乾隆帝将经略重任交给了傅恒，同时积极为其提供条件，调拨京师及各省满汉官兵三万五千名，拨给军费白银四百万两，还拨十万两内帑以备来日犒赏将士。

对傅恒离京出征，乾隆高度重视。十一月二日，在重华宫设宴，为他壮行。翌日出师，乾隆"亲诣堂子，行告祭礼"，并亲御瀛台，赐食将士。傅恒启行时，乾隆派皇子和大学士来保将他送到远郊良乡。

时正隆冬，傅恒顶风冒雪，毫不懈怠。他率部日夜兼程，有时日行竟达三百二十里。进入陕川境内，因驿政不修、马匹供应不及时，迟滞大军行动。傅恒将沿途考察了解到的情况及时奏报。乾隆帝下令，火速整修从北京至成都的四十八座驿站，从成都至前方军营的马步二十四塘，保证交通、通信畅通。

艰险未能阻止傅恒的前进步伐，过成都，经天赦山时，道路艰险，雪紧冰滑，十多匹战马先后坠入深不见底的山涧，傅恒下马与官兵一齐步行，翻山越岭走了七十里地。肥胖的傅恒，在平坦大道上走急了尚且喘不过气来，可以想见，要在冰封雪阻的崎岖险道上跋涉，会是何等艰难。但他不畏艰险，奋勇向前。其他将士见此情状，无不抖擞精神，奋力向前。

十二月十八日，如期抵达金川军营。在此期间，乾隆帝以傅恒率师远征、公忠体国、纪律严明、行军迅速，兼办一切咨询机务往往彻夜不眠、劳瘁超伦，先是命部优叙，部议加太子太傅衔，特命加太保衔。傅恒获悉，赶紧上疏固辞，但乾隆不允。傅恒克服千难万险到达金川军营后，乾隆大喜，命赐双眼孔雀翎，傅恒再次固辞。

傅恒抵达金川后，很快出了一招，命副将马良柱，诱杀附从大金川土司莎罗奔作乱的小金川土司泽旺之弟良尔吉、其嫂阿扣及汉奸王秋。乾隆帝褒扬其明断，命他接受双眼孔雀翎之赐，并说"如仍执意谦让，是不遵旨也"，傅恒这才不敢推却。

傅恒进行抵近侦察，发现军队屯驻之地狭隘，与高居山梁上的敌军战碉相望，且杂处当地土民市肆之中，不占地利，遂考虑迁移旧日营垒，令总兵冶大雄总理营盘，以整肃军纪。在查找张广泗用兵失败原因的基础上，傅恒分析敌我军事态势，提出自己的用兵主张：各路大军继续发动正面进攻，控制并迷惑敌军，另出一支奇兵，从别的小道进击，凡遇坚碉则一概绕过，直捣其心脏噶尔崖，使固守山梁石碉的敌军不战而溃。

应该说，傅恒的建议很有针对性，算得上高明之策。然而，乾隆帝受岳钟琪影响，不同意直捣噶尔崖的计划；且此时心思已经起了变化，考虑到金川并非大敌，大军劳师两年，杀了两位大臣，失去多员良将，心中很不痛快。见到傅恒上疏，知敌军据险而守、难以攻克，更加不想继续用兵，遂以孝圣宪皇后名义下谕，命傅恒班师回朝。

这时，傅恒刚好开始实施自己的战略战术，督军攻下好几个敌碉。乾隆帝一面驿送三斤人参慰劳，谕封一等忠勇公，赐予宝石顶和四团龙补服；一面屡次下诏命他班师。傅恒认为，未将敌人降服就撤军，莎罗奔等人气焰会更加嚣张，自己也没有脸面无功而返，表示不能就此回撤。他坚请进兵，恳辞公爵，而且缴还原旨，以示绝非故作姿态。

就在傅恒与岳钟琪决定派兵挺进之际，莎罗奔在官军久困下坚持不住，多次在阵前高喊投降，并于乾隆十四年（1749）正月派头人前来求降。傅恒坚持要莎罗奔等自缚到军前辕门投降，实际上是想乘机逮捕，还朝献俘。乾隆坚决反对，并不断催促傅恒结束战争。圣命难违，傅恒不得不举行仪式，接受莎罗奔的投降，宥其一死。

乾隆帝好大喜功，后来将金川之役自诩为"十大武功"中的首功。为其立下汗马功劳的大舅子傅恒，已经晋封公爵，再无更高爵位，只好另赐豹尾枪二杆、亲军二名，壮其仪威。他还承莎罗奔之请，同意在噶尔崖下建祠供傅恒长生禄位。傅恒疏辞四团龙补服，不敢受用。乾隆见他固辞，专门颁发谕旨，认为这种褒奖"实出至公,且具有深意",并评价傅恒征金川之功,"与当年岳钟琪之树绩青海,大学士鄂尔泰之绥靖苗疆"完全等同。因此,他在这份谕旨的末尾命令道:"所赐大学士、公傅恒照宗室公式之朝帽顶及四团龙补服,著于朝贺典礼之时,时常服用,不必恳辞。其寻常入朝入部办事,应从所请,随宜即用公品级补服,以成谦挹之美。"

乾隆十四年(1749)三月,傅恒率大军返抵京师,乾隆命皇长子率亲王、大臣到郊外,给予高规格迎接犒劳。不久,敕令按照勋臣额亦都、佟国维之例为傅恒建立宗祠,祭祀其曾祖哈什屯、祖父米思翰、父亲李荣保,春秋时节官府为其举行祭礼;同时追谥傅恒之父李荣保"庄恪",在东安门内赐地为傅恒修建府第。

三、支持平准 再赴西南

傅恒勇于任事、善于任事,而且虚怀若谷,有功不居,赐爵不受,给赏不领,乾隆帝打心眼里赞赏。

乾隆十九年(1754),准噶尔部发生内讧。乾隆帝乘机发兵,决计彻底解决准噶尔问题。当时满朝文武坚决拥护这一策略的,只有傅恒一人。后来乾隆称赞说:"西旅之役,独能与朕同志,赞成大勋。"

乾隆二十年(1755),大军攻克伊犁,将准噶尔部首领达瓦齐一举俘虏。当年六月,准噶尔之乱平息。回想起上年决策用兵之时,曲高和寡,文武百官均不支持,赞成的独有傅恒,乾隆帝对这位富有战略眼光,敢于力排众议、坚持正确主张的臣子非常欣赏,而且充满感激之情,特地颁谕,再次授傅恒为一等忠勇公。

在平金川之役中,傅恒已获一等忠勇公爵位,再次封公,实属旷典殊恩。对此,傅恒上疏力辞,并当面恳陈辞谢之意,再三再四，说到动情处则涕泪俱下，声称自己在金川之役中"叨封公爵已为过分"，执意谢绝再赐公爵桂冠。乾隆帝察其表现，认为"信出至诚，实将来可以永承恩遇之道"。不能让谦逊者吃亏，乾隆仍下令对傅恒"从优加等议叙"。部议将傅恒加赏六级。不久，乾隆帝将百名功臣画像陈列于紫光阁，傅恒荣居首位。

乾隆三十年（1765），在连续三次征缅战争失败、统兵主帅——丧命的情况下，傅恒再次受命，顶着兵败帅殒的死亡气息，挂帅统兵，驰赴西南前线。

乾隆三十四年（1679）三月，傅恒进入云南。四月，抵达边城腾越。在乾隆帝心目中，傅恒是一张王牌。这张王牌不负重托，办事用心，进军迅速，乾隆十分满意，并期望他征缅得法，扬武威、宣仁德。

傅恒深感责任重大，尤其是"世上谁知我，天边别故人"，足见皇上对自己倚眷之隆。他倍加用心，经仔细研究勘察，不仅找出了此前统帅明瑞兵败的症结，且得到了意外收获：有个叫翁古山的地方，有许多参天大树，其中昼楠、夜槐两种树木是造船的上等材料；附近有个叫野牛坝的地方，凉爽无瘴，是个造船的好去处。他一边命其子傅显率军兵三千、湖广工匠四百六十余人，秘密赶造战船；一边制定水陆并进、直捣缅甸都城阿瓦的军事计划。

这一计划正合圣意，乾隆帝大喜，给予充分肯定："至于造船一事，水陆并进，实征缅最要机宜。"特别对造船巨木、造船佳地独为傅恒发现之事，大加赞赏，"何以前此并无一人见及，而傅恒得之，竟尔便如取携？可见事无难易，人果专心致力，未有不成者"（《东华录》）。乾隆帝意犹未尽，还赋诗《造舟行》盛赞傅恒。

四、征缅染病　身后荣宠

乾隆三十四年（1769）七月，傅恒祭纛誓师，兵发腾越，对缅发动突袭。初战告捷，乾隆帝十分高兴，赐予三眼孔雀花翎，傅恒上疏坚辞。

此时，缅甸正值收割季节，对清军进攻猝不及防。清军深入猛拱、猛养两千余里，兵不血刃，如入无人之境。只是因为气候恶劣、烟瘴弥漫，清军运粮困难，官兵多有病倒者。九月，野牛坝战船造成，清军水陆并进，击溃缅甸水军。十月，攻克此前被缅军攻占的军事重镇新街。

十一月，进攻老官屯。该城位于金沙江东岸，南通缅甸都城阿瓦，是缅甸都城的北方屏障，由北往南的水陆交通咽喉。老官屯易守难攻，缅军设立木寨、水寨，据险抵抗。上年清军在这里碰了钉子，久攻不下，被拖累拖垮。傅恒调集清军主力猛攻二十余日，炮击、火攻、挖地道爆破，各种战法都用上了，就是拔不掉这颗钉子。

因当地成天烟雾缭绕，湿度很大，水土恶劣，清军官兵特别是久居北方的满洲兵身体很不适应，染上瘴疠之疾纷纷病倒，有的甚至一命呜呼。在疫病的袭击下，清军原有水陆军三万一千余人，死亡过半，遭受重创，仅存一万三千余人，连傅恒之子傅显、总兵吴士胜、副将军阿里衮、副都统永瑞、提督五福、叶相德等重要将领，均被瘴病夺去了生命。主帅傅恒也未能幸免，染上恶疾，腹泻一天比一天厉害，以致一病不起。

未被缅军打败的清军，在恶性传染病面前溃不成军，失去了战斗力。乾隆帝获悉大惊，谕令傅恒即刻班师。碰巧缅甸国王、缅军主帅慑于清军兵威，也有罢兵乞和之意。决计撤兵的乾隆帝，正好借机下台阶，同意前方清军与缅方议和息战。

傅恒深知，此次征缅战争并未取得皇上预期的结局，自己作为主帅，负有不可推卸的责任，便主动上疏请罪："用兵之始，众以为难。臣执意请行，请从重治罪。"乾隆没把傅恒当替罪羊，积极为他开脱，将责任揽到自己身上，并用心良苦地援引祖父康熙与米思翰、明珠等执意撤藩的先例，朝臣们自然也就息事宁人，不敢贸然攻击傅恒。身为首辅、贵戚的傅恒，充分回收了谦逊低调的好处，既未受辱，更未夺命，避免了那些恃宠骄狂的贵戚一旦失足便从云端跌落的悲惨结局。

在接到缅甸国王乞降方物后，傅恒宣布撤军，于乾隆三十四年（1769）回驻虎踞关。翌年二月，班师回朝。三月，傅恒带病赶赴天津，觐见正在那里巡幸的皇帝。乾隆迟迟未见期待的缅王屈服求贡的表文，很是窝火，本想斥责傅恒撤兵过于草率，但看到他重病缠身，也便不忍治罪。

两个月后，傅恒病情恶化，乾隆帝几乎每天派人前往看望，并好几次亲临慰问，关怀备至。七月十三日，傅恒病逝，年不及五十。

心膂之臣英年早逝，乾隆帝"深为震悼"。盖棺论定，乾隆对傅恒一生予以充分肯定，对其谦虚之风特别赞赏："及崇爵再加，坚让不受，尤足嘉焉。"命户部侍郎英廉负责丧事，谕示丧礼按宗室镇国公规格办理，赏内帑五千两，赐祭葬加礼，赐谥"文忠"，入祀贤良祠。乾隆还亲登其府在灵前奠酒，赋诗举哀。

后来，乾隆帝赋诗怀旧，嘉许傅恒为"社稷臣"，列之于"五阁臣"首位。

嘉庆元年（1796），以其子福康安平苗之功，赠傅恒郡王衔，配享太庙。

文华殿大学士于敏中

于敏中（1714—1780），乾隆时期宰辅，文华殿大学士。字重常，号叔子、耐圃，江苏金坛人。他出身诗礼簪缨之家，二十出头中状元，入直翰林，出督学政。进入军机处后，逐渐升任领班军机大臣，兼户部尚书等，先后授协办大学士、文华殿大学士。他久任宰辅，深受倚任，却也篑篑不饬，遗讥后世。

一、名门状元　屡督学政

于敏中出身于诗礼簪缨世家，且于氏为当地望族。于敏中祖上数代，均读书有成、出仕入宦：曾祖父于嗣昌，顺治十八年（1661）进士，曾任山西襄垣知县；祖父于汉翔，康熙二十一年（1682）进士，曾督陕西学政，文名噪动一时；父亲于树范，曾奉召入内廷充武英殿纂修，参与编辑《康熙字典》《佩文韵府》等书，后调任浙江宣平知县。

幼年时，于敏中曾过继给叔父于枋为嗣。于枋为雍正二年（1724）进士，曾任翰林院编修，广西、山东主考官。后来于枋得子，于敏中复归亲生父母。

于敏中幼承家学，天资聪慧。五岁启蒙读《四书》，母亲课读甚严，经常立于窗下听其读书。其后，祖父亲授《大学章句》。十岁时，于敏中开始通读《五经》。

雍正七年（1729），于敏中应江宁乡试，中了举人，这一年他才十五岁。不过，首次参加会试，却名落孙山。回乡之后，于敏中拜同乡进士王步青为师，重新研读儒家经典以及诸子、史传。二十出头，他已经博通经史百家，而且旁及佛道之说。

乾隆二年（1737），于敏中参加恩科会试，中一甲第一名进士，成了状元，时年二十三岁。随后依例入直翰林院，担任了修撰。在翰林院任职七年，于敏中学习了满语，熟悉了历史掌故，并以文翰受到乾隆帝赏识，进而直懋勤殿（内廷翰林官值班处），累迁侍讲，职掌读讲经史、撰著朝事。

乾隆九年（1744），于敏中奉旨主持山西乡试。乾隆十年（1745）初，乾隆帝巡幸江南苑，问于敏中何为"治国要务"，于敏中认为"治国要务莫过于兴学得人，人才得，即政事理"，乾隆颔首称善，遂命其督学山东；次年，改督浙江学政。其间，于敏中修建学宫，革除积弊，为国家选拔人才，颇得士林赞誉。

乾隆十五年（1750），于敏中再次督山东学政。后奉旨回京，直上书房，教习皇子皇孙。于敏中善于教读，督责严谨，深得圣眷，累迁内阁学士。

二、当朝重臣　颇受倚任

乾隆十九年（1754），于敏中奉召回京，升任兵部侍郎。从此之后，他主要在京城任职。

乾隆二十五年（1760）十月，于敏中受命在军机处行走，由此直接参与朝廷机务，且历时长达二十载。其时，乾隆帝正当盛年，多所进取；于敏中小皇上三岁，精力盛旺。因为行事检点，大小事谨奉圣旨而行，周密稳妥，故而深得皇上倚任。乾隆三十八年（1773），刘统勋、刘纶去世后，于敏中成为领班军机大臣。此后六年半中，作为当朝第一重臣，国事常常问计于他，他拟旨也极为得体。

在军机任上，乾隆帝、于敏中君臣相得，还表现在皇上吟诗作赋，臣下精心记录。乾隆作文赋诗，多是即兴而为，并无草稿。每次皇上召见，经常吟出诗作，于敏中便默记于心，事后凭记忆录出并编辑成册。这是一件烦难的差使，据说即便如此，于敏中也很少发生错漏。有一天早晨，于敏中随驾游幸御花园，乾隆即兴赋诗七首、作文两篇。当天夜里，乾隆收到于敏中所录稿本，欣赏之余，不觉拍案叫绝。昭梿因称于敏中"才颇敏捷，非人之所能及，其初御制诗文，皆无预定稿本，上朗诵后，公为之起草，而无一字之误"（《啸亭杂录》卷七）。

据记载，乾隆三十一年（1766），梁瑶峰入直军机处，乾隆帝命其掌管诗文，于敏中则专管政务。一天，乾隆召于敏中和梁瑶峰入宫，又即兴吟诗作文，于敏中赶紧给梁瑶峰使眼色，而梁却茫然不知其意。二人退出后，好长时间不见动静，于敏中便问是否誊录好了皇上的诗文。梁瑶峰此时才恍然大悟，不免惊慌失措，深感惭愧。原本有人专管，于敏中便不再默记，眼下事已至此，为替同事分忧，又不得不独自默默回想，不一会儿便全部誊录出来，全篇竟然只有一字之差。

在任职军机处期间，乾隆三十年（1765），于敏中擢升户部尚书。三十三年（1768），加太子太保。三十六年（1771），升协办大学士兼户部尚书。三十八年（1773），又晋为文华殿大学士兼户部尚书、领班军机大臣。

当时，无论在朝廷还是巡幸在外，于敏中经常随侍圣驾，是御前须臾不可离开的人物。朝中的许多重要决策，有一些正是皇帝采纳于敏中意见作出的。不过，虽为当时朝中第一权臣，但与前任及后任相比，于敏中却不像前任张廷玉、鄂尔泰、傅恒那样备受尊崇，也不像后任和珅那样独获专宠。

乾隆四十一年（1776），大小金川平定后，因于敏中居中襄赞有功，乾隆帝下诏赠予轻车都尉世职，图形紫光阁，与金川之役诸有功战将并列；又赐戴双眼花翎，赏穿黄马褂。此等荣耀赐予汉员文官，即自于敏中始。清末李岳瑞《春冰室野乘》云：

"金坛于文襄，在高宗朝为汉首揆，执政最久，恩礼优渥。辅臣不由军力而锡世爵者，桐城张文和廷玉而外，文襄一人而已。"

《四库全书》纂修之初，于敏中担任正总裁。其时正当《四库全书》体例草创、人员召集、工作筹备等，事情既多且杂。因多次随驾赴避暑山庄，于敏中便采取书信方式，与四库全书馆总纂官陆锡熊联系，商讨、指示有关事宜。这些书信，后来汇辑成了《于文襄论四库全书手札》。此外，于敏中著有《浙程备览》《素馀堂集》，并奉命纂修、考订、汇编了《钦定临清纪略》《钦定户部则例》《国朝宫史》《钦定日下旧闻考》等书。

三、簠簋不饬　身后罢祠

清宗室昭梿曾指出，于敏中"入调金鼎，初尚矫廉，能以蒙上眷；继则广接外吏，颇有簠簋不饬之议。再，当时傅文忠、刘文正诸公相继谢事，秉钧轴者，惟公一人，故风气为之一变。其后和相继之，政府之事益坏。皆由公一人作俑，识者讥之"（《啸亭杂录》卷七）。将其时风气改变、吏治日坏归罪于敏中，不可不谓之允当，其身前身后之事可证。

乾隆二十一年（1756），父亲于树范逝世，于敏中归籍服丧。守制不久，乾隆二十二年（1757），受特诏赴京署刑部左侍郎。谁知第二年，嗣父（叔父）于枋和生母又相继去世，只得回籍办理丧事。然而，为早日返回朝廷，于敏中将两事合一，隐瞒了母丧之事。御史朱嵇得知，疏劾其将"两次亲丧，蒙混为一，恝（不在意）然赴官"，于敏中却申辩说："在六部任职的大臣，与戍守边疆的将士没有两样，不应该为家事而影响国事。"乾隆帝也因其职任不可或缺，未予深究，反而斥责朱嵇"污人名节，不无过当"。当年年底，于敏中改任户部侍郎。

乾隆三十九年（1774），太监高云从外泄皇帝对几位官员的评价，因而被拘押审讯。该太监称，在某案中曾求助于敏中，并曾向其透露过皇上对某官的批语。乾隆得悉于敏中交接内监，严加责备，但鉴于金川之役襄赞有功，"本欲赐以世职，今则免颁以为惩处"，于敏中得以从宽留任。

乾隆四十四年（1779），于敏中病喘卧床，乾隆遣御医诊疗。病重期间，由内务大臣和珅伴驾亲临探视，并赠送人参、诗作。十二月（1780年1月），于敏中病逝，终年六十六岁。乾隆帝下诏优予赐恤，谥"文襄"，入祀贤良祠。

于敏中去世的第二年六月，其孙于德裕控告堂叔于时和侵吞祖父在京资产。乾隆帝对此十分重视，命大学士阿桂、英廉查办。查办结果令人震惊：素有廉直之名的于敏中，其京中及原籍家产竟值二百万两白银。乾隆认为，于敏中巨额资产"非得之以正者"，十分恼怒，但仍欲保全其名节，谕示办案大臣不必究其生前之罪。

紧随其后，苏松粮道章攀桂私下为于敏中营造花园事发。乾隆认为，于敏中受地方官员的逢迎，乃情理中事，既然人已去世，也就不必追究，仅将章攀桂革职处理而已。

乾隆四十六年（1781），浙江巡抚王亶望、陕甘总督勒尔谨等贪污大案败露。经过一年多的查核，共计处死正法者五十六人，免死发遣者四十六人，涉案的甘肃省贪官无一漏网。而在王亶望贪污案处理期间，乾隆已经觉察出：酿成巨案的元凶并非王亶望，而是于敏中。

乾隆四十七年（1782）十月，杀掉最后一批甘省贪官后，乾隆颁布谕旨，指出当年甘肃奏请恢复捐监，"大学士于敏中管理户部，即行议准。又以若准开捐，将来可省部拨之烦，巧言饰奏，朕误听其言，遂尔允行"，承认自己亦有失误。但"其时王亶望为甘肃布政使，恃有于敏中为之庇护"，因而得以大肆贪污。

不过，最终还是以于敏中"宣力年久，且已身故"，"不忍追治其罪"，再次将其罪责搁过一边。

乾隆五十一年（1786）二月的一天，乾隆把玩古董，为明嘉靖年间的一件古瓷触动情思，由嘉靖帝的昏庸想到权奸严嵩的专擅，又由严嵩而想到于敏中。为此，乾隆再次颁发谕旨，指责于敏中假借恩眷，招权纳贿，并联系甘省贪污大案，推断"于敏中拥有厚赀，亦必系王亶望等贿求略谢"。因此，将于敏中撤出贤良祠，以昭儆戒。

《清史稿》根据传闻，怀疑于敏中并非病逝，而是饮鸩自尽，正是基于"罢祠"的推断。其云："高宗英毅，大臣有过失，不稍假借。世传敏中以高云从事失上意，有疾，令休沐，遽赐陀罗尼经被，遂以不起闻。观罢祠之诏，至引严嵩为类（五十一年诏有"因览《严嵩传》，触动鉴戒"之语），传闻有无，未可知矣。"

乾隆六十年（1795），国史馆进呈于敏中列传，乾隆诏曰："于敏中简任纶扉，不自检束，既向宦寺交接，复与外省官吏夤缘舞弊。即此二节，实属辜恩，非大臣所应有。若仍令滥邀世职，何以示惩？其孙于德裕现官直隶知府，已属格外恩施，所袭轻车都尉世职即撤革，以为大臣营私玷职者戒。"（上引均《清史稿·于敏中传》）

文华殿大学士和珅

和珅（1750—1799），乾隆年间宰辅，文华殿大学士。本名善保，字致斋，钮祜禄氏，满洲正红旗人，祖籍辽宁开原。早年任宫廷侍卫，因善于逢迎献媚，深得皇上赏识，青云直上，成为乾隆朝红极一时的权臣。为高官二十余年，网罗亲信，打击异己，贪赃枉法，聚敛财富，蠹国害民，亦可谓乾隆后期政治混乱、吏治败坏的重要原因。

一、得宠皇上　青云直上

和珅出身在颇有地位的八旗官僚家庭，高祖尼雅哈纳，曾以军功获赐"巴图鲁"（勇士）称号，并封轻车都尉世职；父亲常保，曾任福建副都统，封一等云骑尉。

和珅从小受到了良好的教育。童年时代，他家设家塾，聘请先生给他和弟弟和琳发蒙。打下一定基础后，兄弟二人一同选入京城咸安宫官学学习。

咸安宫官学，最早是雍正帝提议创办的，原本主要培养内务府的优秀子弟。到乾隆年间，除继续招收内务府子弟外，更多招收八旗官员俊秀子弟入学。学生都经过严格选拔，不但品学兼优，而且长相俊秀。和珅生性机敏，记忆力特别好，在咸安宫官学学习期间，他不仅背熟了《四书》《五经》，而且满、汉文字水平也提高很快。此外，他还掌握了蒙文与藏文。当时的著名学者袁枚，曾称赞和珅兄弟知书达理、聪明机智。

和珅虽是中等官僚家庭子弟，但由于父亲长年在外做官，开销较大，加之他们兄弟与继母关系不很融洽，手头并不宽裕。因而学习期间，兄弟二人曾与家人刘全四处借钱，以补充在官学数额不小的花费。

乾隆三十四年（1769），和珅年方二十，完成了咸安宫学业。这时的他一表人才、风度翩翩，早被身居高位的英廉看中，把最疼爱的孙女嫁给了他。英廉是内务府镶黄旗人，雍正十年（1732）中举，当时已是刑部尚书兼户部侍郎和正黄旗都统的高官。有了这样的靠山，和珅自然是春风得意，就在这一年，他承袭了父亲的爵位。

不久，在英廉的帮助下，和珅被选中任銮仪卫听差。这个差事虽然地位不高，但能接近皇帝，一旦得到垂青，便可飞黄腾达。于是，和珅便处处留神，伺机博得皇帝的青睐。

乾隆四十年（1775）的一天，乾隆帝外出，到了中午，天气炎热，侍卫人员一时找不到"黄盖"。原来，掌黄盖的忘了携带。乾隆很不高兴，借用《论语·季氏》里的话问道："是谁之过与？"其他侍卫瞠目结舌，不知如何回答，只有和珅明白皇上的意思，便引用《朱子语类》里的话回答道："是典守者不能辞其责耳！"乾隆见这个青年侍卫声音清亮，仪度俊雅，怒气顿消，问道："你读过《论语》吧？"和珅恭恭敬敬地回答说："读过。"乾隆又询问其家世、年龄等，和珅一一从容作答。乾隆见他口齿伶俐，十分满意，随即提升为宫中总管。

升为宫中总管后，和珅得以经常随侍皇上身边。凭着自己的机灵，他留神观察，对乾隆帝的脾气、心理、好恶等，了解得十分清楚。他不仅对皇上的心思看得准、摸得透，并费尽心机、想尽办法使之满意。

据说有一次顺天府乡试，题目照例由皇帝"钦命"。和珅通过宫内太监，打听到皇上在命题时信手翻《论语》，第一本快翻完时，忽然似有所悟，立即提笔命题。根据这个情况，和珅揣摩一番，说："这次肯定要考《乞醯》这一章。"后来考题发下时，果然不出所料。原来当年岁次乙酉，"乞醯"两字正好分别包含着"乙酉"二字。

由于生性乖巧、办事能干，深得皇上的喜欢，和珅的职务从此也就以惊人的速度不断升迁：第二年正月升为户部侍郎；三月，升为军机大臣；四月，兼任总管内务府大臣。

二、善于逢迎　权倾朝野

乾隆四十年（1775），和珅受命赴云南处理李侍尧贪污案，进一步显示出精明干练的才能，更得皇上倚重。

李侍尧是清初勋臣李永芳的后裔，父亲曾任户部尚书，本人曾任户部侍郎、广州将军、两广总督，案发时任云贵总督、武英殿大学士。由于位高权重，很多大臣他都不放在眼里，对和珅自然也不在话下。

这一年，云南粮道、曾任贵州按察使的海宁，解职调任沈阳奉天府尹。趁入京谢恩的机会，海宁向和珅揭发了李侍尧的贪污问题。和珅早就对李侍尧不满，于是向皇上添油加醋地汇报了一番，乾隆便派他到云南查办此案。和珅一到云南，首先将李侍尧的管家拘捕，严刑拷问，获得贪污营私的重要材料，从而迫其俯首认罪。

在处理此案的过程中，和珅了解到云、贵两省吏治败坏，各府州县财政亏空严重，当即写了一份详细的奏折，派人送呈皇上。乾隆阅后，十分满意，在和珅回京的路上，即任命他为户部尚书兼议政大臣。回京后，和珅又面陈了云南盐务、钱法、边防等方面的问题，并提出解决问题的对策，深得皇上赞赏，授他御前大臣兼都统。

乾隆四十二年（1777），和珅兼步兵统领。次年，兼任崇文门税务总督，总管行营事务，补镶蓝旗满洲都统；不久，又授正白旗都统，领侍卫内大臣。

乾隆四十四年（1779），乾隆帝亲赐和珅长子名丰绅殷德，并把心爱的小女儿十公主许配给他。十公主当时年仅六岁，喜欢作男孩子打扮，每次见到和珅，就称他为"丈人"，和珅听了心里乐滋滋的。

在这之后,乾隆帝对和珅更是宠信无比,各种殊荣纷纷落到他的头上。乾隆四十五年(1780),授户部尚书、御前大臣、《四库全书》馆正总裁等;四十七年(1782),加太子太保衔,后任国史馆正总裁,封一等男;五十一年(1786),授文华殿大学士,封三等忠襄伯。到乾隆晚年以及嘉庆初年,和珅任领班军机大臣,兼管吏、户、刑三部,后晋封一等公,成为集军、政、财大权于一身、总揽一切的权臣。

和珅"为人狡黠,善于逢迎",作为近臣与姻亲,他极力投皇上之所好,想皇上之所想。乾隆帝喜欢吟诗作赋,和珅闲暇时就作诗习字,并经常奉和皇上的诗作。他现存的集子《嘉乐堂诗集》里,就有不少应制奉和之作。清代诗歌评论家钱咏评其诗"格律妥切,颇有佳句"。和珅不仅精通满、汉文,而且通晓蒙、藏文,并能用蒙、藏文草拟诏书,当时的满汉大臣里,像他这样通晓四种文字的,可谓凤毛麟角。

乾隆帝喜好巡游,多次巡幸江南,东巡祭祖,朝拜孔庙,和珅都形影不离、随侍左右,并借这些机会百般讨好。他还利用长期主管户部和内务府掌管钱财的大权,扩建圆明园和避暑山庄,供皇上享乐。扩建后的圆明园方圆三十里,拥有一百五十多所精美的楼殿、四十个风景区,是乾隆十分满意的游乐与休憩之所。

至于平日对皇上生活的服侍,更是体贴入微,乾隆帝年岁较高,偶感风寒便咳嗽。每当上朝遇到皇上咳嗽,身任宰臣的和珅便当着文武大臣,给老迈的皇上捧痰盂。由此种种,乾隆对和珅的信任与喜爱,甚至超过了自己的四位皇子。乃至后来乾隆帝禅位做太上皇,新登基的嘉庆帝对他也是退让几分。

三、树立私党　打击异己

和珅得势之后,大肆培植亲信,树立私党。他的弟弟和琳仅是生员出身,只因为和珅当朝,前后担任过杭州织造、湖广道御史、吏科给事中、内阁学士、工部左侍郎、工部尚书等职。乾隆六十年(1795),贵州、湖南两省爆发苗民起义,和琳任云贵总督前往镇压,在嘉庆初年病死军中,其时有光禄大夫、兵部尚书兼都察院都御史、四川总督数职。

和琳的亲家苏凌阿,举人出身,为人贪鄙庸碌。因是和琳的姻亲,和珅对他特别提拔,曾任兵部、工部、户部侍郎,后又升为户部尚书、两江总督。在两江总督任上,他公然贪污受贿,声名狼藉。在接见属员时,他厚颜无耻地说:"蒙皇上圣恩,命我这老头来捞点棺材钱。"嘉庆帝即位后,和珅公然将他推举为东阁大学士。这时的苏凌阿已年逾八旬,两耳不聪,老眼昏花,连一举一动都需人扶持,被人称为"活傀儡"。

和珅的老师吴省兰、舅父明保,都被安排担任要职。吴省兰曾为和珅塾师,因依附和珅,后被任命为学政,并担任乡试考官;嘉庆初年,又被和珅安排到皇帝身边记录诗稿,充当密探。明保既无资历、又无学识,和珅竟将他安排做汉阳知府。明保凭借外甥这座靠山,气焰熏天,当地官员十分畏惧。乾隆帝曾予以接见,对其庸碌无能十分不满。一次,他向和珅问起明保的出身、仕履等,和珅胡乱编造一通,居然蒙混了过去。

此外,也有一些人见和珅深得皇上宠信,便主动投靠,与他狼狈为奸。如福长安,他本是孝圣皇后的侄儿,大学士傅恒第四子,本人亦娶皇族之女为妻。由于年轻俊秀,深得皇上喜欢,由侍卫逐渐升为军机处行走。他见和珅得势,便依附于他,甘心听从摆布。和珅曾推荐他代理自己的户部尚书职务,两人合伙干了不少坏事,和珅贪赃枉法的罪行他知道得最多。和珅事发之后,嘉庆帝多次启发他揭发罪行,他假作不知,充当和珅的死党。福长安的小舅子湛露,是个连满语都说不好的浅薄之徒,因福长安与和珅的特殊关系，被和珅安排为广信知府，在一次考核政绩的"京察"中，和珅特意将他列为"保送一等"。

和珅独揽大权，胡作非为，一些正直大臣无比气愤，有的甘冒风险，对他进行弹劾。但和珅倚仗皇帝做后台，对谏臣无不予以打击、陷害。

乾隆五十年（1785），监察御史曹锡宝弹劾和珅管家刘全仗势营私，衣服车马超过朝廷礼制规定。当时，和珅正在承德避暑山庄陪侍乾隆，他先看到奏疏，马上将刘全召来，安排其迅速将逾制的房屋、车马拆散，把有关衣物隐匿转移。然后呈上奏疏，说他已对刘全进行审讯，曹锡宝所告不实，请朝廷派人查处。

乾隆帝阅后，下了一道谕旨，说和珅家人刘全长期在崇文门为主人代办税务，他也有应得的收入，即使有些积蓄亦属常理；至于盖造几十间房屋住，车马服用稍有润饰，也属人之常情。谕旨指责"曹锡宝弹劾刘全是隐约其词，对和珅旁敲侧击"，并命有司与曹锡宝一起到刘全家查验，不能徒作"无根之谈"。因为刘全住宅、衣物早经处理，曹锡宝等人一无所获。在这种情况下，曹锡宝感到十分尴尬，面对皇上的压力与和珅的淫威，只得承认自己是道听途说，言语失当，请求治罪。乾隆令其革职留用。曹锡宝受此打击，从此一蹶不振，后来郁郁而终。

监察御史谢振定，对和珅也早就不满，对其爪牙横行霸道更是深恶痛绝。一次，他带着士兵巡视京城，见一辆高大华丽的马车在市面上横冲直撞，停车一问，得知乘车者是和珅的妾弟。谢振定怒不可遏，命士兵将其从车里拖出来，用皮鞭痛加抽打，并当场将马车烧毁，围观的民众无不拍手称快。和珅闻讯后，对谢振定恼恨不已，几天后便指使亲信捏造罪名参劾，并罢免了其职务。

到了晚年，乾隆对和珅更是深信不疑。凡收到揭发材料，往往都交给和珅自己处理，结果上疏者个个遭殃。如陕西一个读书人，冒死上疏揭发和珅贪赃枉法，乾隆将此信转给和珅，结果此人全家遭和珅党羽残杀。

正如史书所说，和珅"用事将二十年，威福由己，贪黩日甚。内而公卿，外而藩阃，皆出其门"。纳贿谄附者，多得重要之职；中立不倚者，难免潦倒；敢于揭露、指陈其罪行的人，都被他陷于死地。

四、侵吞贡品　卖官鬻爵

和珅除总揽军政大权外，还先后任户部侍郎、户部尚书、内务大臣等职，长期管理户部三库，并曾任崇文门税务总监督。利用把持的大权，他肆无忌惮地聚敛财富，中饱私囊。

和珅管辖的内务府，负责宫廷服用、食物、武装守备等方面的事务，内廷和皇帝的所有开销都由它包揽。乾隆帝一生好大喜功，特别喜好游玩。和珅作为内务府的负责官员，为了满足宫廷奢靡的开支，借助皇威，利用各种机会对各级官吏和富商大肆搜刮，本人则借机掠取。各地进贡的礼品或外国使臣朝贡的珍宝，首先都得经过和珅这一关，皇帝每次不过从中收取一小部分，大部分都被和珅吞占。时间久了，和珅家里的奇异珍宝比皇宫的还要多，如大宝石、珍珠串的数量，就是内宫的很多倍。他家所藏的一颗大珠，比乾隆帝御用的皇冠顶珠还大。至于户部、内务府的大宗钱财，和珅更是任意支用，几乎无账可查，乾隆对此也从不过问。

有一次，两广总督孙士毅出使安南回来，在宫门外等候皇上接见，被和珅撞见。和珅问："你手里拿的是什么东西？"孙士毅答说："是个鼻烟壶。"和珅要过去看了看，见是用大如雀卵的明珠雕琢而成，爱不释手，便说："你能否割爱……"孙士毅自然明白，急忙为难地说："可惜昨天已经奏知皇上，待会儿就要敬呈，怎么办呢？"和珅脸色微微一沉，说："和你开个玩笑罢了，何必当真。"过了几天，和珅又碰见孙士毅，洋洋得意地说："昨天我也得到了一个珠壶，你看看怎样？"孙士毅接过来一看，正是他进献的那个，就说："这是陛下将我进献的那个珠壶赏给大人了。"和珅报之以一笑。事后，孙士毅经多方打听，才知道不是皇上所赏，而是和珅通过同党从宫里盗出来的。

十公主的异母兄弟七阿哥，不慎打碎了一个碧玉盘。这是乾隆喜爱的一件珍宝，直径有一尺多。七阿哥怕父皇怪罪，吓得惊慌失措，没了主意。七阿哥的弟弟成亲王，建议一起去找和大人商量对策。和珅听完哥俩的诉说，故意装出为难的样子，说："此物人间稀有，我又有什么办法？"七阿哥更加害怕，竟失声哭了起来。后来，和珅答应想办法试试。过了一天，和珅一见面就拿出一个盘子，不但比打碎的那一个大，而且色泽更为精美。七阿哥和成亲王感激不尽。这时他们才知道，四方所进珍品，上等的先入和珅之手，次等的才送进宫去。

据野史的有关记载，乾隆末年，各省进贡献礼的东西，和珅私自侵吞十之八九，只有十之一二进宫。所以，后来嘉庆帝在宣布和珅罪状的上谕里愤愤不平地说，和珅家中的珍珠有二百多串，比宫中的多好几倍；罕见宝石有几十颗，整块大宝石不计其数，都比宫里的好。并下旨将此列入和珅大罪之中。

和珅是乾隆帝的红人，位极人臣，与阿桂同掌军机处大权十几年，但阿桂经常奉命到各省赈灾治河、巡察办案，或率军征战，这就给和珅独揽军机处大权提供了机会。他行文各省，要各省凡给皇帝的奏折，都要先向军机处提交副本。如此，各地大员向皇帝直接奏事的权利无形中被剥夺，全国都掌握在了和珅的手中，人们不得不对他俯首帖耳、唯命是听。两江总督书麟、闽浙总督觉罗长麟，都因违忤和珅，先后被遣戍新疆效力。

如此一来，从朝廷到地方的官吏，内而公卿大臣，外而各省督抚，为了保住自己的地位，纷纷投入和珅门下，争相进贡。而和珅是典型的见钱眼开者，例行公事时，他也要乘机捞一把。在兵部核算报销时，如不给贿赂，他就找岔子不给报销。至于官员若想晋升，更需要以钱财铺路。在和珅那里，大小官皆有定价，出什么价钱做什么官，比如盐政、河道总督，是当时两个最大的肥缺，标价也最高，官员们必须先以"巨万纳其府库"，然后才能上任。

和珅曾长期负责议罪银事务。所谓"议罪银"，实际是为皇帝聚财的措施，又称"罚银"或"自行议罪银"，其对象主要是各省督抚、盐政、织造、税关监督等大员。他们一旦犯了罪，就必须交出罚银，从而免于或减轻查处。罚银的数额按罪状的轻重不等，但大都是数万或数十万。议罪银的绝大部分都缴入内务府银库，成为皇帝的私人财产。和珅作为议罪银的主要负责人，不仅可以轻易使部分议罪银落入己手，还可以借此索贿受贿。因为相当一批官员都担心自己随时被议罪，与其被罚巨款，倒不如趁早铺垫，向和珅行贿，一旦获罪时，有和珅从中周旋，就可以大事化小、小事化了。对于这些，和珅从来都是来者不拒，多多益善。

乾隆四十七年（1786），山东巡抚国泰、布政使于易简贪污案发，和珅负责查处。国泰、于易简都是和珅的党羽，且在事发前已用大批银两进行贿赂，所以查处时，和珅处处敷衍其事，企图蒙混过关。在检查该省库银时，预先通知国泰，叫他挪移别的银钱充数。只是因为参加办案的另两位大臣坚持追查，和珅最终才未能如愿。

五、贪污受贿　假公济私

和珅勒索百官，不仅明目张胆，而且价码越抬越高，单是两淮盐政征瑞一人，先后就贿赂和珅四十万两银子。有的则不惜代价购买奇珍异宝，投其所好。

江苏吴县有个珍珠商，在每个珠子外面用赤金包裹成丸状，增加了珠子的价值，大粒值二万两银子，次者值一万两，最便宜的也有八千两。尽管如此昂贵，官员们仍争相购买，唯恐买不到，因为他们知道，和珅每天早晨都服用一粒珍珠，以延年益寿、增强记忆。

其实，向和珅行贿也并非那么容易。有个山西巡抚巴结和珅，派部下带二十万两银子专程到京城上门献礼，然而进献无门，没人接待。这人打听个中原委，用五千两银子做"小费"求见，结果出来一个衣冠楚楚的年轻奴仆，张口便问"黄的还是白的"，口气傲慢得很。一听说是白的，年轻奴仆就告诉手下人收入外库，然后给了一纸便条，说："拿这个回去为证吧。"说完扬长而去。这人一打听，原来那个年轻奴仆只是个门子，便连声感叹：二十万两银子竟连和珅的面也见不上，见个门子倒要花五千两。

和珅贪财纳贿的一个突出伎俩，是经常打着皇帝和朝廷的招牌，假公济私，中饱私囊。乾隆帝到处游山玩水、寻欢作乐，晚年尤甚。每次出巡，都穷奢极欲，尽情挥霍。加之连年用兵、大兴土木，每年费用超过正常经费亿万之巨。这些事情，很多都交给和珅安排、办理，没有银钱支出，也要和珅想点子筹措。这便给了和珅贪污受贿绝大的机会和方便。

乾隆五十五年（1790），乾隆帝八十大寿，照例由和珅筹办庆典。和珅把皇宫内外和大小宫殿均装饰一新，从京城至圆明园，楼台歌榭全部用金银珠翠装点，假山上还设有木偶，开动机关就能活动、舞蹈。和珅还行文各省，让他们进献宝物贺寿。内阁学士尹壮图上疏反对，说各省的库藏皆已空虚，不能浪费资财。乾隆帝既不高兴，也感到焦急，和珅却说："不会这样吧？何不派尹学士去各地察看一下。"乾隆当即准奏，派尹壮图前往各地勘察，和珅又奏请派其爪牙庆成跟着去监视。在和珅的授意下，庆成每至一省，都想方设法干扰和掣肘尹壮图，不是先派人送信，便是借故拖延时日，等地方官把府库挪移充足，再去开库检查。这样一来，所查之处皆无亏空。于是，反映真实情况的尹壮图反而"以妄言坐黜"，而和珅与庆成却暗中捞足了外快。

和珅的贪得无厌以及乾隆对他的放任，使乾隆朝后期的吏治日趋腐败。各级官员一方面畏惧和珅的生杀予夺大权，另一方面也可借机向下级敲诈勒索。有这样一个贪贿无边的大官高高在上，下面的贪官污吏自然上行下效，更加放肆横行。他们层层索贿受贿，贪污腐化，贿赂公行，结成互相包庇纵容的关系网。有的总督不仅收受提升官员银两，而且向属员变卖珠子，然后又将珠子收回。山东巡抚国泰，勒索属员八万两；浙江巡抚福崧，贪污盐商税银十一万五千两。

有时候，朝廷也抓几个案件查处，但对于根除贪官无济于事。结果，贪污事件越来越多，贪污方法越来越巧，不仅个人贪污，而且上下勾结，串通一气，集体分赃。甘肃查出的全省官员合伙贪污案中，贪赃一千两以上的就有六十六人之多，布政使王亶望家，就抄出金银一百多万两。陕甘总督勒尔谨有个家人叫曹禄，从他家抄出的银子也有两万多两。甚至奉命查抄王亶望资财的官员也从中偷梁换柱，以银换金，以贱抵贵。如查抄底册中列有金条、金锭四千七百四十八两，而交到内务府的册子里只列金九两三钱，解到内务府时竟连一钱也没有了。

官吏贪污的资财，除直接向百姓搜刮外，还大量动用国库，使全国各省亏空日益严重。有的前任离职，后任不肯接收亏缺，上司出面说合；有的虽然接收了前任亏空，到自己离任时，照旧亏欠，称作"原装原卸"；有的本来没有亏空，到离任时将库中银钱拿走，名曰"做亏空"。这样一来，不仅处处亏空，而且数字大得惊人。最后，这些负担都转嫁到了百姓头上，使国计民生受到严重影响。例如清代的盐政、河工历来是比较富足的，但在和珅及众多贪官的榨取下，也财政拮据，以致河道年久失修，常有洪涝灾害。

与各地财政告急、仓库亏空情况相反的是，和珅家的仓库却越来越紧张，盖了一个又一个，仍然不够用，甚至于"夹墙藏金"，"地窖藏银"。

六、生活豪华　穷奢极欲

和珅大肆挥霍贪污受贿得来的钱财，过着极其腐化糜烂的生活。从后来清查其家产的账单上看，单就衣服一项，就有貂皮一千五百多张，狐皮一千多张，其他各种上等皮毛不计其数，另有绸缎库二间，各种衣服五千三百多件……真可谓"男人俱是轻裘，女人俱是锦绣"。

和珅有三处花园供其玩乐，其中淑春园最豪华，装饰一如皇宫。淑春园大约在乾隆初年开始修建，遗址位于今北京海淀一带。乾隆帝晚年，和珅势倾朝野，原来位于城内的宅第尽管一再扩建，但不太符合其身份和要求，就把淑春园赐给了他。和珅拥有淑春园后，将其改名为"十笏园"，大概有怀揣十笏、手掌大权的寓意。接着又不惜重金，对全园进行大改造，掘地为湖，叠石为山，修建成一座山水相间、风景秀美的园林。内部建筑仿照圆明园，据说和圆明园中的蓬岛、瑶台一模一样。园内遍种名花异草，房屋式样均依照大内宁寿宫的建筑，富丽堂皇，雍容华贵。为了修建淑春园，所费人力物力难以计算，仅园内的一尊太湖石，就花费数千金才运来，以致后人发出"曾移奇石等黄金"的感慨。

和珅的妻子是英廉的孙女冯氏，逝世于嘉庆三年（1798）春，葬礼十分隆重，当时的王公大臣无不前往吊唁。除了正妻，和珅还拥有许多姬妾，到底有多少，当时人也说不清。据说有一次庆典，和珅单为姬妾买花就用了数万两。在众多的姬妾中，和珅最宠爱的有两个，一个叫长二姑，府中人称"二夫人"；另一个叫吴卿怜，苏州女子，查办贪官浙江巡抚王亶望的部分家人财产里，就有这位吴卿怜。和珅很迷恋这位吴小姐的绰约风姿，为讨她欢心，专门给她建了一座小楼，起名"迷楼"。和珅被抄家时，这位吴卿怜也投湖自尽。

乾隆五十四年（1789），和珅之子丰绅殷德成婚，新娘是早在十年前就已订婚的十公主。婚礼的排场非常人所能想象。乾隆帝对这个最小的女儿很宠爱，陪送的嫁妆比以前的几个女儿都要多。和珅将丰绅殷德夫妇安排住在淑春园的西半部分，自己和妻妾住在东半部分。

为服侍这一家老小，和珅使用了大量的家奴和婢女，并且利用职权，大量使用公役人员，步军统领巡捕营在和珅私宅供役的就有一千多人。这些奴才也和主子一样挥霍无度，平时也狗仗人势，欺压良民，交结权贵，敛财纳贿。和府管家呼什图，时称"内刘"，和珅垮台后，其家亦被抄没，家资也有十余万，而且还替三个弟弟分别捐了知州、守备、州同等官衔。和府大总管刘全，建造的房子有一百多间，竟和王公大臣的府邸相似，很多士大夫都争着把女儿嫁给他，家产也有二十余万。

和珅对自己这种纸醉金迷、酒池肉林的生活并不十分满足。

他虽然享尽了人间的荣华富贵，但毕竟是臣属，与皇宫内廷的生活相比，还嫌不够气派，还有很多皇帝能用的东西他不能享用；若用，就是违制，罪名就是图谋不轨。对这一点，和珅也是心有不甘。为满足自己的私欲，每至夜深，在密室的灯下，和珅就穿戴皇帝的衣服，把窃取来的朝珠挂在颈上，对着一面大镜子，往来迈步，边走边对着镜子说话、微笑，但声音很低，生怕被人听见。过足了皇帝瘾，他才把衣服、朝珠卸下来。

平定回部后，乾隆曾命人用和阗玉雕了一匹高二尺、长三尺的玉马，存放在宫里。和珅对此御用宝物垂涎欲滴，设法将玉马偷出来，专供其与爱妾在洗澡时乘坐享用。

和珅给自己安排后事，也是跟皇帝相比。他在冀州（今属河北衡水）城外选了一大块土地，为自己建造坟墓。在墓前立一石门楼，石门前一地下隧道，盖正房五间，称为享殿；东西厢房各五间，称配殿；大门称宫门。墓外有围墙长二百丈。人们都把和珅的墓称为"和陵"。在围墙的西侧，还建有房屋二百一十九间。这套陈设和建筑，完全超越了规定，就连亲王墓地的周长也不过百丈，和珅却比亲王长了一倍多，简直与皇帝不相上下了。遗憾的是，他死后没能享受到这份"殊荣"，白费了一番苦心。

七、乾隆驾崩　和珅自裁

乾隆帝即位之初，曾焚香祷告上天，若能做六十年皇帝，即传位皇子。因此，当皇位坐满六十年时，他决定禅位给第十五子嘉亲王永琰，即后来的嘉庆帝。但他一直保守秘密，直到宣布前夕，才告诉了和珅一个人。

老皇帝退位，和珅自然懂得，必须依靠新皇帝，才能保住自己的地位和权势。他利用这个绝好的机会，带了一柄表示吉祥、喜庆的如意，跑到嘉亲王府邸，把它进献给了嘉亲王，暗示天大的喜事即将降临，自己提前表示祝贺。和珅想通过泄露机密这一招，来取悦于未来的皇帝，博得拥戴新皇帝的功劳，作为日后站稳脚跟的政治资本。果然，和珅刚传过消息，乾隆就宣布十五子为继承人，并于第二年正式即帝位。和珅暗暗得意，并盘算怎样进一步讨得新皇帝的欢心。

其实，嘉庆帝早就看透了和珅，深知上下内外对和珅是多么愤恨，而满朝文武"无一人奏及者"，表面上看朝臣均担心乾隆帝"圣寿日高，不敢烦劳圣心"，"实则畏惧和珅，钳口结舌"。如果自己继续重用此人，必然不得人心。和珅在朝中大权在握，一呼百应，一手遮天，说不定还会做出逼宫的事情来。还有，和珅的巨大财富也使嘉庆帝眼红，他怎能允许做臣子的富有超过皇室呢？因此，他下决心迟早要除掉和珅。可太上皇名为退位，却仍在掌权，且依然宠信和珅，其旨意仍是经和珅向外传达。由于投鼠忌器，嘉庆只好以隐忍以待，唯恐引起种种变故，反而不妙。

而和珅却摸不透新皇帝的心思。从表面上看，新皇帝对自己既客气又尊重，有事要奏请太上皇，他本人不去，还是让和珅转奏。对和珅的献媚讨好，则不作任何表示。这使和珅一直心神不安。于是，和珅便派自己的老师吴省兰去给新皇帝抄录诗稿，其实是希望摸清其心思。嘉庆帝十分谨慎，吟咏之中不露痕迹。左右近臣有人批评和珅，他却说："我正在依靠和相处理国家大事，你怎么可以非议呢？"这些话，当然很快就传到了和珅耳中。和珅用尽办法，观察一段时间后，见新皇帝没有对自己不满的意思，才稍稍定下心来，放松了防备。

嘉庆四年（1799）正月初三，乾隆帝寿终正寝，嘉庆帝开始亲政。

和珅的靠山倒了，他的官运和命运终于走到尽头。正月初五,身着孝服的嘉庆帝首先向全国发布了一道谕旨,对将帅懈怠、军事连连失利及官场的种种恶习,深为不满,要求从上到下重新振作精神,整顿纲纪,革除弊政,并下令内外大臣特别是负责监察的台谏官员,要指责朝政弊端,检举大臣的不法行为。

嘉庆帝的旨意,得到不少朝臣的响应,吏部给事中王念孙首先站出来检举和珅。接着,御史胡季堂列举和珅的罪状,把皇上御旨提出的问题统统归罪于和珅,主张给予严厉制裁。嘉庆见时机已到,很快下令将和珅及户部尚书福长安革职拿问,接着委派大员调查和珅的罪状。同时,凡属和珅的庄园财产,全部进行查抄。这时,和珅的同伙及党羽也惊慌失措,为避免受到牵连,纷纷反戈一击,揭发和珅的罪行。

嘉庆帝指令王公大臣联合审讯和珅,促其交代罪恶。他还亲自审讯和珅,责问道:"你家中盖楠木房屋,木材是否自宫中窃出?""房屋均照宁寿宫的式样,是何居心?"和珅不得不据实回答:"楠木是奴才自己买的,曾派遣胡太监往宁寿宫画下图样仿造,所以与宫中一样,其中水晶柱系由宫中窃出。"嘉庆帝又问:"你家所藏珍珠手串比皇宫多几倍,你的大珠比朕帽顶上的还大,你拥有的宝石比内务府多,这些岂不是你贪盗不洁的证据吗?"嘉庆还问到和珅将出宫妇女选入家中、擅坐椅轿出入皇宫等罪恶,和珅均一一招认。

在弄清楚和珅的犯罪事实后,正月十一日,嘉庆帝下诏宣布了和珅的二十大罪状。这些罪状的内容,综合起来有这样一些问题:泄露机密,拉拢皇太子,抢拥戴之功,对乾隆帝大不敬;欺隐军机要事,隐匿边报;专断军机处,把持户部;任人唯亲,所举非人;称陵墓为"和陵",园林房屋逾制,有不臣之心;大珠、宝石、珍珠物串都超过御用,衣货千万,金银财产不计其数;开当铺、钱店,与民争利;纵容家奴到处勒索,广置财产;步军统领巡捕营一千余兵丁供私宅役使，等等。

嘉庆帝在宣谕和珅罪状的诏书中，同时公布了和珅家产的查抄清单，见者无不瞠目结舌。查抄结果是：田土八千余顷，房屋两千余间。银号十处，本银六十万两。当铺十处，本银八十万两。金库内赤金五万八千两。银库内银元宝八百九十五万五千多个。珠宝库、绸缎库、人参库都装得满满的。

然而，公布的这些数字，并不是和珅的全部财产，因为这些只是短短几天里查抄记录下来的，和珅转移、隐藏的财产并未包括在内。据《清朝野史大观》记载，有个叫萨彬图的副都统，当时就对此提出过疑问，建议皇上继续清查。嘉庆知道他的话有道理，但对此却讳莫如深，不表态度，反而怪他多言。因此，世间对和珅到底有多少家产，一直众说纷纭，从而流传下来许多和珅家产的清单，其中薛福成《庸庵笔记》所载"查抄和珅住宅花园清单"流传最广。

据薛福成的记载，和珅的家产，除房屋住宅花园之外，有田地八千顷，生沙金二百余万两，赤金五百八十万两，元宝银九百四十万两，金银元宝各一千个，当铺七十五座，银号四十二座，其他如珍珠、白玉、绸缎、珊瑚、玛瑙、宝石、瓷器、古鼎、人参、貂皮等不计其数。当时查抄和珅家产共有一百零九号，其中已估价的二十六号，值银两亿两千多万两。若按近人梁启超的估计，和珅的全部家产，则有八亿两之巨，比清廷十年税收的总和还多。这些财产抄没后，嘉庆帝命拿出一部分赏赐给自己的亲信和大臣，其余的都为本人所占有，所以民间广泛流传着"和珅跌倒，嘉庆吃饱"的俗谚。

给和珅定罪后，接着给其同党福长安定罪。经大臣会同各有关衙门，一致奏请皇上将和珅凌迟处死，福长安则处以斩首。

嘉庆帝认为，如果把父皇最亲信的和珅拉到大庭广众之下，一刀一刀凌迟处死，这对已故老皇帝毕竟不是光彩的事情，便决定赐令和珅自尽，判福长安死刑。

正月十八日黄昏，在乾隆帝去世的半个月后，执法官员捧着嘉庆帝的圣旨，到监狱宣读，和珅跪在地上，听完后叩头谢恩。然后对儿子和福长安说："我和你等服事先帝甚久，本来应当一道同归。今皇上已有钟爱之臣，不再需要我们了，我就先走了！"说完，悬梁自尽。福长安等跪在一边，眼看着和珅气绝身亡。

东阁大学士王杰

王杰（1725—1805），乾隆年间宰辅，东阁大学士。字伟人，号惺园，陕西韩城人。状元及第，历任左都御史、兵部尚书、军机大臣，拜东阁大学士，加太子太保。王杰为官刚正，奸相和珅权势遮天，他绝不阿附，嘉庆帝誉之"直道一身立廊庙"，尤加倚任、尊崇。著有《惺园易说》《葆醇阁集》等。

一、殿试夺魁　入值南斋

王杰八岁丧父，家境贫寒。自幼聪明好学，青年时期曾在江苏巡抚陈宏（弘）谋门下做幕僚，受到器重。

王杰醉心理学，曾随陕西武功人孙景烈研习濂洛关闽之学。他参加十二年一次的拔贡考选，顺利入选，授蓝田县教谕，只是还未上任，父亲病逝，遂除官服丧。由于家贫如洗，王杰靠替人缮写书信奉养母亲。丧服期满后，他投身两江总督尹继善门下，尹对他也很器重。

乾隆二十六年（1761），王杰以陕西乡试第一（解元）赴京参加会试，考中后参加了决定进士名次的殿试。

当时，兆惠将军平定西北地区的叛乱凯旋，乾隆帝一时头脑发热，命他为当年殿试"读卷官"。兆惠说自己是个大老粗，不习汉文，乾隆道："读卷都用圈、点为标志，圈多的便是上乘佳作。"兆惠一听乐了，欣然从命。

殿试是由皇帝主持的科举考试，但本人并不阅卷，而是选派几名大臣充任"读卷官"，由他们阅卷，定出名次，将前十名进呈御批。"读卷官"阅卷，用"〇、△、●、丨、×"（即：圈、尖、点、直、叉）五个符号代表五个等级。每人先阅分得的卷子，然后互相传阅，叫做"转桌"。

四月二十一日，殿试在太和殿开考。二十二、二十三两天，兆惠等在文华殿阅卷。阅毕，兆惠逐卷数圈，有份卷子九个圈，是最多的，遂以此卷第一，又定出其余诸卷的名次，将前十名进呈乾隆帝。

乾隆帝审查前十名卷子，觉得第三名卷子的字体很熟悉。当时，乾隆想在北方选拔人才，他见此卷字迹工整清秀，猛然想起此人叫王杰，陕西韩城人，做过两江总督尹继善、江苏巡抚陈宏谋的幕僚，替他们缮写奏疏，人品很好，遂以王杰第一，将"读卷官"列为第一的卷子贬为第三。由此，王杰成为清朝开国以来陕西籍的第一名状元，也是唯一的陕西籍状元。而被贬为第三名的，是阳湖（今江苏常州）人赵翼。

据传王杰中状元后，山东举子很不服气，认为选拔不公，便出对联考王杰，上联是："孔子圣，孟子贤，自古文章出齐鲁。"王杰当即答对："文王昭，武王穆，而今道统在西秦。"山东举子由此态度一变，对他十分尊敬。这反映了王杰的文才确有过人之处。

四月二十四日，太和殿宣布及第者的名次，乾隆帝第一次看到王杰，见他身材适中，风度翩翩，很是喜爱，特地赐诗一首。

按照惯例，王杰被授予翰林院修撰，入值南书房。南书房在乾清宫西南，也称"南斋"，掌管皇上御用的文辞书画。

当时正值理学衰落，朴学兴起，王杰生在关中，年轻时十分崇拜关学创始人张载的实学风格。乾隆二十七年（1762），也就是王杰中状元的第二年，时值张载祠再次修缮告竣，故乡去函请他撰写楹联，王杰欣然命笔，撰成两联：

道学振关中，十六字渊源遥接；
教泽留梓里，千百年俎豆常馨。

三代可期，井田夙愿经时略，
二铭如揭，俎豆能往阐道功。

联语概括了张载的学术贡献及对后世的影响，也表明自己愿意继承其治世之道，以成就盛世。

二、严教皇子　直斗和珅

后来，王杰经多次升迁，做了内阁学士。乾隆三十九年（1774），出任刑部侍郎，后又转调吏部，擢升右都御史。乾隆四十八年（1783），老母去世，王杰辞官回家服丧，乾隆帝遣使前往韩城，委任他为兵部尚书。

当时，乾隆帝南巡，王杰赶赴行宫谢恩。乾隆说："你来了很好。君臣久别，应知朕想念你。你是个儒生，朕应让你尽孝，服完三年之丧。"乾隆五十一年（1786），王杰服丧期满还朝，被擢为军机大臣、上书房总师傅。次年，拜东阁大学士，管礼部事，加太子太保衔。

王杰性格耿直，任上书房总师傅，在教皇十五子永琰读书时，严加教训，并罚跪罚站。有一次，乾隆碰见永琰被罚跪，即令站起，并说："教者天子，不教者天子，君君臣臣乎？"意思是：你教不教，将来也能当皇上，罚站不是臣子对君上应有的态度。王杰答道："教者尧舜，不教者桀纣，为师之道乎？"意思是：教了会成为尧舜，不教会成为桀纣，老师的责任就是严格教导。乾隆听了，深为叹服，令皇子复跪。此事虽不见史传，但却体现了舆论对王杰刚直性格和负责态度的赞誉。

王杰身任要职十余年，为官清正，敢于直言，是当时朝中难得的正直之士，特别是在与奸贪之臣和珅的斗争中，表现了他刚正不阿的品节。

当时，和珅专权，炙手可热，朝臣无不侧目，唯有王杰不买他的账，和珅很是气恼。但王杰也为乾隆帝宠信，和珅虽然恼怒，却也无可奈何。见硬的不行，和珅便来软的，主动和王杰套近乎。

一天，朝臣议论完军国大事，王杰像往常一样，默然独坐。和珅走过来，拉着王杰的手说："状元宰相的手，果真好，真柔和。"王杰正色道："王杰的手虽好，但它仅会做状元宰相，不会要钱。"和珅贪财，闻言赧然。

《清朝野史大观》第三编"清人逸事"，记载了这样一件事：礼部有个姓陈的官员，应和珅之召去给他看病，临行前，请示管理礼部事务的王杰有何吩咐。王杰愤然道："和珅乃奸相，你一定要乘机下药杀了他。否则，就别来见我！"吓得姓陈的不敢去了。和珅已经答应保姓陈的做御史，见他不来，便将其贬为巩昌（治今甘肃陇西）知府。这虽属传闻，但也反映了王杰对和珅弄权贪贿的深恶痛绝。

三、新君倚任　清廉返乡

乾隆六十年（1795），乾隆帝禅位于十五子永琰，自己做了太上皇。永琰继位，改名"颙琰"，年号"嘉庆"。

就在嘉庆帝即位这年，王杰上疏，说自己患有足疾，行走不便，请求免去军机大臣、上书房总师傅、管礼部事诸官职。嘉庆帝允准，但每逢有大事，还定要征求王杰的意见。王杰也不时上疏，陈述对军国大政的看法。

嘉庆二年（1797），嘉庆帝下诏，命王杰再任军机大臣。王杰腿脚不好，皇上特许不必在军机处值班。

嘉庆四年（1799），太上皇寿终正寝的第三天，嘉庆帝就开始查办和珅。凡是与和珅相勾结的人，都受到了惩处。王杰痛恨和珅，天下皆知，嘉庆帝更加器重他，擢为首辅。王杰身居高位，处处以国事为重，清正廉洁，竭诚事主，嘉庆很是赞赏。

嘉庆亲政后，宣布了和珅的二十大罪状。王杰参与和珅一案的审理，查明了和珅贪污纳贿的种种罪状。清廷年税收银七千余万两，而和珅家产折银竟达八亿余两，相当于朝廷十余年税收的总和。案件审毕，嘉庆帝责令和珅自裁，并抄没其家产。当时传说："和珅跌倒，嘉庆吃饱。"可见影响和震动之大。

嘉庆年间，川、陕、豫、楚土地兼并和剥削十分严重，百姓生活困苦不堪，豫、陕、川爆发了白莲教起义，清廷派兵围剿，久久不能平息。当时，王杰因病免官，但他密切关注各地起义，上疏嘉庆帝，主张实行怀柔政策，优待"归顺"的起义民众，并认为起义的根源在于地方吏治黑暗，属于官逼民反。王杰建议用募兵的方法，把乡勇和义民改编为正式军队。

嘉庆五年（1800），王杰以年老体弱为由，上书辞官。嘉庆帝下诏慰留，特许扶杖入朝。嘉庆七年（1802），王杰再次上疏，固请辞官。嘉庆诏准，授太子太傅，享受原俸。

嘉庆八年（1803）春，王杰临别上书言二事：整饬吏治，整顿驿站。他认为，当务之急，莫大于此两事。嘉庆帝觉得王杰所言极是，欣然接受，特赐予乾隆帝御用玉鸠杖，还赐给御制诗，诗中有句云："直道一身立廊庙，清风两袖返韩城。"当时人们都说，此诗足以概括王杰的一生。

辞职获准之后，王杰偕妻回到了韩城老家。这一年，王杰夫妇均已七十九岁。

王杰虽然走了，但嘉庆帝没有忘记这个有大功于社稷的两朝重臣，每逢岁时节日，都会颁赐礼物给他。而王杰虽然告老还乡，但仍时常上疏陈述对军国大政的看法。接到王杰的奏疏，嘉庆都亲自批复，用语如同家人一般。

嘉庆九年（1804），王杰夫妇年满八秩。嘉庆帝命陕西巡抚方维甸带着御赐的诗、额、珍宝，在王杰生日那天去到府上祝寿。王杰受此大礼，赴京师谢恩。他年岁已高，旅行数千里，到京师后就病了。

嘉庆十年（1805）正月，王杰在北京去世。嘉庆闻奏，大为悲伤，赐金助办丧事，追赠太子太师，谥曰"文端"，令入祀贤良祠。

清史专家萧一山云："乾隆之盛，斯亦用人之效已。初年有张廷玉之勤慎，鄂尔泰之练达；中年有刘统勋之干济，傅恒、兆惠之勋功。其余嵇氏父子（嵇曾筠、嵇璜）、陈世倌、史贻直、陈大受、汪由敦、梁诗正、尹继善、孙嘉淦、陈宏谋、刘纶等，亦皆忠正有为。"接着特别指出："即晚叶和氏（和珅）专政，朝纲大坏，亦尚有阿桂、王杰之持正不阿。故人才济济，得佐明堂，而后乃有政治之可言。"（《清代通史》）可见所谓"乾嘉盛世"，王杰有其一份独特的勋劳。

协办大学士刘墉

刘墉（1720—1805），乾嘉时期文臣，协办大学士。字崇如，号静庵、石庵，山东诸城人。父亲刘统勋，是乾隆帝倚重的股肱大臣。乾隆时，刘墉历任学政、知府、巡抚及左都御史、吏部尚书、协办大学士等；嘉庆初，授体仁阁大学士，加太子太保。刘墉为官清廉，为人正直，生活节俭，遵守礼法，可谓一代名臣。

一、名门望族　砥砺风节

刘墉出身于山东诸城刘氏家族。这个家族是当时的名门望族，通过科举走入仕途的人很多。刘墉的曾祖父刘必显，顺治年间中进士；祖父刘棨，康熙朝有名的清官；父亲刘统勋更是一代名臣，官至东阁大学士兼军机大臣。

刘墉生长在世代书香、以仕进为荣的家庭，从小受到良好教育自不必言。他后来成为四库全书馆副总裁，也证明了其学识的渊博。但不知是何原因，却迟迟没有参加科考。直到乾隆十六年（1751），三十三岁的刘墉才因父亲的关系，以恩荫举人身份参加了当年的会试和殿试，并获进士出身，选翰林院庶吉士。

翰林院庶吉士是翰林的预备资格，一般从科考成绩优异的进士中选拔，然后在庶常馆学习深造，期满考试合格者，授翰林院编修。清代翰林虽然薪俸较薄，但作为皇帝身边的文学侍从之臣，号称"清贵"，"有清一代宰辅，多由此选"。而且大臣死后，若想得到皇帝赐谥以"文"，则必须是翰林出身。所以，清代以科举仕进者尤重翰林出身。应当说，刘墉在仕途上开局良好。

从乾隆二十一年（1756）开始，此后二十余年的绝大部分时间里，刘墉主要做地方官，由学政、知府，直至督抚大员。在任地方官期间，他基本上沿袭父亲刘统勋正直干练、雷厉风行的行事风格，对科场积弊、官场恶习进行了力所能及的整顿，为百姓做了不少实事。

刘墉先后提督安徽和江苏学政。在前往安徽赴任前，乾隆特地召见并赐诗，其中有"海岱高门第，瀛洲新翰林"之句，希望刘墉能不辱门楣、有所建树。出任江苏学政前，乾隆仍有诗相赠，可见对其抱有厚望。刘墉也不辱使命，很是严肃认真。据清人笔记记载："昔日刘石庵相国视学江苏，严肃峻厉，人多畏惮。"（诸联《明斋小识》）刘墉曾先后两次提督江苏学政，相隔近二十年，处事风格也由峻厉刚急转为平和舒缓，但严肃认真则是一贯的。以第二次任江苏学政时按试扬州为例，因把关严格，许多想以作弊蒙混过关者最后都不敢入场。

刘墉因表现卓异，得到乾隆帝的赏识，擢为山西太原知府。他不负重托，到任后没几天，便将前任遗留下的疑难案件审理一清，受到官民的一致称赞。正当刘墉以政绩迁冀宁道时，前任山西阳曲知县段成功亏空案发，刘墉因失察罪差点儿丢了性命。

乾隆三十四年（1769），五十一岁的刘墉获授江宁知府。此时刘统勋圣眷正隆，先后以大学士之职兼管兵部和刑部，被皇上倚为股肱之臣。刘墉也十分珍视这次机会，"颇以清介持躬，名播海内，妇人女子无不服其品谊，至以包孝肃（包公）比之"（《啸亭杂录》卷二）。在短短一年的江宁知府任上，刘墉确实有政绩、有政声。袁枚有诗赞曰："抗上耸强肩，覆下纡缓袖。张口辄诋娸，上手多宽宥。奸豪既帖柔，狐鼠亦俯伏。救灾如救焚，除弊如除垢。殷然爱才心，白首还如旧。"（《送刘石庵观察之江右》）

此后，刘墉先后任职江西、陕西、江苏，至乾隆四十年

(1780)，授任湖南巡抚，节制各镇，兼理粮饷，驻长沙，兼理军民事务，成为名副其实的封疆大吏。

二、和珅排挤　乾隆斥责

乾隆四十七年（1782），刘墉奉调入京出任左都御史，并在南书房行走。刘墉入京时，正当和珅专宠，擅弄威权，排斥异己。

刘墉刚入京的几年，做到了协办大学士、吏部尚书、上书房总师傅，其间还处理了一件棘手的案子。案子当事人国泰是山东巡抚，其父四川总督文绶是刘墉的老上级；更为关键的是，国泰的后台正是皇帝身边的红人和珅。

乾隆四十七年（1782）四月，御史钱沣参劾山东巡抚国泰专横，以向皇上纳贡的名义大肆搜刮钱财，下属历城、益都等几十个州县仓库亏空严重。乾隆帝对此十分重视，责成和珅、刘墉等，与钱沣一起前往核查。

刘墉深知和珅与国泰的关系，因此常与钱沣密商对策。到山东历城县后，和珅说不用彻底核对，只要抽查几个库就可以，而且先起身回了住所。钱沣要求先封库，第二天彻底拆封。结果发现库里的银两"多系圆丝杂色银"，通过盘诘库吏得知，这些银两是从各商铺借来充数的。随即出告示叫各商铺认领，商贾纷纷前来，库藏为之一空。刘墉自始至终支持钱沣，使钱粮亏空案最终水落石出，而这当然也就得罪了和珅。

后来，受和珅的挑拨，乾隆帝对刘墉心生芥蒂。乾隆五十二年（1787）初，刘墉因泄露与皇上关于嵇璜、曹文埴的谈话内容，不仅受到申饬，而且失去了本应获授的大学士一职。

乾隆五十三年（1788）夏天，刘墉兼理国子监，发生乡试预选考试中诸生馈送堂官的事，被御史祝德麟弹劾，结果刘墉受到处分。

乾隆五十四（1789）年二月底至三月初，负责皇子教育的上书房诸师傅，因连天阴雨没有入值。乾隆得知后十分恼怒，担任上书房总师傅的刘墉被责处得尤其严厉，降为侍郎衔，不再兼职南书房。乾隆为此还专门下了一道上谕："刘墉是大学士刘统勋之子，念及统勋为朝廷效力多年，朕才对刘墉加恩擢用。而刘墉在府道任上还算勤勉，后来就不再认真办事，在湖南巡抚任上官声也平常。入京为尚书，办事情更是一味模棱两可。朕曲意优容，未加谴责，原以为他会感激圣恩，勤勉办事，不想竟然发生上书房诸师傅旷工七日之久而刘墉置若罔闻之事。刘墉这样事事不能尽职，于国则为不忠，于父则为不孝，其过失甚大，实在不能宽恕。"应当说，措辞相当严厉。

乾隆五十八年（1793），刘墉为当年会试主考官。因为安排失当，阅卷草率，违制和不合格的卷子很多。按规定，刘墉等至少要罚俸十余年。乾隆帝虽然作了宽大处理，但对刘墉却严加斥责。

嘉庆元年（1796），因为大学士一职空缺多时，破格增补户部尚书董诰为大学士，而资历更深的刘墉则被排斥在外。而且在上谕里又一次批评刘墉"向来不肯实心任事"，只是以模棱两可之词敷衍塞责，希望他"扪心内省，益加愧励"。

嘉庆二年（1797），授刘墉体仁阁大学士，但仍旧指责他"向来不肯实心任事，行走颇懒"，并说"兹以无人，擢升此任"，可见其评价。当然，以上两条嘉庆初年的上谕，代表的仍然是太上乾隆帝的意见。

嘉庆九年（1804），刘墉病逝，享年八十五岁，赠太子太保，谥曰"文清"，入祠贤良祠。

刘墉尤善书法，海内闻名；大量墨迹，至今犹存。其中部分曾由嘉庆帝赏予刘墉之侄刘镮之收藏，并以《爱清堂石刻》题名刊行。

封疆大吏五督臣

　　向来以为，临民者乃州县官，所谓"父母官"；管理州县官的，则是督抚，所谓"封疆大吏"。乾隆帝晚年《怀旧诗》，阁臣、功臣、词臣之外，尚有"督臣"，即各处总督。这些个总督，大多因地而设，但亦有因事而设者，诸如河督、漕督；即便因地而设，取舍也不无缘于情事者，则又多与军事相关。可见督臣关乎实事，吏治清明、经济繁荣、社会安定，均与有责焉耳矣。

河道总督高斌

高斌（1683—1755），乾隆帝"五督臣"之一，慧贤皇贵妃之父。字右文，号东轩，隶满洲镶黄旗。在雍、乾两朝，历任浙江等省布政使、河道总督、吏部尚书，以及军机大臣、文渊阁大学士。一生勤奋，忠于职守，尤以治河"颇著劳绩"，是与靳辅齐名的"河臣"。

一、因女而贵　两朝信用

高斌的祖上本为汉族。曾祖父高名选，祖籍奉天辽阳，努尔哈赤时投归后金。

高斌的祖父高登永，曾任直隶兵备道；父亲高衍中，历任内务府主事、都虞司郎中兼佐领、参领。

年轻的时候，高斌在内务府当差，身份低下。雍正元年（1723），他担任了内务府主事。雍正四年（1726），出任苏州织造，此后历任浙江、江苏及河南布政使。雍正九年（1731），兼任河东副河道总督。雍正十年（1732），调任两淮盐政，次年兼署江宁织造。在此期间，由于及时密奏米价、收成及地方情形，受到雍正帝的器重。

雍正十二年（1734），高斌的女儿被选为宝亲王弘历的侧福晋。弘历即位后，高斌之女被册为皇贵妃（谥"慧贤"），全家抬入满洲镶黄旗，并赐满姓"高佳氏"。此后，高家不仅身份骤贵，高斌本人也受到进一步重用。

乾隆十年（1745），慧贤皇贵妃去世。乾隆帝悼念亡妃，加之高斌多年勤劳任事，便授其为太子太保，随后召之入京，授任吏部尚书、协办大学士，入值军机处。后又累授玉牒馆副总裁、文渊阁大学士等。

乾隆十三年（1748），高斌奉命前往调查浙江总督常安受贿案，后又负责监督籍没周学健家产案。但在两个案件中，高斌徇私瞻顾，虚报案情，大学士之职被削夺，直到乾隆十六年（1751）才复职。

二、治河能臣　功在民生

高斌多年担任河道总督，其一生政绩也主要在于治河，黄、淮、运三条河道的治理工程，都留下了他的身影。

高斌担任河臣，始于雍正九年（1731），那一年，他任河东副总河。雍正十一年（1733），又受命在江南河道总督嵇曾筠指导下，研习治河之术。次年署理江南河道总督，不久实任。此后，高斌致力于治河及修建水坝、改建水闸。由于实践经验丰富，管理才能出众，治河成绩颇为卓著。

乾隆元年（1736）四月，黄河水涨，乾隆帝命高斌会同两江总督赵弘恩、河南巡抚富德共同提出治水对策。赴任后不久，高斌提出自己的对策，建议疏浚毛城铺以下河道，并在相应位置开河建坝。这个方案曾引起一些官员的非议、阻挠，高斌坚持己见，进而得到皇上的肯定。方案实施后，取得良好效果，《清史稿》谓之"民蒙其利"。

乾隆六年（1741），高斌任直隶总督兼河道总督。在视察永定河后，高斌奏请在该河上游修建水闸，以便疏浚下游；同时多修渠道，以便灌溉农田。他的建议得到朝廷认可，实施后也卓有成效。

高斌是靳辅、齐苏勒、嵇曾筠之后，又一位著名的河道总督、治河专家。乾隆二十二年（1757），乾隆南巡时指出："原任大学士、内大臣高斌，任河道总督时颇著劳绩。功在民生，自不可没。……在本朝河臣中，即不能如靳辅，较齐苏勒、嵇曾筠有过无不及。"因而"与靳辅同祠河上"（《清史稿·高斌传》）。乾隆还御制《赠总河高斌》诗，称"潘（潘季驯）靳（靳辅）嘉猷编简在，千秋惟尔继贤声"，可谓赞赏有加。

当然，高斌在任上也出过纰漏。乾隆十八年（1753），由于苏、皖两省洪水泛滥成灾，高斌办理河道工程不力，被革职留任。同年，在江苏铜山疏浚河道时，两名部属滥用公款被正法，高斌与副总河张师载亦被绑缚刑场"使视行刑"。

乾隆二十年（1755）三月，高斌卒于江苏治河工地，终年七十二岁。追赠内大臣衔，赠银一千两治丧，谥曰"文定"。乾隆五十一年（1786），入祀贤良祠。乾隆帝晚年撰《怀旧诗》，高斌位列"五督臣"。

高斌一生勤奋谨慎，忠于职守，虽然公务繁忙，但对诗词、儒学等亦颇有兴趣。文集由其子高恒刊印，包括四卷诗作和两卷杂文。

陕甘总督黄廷桂

黄廷桂（1691—1759），乾隆帝"五督臣"之一。字丹崖，号前黄，北京房山人，隶汉军镶红旗。以监生承袭曾祖父云骑尉世职，官至尚书、总督，授武英殿大学士，封三等忠勤伯。长期担任四川、陕甘总督，筹办军需，精详妥协，又不累民，深受乾隆嘉赏，谓之"其功最大"。

黄廷桂出身世家，曾祖父黄宪章封云骑尉，父亲黄秉中曾任浙江、福建巡抚。

康熙四十九年（1710），黄廷桂以国子监监生承袭曾祖父的云骑尉世职。五十二年，授三等侍卫，迁升参领。其间，他曾多次跟随康熙帝赴热河行宫。雍正帝尚在藩邸时，就了解黄廷桂的才能，继位后，于雍正三年（1725）授任他为直隶宣化总兵。雍正五年（1727），擢升四川提督。

其时，朝廷推进改土归流，地方局势比较混乱。黄廷桂任职的地方，土著众多。雍正六年（1728），雷波（今属四川西昌）土司杨明义，暗中帮助米贴苗妇陆氏叛乱。黄廷桂发兵征剿，先后将二人生擒，并斩首近万人。雍正七年（1730），倮倮叛乱，黄廷桂发兵平定，受到雍正帝的嘉奖。

雍正九年（1732），朝廷大军征讨噶尔丹策零，分设四川总督，黄廷桂出任此职，并仍兼任四川提督。数年之后，四川总督裁撤，黄廷桂仍任四川提督。

乾隆元年（1736）十二月，黄廷桂奉召回京。第二年，授銮仪使；不久，又授天津总兵。乾隆五年（1740），迁任古北口提督。

乾隆六年（1741），乾隆帝驾幸热河行宫，途径古北口阅兵，因所部营伍整肃，赐予黄廷桂马匹及上用绸缎。不久，授甘肃巡抚。乾隆十二年（1747），署陕甘总督。此后，黄廷桂又担任过两江总督，授太子少保。

乾隆十六年（1751），黄廷桂调任陕甘总督。朝廷重设四川总督后，乾隆十八年（1753），黄廷桂再任此职；不久进吏部尚书，留总督任。四川滨江诸县，可引江水灌溉田地，此外则多为山地，常年苦旱。黄廷桂奏饬通省勘修塘堰，新都、芦山等十州县，以及青神莲花坝、乐山平江乡、三台南明镇，次第修举，山区旱地都成了肥沃田土。

乾隆十九年（1754）初，黄廷桂兼任吏部尚书；一年后，授武英殿大学士，仍领四川总督。其时，打箭炉（今四川康定）徼外的孔撒、麻书两土司产生争端，金川、绰斯甲布袒护麻书，革布什咱、德尔格忒向着孔撒，双方互相攻杀。黄廷桂偕同提督岳钟琪，饬谕两方各自解散，事件平息。

当年六月，黄廷桂再次调任陕甘总督，仍领大学士衔。朝廷大军征讨阿睦尔撒纳，陕、甘为转输粮草的要道。黄廷桂从当地军中调取营马，又令州县采买马、驼，并敕令各驿站之马十调五六，很快就得到数千马匹。其间，黄廷桂先后送往军前的马、驼，多达七万余。由此，积功自太子少保进太子太保，自骑都尉进三等忠勤伯，先后受赐双眼孔雀翎、红宝石帽顶、四团龙补服及白金等。

乾隆二十四年（1759）正月，黄廷桂驻凉州（今甘肃武威），病情加重。乾隆帝命额驸福隆安率御医前往诊视，刚刚启程，黄廷桂就病逝了，终年六十九岁。福隆安奉命奠醊，乾隆御制挽诗，赐祭葬，谥曰"文襄"。次年，图形紫光阁，入祀贤良祠，

黄廷桂从雍正末年出任封疆大吏，宦辙集中于川陕一带，其中任四川总督十三年，陕甘总督十三年，此外仅有三年任两江总督。乾隆对其如此评价："廷桂于西陲用兵，虽未身历行阵，而筹办军需，每有朕旨未到，旋即奏至，与所规画不约而同。体国奉公，精详妥协，而又毫不累民，内地若无兵事，其功最大。"（《清史稿·黄廷桂传》）乾隆晚年的《怀旧诗》，列黄廷桂于"五督臣"之中。

直隶总督方观承

方观承（1698—1768），乾隆帝"五督臣"之一。字遐谷，号问亭、宜田，安徽桐城人。因受文字狱牵连，家道中落，少年

时曾寄食佛寺。后以书记起家，洊臻方面大员。任直隶总督长达二十年，殚精竭虑，办事周详，受到乾隆帝的赏识，史谓之"政行畿甸"。

一、书记起用　洊臻大员

方观承出身官宦之家，祖父方登峄、父亲方式济，都曾在朝中任职。不过，到方观承年少时，因受戴名世《南山集》案的牵连——《南山集》曾征引其曾祖方孝标著作中有关南明桂王抗清的文字，父、祖等被流放黑龙江，家道从此中落。

其时，方观永、方观承兄弟年龄幼小，免于流放，却不得不寄食于南京清凉山寺，靠僧人接济为生。

康熙五十二年（1713），方观承兄弟离开金陵北上，经过一年多的长途跋涉，在康熙五十四年（1715）春天抵达卜魁（今齐齐哈尔），探望父、祖。其后，方观承兄弟南来北往，经常往返于金陵、京师、奉天、黑龙江之间。其间，方观承备尝艰辛，磨练了意志，且"遍知天下利病，人情风俗"，为后来任职地方"所当设施"积累了经验（《碑传集·方恪敏公家传》）。

方观承寓居北京时，曾被族人推荐给平郡王福彭，福彭屡次约见，方观承并未应约。雍正十年（1732）秋天，方观承北上途经盛京，恰逢福彭在那里祭陵，便前往行馆谒见，受到赏识，此后便在平郡王府当了差。

雍正十一年（1733）七月，平郡王福彭任定边大将军，出征准噶尔，以方观承为随军记室，掌管文书。雍正十三年（1735），福彭大军凯旋，把方观承推荐给了皇上。雍正帝随即予以召见，并任为内阁中书。这时，方观承已经三十八岁。

平郡王福彭是清朝世袭罔替的八家"铁帽子王"之一，自幼聪明伶俐，养育宫中，曾与皇子一起读书，与弘历为同窗好友。

弘历继位后，乾隆二年（1737），方观承得以入值军机处，担任军机章京；不久，转任吏部郎中。

乾隆七年（1742），方观承任直隶清河道，随同署理直隶总督史贻直视察永定河工。一年后，升任直隶按察使。

乾隆九年（1744），方观承随同保和殿大学士讷亲，勘查河道及海塘工程。同年，升任直隶布政使，执掌一省钱粮税赋。

乾隆十一年（1746），方观承署理山东巡抚；两年后，实任浙江巡抚。在巡抚任上，方观承多次亲赴现场勘察海塘工程，发现海塘引河部分地段已经涨沙成陆，随后经反复勘验，丈量出可开垦田地三十五万余亩，并制定相关管理制度，使贫民得到了一定的可耕之田。

方观承入仕虽非正途，且三十几岁时才开始起步，但升迁可谓迅速：由七品的内阁中书，一路升迁至从一品的直隶总督，只用了十七年。缘此，时人以为清朝"以书记起用至大员者，惟桐城方恪敏一人"（《榆巢杂识》）。

二、久任直督　办事周详

方观承一生仕宦，在直隶总督任上最久。自乾隆十四年（1749）起，除乾隆二十年（1755）短暂署理陕甘总督外，一直担任直隶总督，长达二十年之久，直至去世。

方观承升任直隶总督时，直隶地区有五大河流，其中永定河最称难治。上任之初，方观承便上奏，谓"永定河自六工以下，河形高仰，请就旧有北大堤改移下口，使水行地中，畅通无阻"（《清史稿·方观承传》）。

乾隆十五年（1750）春天，乾隆帝交给方观承一幅图——江南河道总督高斌的《豆瓣集漫口图》，令其依图仿行，治理永定河。不过，方观承认为，永定河与豆瓣集情形不同，豆瓣集为中河余水漫溢，故可选择在水缓之处施工；永定河南为月堤缺口，北为大堤漫口，南北相距很近，如果仅堵月堤，溢出的水没有去处，因而只能堵筑漫口。

乾隆十八年（1753），方观承又奏请在永定河北岸六工尾开堤放水，自凤河流入大清河。随后又奏请在下口北埝之外做遥埝，以便均沙散水；并加筑凤河东堤，与遥埝相接。

方观承的上述建议，均得到乾隆帝认可，加以施行，并取得了良好效果。

在直隶总督任上二十年，方观承政绩突出，不仅治河，其他方面也颇有建树。赵慎畛《榆巢杂识》谓其"在任二十年，留心民瘼，如义仓、书院、留养、育婴各局，并督所属实力奉行。其筹办河务，亦得机要"。《清史稿》亦云："观承殚心力于是，政行畿甸。"

方观承事无巨细，殚精竭虑，勤恳周到，以"办事周详"而为乾隆帝赏识。乾隆有御制诗《赐直隶总督方观承》："……任久民情悉，心恒吏治敦。幸哉连稔后，元气复堪论。"称其"任久""心恒"，因而"民情悉""吏治敦"，可谓中肯。

方观承为人端正，清洁廉明，故而颇得皇上优容。乾隆二十八年（1763），天津等处积水，方观承失察，本应免职，但获得宽免。之后，御史吉梦熊、朱续经弹劾方观承包庇属下的不法行为，乾隆帝非但没有责怪，反而加以保护。

乾隆三十三年（1768），方观承患疟疾，当年八月卒于任上，终年七十一岁。谥曰"恪敏"。乾隆帝晚年所撰《怀旧诗》，方观承在"五督臣"之列。

方观承善于用人，勤于学问，好吟诗，工书法。他曾参与《五礼通考》的编辑，且有《述本堂诗集》和《述本堂续集》等行世。

两江总督高晋

高晋（1707—1779），乾隆帝"五督臣"之一。字德昭，隶满洲镶黄旗。进士及第，历任知县、布政使、巡抚，及江南河道总督、两江总督、湖广总督兼漕运总督，官至文华殿大学士兼礼部尚书。

高晋是大学士高斌的侄儿，乾隆帝慧贤皇贵妃的堂兄。他的祖父高述明，曾任凉州总兵。

高晋由监生入仕，初任山东泗水等处知县，其后历任陕西邠州知州、榆林府知府，山东河道总督及山东按察使，再迁安徽布政使、江宁织造。乾隆二十年（1755），擢安徽巡抚。二十六年，任两江总督，次年授内大臣。二十八年，加太子太傅。三十年，再任两江总督。三十三年，署湖广总督；次年，兼署江苏巡抚。四十六年，兼署漕运总督，授文华殿大学士，兼礼部尚书，仍任总督如故。

与叔父高斌一样，高晋也以治河而获能臣之名。乾隆二十二年（1757），高晋受命修筑江苏徐州段黄河故道堤坝，顺利完成工程。

高晋曾两度担任两江总督。在第一次任内，他组织修筑大量堤坝、水闸，开渠沟通河汊、湖塘、溪流，从而解除了数县的多年水患。在第二次任内，他疏请将江苏清河段黄河故道改道，以防止河水倒灌洪泽湖。乾隆帝认为这是"治淮、黄一大关键"。乾隆四十一年（1776）冬天，年已古稀的高晋入朝觐见，御笔书榜以赐。

高晋还曾建议从陶庄向北开凿运河，直抵黄河旧道南侧的周家庄。计划实施后，新运河（约六里长，乾隆四十二年初竣工）称为"陶庄迤北新河"，直至咸丰二年（1852）黄河改道北向从山东入海之前，这条新河一直与黄河相通。

历来河臣，即便如靳辅等，总免不了建议遭受訾议、官职升沉不定，高晋自然也是如此。乾隆四十三年（1778），高晋奉命赴河南仪封堵筑黄河决口，数月之后，堵口竣工。后来，该段黄河再度决口，部议高晋削职，乾隆帝恩赦，才得以留任。

当年十二月，高晋在仪封任所去世。朝廷赐祭葬，谥曰"文端"。乾隆帝晚年所撰《怀旧诗》，高晋位列"五督臣"。

四川总督孙士毅

孙士毅（1720—1796），乾隆帝"五督臣"之一。字智治，号补山，仁和（今杭州）人。自幼勤奋好学，博通经史。出仕之后，虽曾供职中央诸部，并任军机大臣、文渊阁大学士，但多在地方效力，先后总督山东、两广、四川、两江，且勇于任事，敏捷干练，颇著劳绩。

一、中年出仕　屡任地方

孙士毅幼时家贫，历尽艰辛，二十余年屡试不第，直到乾隆二十四年（1759）才中了举人，两年后又中了进士。

乾隆二十七年（1762）春天，乾隆帝第三次南巡，行抵杭州。孙士毅奉诏应试，以第一名授内阁中书，充任军机章京。此时，他已经四十三岁。不久，迁任侍读。

乾隆三十四年（1769），孙士毅应选随傅恒赴云南，参加对缅作战。因草拟奏章十分出色，返京后任户部郎中。同年，奉派主持湖南乡试，随后授贵州学政。几经升迁，乾隆四十年（1775）授云南布政使，四年后擢为巡抚。

其时，适逢云南总督李侍尧因贪污获罪，孙士毅以事先未加弹劾遭到议处，削官发往伊犁效力。乾隆帝赏识其文采，不久特诏赦回，任为《四库全书》的三位总纂之一；同时加授翰林院编修——这也是孙士毅进士及第后一直没有得到的荣衔。从此，他似乎与权臣和珅关系密切。

乾隆四十七年（1782）《四库全书》修竣，孙士毅出任山东布政使，次年擢广西巡抚。四十九年（1784），调任广东巡抚，抵任即号召民众缴纳长期拖欠的税款。

乾隆五十一年（1786），两广总督富勒浑被控贪污，命孙士毅署理总督，并审理其案。审讯中，富勒浑多次非难、威胁，但孙士毅不为所动，并将此情详细上奏。此举正中和珅之意，孙士毅遂被实授两广总督。

此时，台湾发生起义，孙士毅迅速筹备兵丁粮饷，等接到支援赴台平乱之命时，业已准备就绪。乾隆帝因其任事机敏，加太子太保，赏戴双眼花翎，封世袭三等轻车都尉。

二、远征安南　先胜后败

乾隆五十二年（1787），安南国王黎维祁被清化王阮文惠驱逐，携母亲、妻子逃到中国，请求清廷为其做主。孙士毅时任两广总督，接到求援后，力主发兵讨伐阮文惠。

广西提督许世亨，为阿桂所提拔，洞晓大义，坚决反对用兵。他说："蛮夷相攻，王者不治。一旦兵连祸结，没有了期，非社稷之福。"孙士毅一向自命不凡，岂肯放过不世之功？乾隆帝本就好大喜功，加之和珅鼓动，便传旨令孙士毅调兵两千，防守镇南关；率两广大军一万，由广西进入安南。诏命以两千兵马驻守谅山，八千兵马直捣王京。为稳妥起见，增派云南提督乌大经率部八千，从开化府马白关进军。

安南共有二十二府，分为十三道。黎氏享国百年，宗亲在各府县当政的不少，约有一半左右的府县在黎氏掌握之中。阮文惠本想逐步铲除黎氏宗亲，然后再行大事，谁知黎维祁不肯上当，只好果断下手。本以为天朝不会干预属国内部事务，没想到事出所料，阮文惠不免心中发慌，一面率部把守寿昌江渡口，一面分兵驻扎于嘉观，迎战两路清军。

孙士毅趁着锐气，一战而破寿昌江之敌，随后与敌方主力遭遇。孙士毅大张旗鼓地在下游搭建浮桥，暗中派总兵张朝龙从上游水浅之处渡江，绕到了敌后。渡江大军齐声呐喊，杀声震天，阮部大惊失色，乱作一团。孙士毅一声令下，军中搬出数百竹筏一齐下水，向对岸杀了过去。黎维祁聚起旧部，约有十万之众，会同游击张纯，大破嘉观阮军，副将张成设伏活捉阮军主帅，毙敌上万。

清军挺进富良江，过了江就是黎城。阮文惠纠合主力，将船只尽数掠到南岸，隔江固守。孙士毅命许世亨率二百勇士，趁夜以竹筏过江，掠得船只三四十艘。等到天明，大军已经渡过二千有余。阮军虽多，但都是乌合之众，加之有国主黎维祁以顺讨逆，阮军登时崩溃。阮文惠见事不妙，乘船逃往富平。张纯大破敌方水军，烧毁敌船数百，杀伤、招降三万有余。黎维祁进入黎城，乾隆帝重新册封其为安南国王，令孙士毅从速班师。

孙士毅连连获胜，根本不把敌军放在眼里，不肯遵旨撤兵。许世亨苦劝道："军队深入重地，自应慎重。阮文惠不战而走，心怀叵测。安南之事，应由安南人自行解决，大军应及早入关。"孙士毅厉声呵斥，许世亨退下后叹道："兵乃险事，总督不以为然，我辈异日将不知死所。"

这时，阮文惠已在顺化称帝。听说清军即将来攻，便遣使诈降。孙士毅信以为真，遂不加防备，一心等待阮氏来降。元旦那天夜里，阮军突然进攻，孙士毅仓促应战，结果大败。黎维祁带着家属再次逃往中国，孙士毅随后也过了江。

过江之后，孙士毅将浮桥拆毁，万余将士与民夫无法过河，淹死无数，江河为之不流。阮军趁胜杀来，许世亨叹道："大丈夫死于疆场，乃平生之志。如今不死于大敌而亡于小丑，未尽吾勇也！"言罢横剑自尽。

乾隆帝接到奏报，传谕安抚，称安南本系远方小国，瘴疠之地，而黎朝已为天命所不容。孙士毅虽应负战败之责，却仅削去世爵及两广总督官职，受命协助新任总督福康安消弭战火，然后返京另候新职。

三、镇压义军　赴藏立功

乾隆五十二年（1787）正月末，孙士毅奏称广东饶平县地方官拿获天地会要犯。二月初，乾隆帝传谕闽浙总督李侍尧、两广总督孙士毅、福建巡抚徐嗣曾严厉究办。随后，孙士毅奉旨查拿，将天地会老巢一锅端，除绰号"洪二和尚"的头领逃走外，其他大小人等悉数抓获。

之后不久，贵州与湖南的苗民，四川和湖北的白莲教，相继起事。孙士毅又身先士卒，在川东南、湘西北、贵州边界等地作战，将起义的小火苗一一扑灭。

不久，孙士毅受命任兵部尚书，并入值军机处。乾隆五十四年（1789）末署四川总督，翌年实授。随后又调任两江总督。

乾隆五十六年（1791），孙士毅出任吏部尚书、协办大学士。就在这一年，廓尔喀再次兴兵，大举侵入后藏，同年九月十九，乾隆帝急令四川总督鄂辉领兵进藏征剿，命孙士毅"轻装简从"

前往四川，署理总督事务，督办征剿大军的粮饷、军储。

受命主持川藏军需重任之时，孙士毅已经年逾七十，但他不避艰险，亲率干练属员，自打箭炉（今康定）出驻察木多（今昌都）督办军运。

乾隆五十七年（1792）五月，福康安奏称：官军在后藏收复失地后，准备向廓尔喀境内推进，粮饷等接济尤属紧要。孙士毅又奉旨驰赴前藏，筹划督运，终使入藏大军粮饷无缺。这年八月，乾隆帝以督运粮饷、军储之功，授孙士毅文渊阁大学士兼礼部尚书。同年九月，征剿大军班师，孙士毅又因协助妥为办理大军从后藏、前藏回撤内地事宜，再次得到皇上的赞许。

孙士毅随分批回撤的官军返回四川，行至硕板多地方之时，得到谕旨，命其会同福康安、和琳等"驻前藏谋善后"，于是又急忙折返拉萨。

回到拉萨后，孙士毅与福康安、和琳、惠龄，会同掌办商业事务的济咙呼图克图、众噶伦，以及班禅方面的扎萨克喇嘛等，集议善后章程条款。此次所订《藏内善后章程二十九条》，是一部系统的治藏法规，对后世有着重大影响。

嘉庆元年（1796）五月，孙士毅受封三等男。两个月之后，在四川军中去世，追赠公爵，谥曰"文靖"。其长孙孙均袭三等伯，入汉军正白旗。

孙士毅虽是和珅同党，但嘉庆四年（1799）和珅获罪时，他并未受到追遣。到嘉庆十一年（1806），孙均以残疾为由奏请准其堂兄承袭爵位时，嘉庆帝大怒，宣称孙士毅本不应受此封赏，并将孙均夺爵，革出旗籍。

孙士毅为官廉洁，生活俭朴，《清史稿》谓："是时诸将多骄侈，士毅独廉，盖亦有不可没者。"（《孙士毅传》）他还善于书法，并有《百一山房集》行世。

老名士与大才子

乾隆帝自谓文武全才，武功原本就是觉罗家族的看家本领，似乎不值得太多夸示；文才却是马上民族入主中原的新学，足以骄人。尤其身边进士成群、诗家满眼，虽说多为"天子门生"，毕竟不曾入帷一较高下，也就只能在诗词唱和、文赋赠答比量、显露一番。亲近文人，一举多得，故而不论"老名士"沈德潜还是大才子纪昀，也就都成为邀"圣上"一时宠遇的臣僚。

"江南老名士"沈德潜

沈德潜（1673—1769），清代诗人、诗论家，乾隆朝大臣。字确士，号归愚，长州（今江苏苏州）人。进士及第后选翰林院庶吉士，散馆授编修。后入南书房行走，官至内阁学士、礼部侍郎。他年近古稀始中进士，因诗名受到乾隆帝宠遇，生前身后极为尊荣，御口称其为"江南老名士"。去世后近十年时，因牵连文字狱案，被削谥、罢祠、仆碑。

一、半生教馆，六旬高中

沈德潜出身于耕读之家，此前家里已经有五代不曾入仕。他的父亲是个教书先生，以教馆授徒为生。尽管家境不好，但由于家庭渊源和父亲教诲，沈德潜从小喜好读书，勤于苦读，十六岁前已经通读《左传》《韩非子》《尉缭子》等书，儒家经典当然更是耳濡目染。

遗憾的是，沈德潜参加科举考试，却一直未能高中。四十岁的时候，他曾就此作诗，写道："真觉光阴如过客，可堪四十竟无闻。"（《寓中遇母难日》）实际上，沈德潜一生共参加十七次科考，直到六十多岁才有所斩获。

由于父母早逝，为了维持生计，从二十三岁起，沈德潜继承父业，开始教学授徒，从此度过了四十余年的教馆生涯。不过，在这些年中，尽管科考没有收获，但术业已经大进，尤其是诗歌创作和评论成就突出，名闻遐迩。

乾隆元年（1736），清廷开博学鸿词科。沈德潜受荐至京，但廷试时再次落选。乘舟南归行至黄河时，又遭风溺水，虽然侥幸保住了性命，所携物品却荡然无存。

乾隆三年（1738），沈德潜参加乡试，终于考中举人。第二年参加会试，荣登二甲第八名，这时他已经六十七岁，与比他小四十岁的袁枚同榜进士，均选翰林院庶吉士——成为"天子门生"。也正是袁枚，后来有诗写到沈德潜与乾隆帝非同寻常的关系："确士先生七十馀，自删诗稿号归愚。青鞋布袜金阶上，天子亲呼老秘书。"（《怀人诗·沈确士》）

乾隆帝既崇尚武功，又爱好诗文。对沈德潜的诗名，他早有耳闻。乾隆七年（1742）四月十九日，庶吉士参加例行的散馆考试，沈德潜与袁枚等同试于殿上。乾隆询问谁是沈德潜，沈德潜跪下奏道："臣是也。"乾隆问："文成乎？"沈德潜答："未也。"乾隆笑道："汝江南老名士，而亦迟迟耶？"三天后，沈德潜被任命为翰林院编修。

六月九日，新官轮班引见。乾隆帝令沈德潜和《消夏十咏》。沈德潜很快便和就进呈，乾隆阅后十分满意，欣然颁赏。不久，沈德潜又奉命和《柳絮》《落叶》等诗，都得到皇上的欢心。从此，乾隆每有诗作，便命沈德潜和作，多所激赏。沈德潜由此开始了晚年的飞黄腾达。

乾隆八年（1743）春，七十一岁的沈德潜迁左中允，后又迁侍读、左庶子、侍讲学士，充日讲起居注官。第二年，充湖北乡试正考官，迁少詹。第三年，晋詹事，充武会试副考官。如此迅速的升迁，令沈德潜受宠若惊，不禁发出感叹："君恩稠叠，不知何以报称，窃自惧也。"

二、"殿上君臣　诗中僚友"

从举业上来说，沈德潜可谓大器晚成，但在此之前，他早已经诗名满天下；而他得到乾隆帝的格外宠遇，也正是因为诗歌创作。

乾隆十一年（1746），沈德潜任内阁学士。此时他的夫人俞氏已经去世。他夜梦夫人，醒而成诗，乾隆帝阅后为之感动，对他说道："汝既悼亡，何不假归料理？"八月，沈德潜请假归葬。乾隆谕令不必开缺，命给三代封典，并赐诗饯行，中称："我爱沈德潜，淳风挹古初。"此诗在文坛宦海引起较大反响，侍郎钱陈群和诗道："帝爱德潜德，我羡归愚归。"一时传为佳话。

第二年六月，沈德潜假满还朝。乾隆帝高兴地对他说道："汝满假即来，可云急公。今令汝入上书房，辅导诸皇子，授汝礼部侍郎。"并吟诗道："儿辈粗知书，相期道孔颜。"表达了对沈德潜辅导皇子一事的厚望。乾隆还谕示诸臣说："沈德潜诚实谨厚，且怜其晚遇，是以稠叠加恩，以励老成积学之士，初不因进诗而优擢也。"（《清史稿·沈德潜传》）至此，乾隆帝与沈德潜关系日密，人称"殿上君臣，诗中僚友"。

皇上的宠幸，虽使沈德潜感恩不尽，但毕竟年过古稀，体力日衰。乾隆十三年（1748），沈德潜以齿衰病喧乞休，乾隆命以原衔食俸，仍在上书房行走。第二年，沈德潜又乞归，上命以原品休致，仍令校订御制诗集完成后再走，上谕中有"朕与德潜，以诗始，以诗终"之句；并令有所著作，准许寄京呈览；还赐以人参、官帛，赋诗宠其行。

回到家乡之后，沈德潜与乾隆帝仍然诗文往还不断。归田的第二年，乾隆赐予初刻《御制诗集》，又命和御制诗一百零四章。乾隆十六年（1751）二月，乾隆帝南巡，沈德潜迎驾于清江浦，乾隆厚加赏赐，谕令在籍食俸。这年冬天，沈德潜进京祝皇太后六十大寿，乾隆特赐其"德艺清标"额。沈德潜进呈诗集求序，乾隆欣然于坤宁宫手书以赐。第二年正月，乾隆又召赐沈德潜曲宴，席间赋诗联句；又因其年满八十，赐额"鹤性松身"，并赏赉藏佛、冠服。沈德潜归乡，又进呈《西湖志纂》，乾隆为题三绝句代序。

乾隆二十二至三十年（1757—1765），乾隆帝三次南巡，对沈德潜多次封赏，加礼部尚书衔及太子太傅，赐"九帙诗仙"额，食正一品俸，赐其孙沈维熙为举人，并命和御诗多首，赐御制诗篇。其中的乾隆二十六年（1761），沈德潜赴京师祝皇太后七十万寿，进呈《历代圣母图册》。乾隆命集文武大臣七十以上者为九老，凡三班，沈德潜为"致仕九老"之首；并命游览香山、图形内府。

面对荣华富贵，沈德潜尚能保持清醒。早在衣锦还乡之后，他就写下《誓墓文》，昭告于父亲灵前，表示今后保持晚节，决不营私嗜利。

三、曾受批评，终获哀荣

沈德潜早年曾师从叶燮学诗，自称深得其诗学大义，即所谓"不止得皮、得骨，直已得髓"，其自负可见一斑。不过，他的诗歌理论却抛弃了叶燮诗论中的积极因素，力倡"格调说"，强调"诗贵性情"。而所谓"性情"，就是"温柔敦厚""怨而不怒"。

对于维护和加强封建王朝的统治，沈德潜的诗学主张显然是有利的；沈德潜与乾隆帝的君臣契合，基础也正在于此。再加上乾隆好诗，沈德潜能诗，君臣唱和，一时间融融睦睦。然而，一旦这个契合点出现错位，融睦关系也就出现裂隙甚至决裂，受伤的当然是臣子。

沈德潜与乾隆帝的裂痕始于《国朝诗别裁集》（又称《清诗别裁集》）。沈德潜除《古诗源》外，还有唐、明两代诗的"别裁"，"清诗别裁"是以前诸集的续作。这是个诗选系列，其中的遴选、评论，反映了沈德潜的诗学主张和观点。在清诗一集中，沈德潜将降清贰臣钱谦益列在首位，又将身陷文字狱的钱名世选入集中，并直书慎郡王允禧之名。

书成之后，沈德潜进呈皇上求序。乾隆帝阅后，颇为不满，上谕中说："谦益诸人为明朝达官，而复事本朝，草昧缔构，一时权宜。要其人不得为忠孝，其诗自在，听之可也。选以冠本朝诸人则不可。钱名世者，皇考所谓'名教罪人'，更不宜入选。慎郡王，朕之叔父也，朕尚不忍名之。德潜岂宜直书其名？至世次前后倒置，益不可枚举。"（《清史稿·沈德潜传》）随即命内廷翰林重为校订。

不过，《国朝诗别裁集》并未导致关系决裂，其后乾隆二十七年、三十年，乾隆帝两次南巡，沈德潜均曾在常州迎驾，前一次皇帝赐诗，并称同时迎驾的钱陈群（江南文士，曾入翰林院授编修）和沈为"大老"；后一次加沈德潜太子太傅，赐其孙沈维熙举人。

然而，随着文字狱越来越凶，沈德潜有了"干系"。先是乾隆下令将钱谦益的著作《初学集》《有学集》严行查禁，地方官遵旨而行，陆续收缴销毁。这时，乾隆想到沈德潜、钱陈群二人工于声韵，收藏各家诗集必然很多；沈德潜又曾将钱谦益诗作选列《国朝诗别裁集》之首，既对钱诗加以奖许，必于其作多所珍惜。

于是，乾隆三十四年（1769）八月，乾隆帝谕两江总督高晋、浙江巡抚永德，强调如果沈德潜、钱陈群家中尚有钱谦益《初学集》《有学集》未经呈缴者，即速遵旨缴出，与二人毫无干碍，断不必虑及前此收藏之非，妄生疑畏。如果不知警悟，密匿深藏，日后必将败露。他还表示，"朕于奖善惩恶，悉视其人之自取，从无丝毫假借。钱陈群尤所深知，而沈德潜则恐不能尽悉矣"，令高晋、永德将此旨就近密谕沈德潜、钱陈群知之。

当年九月七日，沈德潜病逝于家中，享年九十七岁。两江总督上报沈德潜死讯,回奏沈家并未缴钱谦益诗文集。乾隆帝转疑为悲,赠沈德潜太子太师,入祀乡贤祠,赐祭葬如例,谥"文悫"。至此,沈德潜的尊荣可谓达到顶峰。

四、身后夺谥,罢祠仆碑

沈德潜受乾隆帝宠眷,其媒介无疑是诗,一如乾隆所谓"以诗始,以诗终"。只不过,这个"终",并未以他们交往的结束而告终,也没有因沈德潜的去世而告终,而是持续到了沈德潜身后。

沈德潜去世九年之后,乾隆四十三年(1878),江南东台县民评告已故举人徐述夔的《一柱楼集》诗词悖逆。乾隆帝审查此书,发现内有"大明天子重相见,且把壶儿搁半边""明朝期振翮,一举去清都"等句。乾隆帝认为"壶儿"是"胡儿"的谐音,不言"到清都"而言"去清都",显然有"去本朝、兴明朝"之意。于是徐述夔父子被开棺戮尸,其孙徐食田、为该书作跋的毛澄、校订者沈成濯等被处以斩监候。

《一柱楼集》载有沈德潜为徐述夔所作传记,称其品行、文章皆可为法。乾隆帝不禁勃然大怒,指责沈德潜对徐氏的悖逆诗句不仅不切齿痛恨,反而记述流传,毫无人心。又称沈德潜久蒙圣恩,理宜谨慎自持,乃敢视悖逆为泛常,为之揄扬颂美,实属昧良负恩。谕令下大学士九卿议,最后议定夺沈德潜赠官,罢祠削谥,仆其墓碑。

不过,乾隆帝对沈德潜还是网开一面,不像有些传闻张冠李戴,说是对沈开棺戮尸。乾隆所作《故礼部尚书衔原侍郎沈德潜》诗,明确说:"昨秋徐案发,潜乃为传记。……削夺从公议……盖因耄而荒,未免图小利。设曰有心焉,吾知其未必。……"就是说,乾隆认为沈德潜"犯错误",原因在于年老糊涂贪小利,不是明知徐述夔"反动"却为他作序的。事发的第二年(乾隆四十四年,1879),御制《怀旧诗》,沈德潜仍列"五词臣"之中(其余四人为梁诗正、张照、汪由敦、钱陈群)。

关于沈德潜获罪的原因,还有另外一种说法,就是沈曾替乾隆帝写诗,后又将这些诗收入自家诗集。沈德潜去世后,乾隆搜其遗诗读之,发现其中确有代作御诗,由此而"不怿"。乾隆帝一生诗作甚多,其御制诗共五集(尚有《余集》)、四万多首(《全唐诗》不到五万首),有史以来首屈一指。尽管乾隆帝声称自己才思敏捷,但身居帝位,政务繁忙,要写出如许多诗作几乎不大可能,词臣代笔或本人乘兴开篇、词臣续就,也在情理之中。

沈德潜的著作,除上述各选本外,有《沈归愚诗文全集》七十三卷。

"三朝元老"史贻直

史贻直(1682—1763),清前期文臣。字儆弦,号铁厓,江苏溧阳人。康熙时进士及第,选为庶吉士。雍正时任两江总督,是九位封疆大吏之一。乾隆年间,历任湖广、直隶总督,工、刑、兵、吏诸部尚书,至文渊阁大学士。生平长于辞令,应对深得皇帝之心。一生荣华显赫,人称"三朝元老、六部尚书、九州总督"。

一、才识过人 门生济济

史贻直出身于书香世家,祖父、父亲均是进士及第,都曾供职翰林院。父亲史夔,曾官詹事。

史贻直十岁时就能写诗,长大后器宇不凡、才识过人,人云其将来有位列公卿、成为国家辅弼之臣的希望。康熙三十九年（1700）登进士第，授检讨，时年十九岁。后升任侍读学士，并奉命任云南主考、广东督学等。

清军入关后，前几位皇帝努力恪守祖训，严格吸烟（鸦片）禁例。顺治不吸烟，康熙则是登基后戒的烟。康熙南巡时，发现大臣史贻直和陈之龙嗜烟如命，遂决定拿两人"开刀"。康熙帝专驾驻临山东德州时，宴会上特赐二人水晶烟管各一支。两人大喜过望，马上装烟点火吸用，岂料刚用力一吸，火焰即随管上升，发出一声爆裂，吓得连忙放下不敢再吸。康熙帝遂借此传旨天下禁止吸烟。

雍正元年（1723），史贻直署理礼部右侍郎。据说他得授此职，得到了同年羹尧的帮助。当时，大将军年羹尧平定青海叛乱，回朝时声势煊赫，排场极大，公卿以下文武百官都到郊外膝地而迎，唯有史贻直长揖不拜。年羹尧骑乘黄色缰绳的紫骝马，从驰道直奔京城而来，经过膝地而迎的文武百官时连看都不看一下。唯独望见史贻直则大惊，立即勒马翻身下鞍，上前招呼道："原来是我的同年铁厓呀！"把他扶上所乘之马，自己另外换一匹，并辔入章益门。第二天，史贻直升吏部右侍郎。

之后，雍正帝经常一日之中三次召见史贻直，进行咨询与褒奖。史贻直感激皇上恩德，深刻领会朝廷旨意，勤恳地到四方施行。

雍正三年（1725），史贻直奉命前往山西查核年羹尧贪污案，他提供的证据有助于对年羹尧判罪。年羹尧下狱后，雍正帝问史贻直："你不是年羹尧推荐的吗？"史贻直脱下官帽，镇定地回答："推荐我是年羹尧，重用我是皇上。"其机智可见一斑。

史贻直从此步步高升。署理福建总督，改署两江总督；升左都御史，协理西安巡抚；又升为户、兵两部尚书，留陕西。乾隆帝时，史贻直历任湖广、直隶总督，经筵讲官，户、工、刑、兵、吏五部尚书。

史贻直中年即官居督抚，在乡里开设府第，晚年又参加过鹿鸣宴和琼林宴，得到皇帝赐诗褒奖。他喜好奖励与提拔人才，但推举人才从来不跟对方讲。他三次担任会试总裁，两次担任教习庶常，门下士子位登显要的很多，有的官至宰辅，成为当时的名臣，可谓门生弟子人才济济。

在任湖广总督时，有一天，史贻直登临黄鹤楼，一时兴致勃发，写下了一副对联：

一上高楼，缅当年江汉风流，多少千秋人物；
双持使节，喜此日荆衡形势，纵横万里金汤。

"双持使节"，指两次出使。"荆衡"指湖北、湖南一带。联语借缅怀千秋人物、观瞻两湖形势，抒发了建功立业的豪情壮志。

史贻直周巡六曹（吏、户、礼、兵、刑、工六部），出入九镇，曾说："天下办事人多，懂事人少。一味地深刻苛求者，不能说是明白治世的道理；对事情马虎松懈者，不能称为宽容大度；与人交际者，不能一概斥为谋私；与人恭敬相处、互相密切协作办事者，不能说是结党。"他一生中对待自己与办理政事，一贯以维持大局、捍卫国家安定为原则。以前派往台湾轮流驻防的军队，来回都要由内地营伍里的军官押送，给朝廷与属地带来扰累。史贻直改为委派台湾驻军的原部队押送回来，这种弊害就消除了。

福州、兴化、漳州、泉州地势低湿，仓库里的谷物很容易霉烂，史贻直申请将四府旧谷运至厦门碾成米，运到台湾作军粮，运转比较方便。陕西发生战事时，楚地的总督建议开丹河，用以转运军粮。史贻直上奏，详细说明那里水流湍急、山石嶙峋，船只行驶十分危险,开河工程只会劳民伤财。西安的常平仓,过去只有民户借领,史贻直请将军队剩余的谷子拨贮常平仓,用以救济屯户(屯田人户称为"屯户",他们对所占田地并无所有权,与民户不同)。屯户有常平仓由此而始。

二、办事干练　恩宠深重

乾隆帝即位不久,就召见了史贻直,赐给他雍正帝遗赠的鹅黄蟒袍四团龙补服。史贻直感激万分,随即提出三项建议。乾隆帝十分重视,谕旨"下总理事务王大臣议行"。

史贻直的三项建议,一是科道(都察院所属有吏、户、礼、兵、刑、工六科给事中及十五道监察御史,统称"科道官")官员的选拔:吏部与礼部的科道官,以从正途出身的人中选拔比较适当。六科各道监察御史,有进献好的意见与劝止不好的事情以及纠弹官员的责任,一定要用当时有清望、行为端方、刚直有骨气的人来担任。吏部是识别人伦的明镜,礼部是各种典籍规章制度汇集的地方,若非精通典籍、熟悉历史的人,不足以担当此任,因而适合用科举录取的人。

二是官员提升宜于遵循资格:朝廷选用贤能不能没有法度,确有奇才异能者,当然可以不受官阶的拘束。不过,有卓越知识、才能的人毕竟较少,中等才能的则较多,不用资格加以限制,急于求进的人就会钻营投机,希望得到上司的赏识,侥幸得到不次提拔;那些办事厚重朴实、资历深、工作久的人,反而无从表白政绩。所以宜于按照资格来晋级。

三是河南垦荒的捐税,应该迅速停征。河南地势低而平坦,百姓勤劳,本来没有荒废的土地。如今报垦的有千百顷,访查的结果都是河滩、山麓的贫瘠不毛之地。他日按田亩征收赋税,贫苦百姓将要卖儿鬻女来应付了。至于劝捐之事,郡、县官向商民慰谕，拿出书簿请他们捐钱，尤其有伤国体。所以应一并停止。

乾隆九年（1744），史贻直受命任文渊阁大学士兼吏部尚书。每到上早朝之时，史贻直往往站在宫门前的树下，讲述三朝皇帝和大臣的言行旧事，候朝的亲王贝勒、公卿、翰林无不洗耳恭听，因为这些事情都是他们闻所未闻的。史贻直一生荣华显赫，沉浮宦海的官员，如此者极为少有。

湖南盗匪蒲寅山等，占据枧头山反叛，已有十年，尚未平定。史贻直署理湖广总督，命总兵李椅等将其擒获。容美土司改土归流，分设鹤峰、长乐等州县，赋税较原来增加五倍，史贻直疏请仍旧按原数征收，获得恩准，当地百姓无不欢呼。

史贻直为人明断，清俊而高洁，举止审慎文雅，博闻强记，擅长议论，办事干练。他代理直隶总督不到半年，所具结之事有九千六百多件，充分体现其出办事的干练敏捷。

史贻直曾给甘肃巡抚鄂昌写信，托其举荐时任山东运河道的次子史奕昂，结果得以署理甘肃布政使。乾隆二十年（1755），鄂昌因事获罪抄家，史贻直请托求官之事暴露。乾隆因史贻直一贯勤恳谨慎，没有深究，令其致仕回籍。

乾隆二十二年（1757），乾隆帝南巡，史贻直在沂州迎驾，乾隆命其在家食俸。不久又召其还朝，途中因为生病，还命御医去诊治。到京之后，命其领工部尚书，并加太子太傅。

乾隆二十五年（1760），史贻直中进士六十周年，乾隆帝特意赐诗，奖誉为"人瑞"。随后，命其遇到祀典不必随班行礼，以肩舆入直。

乾隆二十七年，史贻直乞请致仕，乾隆命其不必兼摄工部，每年加俸五百金。

乾隆二十八年，史贻直逝世，享年八十二岁。赠太保，谥曰"文靖"，并恩赐祭葬，入祀贤良祠，由翰林院给立传。

北地大才子纪昀

纪昀（1724—1805），清代学者、文学家，乾隆朝文臣。字晓岚，一字春帆，晚号石云，直隶河间（今河北献县）人。历经雍正、乾隆、嘉庆三朝，官至礼部尚书、协办大学士。他滑稽多才、豁达大度，曾任《四库全书》总纂官，成就一代巨著；两次为乡试考官，六次为文武会试考官，门生遍及全国；不畏强暴，与权奸和珅斗智，其故事多被后人称道。

一、神童奇才　鱼跃龙门

纪昀出身于书香门第，先世都是读书人。高祖纪坤，庠生，著有诗集《花王阁剩稿》。曾祖父纪钰，十七岁补博士弟子员，后入太学，才学曾受皇帝褒奖。祖父纪天申，监生，做过县丞。父亲纪容舒，历任户部、刑部属官，为政有贤声，道德文章名噪一时，尤其擅长考据学，著有《唐韵考》《杜律疏》《玉台新咏考异》等书。到了纪容舒一代，纪氏家道衰而复兴，更加重视读书，遗训尚有"贫莫断书香"一语。纪昀为纪容舒次子。

关于纪昀的出生，还有一个有趣的传说：在他出生的前后，"水中夜夜有光怪"，并有一道火光闪入他出生的地方。人们都认为他是"灵物化身"，父母给他取名"昀"，意为"日光"。而纪昀身上也确有许多灵异现象，如他在《阅微草堂笔记·槐西杂志》里写道："余四五岁时，夜中能见物，与昼无异。七八岁后渐昏阍，十岁后遂全无睹。"

纪昀四岁开始启蒙读书，十一岁随父入京，读书于生云精舍。他自幼就非常聪明，在乡里有"神童"之誉。

除了认真学习，纪昀的其他兴趣也非常广泛，这为他后来博学多知打下了一定基础。

在北京时，纪昀结识了一些品学兼优的官宦子弟，组成"文社"，而他和东阁大学士刘统勋之子刘墉，则是当之无愧的领衔人物。这期间，他们谈诗论道，研讨经史，褒贬时事，达到了增长学识、扩大见闻、交流心得的目的。

乾隆九年（1744），朝廷准备开科考试。纪昀返回家乡，参加科试。清代科举制度规定，每届乡试，一省的提督学政要巡回本省所属州府，举行科试，合格的生员才有参加本省乡试的资格。

纪昀在河间府学寄宿，要在那里复习两个月，然后参加考试。考试时，纪昀以优异的学识得到督学的赞赏，顺利通过科试。临别时，督学送纪联语曰："县考难，府考难，院考更难，当秀才不易"，并语重心长地说："为学之道，谦虚严谨，切不可恃才傲物。"当时，颇有些恃才傲物的纪昀，只是随口应诺而已。

然而很快，当年乡试，纪昀便尝到了苦头。因主考官不欣赏他的文章，被判为劣等，名落孙山。痛定思痛，联想到督学的赠言，纪昀对自己恃才傲物悔恨不已。于是闭门谢客，发奋阅读经义，夜以继日地发奋学习。

乾隆十二年（1747），纪昀再应顺天府乡试，终于以解元夺魁，一吐心中块垒。而点中他的主考官，正是好友刘墉的父亲刘统勋。

春节过后，纪昀正准备参加会试，生母忽然病逝，因此错过了机会。随后，他在家为母亲守孝三年。

在这几年里，纪昀深居简出，教育子侄之外，还完成了考证学著作《史通削繁》。这是他在批判继承唐代刘知几所著《史通》等史学理论的基础上，对《史通》一书提出的史学批评等理论，进行归纳总结、取其精华的成果。书成刊行,纪昀的名声由此传扬开来。

守孝期满后,纪昀回到北京,经过几年的努力,乾隆十九年(1754)参加正科会试,中第二十二名;随后殿试,中二甲第四名,时年三十一岁。进士及第后,选庶吉士,散馆后授翰林院编修,再迁左春坊左庶子,开始了一生的仕宦生涯。

二、江南督考　桃李丰硕

进入翰林院后,纪昀的机敏和才学很快被乾隆帝发现并赏识,先后任命他为山西乡试正考官、会试同考官和顺天府乡试同考官等。纪昀也确实不负皇上重望,为朝廷选拔了大批优秀人才。乾隆帝愈发重视,便在乾隆二十七年(1762),任命进入不惑之年的纪昀为福建提督学政,主持江南考务。

江南历来人杰地灵、文化发达,纪昀刚到福州上任时,各地学子并不把他这个北方人放在眼里,认为他只懂《百家姓》《三字经》等,并无真才实学。纪昀有意教训他们,出考题时故意将《三字经》《百家姓》里的句子当作题目。第一题是《三字经》的第一句:"人之初";第二题是《三字经》的第十一句:"子不孝";第三题是《百家姓》的第一句:"赵钱孙李"。

考生们接到选题,面面相觑,无法落笔,便找纪昀理论说:"我们学的都是《四书》《五经》,而您所出的题目却源自《三字经》《百家姓》,让我们如何作答?"纪昀微微一笑,说:"《三字经》《百家姓》都是蒙书,难道你们没学过?是不是需要我来给你们开蒙啊?"大家议论纷纷,感到很委屈,于是有人提出:你的题目我们答不上来,那你自己能够回答吗?纪昀听罢道:"这有何难!"他将举子们召集起来,滔滔不绝地朗诵起来,如行云流水,一气呵成,而且行文跌宕起伏,气势不凡。众举子莫不目瞪口呆。

这时，纪昀话题一转，说道："你们都自认为才高八斗，那么，我就出个《四书》题，由你来答。"待举子们拿到考题时，只见上面要求以"今也南蛮"为题作文。这句话源自《孟子·滕文公上》，原文是"今也南蛮鴃舌之人……"是孟子嘲笑、讥讽楚人许行时说的话，意思是说许行所说的话拗口难懂。如今，纪昀将这句话当作考题出给江南学子，又怎么不令他们难堪呢？

就这样，几场考试下来，众举子不但了解到这位督学满腹经纶，而且还领教了他嬉笑怒骂皆成文章的本事，消息传开后，各地官员人等无不敬佩。

在江南任督学的三年里，为朝廷选拔一批人才之外，纪昀的文名更盛，因而乾隆帝的宠遇也更深。

乾隆三十三年（1768），父亲纪容舒在献县病故，纪昀回家服丧。

三、疾恶如仇　　触怒权奸

纪昀受到宠遇的同时，刘统勋、刘墉父子等一班忠臣也颇得皇帝宠用，但最得宠的则是和珅。

和珅身兼军机大臣、户部尚书、兵部尚书、崇文门税务监督、户部三库（银库、缎匹库、颜料库）执掌等职，权倾朝野。乾隆帝甚至把他称为"我的人"。和珅广收贿赂，卖官鬻爵，乾隆也只当没看见；百官弹劾和珅，乾隆也只当耳旁风。于是和珅骄气日盛，目空一切。纪昀虽然看不惯，但也尽量不去招惹他。

这一年，乾隆帝又赐给和珅地皮，准许他在德胜门内另盖新宅。于是和珅大兴土木，兴师动众，修建了宏伟庞大的和府。

一天，和珅邀请纪昀参观新宅，并请他题字。纪昀虽然反感和珅，但谊属同寅，不好推辞。在参观完和府的亭台楼阁、假山水榭后,就在葱郁的南竹与花草树木间,写下"竹苞"二字。二字出于《诗经·小雅·斯干》"如竹苞矣,如松茂矣"之句,人们常以"竹苞松茂"来颂扬华屋落成、人丁兴旺。和珅十分得意,常常向人炫耀。有一天,乾隆帝也到和府游览,见到"竹苞"之匾,问道:"这是谁给你题的字?"和珅说是纪昀。乾隆哈哈大笑道:"竹字拆开,为'个个';苞,是上'草'下'包'。这不是在说你们和家'个个草包'吗?"和珅听了无地自容,遂记恨在心。

　　乾隆中叶,天下大旱,各省都不同程度受灾。其中以直隶(今河北)、山东最为严重,沿途饿殍遍野,有的甚至易子而食。两省官员纷纷设立粥厂,赈济灾民。两省在京官员纷纷解囊捐赠,由祖籍直隶的纪昀和祖籍山东的刘墉代为运到家乡。由于受灾省份几乎遍及全国,加上西北地区民众起义纷起,造成国库空虚,朝廷也无力救助。而此时巨贪和珅依然狂捞不止,因此刘墉与好友纪昀便设计想让和珅拿钱出来。

　　一天,和珅家人密报,刘墉欲将二十万两白银在后半夜运出崇文门,送到山东老家赈济灾民。和珅暗想:如果没有问题,为什么要半夜三更运送银两?再说,刘统勋父子一直与我作对,何不趁此机会报复一下?一则可以将银子据为己有,二则可以报告皇上治他们父子之罪。于是暗中设下伏兵,将驮队押入和府。然而打开驮箱一看,里面却全是卵石。

　　第二天清早,刘统勋父子已经状告到皇帝面前。经过当堂对质,刘统勋父子一口咬定里边装的是白银二十万两,且有捐助的百官为证;而和珅却咬定里面全是石头。乾隆帝暗中埋怨和珅没有将驮队押入官府,而是拉到自己私宅,即使里边真是石头,也无人作证。于是只好顺水做人情,判和珅拿出四十万两白银作充值及罚金。

往外拿银子，比割自己的肉还难受。和珅恨死了刘统勋父子，当他知道这里面还有纪昀时，当然也就更恨了。他在寻找复仇的机会。

乾隆三十三年（1768），纪昀服丧期满回朝，部议授任贵州都匀知府。乾隆帝认为纪昀学问出众，外省做官不能尽其所长，便将其留在身边，提升为翰林院侍读学士。只是过了两个月，他就被贬到了乌鲁木齐。

原来，这年六月，两淮盐运史卢见曾由于理财不善，又好排场应酬，以致亏空官银，朝廷要抄没其家财充公。因为纪昀与侧室郭氏之女嫁给了卢见曾的孙子卢荫文，所以郭氏苦求纪昀帮忙。

纪昀并非不想通知卢家，却担心行事不慎，惹祸上身。他终于想出一个办法，便传来仆人张凯，将一个用布包好的木匣交给他，吩咐说："这是件罕见古器，你送到卢府，快去快回。"张凯奇怪，问道："书信呢？""书信不用写了，你亲手交与卢老爷就行。"张凯刚走出屋去，夫人马氏便走出内室，埋怨说："附上一信，又费你什么功夫呀？"纪昀申斥道："夫人如何又糊涂起来！若附上一信，一旦事败，岂不等于我自投罗网？"

卢见曾收到木匣，很小心地打开，却不由得诧异了：匣子里并无什么宝物。搜索一会儿，才在木匣的绸子里层，翻出一个信封，捏了捏，往手心里一倒，是一撮茶叶和几颗盐粒。

卢见曾嘴里叨念着："茶盐，盐茶，莫非是'严查'？莫非是我的案犯啦？……"他心里顿时明白："八成是有人告我盐政亏空，朝廷要派人严查，这是通知我事先做个准备……"

几天后，在紫禁城的养心殿里，和珅在乾隆身边附耳低语："两淮盐运使卢见曾已将财产转移一空，家无长物，尽是些破破烂烂的东西了。"

乾隆帝听后，知道有人走漏了风声。和珅极力说是纪昀所为，纪昀起初说未透露一字，后来说出了实情，由此被"从轻谪戍乌鲁木齐"。

四、峰回路转　总纂《四库》

乾隆三十六年（1771），已经戴罪戍边三年的纪昀，得到一个机会，得以重新回朝为官。

这年春天，好大喜功的乾隆帝突发奇想，认为眼下疆土一统，百姓安居乐业，应该在教化上做点业绩出来。他想搜辑文萃，编一部旷世巨著，以供天下学子之用。

然而，要编纂这样一部大书，非博览饱学的通儒无法担此重任。大学士刘统勋首任正总裁，经他力荐，乾隆帝遂任命纪昀为《四库全书》的总纂官，并责令其即刻还京。因为这一良机，纪昀终于还朝，出任编修。此时纪昀四十八岁。

自受命编纂《四库全书》以来，纪昀殚精竭虑，赤诚忠心，唯恐有负皇命。他每天坐镇书城，手不停披，有时竟整日不归。二百卷提要，整整写了八年，前后总共费时十三年。

表面上看，纪昀豁达、乐观，应付周遭人事能够左右逢源，但实际上，他的处境仍然非常艰难。在四库全书馆编纂处，纪昀名义上是排位第一的总纂官，但在他之上还有二十多名正副总裁官，乾隆帝还亲自干预，不断谕示，要"朕亲批阅匡正"。一部书辑录完稿，待逐层交皇帝御览时，编纂人等便提心吊胆地等待御批。

据传，一部书写好进呈时，往往还要在开卷首页故意留下一两处比较明显的错误，以便御览时易于发现改正。这样做，自然在于满足皇上高人一等的心理，这就是所谓的"钦定"。然而，皇帝又哪有那么多功夫用在书本上？于是来不及一一御览的错误之处，就在"钦定"的招牌下，"合法"地留下来了。乾隆对《四库全书》的评论也有"草率讹谬，比比皆是"的话。

《四库全书》共收书三千五百零三种，七万九千三百三十七卷，三万六千三百零四册，计七亿七千多万字。全书按照历代沿用的经史子集四部分类法编纂，每大部分又分若干类，类下细别为属。全书除收录中国历代各种典籍外，还有朝鲜、越南、日本以及印度和明清之际来华的欧洲传教士的一些著述。全书共抄录七部，分别贮存在北京内廷文渊阁、京郊圆明园文源阁、奉天故宫文溯阁、承德避暑山庄文津阁，合称"北四阁"；又在镇江金山寺建文宗阁，扬州大观堂建文汇阁，杭州西湖行宫建文澜阁，即"江浙三阁"，各藏抄本一部。副本存于京师翰林院。

《四库全书》的编纂成功，不仅是乾隆朝对中华文化事业的一大贡献，也是纪昀等文人学者功德无量的一件大事。

五、阅微草堂　安度晚年

嘉庆帝继位时，纪昀已年近古稀，依旧是受到倚重的文臣之一。嘉庆初，他先后任兵部尚书、左都御史、礼部尚书等。

其间，纪昀受命担任高宗实录馆的副总裁，负责编修《高宗实录》。纪昀查阅乾隆帝一生的全部历史记录，以其高超的学识、独到的目光，对乾隆进行了全面、客观的描写和评价。一年后书成，共一千五百卷，记载了乾隆帝的日常生活、诏谕和臣工奏议等重大活动。嘉庆帝阅后十分高兴，予以褒奖。

后来，纪昀一边在朝廷小心地侍候皇帝，一边进行自己的著述。嘉庆五年（1800），笔记体小说《阅微草堂笔记》编定刊行。

《阅微草堂笔记》是继《聊斋志异》面世的又一部有重要影响的文言小说集。由于纪昀当时的特殊身份，加之为人通达、学识渊博、诙谐多智,叙述故事时采用"追录见闻,忆及即书"(《滦阳消夏录序》)的写实手法,所以艺术风格独特。

《阅微草堂笔记》共二十四卷,约四十万字。包括《滦阳消夏录》六卷、《如是我闻》四卷、《槐西杂志》四卷、《姑妄听之》四卷、《滦阳续录》六卷,撰写于乾隆五十四年至嘉庆三年(1789—1798)间。书中涉及的社会生活领域,从文人学士、妓女乞丐到花妖狐魅,几乎无所不包,客观反映了清中叶的世相。该书面世后,很受读者喜爱,蔡元培《评注〈阅微草堂笔记〉序》云:"清代小说最流行者有三:《石头记》《聊斋志异》及《阅微草堂笔记》是也。"

嘉庆八年(1803)六月,纪昀八十寿辰,嘉庆帝派员颁赐珍品,友朋戚谊、门生属吏齐聚一堂,为之祝寿。

嘉庆十年(1805)正月,纪昀拜协办大学士,加太子太保,管国子监事。二月十四日,因喘病复发去世,享年八十二岁。嘉庆帝闻知噩耗,特派散秩大臣德通,带领侍卫十员前往祭奠,赐陀罗尼经被一条、白银五百两治丧,亲作祭文、碑文,赐谥"文达"("敏而好学可为文,授之以政无不达")。

"三元"状元钱棨

钱棨(1734—1799),乾隆朝状元。字振威,一字湘舲,苏州府长洲(今江苏苏州)人。乾隆四十六年(1781),进京参加会试和殿试,连续摘下会元和状元,连中三元。历任顺天乡试同考官、云南学政、云南乡考官、内阁学士兼礼部侍郎等职。为政乏善可陈,但因是有清以来的第一个"三元",故颇得乾隆帝厚爱。有《湘舲诗稿》。

一、坚持不懈　终取"三元"

科举考试最为荣耀的，是"连中三元"。三元，指乡试第一名解元，会试第一名会元，殿试一甲第一名状元。三试皆得第一，极为不易，自唐迄清，可考的状元共五百九十六人，连中三元的仅十三人（一说十二人，或云十四人）。清代立国二百六十七年，开科一百一十二次，状元一百一十四人，连中三元的仅两人：第一个是钱棨，第二个是陈继昌。

钱棨出生在江苏苏州府的长洲县。苏州府多状元、榜眼、探花，有清一代不到一百二十名状元，苏州府独占二十四名，其中有七名出自长洲。

长洲钱家是个书香门第，钱棨的曾祖钱中谐，康熙十八年（1679）举"博学鸿词科"，名列一等。祖父和父亲，也是颇有点名气的文人。

钱棨自幼熟读儒家经典，并精心练习八股文，埋头读写，常常至深夜五更方罢。但在科举考试上，钱棨却屡遭挫折。

官学是科举的必由之路。府、州、县学的学生，叫做"生员"。未取得生员资格的文人学士，无论年龄大小，都称为"儒童"或"童生"。钱棨多次参加入学考试，皆不中。乾隆三十一年（1766），他终以第一名的成绩考入长洲县学。当时，入学考试的第一名叫做"案首"。

取得生员资格，得以进入县学读书。县学每月、每季都有考试。每隔三年，举行一次由提督学政主持的科试。科试成绩分六等，名列第一、第二和第三等的，才准予参加乡试。

乡试依照旧例，秋天八月在各省省城的贡院举行。从乾隆三十三年（1768）起，钱棨五进省城江宁（今江苏南京）的贡院，参加了四次按常规三年一次的"正科"考试，一次为庆祝皇太后八旬寿辰而举行的"恩科"考试，皆名落孙山。

五次乡试，历时十一年，一次又一次的失败，钱棨毫不气馁。他依然勤学苦读，以超乎常人的毅力坚持不懈地继续应考。乾隆四十四年（1779）八月，为庆祝翌年乾隆帝七十大寿，举行了一次"恩科"考试。钱棨第六次步入江宁贡院。初九、十二、十五日三场考试下来，钱棨忐忑不安，等待考官大人的评判。

这一年江苏乡试的正主考是谢墉，浙江嘉善人。八月十五日乡试结束，八月十六日考官便开始评卷。谢墉阅卷至深夜，不觉伏案而睡。其间，他做了一个梦，梦见神仙授他一支巨笔，笔的顶端装饰着孔雀毛，笔杆上面写着"经天纬地"四个字。谢墉惊醒，见案上放着一份试卷，拿过来阅读，文笔甚佳。他暗中思忖：此卷莫非梦中的神笔写成的？若不是，何以做梦后案上放着的恰是这份卷子？于是，他把此卷列为第一名，即所谓的"解元"。

九月十四日填榜，待拆开弥封，谢墉方知那第一名的卷子是长洲人钱棨的。次日贡院放榜，钱棨方知自己中了解元。

乾隆四十六年（1781）三月初九、十二、十五日，礼部会试在京师礼部贡院举行。钱棨满怀信心参加了三场考试。四月十五日，礼部大门外放榜，榜首赫然写着"苏州府长洲县钱棨"。钱棨又夺得了这一科会试的会元。

六天后，即四月二十一日，殿试在保和殿开考。次日，"读卷大臣"开始评卷，他们必须在两天内评阅完全部考卷，从中选出十份最好的，排定第一至第十的名次，送呈皇上圣裁。乾隆帝在最满意的一份卷子上朱书"第一甲第一名"六个大字。

四月二十四日，金殿传胪，即在太和殿放榜。这天，乾隆帝驾临太和殿，王公百官班立大殿。接着鼓乐齐奏，担任宣唱名次的鸣赞官高声宣唱："第一甲第一名，苏州府长洲县钱棨！"

至此，钱棨成为新科状元；更为荣耀的是，他也成为清朝开国以来的第一个"三元"。

二、一度革职　无大作为

清朝立国一百三十七年，出了第一个"三元"，轰动了朝野。人们皆欲一睹钱棨风采，尽管此时的钱棨已经四十七岁。

最为兴奋的是当朝天子乾隆帝。这年，他年满七旬，身体还十分健壮。像他这般高寿的而健壮的天子，自古以来极为罕见。他自称"古稀老人"，镌刻了一枚"古稀天子之宝"的玉玺；他五世同居，儿孙满堂，又刻了一方"五福五代堂古稀天子宝"。为了恭贺寿辰，特地举行"辛丑恩科"，而恰恰是在这场"恩科"出了本朝第一个"三元"。喜庆之日碰上此等百年不遇的盛事，乾隆高兴极了。

就在金殿传胪之日，乾隆兴奋地赋诗一首，赠与"钱三元"。诗云：

> 龙虎传胪唱，太和晓日暾。国朝经百载，春榜得三元。
> 文运风云壮，清时礼乐蕃。载咨申四义，敷奏近千言。
> 讵止求端楷，所期进谠论。王曾如何继，违弼我心存。

（《御殿传胪六韵》）

当时，大清帝国正值太平盛世，文风丕盛。钱棨连中三元后，京师士大夫及全国各地的诗人纷纷赋诗颂扬，有数百人之多。钱棨座师翁方纲将这些诗编辑成书，名曰《三元诗集》。

钱棨连中三元后，按照状元入仕的惯例，入翰林院为修撰，掌修国史。其后，乾隆五十一年（1786）八月，奉命充任顺天府乡试考官。

乾隆五十二年（1787）九月，钱棨奉命入上书房，充任皇子皇孙的师傅。上书房在乾清宫左侧，皇子皇孙六岁入上书房读书，师傅由皇帝特派，称"授读师傅"。钱棨是清朝的第一个"三元"，乾隆帝极为赏识，故命他入上书房做了授读师傅。

钱棨在上书房做了两年授读师傅。到乾隆五十四年（1789）三月，却出了事。

这年三月初六，乾隆帝来到上书房，检查师傅和皇子们的教和学。走进上书房一看，却发现室内空无一人。他命人拿来门簿一查，发现整整七天，皇子、皇孙、授读师傅竟无一人到过上书房。

乾隆一向注重皇子皇孙的教育，要求他们在五鼓时便到上书房读书。按通常情况，这个时辰，整个皇宫中只有皇子、皇孙及其师傅在上书房诵习儒经，其他人都还在安睡。如今，他见皇子、皇孙和授读师傅竟然一连七天没到过上书房，不禁勃然大怒，把皇十七子和军机大臣等叫来，责问是怎么回事。皇十七子奏告："阿哥们每天都到上书房，师傅们却往往不到。"

乾隆闻言怒不可遏，下诏斥责诸授读师傅："皇子们年龄都大了，学问已成，也许无须每天都去督促学习。但皇孙、皇曾孙、皇玄孙还年幼，正是学习的时候，岂可稍有间断？师傅都是朕特派的，自应各尽其职，即使本衙门有应办之事，也当以上书房为重。况且现任师傅多系内阁和翰林院的，事情很少，并无不能兼顾的，何以懈弛若此！"随即命交部议处，给予严惩。

就这样，钱棨等人均被革职留任。乾隆帝犹不解气，下诏规定他们八年之内不犯过错，方准再出来做官。

钱棨入仕仅八年，官职还未及升迁，便遭此挫折。不过，乾隆对他还是格外器重的，仅四年后，即乾隆五十八年（1793），便任命他为东宫右春坊赞善，掌管规谏过失和赞相礼仪。

乾隆五十九年（1794），钱棨充任广东乡试副主考。第二年，擢为东宫右春坊中允，掌侍从礼仪、驳正启奏。不久，又擢为侍读，侍奉皇帝讲读经史。

就在这年，已经八十五岁的乾隆帝决定禅位于皇十五子永琰。嘉庆元年（1796）正月初一举行了禅位大典，永琰即皇帝位。

嘉庆二年（1797），钱棨出任东宫右春坊的长官右庶子；不久，转为左春坊的长官左庶子。嘉庆三年（1798）三月，擢侍讲学士，不久又转为侍读学士。五月，充任云南乡试正主考。七月，奉命提督云南学政。钱棨只身一人离京南下赴任。

嘉庆四年（1799）三月，钱棨升任内阁学士兼礼部侍郎，但他未回京任职。嘉庆帝不以为忤，命他以内阁学士兼礼部侍郎的身份提督云南学政。

在云南学政任上，钱棨忠于职守，秉公执法。他主持的考试极为公正，众人都很悦服。这是他仕途生涯中最受人称道的时期。但由于水土不服，他身体日渐衰弱。在被授予内阁学士兼礼部侍郎不久，他在考察澂江（今云南澄江，府治河阳）、临安（今属云南，府治建水）两府官学时，身染疟疾，仍带病坚持工作。

这年八月，钱棨病情加重，不治而逝，客死他乡。嘉庆帝闻讯，下诏哀悼，褒扬了他在云南的治绩。

宫廷画师郎世宁

郎世宁（1688—1766），清前期宫廷画家。原名朱塞佩·加斯迪迪奥内（Giuseppe Castiglione），意大利米兰人。他以传教士身份来华，却因绘画受到皇家赏识，成为宫廷画师，在职长达五十年。他历经康、雍、乾三朝，尤以乾隆朝为创作盛期，留下大量融合中西画法的作品，形成独特风格，并影响了清代宫廷绘画及其审美趣味。

一、宫廷画师　深受青睐

郎世宁本是天主教耶稣会修士，也是画家。青年时期，他接受了系统的绘画训练，显示出扎实的功底。

1707年（康熙四十六年）一月，郎世宁在意大利热那亚加入耶稣会，此后曾创作多幅宗教题材的画作，布置于教堂等处，有的还曾在牛津印行。

1713年（康熙五十二年），郎世宁奉命赴西班牙，准备来华传教。但某教会院院长酷爱其才，留他为该处教堂创作多幅壁画，还给葡萄牙太子画了像。

康熙五十四年（1715），二十七岁的郎世宁来华，抵达广州。这年八月，广东巡抚进呈的奏折中，提到了这位洋画工。康熙帝颇为欣赏具有一技之长的西洋人，由此注意上了郎世宁。

康熙五十九年（1720），郎世宁抵达北京，受到康熙帝的接见。第二年初，郎世宁入朝参加了新正筵宴和元宵烟火观赏，并多次受到赏赐。其间，郎世宁画了多幅作品，其才能受到康熙赏识，从而得以进入清宫如意馆，成了宫廷画师。郎世宁的画室坐落在御花园附近，他每天画到下午五时为止。这段时间里，除了绘画，他还得修习汉文与满文。

雍正继位后，传教士大多遭逢厄运，只有在宫廷服务的教士得以享受特殊礼遇。

雍正元年（1723）八月，内务府献上一幅《聚瑞图》。这幅大型绢本水彩画，正是郎世宁所作。雍正帝对画作的反应如何，不得而知，但献画之后不久，郎世宁即奉命带徒，先后有十多人跟他学画。其间,郎世宁向宫廷画师斑达里沙、孙威凤、王玠、葛曙和永泰等,传授了欧洲的油画技艺。

雍正二年(1724),雍正帝开始大规模扩建圆明园,此后,郎世宁较长时间里住在园内,画了许多装饰殿堂的作品。此外,郎世宁还参与了圆明园西洋楼的设计。

乾隆帝还是宝亲王的时候,就经常与郎世宁讨论绘画,特别欣赏他的作品,曾说"写真世宁擅"(《平安春信图》题诗),"世宁神笔传"(《龙马歌题郎世宁所画》)。而乾隆一朝,则是郎世宁画风成熟,创作数量、质量均臻鼎盛的黄金时期。

据记载,乾隆登极之初,每天都要到画室看郎世宁作画,有时也会跟郎世宁开个玩笑。一天,乾隆见妃嫔环绕左右,郎世宁颇感局促,就问他:"卿看她们之中谁最美?"郎世宁回答:"天子的妃嫔个个都美。"乾隆又问:"昨天那几个妃嫔,卿最欣赏哪个?"郎世宁答:"臣当时正在数宫殿上的瓦,没看她们。"乾隆问:"瓦有多少块?"郎世宁答:"三十块。"过后,乾隆命太监去数,果然是三十块。

由于谙熟内廷事务,耶稣会人士曾命郎世宁向乾隆帝呈递奏书。某日,乾隆照常来看作画,郎世宁匍匐跪下,说了几句有关"我们的神圣教律"遭受谴责之类的话,然后从怀中掏出用黄绸包裹的耶稣会奏书呈上。太监见此,吓得心惊胆战,乾隆却温和地说:"朕并没谴责你们的宗教,只是禁止臣民皈依罢了。"从此以后,郎世宁每天早晨入宫,都要受到搜查,以确保他没有"怀挟"什么奏书之类。

乾隆三十一年(1766)六月,郎世宁在北京病逝。当天,乾隆帝下旨,嘉其功,哀其死,赠与侍郎衔,赐银三百两治丧。郎世宁葬于阜成门外,其墓地至光绪后期犹存。

二、中西融合　奕奕如生

自康熙五十四年始,郎世宁历经康熙、雍正、乾隆三朝,在中国从事绘画五十多年,成为清代十大宫廷画家之一。

郎世宁具有深厚的西洋画法功底,来到中国后,又学习了中国绘画传统技法。西方绘画遵循透视法,讲究光色、形体,中国传统绘画则采用散点透视,追求笔墨生动。郎世宁将西方绘画手法与传统中国笔墨融合,形成了独特的中法西画风格。他的作品深受皇帝喜爱,并极大地影响了康熙之后的清代宫廷绘画及其审美趣味。

郎世宁擅长花卉、飞鸟、走兽,以及人物肖像。花鸟走兽,是郎世宁作品最多的一类,具体主题又多与中国传统契合。比如《聚瑞图》《瑞谷图》《万寿长春图》,《白鹤图》《花荫双鹊图》《六鹤同春图》,《鱼藻图》《开泰图》《秋林群鹿图》,都是中国画具有吉祥寓意的传统主题。

在郎世宁作品中,骏马占有突出地位。这与中国历来的传统有关,与满洲人弓马骑射的传统生活也不无关系。除了关涉人物、场景的,单画骏马的就有不少,如《八骏图》《十骏图》《百骏图》等。御笔题名的《百骏图》长卷,堪称精品。

郎世宁的人物肖像,其人物自然以帝、后及妃嫔为主,包括全身和半身的朝服像。此外的生活肖像,则主要以乾隆帝为主,诸如《弘历采芝图》《弘历观画图》《弘历观荷抚琴图》《弘历雪景行乐图》《弘历古装行乐图》,《乾隆岁朝图》《乾隆写字像》《乾隆元宵行乐图》,等等。

作为宫廷画师,另一种服务皇家的职责,就是以画作记录皇帝的行迹、朝廷的大事。这类作品,人们往往概括为"纪实类"。乾隆帝自称"十全武功",郎世宁自然少不了此类反映"重大题材"的作品,其中《乾隆皇帝大阅图》《平定准部回部得胜图》,可谓最是突出。

《平定准部回部得胜图》,又称《平定西域战图》,全图包括《平定伊犁受降》《格登鄂拉斫营》《鄂垒扎拉图之战》《库陇癸之战》《和落霍澌之捷》《乌什酋长献城降》《通古思鲁克之战》《黑水围解》《呼尔满大捷》《阿尔楚尔之战》《伊西洱库尔淖尔之战》《霍斯库鲁克之战》《拔达山汗纳款》《平定回部献俘》《郊劳回部成功诸将士》《凯宴战功诸将士》等十六幅铜版画,按时间顺序描绘了乾隆二十到二十四年(1755—1759)平定西域中的重要战事及献俘、庆功等场面,再现了清军平定叛乱、统一疆土的历史场景。

这组画作从乾隆二十七年(1762)开始创作,草稿由郎世宁负责,他还绘制了其中若干幅,参与绘画的还有王致诚、艾启蒙、安德义。画面采用全景式构图,运用投影透视画法,结构复杂,人物、情节繁多,却又刻画入微。创作完成后,图稿运往法国制作铜版,雕版和印制工作持续七年之久,直到乾隆三十八年(1773),原画稿、铜板、二百套套印本才运抵北京。然而,遗憾的是,此时郎世宁已经去世。

《清史稿》如此记载和评价郎世宁:"郎世宁,西洋人。康熙中入直,高宗尤赏异。凡名马、珍禽、异草,辄命图之,无不奕奕如生。设色奇丽,非(焦)秉贞等所及。"(列传二百九十一《艺术三》)

战将建功封公侯

乾隆帝自诩的"十全武功",当然建立在将士浴血奋战基础之上。而"一将功成万骨枯",成千上万士兵的白骨,才堆出了将帅们的赫赫战功,成就了他们封侯拜相的荣耀。清廷对于战功卓著的将军倒是不吝荣衔,大多予以公侯之封、嘉号之赐,以示褒奖和荣宠;当然,"李广难封"的情形不是没有,何况还有更多将领是"出师未捷身先死"呢。

一等武毅谋勇公兆惠

兆惠（1708—1764），清前期将领，乾隆帝"五功臣"之一。乌雅氏，字和甫，满洲正黄旗人，孝恭仁皇后（雍正帝生母）族孙。雍正时任内阁中书，乾隆朝官至内阁学士、刑部和户部侍郎等，封一等武毅谋勇公。在赴藏防备准噶尔部，及平定准部和回部叛乱中，骁勇善战，坚毅卓绝，屡立功勋。

一、秉公行事　平定叛乱

兆惠是在雍正朝走上仕途的，雍正九年（1731），由笔帖式在军机处行走，补内阁中书；十三年（1735），升为内阁侍读。

进入乾隆朝，兆惠官运亨通，历年晋升：乾隆二年（1737），升任兵部郎中；四年（1739），任内阁侍读学士；六年（1741），升内阁学士；七年（1742），升盛京刑部侍郎，兼管兵部事；九年（1744），调补刑部右侍郎；十年（1745），授任正黄旗满洲副统；十一年（1746），授任镶红旗护军统领。

乾隆十三年（1748）五月，兆惠因拟定案件罪名过轻，部议革职。乾隆帝下旨从宽留任。六月，兼领户部侍郎事。八月，奉命前往金川军营督办粮运。乾隆十四年（1749），大军凯旋，兆惠奉旨核实军需钱粮，并调任户部左侍郎。

乾隆十五年（1750），兆惠入值军机处，并任正黄旗汉军统领。

乾隆十六年（1751）八月，兆惠奉命到山东，勘查"孙嘉淦伪奏稿案"。原来，当时，社会上盛传尚书孙嘉淦有一份疏稿，其中斥骂乾隆帝失德有五不可解、十大过错。后经查实，并非孙嘉淦所为。随后，兆惠署理山东巡抚；不久，回京任经筵讲官。

乾隆十八年（1753）二月，兆惠前往西藏处理军务，防备准噶尔。第二年，准噶尔部反叛，清廷出兵平定，兆惠奉命协助处理北路军务，并总理粮饷。

乾隆二十年（1755）二月，兆惠请求随同哨探前往军前，乾隆帝命其留在乌里雅苏台办事，在领队大臣上行走。三月，准噶尔台吉噶尔藏多尔济投降，兆惠奉命为其发放牲畜。厄鲁特辉特部台吉、策妄阿拉布坦外孙阿睦尔撒纳叛变，攻陷伊犁。十一月，兆惠奉命移驻巴里坤，兼领额林哈毕尔噶台站。

乾隆二十一年（1756）正月，兆惠得知定边右副将军萨拉尔已到吐鲁番，与其约定一起出击准噶尔。三月，官军再次平定伊犁。定西将军策楞因办事不力，朝廷以兆惠为定边右副将军，驻扎伊犁，筹办善后事务。兆惠请求确定吐鲁番边界，将莽阿里克统领的户口编入，获得准允。

在此之前，清廷侍卫托伦泰到叶尔羌、喀什噶尔，安抚大、小和卓布那敦、霍集占，长时间没有返回。兆惠请示后，派遣副都统阿敏道，率索伦兵一百及厄鲁特兵三千，收服了阿克苏、库车、乌什各处的回民，并侦探托伦泰的消息。当月，霍集占送回托伦泰，兆惠又派阿敏道前往招抚。

阿睦尔撒纳被官军击败后，逃亡哈萨克。定西将军达尔党阿率军追捕，未能抓获，乾隆帝命大军还师。这年冬天，达尔党阿从哈萨克撤兵回来，厄鲁特宰桑的从征者阴谋煽动作乱，但尚未行动。兆惠派宁夏将军和起，调厄鲁特兵前去帮助镇压，结果厄鲁特人中途闹事，和起被害。兆惠孤军远驻伊犁，听到消息后，立刻整顿军队前往平息。敌人聚众拦截官军归路，多次交战，官军都没能将其打退，兆惠等陷入包围。

乾隆二十二年（1757）正月，巴里坤办事大臣雅尔哈善上奏，乾隆下旨，命侍卫图伦楚率兵八百火速增援。二月，雅尔哈善又派索伦兵，前往迎接解围的兆惠等。乾隆下旨嘉奖兆惠，晋封他为一等伯。不久，又授任兆惠为领侍卫内大臣、户部尚书，兼镶白旗汉军都统。

二、安定新疆　受帝嘉许

解围不久，兆惠等又上奏：据侦察，巴雅尔和扎哈沁等越界潜牧木垒，已派兵前往抓捕。乾隆下旨说："兆惠等在远道班师途中，能奋勇不息，特赐御用宝物三件。"

这时，因巴雅尔远逃，朝廷召还兆惠，与定边将军成衮扎布分路平定厄鲁特叛军。三月，兆惠与参赞大臣鄂实等，从额林哈毕尔噶路进兵。此时，阿睦尔撒纳从哈萨克偷盗马匹跑回伊犁，抢掠当地部众的牧畜，兆惠遂命参赞大臣富德前往追捕，自己则原地驻扎。

乾隆帝对兆惠的迟延很不满意，下旨予以训斥。不久。阿睦尔撒纳侄儿达什策凌及宰桑乌巴什，巴雅尔及其子哈萨克汗阿布赉，都被官军抓获，归顺了朝廷，并上表贡献马匹。阿睦尔撒纳逃往俄罗斯，兆惠派人前去招抚。

乾隆二十二年（1757）十二月，回部大小和卓布那敦、霍集占叛乱。乾隆帝任命兆惠为定边将军，前往南疆讨伐。兆惠上奏，请求在乌鲁木齐屯田，并集聚粮食、购备战马，等来年春天再率军进讨。乾隆不以为然，下诏责备其怯战。

乾隆二十三年（1758）正月，兆惠因厄鲁特沙喇伯勒聚集万户作乱，请求先予平定，再到叶尔羌、喀什噶尔。乾隆深知兆惠畏难，遂命参赞大臣雅尔哈善为靖逆将军，进击南疆；命兆惠先剿灭厄鲁特叛众，然后再与雅尔哈善合兵进击。

当时，伊犁附近作乱的厄鲁特首领，有恩克图、塔尔巴、布图库特、克尔得克四个宰桑,他们在库陇山据险躲藏。兆惠侦得实情,派侍卫扎延保护投诚的厄鲁特达什车凌收其牧群,自己带着八十多名骑兵,乘夜进入山口袭击。当时,晨雾迷漫,布图库特、克尔得克脱身逃走,其余全部被擒被杀。捷报上奏,乾隆给予嘉奖。

四月,兆惠上奏说:准噶尔之事不久将告结束,请求从伊犁前往平定回部。乾隆命其将伊犁等地的叛乱魁首全部抓获,再前往回部,事情办妥后不必往返,但应沿途休息马力,与雅尔哈善会合,并招降布鲁特。不久,布鲁特头领图鲁起、拜鄂库等赴军前请降。

七月,兆惠派侍卫达桑、阿乌尔登、托伦泰等,先后降服布鲁特东、西二部。正逢官军围攻库车,霍集占率兵来援,冒死进城后又逃脱,雅尔哈善被革职,兆惠受命代其统率大军。乾隆下诏表彰兆惠"毅然以剿贼自任,器识出诸大臣之右",赏戴双眼孔雀翎。

三、黑水抗敌　艰苦卓绝

乾隆二十三年(1758)八月,兆惠由伊犁率部南下,指挥大军平定回部大小和卓叛乱。

不久,兆惠抵达阿克苏,招降回民五千多户;乌什伯克霍集斯率众献城归顺。兆惠令舒赫德驻扎阿克苏,自率大军前往叶尔羌。到叶尔羌后,兆惠上奏说:"我军三千余人,深入戈壁一千五百里,马力疲乏,急需接济马匹三千,以便更换,至期而进。"

在此之前,乾隆帝考虑到大军长途跋涉,人马疲乏,特派索伦察哈尔健锐营及陕甘绿营兵继进;同时传旨给副都统阿里衮等,在巴里坤预选良马三千送往库车,以备调用。接到兆惠的请求,便让阿里衮亲自将马匹等送往军中,并让富德统率大军策应兆惠。

叶尔羌为小和卓霍集占所据，城周十余里，城门十二座。在官军必经的城东五里处，挖沟筑台为屏障，并实行坚壁清野。

十月初三，兆惠所部进抵辉齐阿里克，距叶尔羌城四十里，隔河扎营，并派出左右两翼兵，抢占城东土台，控制了进出要道。

十月初六，兆惠率军取道东城，欲渡黑水河。谁知大军尚未渡过一半，桥就塌了，过河的只有四百骑兵。霍集占率兵两万来攻，而当地潮湿泥泞，官军骑兵无法发挥优势，只能边战边渡河，然后退回大营。这次战斗，官军杀死一千多名回兵，但最终还是陷入了重围。官军随之就地结寨，深壕高垒，等待援军。被围期间，兆惠派索伦侍卫王十保等两次突围，送信给舒赫德。在信中，兆惠叙述了被围经过，并说自己轻敌妄进、罪责难逃。

十一月，舒赫德飞报：兆惠在黑水被围。乾隆立即命富德、阿里衮及舒赫德等，火速前往增援。接着，就兆惠奏言下旨，称"兆惠率师乘机直入，洵为有进无退之良将。……今兆惠统军深入，志在灭此朝食，自不暇辗转以为身谋，忠诚勇敢，朕实深为嘉予。兆惠著由一等武毅伯加二字，晋封为武毅谋勇一等公，加赏红宝石帽顶、四团龙补服，以彰奖劳赏功之典"。

十二月，舒赫德在奏疏里叙述了当时的战况："回部托克托默特从叶尔羌来，他说布那敦从喀什噶尔聚集五千多人，与霍集占合在一起，围困我军三十多天。忽然听说布鲁特攻打抢掠喀什噶尔，兆惠将军放火攻夺敌兵两座军营。霍集占、布那敦以为兆惠将军与布鲁特事前有约，就想求和。兆惠将军扣留了霍集占派来下书的使者，用箭射信给霍集占，说你们果真想求和纳款，必需先入朝面见皇上，否则不允。后来，霍集占也用箭射信给兆惠将军，愿意送来口粮、撤去包围，然后相见，兆惠将军不理。又听从军营出来的厄鲁特士兵说,兆惠将军在军营里掘出一百六十窖藏米。"

乾隆二十四年(1759)二月,定边右副将军富德奏报:"臣遵旨驰援兆惠,于正月初六遇到敌兵五千多人,指挥士兵奋勇夹击,转战五天四夜。正巧参赞大臣阿里衮督解马匹赶到,于是两路军兵欢呼奔驰冲击,到初十黎明,斩杀敌人无数。布那敦肋下为枪所伤,被抬进城中,随即逃回喀什噶尔。兆惠营中听到枪炮声,知道我军援兵已到,也召集精兵攻打敌军,并派索伦兵及四名回部兵与我们约定好时间,一起夹攻敌人。"

在给皇上的奏疏中,兆惠如此介绍被围期间的情况:"臣等从去年十月十三日被围,相持三个多月。敌兵曾引水灌我大营,用芦苇等遮避潜伏进攻,都为我军击退。敌人千方百计破我大营,均未能得逞。营帐旁以及树林里捡到铅丸数万枚,都用来还击了敌人。仰赖圣主威福、上天神佑,出现了很多奇迹:安营扎寨的地方接近戈壁滩,但都有深林,可以伐木使用;开始担心军营缺水,但敌人用水灌营,反而帮了忙,水有了接济;在大营内掘井,则有泉水涌出,到正月初,井水忽然干涸,却挖出了二十多窖的粮食。官兵意气风发,毫无惧色。正月十四日,与富德会兵,回到阿克苏。"

对于兆惠这次艰苦卓绝的坚守、获胜,乾隆赋诗《围解八韵》予以褒奖。

这时,霍集占攻打和阗,乾隆命兆惠火速发兵增援。四月,因兆惠等筹调兵马过多,乾隆命其抓紧时间,伺机攻打,并注意节约粮饷。六月,官军分路进攻。布那敦、霍集占分别从喀什噶尔、叶尔羌弃城逃跑,所部四万多户归顺朝廷。乾隆令兆惠加紧追擒布那敦、霍集占兄弟。

七月,官军又在阿尔楚尔和伊西洱库尔淖尔打败霍集占,霍集占兄弟逃往巴达克山。官军紧追不舍，进军围困。不久，霍集占兄弟被杀，布那敦首级被部下盗走，巴达克山首领素勒坦沙遂将霍集占首级献于军前。安集延、霍罕博洛尔诸部，亦先后归顺朝廷。

至此，回部平定。清廷根据兆惠的建议，在叶尔羌驻兵一千，在喀什噶尔驻兵一千，在莫噶萨尔驻兵五百，阿克苏、乌什等处也酌派军队驻守。

四、晚年治水　身后哀荣

乾隆二十五年（1760），大军返京，兆惠被任命为御前大臣，可在紫禁城内骑马，并位列平定回疆功臣图，画像悬挂紫光阁。

乾隆二十六年（1761）七月，兆惠奉旨协办大学士事务，兼刑部尚书。八月，乾隆帝命兆惠与大学士刘统勋前往河南，勘察杨桥决口等地。兆惠上奏应疏浚贾鲁河等，乾隆谓其所奏切中机宜。第二年，兆惠又与刘统勋等勘察江南运河，建议疏浚高宝诸湖回江之路。

乾隆二十八年（1763）二月，因直隶滨水洼地积水成灾，乾隆命兆惠前往勘察海口，并督同御史永安等，督办天津、静海、文安、大成等处的疏浚事宜。三月，兆惠上奏：各工减水，每天几寸，涸出地亩，已渐播种。十月，兆惠加太子太保。十二月，奉旨会同两江总督尹继善等筹划疏浚荆山桥河道。

乾隆二十九年（1764）四月，兆惠顺路勘察直隶河工，随后回京。十一月，因病去世，终年五十六岁。乾隆亲临其宅祭奠，并赏内帑银五千两治丧，追赠太保，谥曰"文襄"，入祀贤良祠。嘉庆元年（1796）十一月，命兆惠配享太庙。

乾隆四十四年（1779），乾隆帝御制《怀旧诗》，列兆惠于"五功臣"之中（其余四位为阿里衮、明瑞、舒赫德、岳钟琪）。

兆惠之子扎兰泰，娶和硕和恪公主，授和硕额驸，袭爵一等公兼散秩大臣。

一等诚勇公班第

班第（？—1755），清前期将领。博尔济吉特氏，蒙古镶黄旗人。康熙时曾官内阁侍读学士，雍正时官至工部侍郎。乾隆年间，历任湖广总督、兵部尚书等，封一等诚勇公。在处理内部事务及巩固边防上，他多有建树。但对降而复叛的阿睦尔撒纳优柔寡断，最终被围自尽。

一、处理政务　井井有条

班第的祖先，为察哈尔博罗特鄂托克人。康熙五十六年（1717），班第由官学生授为内阁中书；五十七年（1718）二月，升为钦天监五官正；十二月，迁理藩院堂主事。五十八年（1719），又升迁为内阁侍读。六十一年（1722）再次升迁，授为内阁侍读学士。

雍正二年（1724），班第进入内阁，擢为内阁学士。第二年四月，官军攻下打箭炉、外里塘、巴塘、察木多（均在今四川）后，朝廷命将云南中甸划归内地，并将鲁隆宗（云南土司之一）诸部落划归达赖喇嘛管辖。雍正帝下诏，命班第与宗室鄂齐一道赴藏宣读谕旨。

雍正八年（1730），班第升任理藩院侍郎。但不久因办事不妥，雍正帝命其仍在学士行走。

雍正九年（1731）五月，班第办事得力，雍正帝赐予孔雀翎，以示恩宠。同年十二月，升补为公中佐领。雍正十年

（1732），充翻译乡试正考官；次年，在军机处行走。十三年（1735）九月，任工部侍郎。当时清廷正在编纂《世宗实录》，班第任副总裁。

乾隆元年（1736）十二月，班第充任经筵讲官。三年（1738），出任兵部侍郎。

乾隆四年（1739）六月，班第兼理藩院侍郎，不久升任湖广总督。十月，班第上奏修筑堤塘、补仓贮粮等事，乾隆下旨说："这些事情不必急着一一办妥，只要你尽心尽力去做即可。"班第因此更加勤谨，一丝不苟地巡察兵营，检阅军伍，订立规矩，设立奖惩制度。对于诉讼案件，他总是严加审核，严禁官吏独揽专断，以防积弊多年而突然爆发。任上的每件事情，班第都处理得井井有条，乾隆帝下旨予以褒奖。

这年十二月，因镇筸（今湖南凤凰）苗民发动反清起义，班第偕同巡抚冯光裕等，前往筹备和处理军务。两个月后，军务顺利结束。乾隆下旨，嘉奖班第如此迅速就取得成功。乾隆五年（1740），因母丧，班第归家守孝。

二、兼管理藩　奉使青藏

乾隆六年（1741）正月，班第仍在军机处行走。第二年，任兵部尚书兼议政大臣。乾隆八年（1743），兼管理藩院事。乾隆十一年（1746）九月，出任山西巡抚。十二月，准噶尔遣使进贡，班第奉旨还京，与准噶尔使者洽谈进贡事宜。不久，兼任正蓝旗满洲都统。次年，充任会典馆正总裁。

乾隆十三年（1748）正月，班第受任内大臣，赴金川军营办理粮饷。四月，加太子少保。班第上奏有关粮运的四条建议，军机大臣认为可行。六月，班第奔赴前线，督领军队攻下昔岭一路。七月，乾隆得知四川巡抚纪山听任州县增派，百姓难以承受，命班第回四川稽查。闰七月，班第查明实情禀报，纪山被免职，班第继任四川巡抚。

当时，川陕总督张广泗和经略大臣讷亲，在平定大金川时拒敌无功，彼此互讦。乾隆就此询问班第，他却只报告张广泗的罪状，对讷亲只字不提。乾隆对此大为不满，指责其"一心只想脱身事外，明哲保身"，认为班第不配兵部尚书之职，办理粮运还可以，遂将其降职为侍郎。

乾隆十四年（1749），乾隆帝授任班第为副都统，命其从四川赴青海办事。第二年四月，又调他赴西藏办事。班第还没到西藏，郡王珠尔默特那木札勒发动叛乱，驻藏都统傅清与左都御史拉布敦，设计杀了他。不久，郡王同党罗卜藏扎什杀害傅清和拉布敦，西藏陷入混乱。十二月，事态稍微平息后，班第抵达西藏，对事变严加审查，共查出罗卜藏扎什的死党二十七人，一并诛杀。

乾隆十六年（1751），乾隆帝授予班第都统职衔，并下旨告诫其防备准噶尔窥视西藏、图谋不轨。第二年，班第完成使命回朝，仍在军机处行走，补正红旗汉军都统兼管理藩院事。

乾隆十八年（1753）正月，班第出任两广总督。三月，缉获增城、东莞密谋反清的王亮臣等，依法予以处斩。十月，班第上奏："广东库房里贮存的炮械还有很多，都是之前平剿三藩和海寇时缴获的。由于年深日久，已经生锈毁坏，很是可惜。请求将完好的修整一番，以备再用；其余则全部炼铁。"对此建议，乾隆帝极为赞成。

三、安定新疆　颇多功劳

乾隆十九年（1754）闰四月，乾隆帝召班第回京。七月，班第任兵部尚书，奔赴北路军营，署理定边左副将军之职。

当时，准噶尔发生内乱，杜尔伯特部台吉策凌、策凌乌巴什、策凌蒙克，辉特部台吉阿睦尔撒纳，以及和硕特部台吉班珠尔等相继降清，陈述了准噶尔台吉达瓦齐昏庸暴虐的种种情况。乾隆帝下诏，定于次年进兵，并令班第筹办军务。

这年九月，为放牧军营所需驼马牛羊，班第选择扎布堪、呢圭等冬季较暖、水草丰足的地方，并让喀尔喀亲王额林沁多尔济等到那里去督促放牧事宜。后来班第上奏说："属于准噶尔的乌梁海的边民，今年春天谎言来降，现在却与扎哈沁宰桑玛木特掠夺阿睦尔撒纳的妻小，并未前来投诚，我大军应对他们予以惩创，以示天朝国威。臣推荐参赞大臣萨拉尔、努三等，带兵前往征剿。"

十月，班第擒获乌梁海宰桑车根、赤伦等叛首，收降一千多人。他又派兵擒获玛木特及通玛木特，并将其部属悉数收服。乾隆下旨称赞他"奋勇果断，调遣合宜"，赏给世袭子爵，补授正黄旗领侍卫内大臣，并赏银千两；不久，授为定北将军，进京谒见。

乾隆二十年（1755）正月，乾隆帝下诏两路进兵，大举征讨准噶尔。北路以定北将军班第为帅，定边左副将军阿睦尔撒纳为副领，探子和哨兵先行出发，内大臣玛木特、奉天将军阿兰泰为参赞；西路以定西将军永常为帅，定边右副将军萨拉尔为副领，哨兵和探子也先行出发，贝勒札拉丰阿、内大臣鄂容安为参赞。两路大军到博罗塔拉会合。

北路军，阿睦尔撒纳率兵六千先行，班第率兵两千紧随其后。已经归附的阿睦尔撒纳为准噶尔人所熟知，易于招抚边民。班第谨遵圣旨，一路上总令阿睦尔撒纳先行。

四月初，班第到达约定会合的察罕呼济尔，阿睦尔撒纳却已到了额木尔等处。班第因大军已经深入，急忙挑选八百精兵，令玛木特、阿兰泰先行，前往会合，自己随后前往接应。月底，班第等到达博罗塔拉。此时在伊犁的达瓦齐，整天纵酒作乐，毫无防备。听到官军大队人马到来，才急忙偷偷调兵。官军俘获其调兵头目，稍加审问，敌情得以全都了解。于是，班第等决定渡过伊犁河，协力追擒达瓦齐。官军北路从固勒札渡口，翻过推墨尔里克岭前进；西路军从喀塔克渡口，翻越满岭前进。

五月，官军进入伊犁，准噶尔所属部众全部投降。达瓦齐占据格登山，班第只派阿玉锡等三名"巴图鲁"，率二十二名骑兵前往突袭。此时的达瓦齐犹如惊弓之鸟，一见官兵来袭，立刻逃之夭夭。捷报上奏，班第因功封一等诚勇公，所赐珍宝物什无数。

大战基本结束，班第先后上奏善后事宜，建议除留少数驻兵外，大军分队撤回。不久，大军俘获达瓦齐，朝廷命将其押解京师。

四、惩恶不力　反受其害

阿睦尔撒纳是个野心家，企图做准噶尔部的总台吉，朝廷没有答应，只封他为双亲王，因此有心反叛。乾隆命其赶往热河参加朝宴，他却迟迟不肯动身。

当初，在大军出发之前，乾隆帝就察知阿睦尔撒纳心怀异志，命班第对其严加约束，但暂且保密，不必急着展开稽查。乾隆二十年（1755）夏天到达伊犁后，阿睦尔撒纳不愿再到别处，问他何时启程入觐，又总是推托支吾。鉴于其性情极为狡诈，班第等商定，让喀尔喀亲王额林沁多尔济与他一道启程，予以监视。

对于班第的安排，乾隆很不以为然，认为阿睦尔撒纳叛迹显露，不可姑息迁就，以免留下祸患。若尚未启程或出发不久，应即行捉拿；若启程已经超过十天，也应沿途秘密侦探消息，再酌情办理。

七月初十，阿睦尔撒纳与额林沁多尔济，从尼楚衮军营一同启行，前往热河。乾隆下旨指出，阿睦尔撒纳虽已启程，可能会沿途推托，因而要缜密留心、着意防范。

八月十九日，走到乌伦河，阿睦尔撒纳把金印交给额林沁多尔济，径直从额尔齐斯逃跑而去。不久，又派心腹去接家眷，约定日期，打算远远逃走。正赶上乌里雅苏台大臣阿兰泰奉旨派兵前往捉拿其家眷，结果全部俘获，并无一人逃脱。

此时，阿睦尔撒纳公开反叛，攻掠台站，伊犁交通阻断。其同伙克什木等，也纠合喇嘛、回民等一同反叛。班第与鄂容安受敌众围攻，由图勒札转战空格斯，又转战到乌兰库图勒。由于寡不敌众，班第等人力不能支，便都自尽殉国。对阿睦尔撒纳的处理，班第犹豫不决，没能果断擒拿治罪，反而遭其毒害，令人叹惋。

乾隆二十一年（1756）三月，官军收复伊犁，叛兵相继被擒获，阿睦尔撒纳逃往俄罗斯，后来得疫病死在了那里。

班第、鄂容安的灵柩到京后，乾隆帝亲临祭奠，并下旨令三品以上大臣齐集临丧。赐谥"义烈"，入祀昭忠祠，并对家属予以厚恤，其子巴禄承袭一等诚勇公爵位。

一等诚嘉毅勇公明瑞

明瑞（？—1768），乾隆年间将领，"五功臣"之一。富察氏，满洲镶黄旗人。早年由官学生袭一等承恩公，后随军平定伊犁地区叛乱有功，授一等诚嘉毅勇公。后期率军反击缅军侵扰边界，因孤军深入、缺少援应，不幸被围，突围时自冒矢石殿后，重伤阵亡。

一、封疆大吏　伊犁将军

明瑞出身名门，其先祖旺吉努在努尔哈赤起兵时，便率族人归附。父亲傅文，官至一等承恩公；叔叔一等忠勇公傅恒，官至保和殿大学士；而傅恒的妹妹，则是乾隆帝的第一任皇后（孝贤纯皇后）。

乾隆十四年（1749），明瑞以官学生身份承袭公爵，授二等侍卫。

乾隆二十一年（1756）四月，明瑞负责管理健锐营。五月，以副都统衔前往西路军营，在领队大臣上行走。当时，阿睦尔撒纳背叛朝廷逃往哈萨克。明瑞随同定西将军达尔党阿追捕，与哈萨克打了两仗，斩杀、俘获甚多，乾隆帝下旨嘉奖，授予副都统。

乾隆二十三年（1758）四月，明瑞率军追击推素隆集砦逃人八十多户，使之归顺朝廷，缴获驼马、军器若干，受到嘉奖，十一月，授任户部右侍郎。

乾隆二十四年（1759）三月，乾隆帝授明瑞参赞大臣、御前侍卫。不久又下旨："明瑞自到军营，凡遇战阵，领兵奋勇前行，可嘉。加恩于现袭公爵加赏'毅勇'字号，授为承恩毅勇公。"

当年五月，明瑞随同将军兆惠在叶尔羌，攻打回部叛乱头领小和卓霍集占，论功赏云骑尉世职。八月，大、小和卓逃跑，明瑞率精兵九百追到和斯库鲁克山。回部兵六千多人负隅固守，明瑞奋勇攻打，回部兵大败。不久，回部兵又倚仗其马力前来攻战，被明瑞率兵斩杀五百多人，活捉及伤逃者不计其数。十月，赏戴双眼花翎。

乾隆二十五年（1760），乾隆下旨，明瑞所得云骑尉，由其弟奎林承袭；明瑞的一等承恩毅勇公，世袭罔替。第二年，伊犁回部平定，大军班师，明瑞"图形"紫光阁。五月，授正白旗汉军都统，不久又转升左侍郎。

乾隆二十七年（1762）三月，明瑞奉派前往伊犁。九月，授领侍卫内大臣。十月，授伊犁将军。次年三月，论平定准部及回部之功，明瑞受赐骑都尉世职。

在这之前，明瑞曾奉圣旨，筹办塔尔巴哈台驻兵事宜。对此，明瑞做了周全的安排，驻兵、屯田、设卡伦、巡查，以及与周边各地的声势相接，可谓面面俱到。后来，明瑞又上奏：雅尔（在今哈萨克斯坦境内）等处驻兵屯田所需军器，在绿营兵内挑选工匠，购买材料在当地制作；所有临时增添的运输马匹，都从牧群当中拨用，如此则可节减大量的人力、物力。这些建议都获得了乾隆的准允。

二、平定叛乱　措置得宜

乾隆三十年（1765）十二月，乌什的小伯克赖黑木图拉等，聚集五百多人，乘夜放火抢掠，据城变乱。明瑞派副都统观音保，前往增援驻地官军。不久，听说驻乌什副都统自杀，而观音保所部多为回兵、布鲁特兵，不可完全倚仗，便亲自领兵前往。

第二年三月，明瑞率军抵达乌什，叛兵两千多人前来交战。明瑞与观音保等合力，大败叛兵，夺得炮台七座，斩杀二百多人，负伤者逃入城中。由于山险城坚，难以攻克，明瑞便设法加以围困。

叛兵久被围困，打算夜袭官军大营。明瑞获知，提前做了准备，结果叛兵大败，阿奇木（首领）赖黑木图拉中箭身亡。叛兵推举赖黑木图拉之父额巴木图拉为阿奇木，聚众死守。明瑞挑选六百名巴图鲁兵，带着云梯半夜潜往，分道抵达城下。官兵首先登上城东北隅，挥舞刀枪奋勇作战，守兵惊慌逃走。官兵举火而进，烧毁了城垛。天亮之后，官军收兵，紧挨城池建造营垒，断绝了城中取水打柴的道路。城内粮食告罄后，叛兵溃散，乌什城攻克。

不久，原乌什商人伯克沙布拉等，将额巴木图拉及要犯四十二人绑获，送至官军大营。随后，这些人被正法，为其掳掠的工匠、妇女、儿童，共一万多人，分批遣送伊犁。明瑞请示后，留兵五百人驻防乌什，并对守卫、屯田做了安排。

乌什城的善后事宜结束后，十月，明瑞又根据自己的调查了解，对回民问题提出建议：阿奇木的权力应加分散；格纳坦（临时）的私派应予革除；伯克等的亲随人员应加节减；赋役的定额应予明确；民人居住之处应有所区别；伯克等与官员相见的礼仪应予确定。对于这些建议，乾隆帝都表示同意。

三、征战缅甸　英勇阵亡

乾隆三十二年（1767），缅甸军队不时滋扰清朝边境，云贵总督杨应琚因处置不当获罪。三月，乾隆帝任命明瑞为云贵总督兼兵部尚书、议政大臣，经理军务。

这年六月，明瑞提出西南边境战略部署的建议：在边境扼要地区，各驻防一营，派兵固守，委派妥当人员统领。挑选精兵，经常到远处巡查，遇到敌兵就加以剿灭、驱逐。在丛杂偏僻之地，随时出奇兵，设疑设伏，使敌军相互援救疲于奔命，没有余力窥伺我军。大军从永昌、腾越出口，应以宛顶、木邦一路为正兵，其余临时伺机而变；或兵分两路，由猛密等处克期并进。

十一月，明瑞率军由宛顶、木邦进抵曰小，攻破了敌寨。之后，又向前渡大叠江锡箔卡以西，击败敌人的伏兵，直抵蛮结。

蛮结四面环山，建有十六座营寨，四周挖有深沟，深沟外竖立木栅，栅内排列象阵、设有伏兵。明瑞自率中路军，令领队大臣扎拉丰阿、李全据其东，观音保、长青据其西。敌兵突击清军西队，观音保、长青奋勇还击。明瑞督率东队兵齐头并进，将敌兵打得大败，斩杀二百多人，其余退入营寨固守。

明瑞留下两千兵士，令副都统伍三泰等张开两翼，以壮声势，而将满洲绿营兵分为十二队，明瑞首先率军冲击敌寨。敌军驱赶象群抵抗，明瑞眼睛受了枪伤，但仍然策马指挥，士气不挫，兵众奋勇冲击，象群奔跑返回。清军毁掉木栅前进，个个以一当百，很快就逼近了敌军的第二层木栅。贵州藤牌兵王连，手攀木栅，跳进敌寨，在敌兵中纵横奔突，连续杀伤十数人。于是，清军更加勇猛拼杀，一直战到天黑。最终，敌军抛弃营寨逃窜，清军斩杀、活捉数十人，俘获军械、粮食和牲畜无数。捷报上奏，朝廷授明瑞一等诚嘉毅勇公，赏赐珍宝；所有原来世袭的承恩公，由明瑞之弟奎林承袭。

十二月，清军驻扎天生桥渡口。敌军预先毁掉两旁大树，又在山顶构建了木栅。明瑞令达兴阿率兵两千，仍由大路前进，做出夺取渡口的姿态，自己率兵从小道绕到天生桥河上游，乘大雾渡河，很快占领了山梁。敌军措手不及，惊慌奔逃。清军进到象孔，取道猛笼土司境内，以筹集粮食。途中遇到敌兵，清军奋力作战，将其击败。

稍事休息后，清军直奔猛密，攻入缅甸境内数十里，屡战屡胜。随后由大山移驻小猛育，连续进击敌营。然而，当时的另外两支清军，或是避敌，或是观望，明瑞军缺乏援应。敌军侦知明瑞孤军作战，便全力与之激战，并将其围困。清军火药、粮饷全部用完，只好将战马杀掉充饥。

乾隆三十三年（1768）二月，明瑞令清军将领分队依次冲出包围，自己冒着矢石殿后，前胸后背多处受伤，最终阵亡。都统扎拉丰阿、护军统领观音保等，也在激战中殁于阵上。

乾隆帝得知消息，沉痛哀悼，特下旨遵照班第之例，从优加以抚恤。四月，明瑞灵柩运抵京城，乾隆帝亲临祭奠，赐祭葬，谥曰"果烈"。明瑞之子惠伦，承袭一等诚嘉毅勇公世爵，官至奉宸院卿。

一等果毅公阿里衮

阿里衮（？—1769），乾隆年间将领，"五功臣"之一。字松崖，钮钴禄氏，满洲正白旗人，大学士讷亲之弟。袭爵果毅公，因功晋至一等；官至领侍卫内大臣、协办大学士。他在西北、西南军前效力，善谋敢战，颇有劳绩，卒于军中，御笔诗谓之"勇岂匹其祖。忠实一例肫"。

一、贵胄出仕　洊臻封疆

阿里衮出身于满洲勋贵钮祜禄氏家族，属于额亦都—遏必隆—尹德一支。阿里衮是尹德第四子，兄长讷亲是尹德次子。

在遏必隆诸子中，尹德属于默默无闻的一个，最出挑的是第六子阿灵阿。不过，阿灵阿因为得罪雍正帝，其家人遭到清算，他这一支也就没落了。

雍正帝转而扶持尹德一脉，讷亲因而得到雍正、乾隆两朝的重用，位居领班军机大臣。不过，在平定大小金川之战中，讷亲不仅军事上失利，且与张广泗互相推诿责任，乾隆帝大失所望，派人送去其祖父遏必隆的腰刀，令其自尽。讷亲去世后，弟弟阿里衮得以承袭果毅公的爵位。

满洲勋贵子弟，若非科举出身，则大多由侍卫进身。阿里衮也是如此，早年入宫成了侍卫。乾隆二年（1737），阿里衮由二等侍卫，升任总管内务府大臣。

乾隆四至五年（1739—1740），阿里衮先后任兵部、户部侍郎，其间两次奉命出外查究案件。乾隆五年六月，左都御史陈世倌上疏弹劾山东巡抚硕色奏报沂州歉收失实，阿里衮时任兵部侍郎，奉命与佥都御史朱必堦详勘，上疏称："兰山、郯城遭遇水灾最为严重，请缓征新、旧赋，而以官帑购买粮食补充社仓"。十一月，署两江总督杨超曾弹劾江西巡抚岳濬与知府董文炜、刘永锡循情纳贿，阿里衮时任户部侍郎，奉命与江南河道总督高斌审案，案情得实，岳濬罢官。

乾隆六年（1741）七月，阿里衮兼管武备院事。侍郎梁诗正上奏八旗兵丁应当分置边屯，阿里衮奉命与大学士查郎阿到奉天相度地势。随后上奏："地宜耕者，吉林乌拉东北拉林、阿尔楚克，阿尔楚哈东飞克图，齐齐哈尔东南呼兰，西南黑尔苏站、刷烟站，白都讷东八家子至登额尔者库，皆沃壤；呼兰东佛忒喜素素富林木，惟地高下各异。墨尔根寒暑早，齐齐哈尔砂碛，吉林乌拉无余地，宁古塔山深，乌苏里产人参，皆不宜耕。"次年五月，议政王大臣采纳了阿里衮的意见，移屯自拉林、阿尔楚哈始。

乾隆八年（1743）四月，湖南巡抚许容弹劾粮道谢济世狂放不羁，总督孙嘉淦请求将其革职，御史胡定以许容挟私诬陷入奏。阿里衮奉命审理，得悉许容冤枉谢济世、孙嘉淦徇私包庇的真相，谢济世复职，许容论罪，孙嘉淦革职。随后，乾隆帝命阿里衮署湖南巡抚。六月，又署河南巡抚。十月，任山西巡抚。

乾隆十二年（1747），阿里衮调任山东巡抚。其间，乾隆帝准备巡视五台山，阿里衮上疏请求在台怀镇建行宫，在太原就巡抚官署增建群室，乾隆不许。阿里衮又上疏推荐傅恒之弟参将傅谦，乾隆以其不当，下诏切责。

乾隆十五年（1750），阿里衮升任湖广总督，成了封疆大吏。

二、平叛征缅　效死军前

乾隆二十年（1755）正月，阿里衮署刑部尚书。六月，署工部尚书，补镶白旗汉军都统。十月，正式出任户部尚书。

乾隆二十一年（1756）四月，阿里衮入值军机处。其时，官军追捕叛乱首领阿睦尔撒纳，阿里衮辅佐定西将军达尔党阿，两次率军斩杀叛兵各数百人，受到朝廷的嘉奖。后来，因将领的疏失，阿睦尔撒纳得以逃脱，达尔党阿因此削爵，阿里衮也被降职为户部侍郎。

回部大、小和卓布那敦、霍集占分别占据叶尔羌、喀什噶尔叛乱，阿里衮先后与都统满福、定边左副将军成衮扎布、靖逆将军雅尔哈善等，奉命进剿。其间，阿里衮在领队大臣上行走，还兼任正白旗蒙古副都统。后因进军拖延，被罢免了侍郎职务，以副都统革职留任。

乾隆二十三年（1758）六月，朝廷罢免靖逆将军雅尔哈善，督促定边将军兆惠攻打阿克苏，进逼叶尔羌。十一月，命阿里衮选马三千、骆驼七百，增援兆惠。兆惠攻打叶尔羌不克，濒临黑水河结寨，被霍集占困。乾隆帝闻知，授富德为定边右将军、阿里衮为参赞大臣，驰援兆惠。富德、阿里衮两路军兵冲击，兆惠亦乘机出击，官军内外夹击，叛军大溃。不久，阿里衮被授任吏部侍郎，晋爵二等公；年末，又升任兵部尚书、正红旗蒙古都统。

乾隆二十四年（1759）正月，富德率军与霍集占交战，五日四夜未决胜负。阿里衮率驼、马赶到，乘夜分兵从两翼进攻，斩首千余级。布那敦受伤，与霍集占败走。兆惠全军得以解围。阿里衮因输送马、驼及时到达，且杀贼较多，加云骑尉世职，按例进爵一等公。

七月，霍集占逃往巴达克山，阿里衮与富德等率军穷追，降敌众一万二千多人。阿里衮以五百人驻守堵截巴达克山要隘，又分兵出其南，遭遇叛军，夺得其家属、辎重，收降二千多人。接着选精兵二百逾岭逐敌。巴达克山首领素勒坦沙降附，杀死霍集占并献出首级。九月，阿里衮受命以参赞大臣留叶尔羌办事；十月，获赐双眼花翎。

乾隆二十五年（1760），阿里衮奉召回京。六月，从喀什噶尔行至叶尔羌，遇到雅木扎尔回酋迈喇木煽动叛乱，假称阿睦尔撒纳复入阿克苏。阿里衮复回喀什，率兵八百出击。在伯什克勒木，迈喇木等以千余人拒战，被官军击破，入城坚守。阿里衮挥兵合围，半夜四鼓，城里的居民呼号乞降，迈喇木逃遁。乾隆嘉奖阿里衮随机应变，授其子丰升额蓝翎侍卫。不久，阿里衮抓获迈喇木等送至京师，丰升额晋三等侍卫，弟弟倭兴额也被授为蓝翎侍卫。十月，阿里衮回到京师，授领侍卫内大臣，赐紫禁城内骑马，绘像紫光阁。

乾隆二十六年（1761）十一月，阿里衮署礼部尚书；十二月，充经筵讲官。二十七年，命为御前大臣兼上驷院卿。二十八年，兼管满洲火器营大臣；六月，署陕西巡抚；十月，加太子太保衔。二十九年，任户部尚书、协办大学士。三十年，兼管礼部事务。

乾隆三十一年（1766）初，清军出征缅甸，大将军明瑞统军，阿里衮以参赞大臣随征。二月，明瑞战死，朝廷以大学士傅恒为经略，阿里衮和阿桂为副将军。阿里衮率师驻永昌，并暂领云贵总督。时朝议不主当年进兵，亦在军前的刑部尚书舒赫德，与云南巡抚鄂宁密疏议抚。六月，缅甸使头人请降，阿里衮予以拒绝。奏报之后，乾隆帝亦命置之毋答，并谴责了舒赫德等。七月，阿里衮上奏，请求断绝与缅甸的贸易，并修治云南省城至永昌的道路，抚慰沿边诸土司，官府借贷，以使其购买籽种牛具，得到皇上采纳。十二月，阿桂兵至，共同发兵出边，但未深入而还。

乾隆三十四年（1769）七月，阿里衮身患痈疮，乾隆派太医前往医治；但不久再次复发，傅恒令其留在军中养病。但阿里衮坚持带病出征，接连攻下三个寨子。祸不单行，此时傅恒亦身染瘴气，便与诸将商议不再进兵。阿里衮说："老官屯的敌寨，上一年额尔登额没有攻克。距此仅三十多里地，不攻破此寨，靠什么回去复命呢？"策马而行，傅恒以下也都跟着他。（"诸将议毋更进兵，阿里衮曰：'老官屯贼寨，前岁额尔登额攻未克。距此仅一舍，不破之何以报命？'策马行，傅恒以下皆从之……"《清史稿·阿里衮传》）由于敌寨坚固，无法攻克，阿里衮病重，强起督战，并亲临炮火最多之处。傅恒考虑到他有伤在身，命其改率舟师，不再攻寨。

当年十二月，阿里衮卒于军中。朝廷赠谥"襄壮"，入祀贤良祠。后来，又以其子丰升额平定大小金川的战功，追加封号为"果毅继勇公"。

乾隆四十四年（1779），乾隆帝御制《怀旧诗》，阿里衮名列"五功臣"之中。而丰升额继承祖德，建功立业，同样名垂青史。《清史稿》谓"阿里衮以战阀承世祚，丰升额继之，庆延于后嗣"（《阿里衮传》）。乾隆帝御制诗亦谓之"幸而子善继，金川建殊勋"（《故户部尚书一等果毅公阿里衮》）。

三等威信公岳钟琪

岳钟琪（1686—1754），清前期将领，乾隆"五功臣"之一。字东美，号容斋，四川成都人。历任四川提督、川陕总督、宁远大将军等，曾诰授光禄大夫，封三等公。岳钟琪性格沉毅，多有智略，与士卒同甘共苦，人乐为用，战功卓著。终清之世，汉大臣拜大将军，满洲士卒隶麾下、受节制，唯他一人。雍正称之为"当朝第一名将"，乾隆誉之为"三朝武臣巨擘"。

一、由文改武 征服青海

岳钟琪出生武将世家，是南宋名将岳飞的二十一世孙，岳飞第三子岳霖后裔。父亲岳升龙，康熙朝任议政大臣、四川提督。

岳钟琪自幼得到父亲的教诲，喜欢孙吴兵法。与同伴游戏，他常用石头布阵打仗，指挥同伴进退。到了弱冠之时，他身材魁伟，勇武有力，"所用二铜锤，重百余斤"。康熙三十五年（1696），父亲岳升龙随征噶尔丹有功，升任四川提督，岳钟琪随父来到四川，对当地山川险隘有所了解。

岳钟琪原本任职文官，捐了个候补同知。康熙四十九年（1710），由于边地战事频仍，加之自幼喜爱军事，岳钟琪毅然请求改做武职。康熙帝命其以游击身份进发四川，在那里，岳钟琪很快就升为四川永宁协副将。

康熙五十九年（1719），沙俄扶植准噶尔汗策妄阿拉布坦入侵西藏，杀死拉藏汗。康熙帝命岳钟琪为前锋，随定西将军噶尔弼统兵入藏平乱。挑选三十名通藏语的士兵，化装成藏民，亲自指挥偷袭叛兵驻地，大胜。随后收复拉萨，岳钟琪因功升任四川提督。

雍正初年（1723），岳钟琪任副帅兼前敌总指挥（襄赞军务，奋威将军），会同川陕总督年羹尧（抚远大将军），平定青海头人罗卜藏丹津叛乱。

雍正二年（1724）二月，岳钟琪率骑兵五千，发动突袭。十二日，从西宁城向西急行军，在第十三天的黎明，在荒原上捕捉到罗卜藏丹津的主力。罗卜藏丹津的士卒从梦中惊醒，但战马都没有备鞍，无法迎战，霎时间全军崩溃，四散逃命，罗卜藏丹津本人换上女人的衣服溜掉，投奔准噶尔汗国。岳钟琪穷追不舍，每天奔驰三百里，两天后，追到一个叫"桑骆海"（在今青海西南）的地方，只见红柳蔽天、渺无人迹，才带着俘虏——包括罗卜藏丹津的母亲，凯旋驻地。

岳钟琪自出发到大获全胜，只用十五天的时间，就把面积约六十万平方公里的青海土地完全征服，纳入中央版图。这是中国战史上最有名的一役，岳钟琪由此受封三等公。

二、撤职拘禁　狱中苦吟

雍正十年（1732）八九月间，正当岳钟琪为清廷征战沙场，与准噶尔噶尔丹策零激战之际，雍正帝突然一道圣旨，召其离疆赴京，理由是"商办军务"；圣旨还明确由陕西提督、副将军张广泗护理宁远大将军印。十月，岳钟琪奉旨到京不久，雍正帝又是一道圣旨，撤去其所有职衔，交兵部拘禁关押。岳钟琪由此经历了遭人诬陷的屈辱和艰险的仕途。

在监狱里，岳钟琪的生活非常单调、苦闷和难熬。除了悔过、读书、聊天，他还偷偷地写诗。六年当中，他创作了大量诗词，后题名曰《蛮吟集》。他满怀幽怨、遗恨、企盼，在牢狱里苦苦煎熬，不能将冤屈上达天庭，又不敢说三道四，只有悄悄地"蛮吟"，借以抒发幽怨。今天，我们从岳钟琪的诗词中发现，他不单是一位横刀立马、驰骋沙场，指挥千军万马的将军，而且是一位博览群书、满怀豪情的诗人。

雍正十三年（1735）八月，雍正帝驾崩圆明园，岳钟琪求生、思乡的念头与日俱增。他知道，按照朝廷的惯例，老皇晏驾，新皇登极，一般会大赦天下。他在天牢里静候着新皇帝对他的再一次判决，企盼着皇上能释放他归回故里。这种心情又持续了两年。这两年，岳钟琪是天天掐着手指头过来的。春去春回，归心似箭，度日如年。

乾隆二年（1737）春夏之交，岳钟琪结束了长达六年之久的铁窗生活。他怀着对家乡、对亲人的思念和对自由的渴望，没有在京城家中住多久，便急急忙忙回到家乡成都，在成都姜园过了十一年的闲散生活。

三、重披战袍　扳倒政敌

乾隆十一年（1746），四川金川藏族酋长莎罗奔及其侄儿郎卡，因与相邻部落内斗，以武力吞并了小金川，致使云贵川三省不宁。朝廷命云贵总督张广泗改任四川总督，经略军事，率军征剿。张广泗派扬威将军哈元生、副将军董芳及元展成、德希寿等将官，率二万军兵赴金川。在两年时间里，官军久战无功，节节失利，反使莎罗奔气焰愈炽，抵抗愈强。为推卸责任，张广泗弹劾了几位败将，哈元生、董芳、元展成、德希寿等均被褫职逮京问罪。朝廷又命张广泗兼贵州巡抚，并先后派大学士班第、军机大臣讷亲，赶赴军前监军，但战事依然没有出现转机。

乾隆十三年（1748），经大学士班第和内大臣尹继善的举荐，乾隆帝降旨，重新起用岳钟琪赴金川听用，诏谕张广泗、班第，并派内大臣讷亲经略四川军事。

张广泗接到圣旨，见皇上起用岳钟琪已成定局，极不情愿地发出檄调信函，传岳钟琪赴金川军前听用。岳钟琪虽也心怀余悸，但毕竟是圣上旨意，于是草草收拾行囊，重披战袍，匆匆起程，赶赴金川官军大营。乾隆得知岳钟琪奉命起身，旋即下诏授其四川提督，赐戴花翎，同时起用傅尔丹亦赴金川。

岳钟琪到金川军营后，张广泗即命其领四路官兵，驻扎党坝。党坝是金川平叛的前哨，距莎罗奔大本营勒乌围关隘入口不远。正北面是勒乌围的门户康八达，东面是郎卡固守的噶尔崖和恶木溪，西面连着木耳金塔高地，南靠敌寨跟杂。

岳钟琪抵达前沿军营，登上山梁观察地形，只见党坝三面环敌，而敌寨处处明碉暗堡，所据地势十分险要，进可攻、退可守；碉寨之间又成掎角之势，相互照应。回到军营，岳钟琪没有急于制定作战计划，而是先着手调查内部军情和侦探敌方实力。经调查得知，大军两年久战劳师，处处受挫，虽有过几次小胜，但终未摆脱被动局面，因而士气低落、怨声不断，厌战情绪日甚；加之外地兵员不服水土，非战斗减员不断增加，名曰"四路大军"，实则不足一万人马。

于是，岳钟琪向张广泗、讷亲献计，由自己带三千人马，从党坝就近直接攻打康八达，先拿下勒乌围门户，直逼敌人老巢。

张广泗对岳钟琪素有成见，当年岳钟琪入狱坐牢，即拜这位张总督所赐。这次岳钟琪奉旨出山，张广泗极不情愿。见岳钟琪主动请缨，不以为然，反倒命其离开党坝，到百余里外去攻打昔岭、卡撒两寨。岳钟琪对张广泗说："昔岭、卡撒两寨之间，隔有敌人的要寨噶尔崖，且距敌巢勒乌围甚远，即便攻下也构不成多大威胁，对扭转整个战局意义不大。先就近攻取康八达，方为上策。"监军讷亲表示赞成。张广泗见讷亲与岳钟琪意见一致，也不好硬碰，便采取拖延办法："容本督斟酌后再议。"岳钟琪无奈，只好按兵不动。

对于张广泗舍近求远、避重就轻的战术，岳钟琪产生了极大的怀疑。他想，以张广泗的军事指挥才能和实战经验，以及面对的敌情，是不会如此违背常理的。带着这个疑问，他又在军中进行了一番调查，得知张广泗率军抵达金川，用了两位幕客，一位是其旧友云南昆明人王秋，另一位是当地土官良尔吉。二人经常给张大帅出谋划策，俨然总督行辕的"高参"。张广泗对他们也是言听计从，每战无不与之商议，结果两年来越打越被动。岳钟琪派人做了一番调查，结果让他大吃一惊：这二人竟然是莎罗奔、郎卡派来的奸细。两年间，凡官军有何行动，莎罗奔皆能先期获知，早作防范。

这时，乾隆帝下旨责问："岳钟琪、傅尔丹到军非止一日，为何不出一谋、不定一策，按兵不动？著将详情回奏。"岳钟琪见皇上谴责，便将金川战事的详情及内部原因密奏说："臣至军前已非一日，按兵不动，实有隐情。党坝为大金川门户，碉卡严密，汉、土官兵止七千余。臣与广泗商议，请求增兵三千击敌，广泗不应。广泗力主自昔岭、卡撒进攻。此二处中隔噶尔崖，距勒乌围尚百余里。党坝至勒乌围仅五六十里，广泗不以为然。而广泗信用土官良尔吉及汉奸王秋等，恐生他虞。"同时，岳钟琪向皇上推荐旧日部将王廷松等，赶赴金川军营。

这时候，经略讷亲与张广泗在军事上产生严重分歧，尤其是岳钟琪入军以来，张广泗屡屡否决其意见，便也以"劳师糜饷、战而无功"等由狠狠地参了张广泗一本。

乾隆帝接到岳钟琪的密奏和讷亲的弹劾奏折，这才知道金川失利、久战无功，皆因张广泗轻信贼言、泄露军机、指挥无方、武断专制所致。乾隆还认为，讷亲经略军务，驾驭不了张广泗，且对军中隐情知之甚少，也是无能之辈。于是下诏："著岳钟琪就地诛杀奸细，接管金川军事；罢去张广泗军权官职，逮京候审；罢去讷亲经略监军之职，召至京城候议；命大学士傅恒为经略，不久到任。"至此，岳钟琪重掌川军大印，又开始了他后期的戎马生涯。

四、计获全胜　义降叛将

傅恒到任后，在其鼎力支持下，岳钟琪先是将莎罗奔的奸细王秋、良尔吉就地诛杀,接着招募数千名青壮乡勇入军,加强军事训练,作为生力军补充部队;檄请川陕总督尹继善从山西、河北调来战马七千匹,装备部队。然后传出风声:"不日将攻打康八达",实际上秘密调集人马三万五千,留三千兵力守护粮草辎重,三千兵力分布于党坝、泸河一线,以一万兵马暗出党坝,偷渡泸河,水陆并进,突袭敌寨跟杂;再以一万人马自甲索进马牙冈、乃当两地,与出党坝的一万人马形成东西两翼并进之势,包围马牙冈、乃当两敌寨。经过一番激战,攻克大小碉卡四十七处,缴获粮谷十二仓,收复田亩一千四百余段,焚毁敌寨数十座,斩获土兵无算。

官军旗开得胜,士气大振。岳钟琪乘势再攻敌之重寨噶尔崖,又给郎卡一个措手不及,慌乱中郎卡带数名亲兵逃回勒乌围。拿下噶尔崖之后,主力掉转马头,挥师北进,直逼莎罗奔老巢勒乌围门户,兵临康八达寨外。

莎罗奔在康八达修筑了坚固的工事,并派有重兵把守,官军数次强攻不下。岳钟琪心生一计——"引蛇出洞"。他命兵民在康八达碉寨不远处运土夯堡,并派出数队官兵,把土装在口袋里,作押运粮草状。如此这般数日,造成官兵久困康八达,并有大量存粮的假象。每天入夜,官军大队人马各持火药喷筒、鸟枪弓箭,埋伏在土堡四周,单等敌兵出寨抢粮。

几天后的一个晚上,康八达守敌果然出寨,大队人马直扑官军粮草辎重。待敌人全部进入埋伏圈,只听一声号炮,官军伏兵四起,枪筒弓箭齐发,敌兵纷纷中弹中箭落马,有的竟全身中弹如筛漏般而亡。侥幸逃出的拼命往碉寨里跑,斜刺里又有一队官军杀出,直冲寨门,与敌兵搅和着一起进了康八达寨内,很快控制了寨门,攻占了制高点,后续人马掩杀入寨,把住通往勒乌围的山路。这一仗,官军又是大获全胜。几天后,官军再取木耳金塔高地。至此，勒乌围已是一座孤寨。

自官军调换主帅、诛杀奸细王秋等人后，莎罗奔连吃败仗，先是失了跟杂、马牙冈、乃当，接着又丢了噶尔崖和康八达，眼看着官军大营与勒乌围隔泸河相望。据从噶尔崖、康八达逃回的人说，官军主帅是岳钟琪将军。莎罗奔不敢相信，对左右说："不要听信谣传，岳钟琪早在雍正年间已被朝廷问斩。"但心里还是不太踏实，又派探子去打听。几天后探子回报：官军主帅的确是岳钟琪。莎罗奔得此消息，心中不免忧喜参半。

原来，莎罗奔与岳钟琪早就有过一段交往，莎罗奔及本部族上下都视岳钟琪为大恩人。早在康熙六十一年（1722），岳钟琪清剿羊峒，莎罗奔带领本族士兵随其作战，战后经岳钟琪一力推举，朝廷授莎罗奔金川按抚司一职。

早年间，大小金川发生旱灾，杂谷、金川、美同、沃日、龙堡部落间为争夺田亩、草场而频频发生械斗。时任四川巡抚的年羹尧奉旨调停。因沃日部落头人原是年羹尧的旧属，结果把本属美同部落的土地、草场、人畜强行划给沃日，引起美同及其他部落的不满，但畏于年羹尧的权势而敢怒不敢言。年羹尧被雍正问罪赐死后，沃日部落失去靠山，其他部落纷纷向其发难，要讨回失去的田地、草场，内部械斗再次发生。岳钟琪任川陕总督时，为平息内乱、化解矛盾、安定边防，奉旨亲赴金川调处。一到金川，他便亲自到田间地头勘验丈量，进行细致的调查了解，最后秉公而断，将沃日土司多占的寨堡、土地、草场、人畜重新划归美同部落，又将龙堡、三歌部落多占的土地划出一部分给沃日部落。处理结果使各部落皆大欢喜，心悦诚服，尤其是美同和沃日两部落对岳钟琪更是敬佩有加，视其为"恩公"。从那以后，岳钟琪的名字在金川一带藏民中扎下了根。后来，他们听说岳钟琪因新疆战事失利被雍正帝砍了头，都很悲痛。

莎罗奔听说岳钟琪未死，不由心中欢喜。但他知道，自己与朝廷对抗数年，已是朝廷死敌，以岳钟琪的忠心，必然不会轻易饶过；而岳钟琪又是军中名将，这仗肯定是要打赢的。

莎罗奔心里明白，这仗不能再打下去了，只有向官军乞降这条路可走。于是，他派人前往官军大营，请求罢兵归顺朝廷。岳钟琪与傅恒商议之后，慨然允。但为防万一，岳钟琪提出要亲自过河到勒乌围一趟，以查探莎罗奔的虚实。傅恒对岳钟琪说："此次入勒乌围敌巢，应多带些人马比较安全。"岳钟琪说："不用。多带人马的话，会引起莎罗奔的怀疑。"

次日，岳钟琪不着甲胄，穿着官服，只带随从十二人共十三骑，渡过泸河到勒乌围，只身闯入虎狼之穴。岳钟琪一行到得堡寨外，莎罗奔、郎卡早已率众土司、喇嘛数十人，并有千名藏兵手持兵器，在寨外列队等候迎接。众头人只是垂手站立道旁，不敢抬头仰视。岳钟琪勒住马，手抒长髯，哈哈大笑，对莎罗奔、郎卡道："汝等犹识我否？"众土司闻声抬头，不禁惊喜过望："果然是大将军！"齐刷刷跪伏于地，不停叩头请罪。岳钟琪下马扶起莎罗奔，二人相见，百感交集，一时竟没有话说。

莎罗奔见到恩公，喜出望外，他从地上起来，亲自为岳钟琪引路，恭敬地迎入自己的寨堡，请岳钟琪入坐首席，由土司侍候左右，献上奶茶。岳钟琪按藏族习俗，敬天敬地敬主人，然后一饮而尽，接着又要来一碗，一气喝干。莎罗奔等见岳钟琪如此看得起藏胞，个个感动得泣不成声，长跪不起。岳钟琪一番开导安慰后，莎罗奔率众土司头顶佛经发誓，绝不再与朝廷为敌。莎罗奔又邀岳钟琪当夜住宿勒乌围寨堡，以叙旧情。岳钟琪慨然答应。勒乌围上下欢天喜地，宰牛杀羊，款待岳钟琪。当晚席散，岳钟琪宽衣酣睡，全无警惕防备之意，更得莎罗奔、郎卡等众土司的敬佩。

次日，莎罗奔、郎卡及众土司随岳钟琪渡河来到官军大营，见过傅恒，正式举行了乞降归顺仪式。

因平定大小金川的战功，乾隆帝谕奖岳钟琪，并加太子太保，复三等公，赐号"威信"。

五、惕防边患　抱病出征

乾隆十五年（1750）冬，西藏部落首领珠尔默特那木札勒聚众反叛，公然杀害派驻西藏的都统傅清等朝官。朝廷闻报大惊，遂命川陕总督策楞率军赴藏平乱；四川提督岳钟琪亦率部出师，任务是驻兵打箭炉，在川康边界就近弹压叛乱，并伺机策应主力部队入藏。朝廷大军以强大的攻势赶赴西藏，与西藏地方官兵一道，很快平息了叛乱。岳钟琪亦在川康一带剿抚并用，稳定了局势。不久，策楞、岳钟琪依次班师回川。

乾隆十六年（1751），川西杂谷脑土司苍旺，暗中联络各部落，意欲抗清。岳钟琪获得消息后，向总督策楞献计：先下手为强，以绝后患。策楞是个谨慎的人，在没有请得上命前，不敢擅自用兵。岳钟琪再次进言："杂谷脑即唐维州，最是险要，听说苍旺于九子龙窝等处修筑寨碉石堡，拥重兵据雄关，已成必反之势。此地若失，后将噬脐。应当趁叛军未集结时攻打，若待奏下则迟矣！"

策楞最终被说服，命岳钟琪于八月二十八日出师，向杂谷脑一带进发。途中捕获苍旺手下奸细尔格头康保及叛军头目中忠等十七人，经审讯得知叛军情况后，将中忠就地正法。九月十七日，官军攻打猛古敌寨，先夺山梁，再断水源，引起猛古恐慌。官军乘乱攻取猛古，又一鼓作气，连夜攻下石角卡登甲等叛军的要塞。二十日，官军直捣苍旺巢穴松冈，经过一番激战，活捉敌首苍旺,就地斩首,叛军无不畏服。

乾隆十八年(1753)十月,岳钟琪的长子岳濬不幸病逝。白发人送黑发人,岳钟琪心如刀绞,痛不欲生。他强忍悲伤,安排下人处理善后,自己的肺痨病却日重一日,严重时几乎下不得床来。次年正月,岳钟琪重病之中上疏说:"臣子濬巡抚任内未完库项八千八百余两,交抵外,请将臣公俸按年扣还。"乾隆帝批谕:"此项未完银两,原系岳濬名下应追之款,若使岳濬尚在,自应按数追完。今伊子已故,岳钟琪尚属旧人,从前曾经出力,著将岳濬未完银四千九百余两,加恩免其追缴。"

不久,岳钟琪病势稍见好转,忽有军情来报,说重庆垫江人陈昆,原以街头打把势卖艺为业,行走江湖,广招门生弟子;后来逐步发展成有组织的邪教,蛊惑人心,聚众反清,其势甚大,当地官府已无法弹压,请派大军征剿。岳钟琪不敢怠慢,挣扎着从床上爬起来,披甲胄,跨战马,率领大军赶赴重庆,清剿邪教。在他的指挥下,官军在大巴山与邪教武装展开激战。因邪教武装终归是些乌合之众,经不起官兵打击,很快便被剿灭四散。

此时,岳钟琪的痨肺病进一步加重,在返回成都途经资州(今四川资阳)时病情恶化,不幸去世,时年六十八岁。乾隆闻讯悲痛,称赞岳钟琪"宣力有年,劳绩懋著,兹以督缉匪犯,力疾亲往,奋勉可嘉",对其"患病溘逝,深为悼惜",下令赐祭葬,赐谥曰"襄勤"。乾隆四十四年(1779),入祀贤良祠。

后来,乾隆帝御撰《怀旧诗》,将岳钟琪列入"五功臣",且是唯一的汉人。《清史稿》亦称:"终清世,汉大臣拜大将军,满洲士卒隶麾下受节制,钟琪一人而已。"(《岳钟琪传》)

一等超勇公海兰察

海兰察（？—1793），乾隆年间将领。多拉尔氏，满洲镶黄旗人，世居黑龙江。先后参与平定准噶尔、大小金川，以及镇压甘肃苏四十三及台湾林爽文起义。他作战勇猛，往往身先士卒，不顾轻伤，攻坚克难，屡立战功，多次受到嘉奖、晋级，终封一等超勇公。

一、攻打金川　奋勇作战

海兰察的祖先为鄂温克人，世居黑龙江。乾隆二十年（1755），海兰察以索伦马甲（骑兵）的身份，从征卫拉特蒙古准噶尔部，其间奋力追赶降而复叛的辉特部台吉巴雅尔，将其射于马下，生擒回营。事后叙功，赐号"额尔克巴图鲁"，后逐渐升为一等侍卫。

乾隆三十二年（1767）五月，海兰察随清军征缅。十二月，清军出虎踞门，海兰察率领轻骑为先驱，走到罕塔遇到缅兵，射死三人，活捉七人。接着，海兰察率军来到老官屯，在与缅兵作战中，斩杀敌兵二百；又设下埋伏，消灭了四百缅兵。缅兵偷袭清军大营，海兰察增援时将其打败。

乾隆三十四年（1769），海兰察出任镶蓝旗蒙古副都统。第二年，清军撤回，海兰察与总兵哈国兴留防边境险要地带。乾隆三十六年（1771），海兰察调任镶白旗蒙古副都统。这时，正赶上朝廷大军攻打金川，遂命海兰察由云南前往西路军营。

乾隆三十七年（1772）八月，叛兵在贡噶山左，企图绕道截击官军粮饷，海兰察奔驰守御，斩杀叛兵一百多。十月，海兰察率兵攻打路顶宗及喀木色尔，破获叛军寨卡五十、石碉三百，消灭数百人。乾隆帝下圣旨表彰，提升为正红旗蒙古都统。

接着，海兰察又从色木僧格山前来到格宝迪。十一月，从山后夺取玛觉乌大寨，然后攻打布喇克及扎喀尔寨，获得碉卡九十个。十二月，领兵进击明郭宗，攻入寨门，直捣美诺，小金川遂被平定。乾隆下旨授海兰察为参赞大臣。

当时，大军兵分三路进击大金川，海兰察随从温福将军，由功噶尔拉攻入。乾隆三十八年（1773）二月，海兰察率兵奔往昔岭，路经苏克奈，又夺取敌卡两个，与领队大臣额森特会合后，又夺取了五个碉卡。

海兰察率兵开路，一天便到了木果木，紧邻昔岭。叛军在昔岭上建有很多碉垒，其中最关键的大碉垒有十个。三月，海兰察与额森特分别率兵攻打第九、第十座碉垒。官军在冰雪之中来往，奋勇攻打，最终攻克。随后，海兰察等假装撤退，叛兵奔下山来追赶，官军伏兵四起，杀死叛兵二百多人。叛军的第五座大碉垒尤其坚固，海兰察昼夜不停用炮轰击，消灭了很多叛兵，终于将其攻破。

其后，海兰察又攻克了许多敌寨，歼敌颇多。六月，官军来到美诺，与领队博清额、五岱、和隆武的军队会合，固守美诺。乾隆帝因海兰察驻扎美诺，清整地方，剿杀敌众，接续办理台站事务，都很合机宜，下旨嘉奖。七月，美诺、明郭宗失守，海兰察被迫退保日隆，朝廷革去其参赞之职，降为领队大臣留任。

后来，海兰察又偕同其他将领奋力攻打敌寨，重新占领了美诺。乾隆帝因海兰察作战奋勇、精神可嘉，所有革职留任等处理，均予撤销。

二、屡立战功　连升数级

乾隆三十九年（1774）正月，阿桂将大军分作三队。海兰察带领第一队，从明郭宗进击贡噶山，击毙叛军的哨兵；又与保宁率兵两千，从喇穆喇穆山横梁绕道八十多里，攻占了最高的登古山。

登古山的对面是罗博瓦山，也是对方的奇险之处。二月，官军将领普尔普顺山梁进军，海兰察绕出山后，从石罅登山。叛兵居高临下，从山上向下攻击。海兰察正与叛兵鏖战，额森特、保宁率兵赶到，两军合力迎击，叛兵稍微向后退却。官军又分队冒死猛冲，斩杀叛兵数十，其余带着箭伤逃走。于是，官军回头攻取罗博瓦前山，逼近第三、第四峰。海兰察带头用箭射击，叛兵纷纷中箭倒毙，最终攻占了这两座山峰。乾隆得到捷报，得知攻取时海兰察尤为出力，授任为内大臣。

六月，官军攻打色溯普。敌人在此处建有六个大碉卡，左右呼应。海兰察攻克了中间的三个大碉卡，还有附近的平寨。七月，官军抵达色溯普南崖，将士沿石壁攀援而上，将东西峰碉寨中的叛兵全部斩杀。之后，又从喇穆喇穆山麓，乘胜攻打日则丫口，攻取碉楼数十个，平碉上百个，木城五座，石卡五十个。海兰察因功加三级，获赐"绰尔和罗科巴图鲁"。

九月，海兰察率兵攻击对方营寨时，左颊受伤，但他坚持作战，带头跳进敌碉之中，将叛兵全部斩杀。十月，海兰察率兵占据默格尔山梁，攻克密拉噶拉木克的大寨一座、石碉四个。山后是凯立叶官寨，海兰察也乘胜攻取。此战之后，海兰察成了参赞大臣。

海兰察由默格尔西出击，率兵下压布拉克森，进攻格斯巴尔，焚烧了几百个寨落。之后，与领队乌什哈达等攻取达尔扎克寨。凯立叶附近的碉卡扫荡净尽。乾隆帝下旨，著海兰察在御前侍卫行走。十一月，因海兰察率兵夺获叛军的碉卡不计其数，又加了三级。

十二月，海兰察率兵抵达桑噶斯玛特山。叛军在碉外又设木城遮护，官兵从栅缝中射箭，或拔掉栅木攻击，毁掉了木城，斩杀叛兵数十人。随后乘胜攻打碉垒，斩杀了更多的叛兵。

乾隆四十年（1775）正月，官军从康萨尔分兵进击，海兰察攻克了两个敌碉。敌兵从噶尔丹寺前来增援，又被击败。四月，海兰察率兵千人，偕同福康安奔赴宜喜，先攻取甲索敌碉，接着又攻克得楞山冈，焚烧了萨克萨谷大小数百个寨落。西、北两路官军会合。五月，海兰察冒着枪林弹雨，扳开敌方的木城，将其攻克，又乘胜将色尔外安吉、达佳木等寨攻破，直达噶尔丹寺，并焚烧了寺庙。在以后的作战中，海兰察奋勇杀敌，连连攻取叛军的营寨、木城，也因作战有功，又连连升级。

乾隆四十一年（1776）正月，官军攻克舍齐、雍中两寺，接着攻打噶尔崖。海兰察先到，扼住噶尔崖河岸，不久又偕同福康安、普尔普等截击噶尔崖左，夺获大石卡，运送大炮轰击官寨。二月，叛军首领索诺木与众头目出寨投降，金川平定。乾隆帝下旨，封海兰察为一等超勇侯，赏戴双眼花翎，画像位列紫光阁前五十功臣之中。

三、镇压回乱　因功升迁

乾隆四十三年（1778），海兰察领侍卫内大臣。四十五年（1780），补公中佐领（八旗佐领之一）。

乾隆四十六年（1781）三月，甘肃撒拉尔苏四十三争立新教，聚众反清，攻破河州，占据华林山，并多次进攻兰州城，海兰察奉命前往镇压。

四月，海兰察抵达兰州，率兵攻打龙尾山。激战之后，回兵躲到穴中死守。当时，大学士阿桂来到，令海兰察总理营务。五月，海兰察偕同明亮、额森特分兵左右翼，一起进击，回兵逃走。海兰察射死不少回兵，又从龙尾山越过深沟，猝然登上华林山。回兵十分惊恐，全体出动迎战。官军假装撤退，回兵不知是计，拼命追赶，海兰察率兵回头猛冲，回兵败退。

闰五月，海兰察率领阿拉山骑兵，绕过华林山西南，设下埋伏，然后突然冲出壕沟截击回兵，将其消灭，随后又率领屯练兵夺取回卡四个。在此次作战中，海兰察曾下马与敌兵步战，受了枪伤。乾隆帝怜惜他的劳苦，让阿桂抚慰。

回兵负隅坚守，海兰察单身匹马来到五泉山，查看军情。返回时，埋伏在华林沟里，侦探到回兵归来，突然奋起猛攻，终于攻克了华林山关隘。六月，海兰察闯进回营，焚烧了里边的帐房、板屋，乱兵大败，退保华林寺。官军逼近华林寺建立营栅，终于将回兵全部歼灭，并传示其头领的首级。就这样，回民起义很快就被镇压了下去。

乾隆四十九年（1784）四月，甘肃回民又起私教，聚众反清，乾隆命海兰察飞驰前往，以参赞大臣身份，与尚书福康安等一起清剿。

当时，回兵驻扎在底店，海兰察带领巴图鲁侍卫等偷偷侦探通往回营的道路，途中遭遇回兵，奋起迎战，将其打退。不久，官军又分兵进击，回兵败逃，歼灭一百多人。六月，官军从双岘小路来到回兵老营巡视地势，建立营栅，将回营围困。七月，回兵想越过官军营栅突围，海兰察预先在险要隘口设下伏兵，回兵突围时，伏兵迅起猛击，歼灭了回兵，攻破石峰堡，抓住了回兵首领张文魁、张文庆等。

为了表彰海兰察的战功，乾隆帝提拔海兰察的儿子安禄为二等侍卫，在乾清门行走；又赐予海兰察骑都尉世职，让安禄世袭。乾隆五十年（1785）十二月，又赐海兰察可在紫禁城骑马。

四、平定台湾　功在后世

乾隆五十二年（1787），台湾林爽文率领反清义军围困嘉义县。七月，乾隆帝命海兰察为参赞大臣，偕同福康安等前往镇压。

十月，海兰察渡鹿仔港。登岸后第三天，率领巴图鲁二十人，到彰化县的八卦山视察地形。见林爽文军兵在山上筑卡，海兰察首先跃马登山，林兵蜂拥而上，他开弓射杀数人，其余的林兵狼狈而逃。

十一月，海兰察开通道路，同福康安增援嘉义。官军分作五队，沿途搜查镇压，直逼牛稠山。林爽文率兵一万多人，以溪为险阻固守。海兰察越过溪水，抢上山梁，攻克了林爽文的营栅，林兵逃走。海兰察领兵追击到大排竹，将林兵的草房全部烧毁，然后抵达县城，嘉义解围。乾隆帝下旨授海兰察为二等超勇公。

十二月，海兰察攻打城西及海岸的林兵，又焚毁了城东兴化店及林庄，督兵直攻北路。当时，义军中林兵尤为彪悍，海兰察冒着枪林弹雨奔驰冲杀，终于将其攻克，大埔林、大埔尾的义军随之溃散。海兰察收复斗六门，抵达水沙连时，义军已经逃走。于是，海兰察跟踪追击，飞箭射中骑马执旗的义兵眼睛，将其活捉。接着，他又攻打义军的老巢大里杙，歼灭义军头领数十人、士兵二百多人。义军首领逃入番庄，海兰察就由内山平林搜索到集集埔砦。义军砦寨前有一条大溪，海兰察策马奔渡，洗劫了砦寨。又追杀十几里，来到浩淮角，焚烧一千多间草房，随即攻打小半天山的义军营寨。海兰察亲自巡视边界，从东势角山峰转出狮子头、打铁寮，以及虾骨、合欢诸社，直到最北边的炭窑，俘获了残余的义军士兵。

乾隆五十三年（1788）正月，海兰察在老衢崎抓获林爽文，献俘北京。乾隆帝因其立下大功，以随身佩囊赐予。二月，官军来到南路，由湾里社攻打大穆、降水、底寮等处的残余义军，追击到最南边的琅乔，抓住义军首领庄大田，斩之于市，台湾平定。

乾隆帝下旨说："海兰察屡次督兵，甚为奋勇，而筹办一切，俱能井井有条。著再加赏紫缰并金黄辫、珊瑚朝珠，以示嘉奖。"又命台湾郡城及嘉义县，并建福康安、海兰察等生祠塑像；又在紫光阁画二十功臣像，并御笔赞之："勇弗知书，谋胜智士。匹马弯弓，贼不敢视。欲致活口，射令无死。晋爵赐服，言难尽美。"

乾隆五十六年（1791），廓尔喀叛军滋扰后藏。十一月，乾隆帝仍以福康安为将军、海兰察为参赞，率领巴图鲁侍卫及索伦兵一千人前往攻打。第二年七月，叛军被剿平。九月，海兰察晋封一等超勇公。

乾隆五十八年（1793）三月，海兰察在家中病逝，谥曰"武壮"，入祀昭忠祠。

一等诚谋英勇公阿桂

阿桂（1717—1797），乾隆年间将领。字广庭，号云岩，章佳氏，满洲正白旗人，大学士阿克敦之子。举人出身，以荫入仕。先后在新疆、四川、云南等地军中效力，从幕僚到独当方面，功勋卓著，封一等诚谋英勇公。任领班军机大臣、武英殿大学士期间，愕然独立，不与和珅同流合污，故亦多在地方办事。但始终受皇帝信用，且安享高年。

一、勋臣独子　以荫入仕

阿桂出身于官宦家庭，父亲阿克敦，历康、雍、乾三朝，乾隆朝任协办大学士、刑部尚书，颇受器重。

阿桂自幼聪敏过人，听人谈论史事，即能"记其大略"。雍正十年（1732），阿桂十六岁，进入官学读书，两年后补廪生。乾隆元年（1736），成副榜贡生，随后以父荫授大理寺丞。

乾隆三年（1738），阿桂中举，次年补授兵部主事。乾隆八年（1743），以户部郎中身份充任军机章京。乾隆十一年（1745年），管理户部银库，因库项被窃，以失察降调吏部员外郎。

乾隆十三年（1747）初，阿桂随兵部尚书班第赴四川，在征讨金川的军中担任幕僚。不幸的是，抵任时，适逢上司张广泗、讷亲因作战失利、互相攻讦而获罪，阿桂也被劾以"勾结张广泗，蒙蔽讷亲"，交刑部审讯。因乾隆帝念阿克敦年老，只有阿桂这一独子，格外开恩，没有治罪。第二年即重新起用，再任吏部员外郎。

乾隆十七年（1752），阿桂复任吏部郎中，不久奉派赴江西任按察使。第二年回京，任内阁侍读学士，不久升任内阁学士兼礼部侍郎。

二、奉职西北　经营有方

阿桂年轻时的飞黄腾达，主要是凭借其贵族世家的显赫地位，而他建功立业的真正起点，则是参与清廷对西北地区的用兵和经营。

乾隆二十年（1755），厄鲁特蒙古准噶尔部发生内乱，清廷大军分两路向以达瓦齐为首的准噶尔部发动大规模进攻。同年六月，阿桂奉命赴乌里雅苏台，在班第手下督办伊犁河谷地区驻军台站，负责传递公文、供应军需。他办事勤恳细致，颇得上司信任，先后被朝廷授予参赞大臣等职。其间，父亲阿克敦病逝，阿桂获准回京办理丧事，半年后即奉命返回西北。在官军的打击下，准部割据势力土崩瓦解，到乾隆二十二年（1757）底，已基本平定。

然而，就在对准部的军事行动即将结束时，天山南路又发生了霍集占兄弟的叛乱。乾隆二十四年（1759）五月，阿桂奉命赴霍斯库鲁克，会同富德追击败退的霍集占兄弟。同年八月，两军在阿尔楚尔展开激战。阿桂亲率精兵数百，由山麓绕出其右猛烈冲击，叛军猝不及防，阵势大乱。大军乘势掩杀，叛军伤亡惨重。在官军的穷追猛打之下，叛兵溃不成军，纷纷投降。霍集占兄弟见势不妙，只得率数百亲信逃往巴达克山。同年十月，巴达克山首领素勒坦沙杀死霍集占兄弟，向清军献上首级。至此，天山南路平定。

平定准部和回部，统一天山南北后，清廷开始着手巩固对这一地区的统治。乾隆二十四年（1759）九月，阿桂奉命前往阿克苏，处理善后事务。为解决军粮的问题，阿桂督率阿克苏等地回部农民屯垦伊犁河谷。由于土地肥沃，加之管理有方，头一年即大获丰收。

由于阿桂的精心筹划和组织，乾隆二十六年（1761），伊犁军垦达八千余亩，收获粮食两万七千一百多石；回屯有八百户，平均每户收获粮食四十石，总产达到三万二千石左右。伊犁地区的屯民与驻军由此得以自给自足，安居乐业达百余年。此外，还建成了"安远"和"绥定"两城，城中军营和民房以次分别。新城镇既是屯田管理中心，又是商业贸易中心，吸引四方商贾来往交易，"数千里地来往晏然"。

三、征伐金川 "诚谋英勇"

早在乾隆二十六年（1761），阿桂就被授予内大臣、工部尚书等职。第二年，又授予骑都尉世职。

乾隆二十八年（1763）正月，阿桂返京，就任已于两年前受命的工部尚书，并在军机处行走，其家亦由正蓝旗抬入正白旗。七月，又被补授正红旗满洲都统，晋太子太保。

阿桂任军机大臣，颇受乾隆帝信用，经常受命外出处理地方事务。他先后参与审理归化城都统法启案，赴直隶霸州、文安等处督办河渠疏浚事宜。乾隆二十九年（1764），阿桂署理四川总督，巡查金川土司郎卡扰边等情。

乾隆二十九年（1764）四月，由于不堪忍受朝廷官吏和当地贵族的压迫和剥削，天山南路回部民众发动起义。阿桂因熟悉当地情况，奉命赴乌什，与伊犁将军明瑞一起镇压起义。经过半年围困，官军攻克乌什，平定动乱。乾隆三十二年（1767），明瑞奉诏征缅，阿桂继任伊犁将军。

乾隆三十三年（1768），明瑞所部在缅甸惨败，清廷在云南重组往缅大军，以傅恒为统帅，阿桂、阿里衮任副将。年中，阿桂奉命急速返京，随即赴云南，并一度任云贵总督。后罢任总督，专办军务。然而，由于气候和热病的影响，清军虽然打了几次胜仗，最后仍不得不撤军。

其时，阿里衮身亡，傅恒染病，阿桂遂继任最高统帅。后因缅甸同意进贡，双方停战言和，阿桂返回云南。然而不久，派往收取贡赋的官员被缅甸扣押，协议被毁，阿桂因此被革职，成为继任者温福的部属。不过，由于缅甸与邻国泰国关系紧张，故而中缅边境一时间较为平静。

从缅甸撤军之前，四川西部的大小金川发生叛乱。乾隆三十六年（1771），温福奉调率军从云南前往四川，征讨大小金川；阿桂因熟悉四川情况，亦随军前往，任温福的副手。十二月，大军两路进攻小金川，阿桂随温福自汶川出西路，新任川督桂林由打箭炉出南路。此战之中，阿桂率军一路冲杀，连克数寨。

第二年五月，桂林失利，被劾罢职，阿桂受命代其指挥南路军。自此，阿桂成为独当一面的大将。之后，阿桂所部攻占战略要地，迫使小金川首领僧格桑放弃老巢美诺，逃入大金川，与大金川首领索诺木汇合。阿桂与温福等会师美诺后，檄令索诺木交出僧格桑，索诺木置之不理。

乾隆三十八年（1773），阿桂和温福、丰升额三路进攻大金川。起初，官军连夺叛军的几个碉卡，进展颇为顺利。但温福指挥失宜并败死，战局发生逆转。索诺木击败温福军后，乘胜占据小金川。阿桂闻变，只得将所部从容撤至安全地带。

温福被俘遇害后，清廷授任阿桂为定西将军，丰升额、明亮为副将军，并调遣健锐、火器营、吉林索伦兵各二千，一起进剿金川。阿桂很快收复了小金川全境。捷报传来，乾隆帝甚为高兴，赐诗褒奖，并命阿桂移师进剿大金川。

经过充分准备，乾隆三十九年（1774），官军兵分三路进攻大金川。经过两年的鏖战和围攻，乾隆四十一年（1776）正月，索诺木出降。阿桂安置大小金川头领和一般人员，设副将、同知分驻其地；不久设懋功厅，废除了原来的土司制度。

四、愕然独立　不交和珅

征伐大小金川获胜后，阿桂被封为一等诚谋英勇公，并进为协办大学士、吏部尚书等。乾隆四十一年（1776）四月，阿桂率军班师回朝，乾隆帝亲到城南良乡"行郊迎礼"；进城之后，"御紫光阁，行饮至礼"。

回京之后，阿桂地位继续上升：乾隆四十二年（1777）五月，授武英殿大学士，管理吏部兼正红旗满洲都统；六月，调镶白旗满洲都统，充玉牒馆、国史馆、《四库全书》总裁，文渊阁领阁事、经筵讲官；十月，调镶黄旗满洲都统，管理户部三库。四十三年（1778）闰六月，兼管理藩院事；七月署兵部尚书；十一月，任上书房总师傅。四十四年（1780）十二月，在文华殿大学士、军机大臣于敏中去世后，位居大学士班次第一，成为领班军机大臣。

乾隆四十四至五十四年间，阿桂虽任领班军机大臣及大学士，但因和珅担心他在皇帝身边对自己不利，故而仍然长年在外，有时负责修筑河南境内的黄河大堤，视察水利工程，有时按察各省贪污案件，同时又督师镇压甘肃回乱。这也就使和珅得以乘机窃取大权，作威作福。

阿桂对和珅专权非常痛恨，但碍于皇上年事已高，自己年逾古稀、力不从心，因而也无可奈何。但他不愿与和珅同流合污，平日除皇上召见议政外，不与和珅有任何来往。凡是站在御阶之旁，阿桂准要离和珅十几步；即使和珅主动与其商谈政事，阿桂也是随声应付，不移一步。（"凡立御阶之侧，公必去和相十数武，愕然独立。和就与言政事，公亦漫应之，终不移故处也。"《啸亭杂录》卷八）

尽管和珅弄权，阿桂却一直保有自己的地位和皇帝的信任。乾隆六十年（1795），乾隆帝禅位太子永琰，做了太上皇。乾隆五十年清廷举办千叟宴，阿桂奉命领班；嘉庆元年（1795）再次举办，阿桂仍任领班。八月，阿桂八十寿辰，太上皇赐"介眉三锡"匾，并赐联"纯嘏懋勋延带砺，耆龄硕望重丝纶"。九月，阿桂以耳聋为由，上疏辞领兵部尚书。十一月，因病乞休，结束了仕宦生涯。

嘉庆二年（1797）八月，阿桂病逝，终年八十一岁。嘉庆帝闻讣，先派使者前往祭奠，追赠太保；后又亲临其丧，赐祭葬。赠谥"文成"，并允入祀贤良祠。

一等嘉勇忠锐公福康安

福康安（1754—1796），乾隆年间将领。字瑶林，号敬斋，富察氏，满洲镶黄旗人，大学士傅恒之子，孝贤皇后之侄。他出身勋贵，以侍卫起家，历任统帅，屡建军功，从而获得皇上青睐，官至军机大臣、大学士，位极人臣；封一等公，封贝子，获不世之荣。但亦极端奢靡、骄横，遗讥身后。

一、贵胄出身　金川建功

福康安出身于满洲大族富察氏，曾祖父米思翰，曾任户部尚书；祖父李荣保，曾任察哈尔总管。到了父辈，更是显赫，父亲傅恒，是乾隆帝的宠臣，任大学士、军机大臣，封一等公；姑母富察氏，则是乾隆帝的第一位皇后——孝贤皇后。

福康安是傅恒第三子，本名"傅康安"，后经乾隆帝赐字，与诸昆弟一并改"傅"为"福"，就成了"福康安"。

因为家世的原因，福康安的仕途起点高、晋升快。乾隆三十二年（1767），十多岁的福康安就承袭了云骑尉世职，授三等侍卫，奉命在乾清门行走。因孝贤皇后的缘故，乾隆帝较为宠待后族，福康安获得殊宠，官位连连升迁。两年后，晋升二等侍卫，在御前行走。一年之后，又升到了一等侍卫。

乾隆三十六年（1771），福康安被授任户部右侍郎、镶蓝旗蒙古副都统。第二年，以户部侍郎充任军机大臣，不久改满洲镶黄旗副都统。

侍卫出身的福康安，必然要走以武建功的路子，这当然也是皇上的期许。其时，正赶上大小金川再次叛乱，前线主帅阿尔泰、桂林调度无方，乾隆改派温福为定边将军，阿桂、丰升额为副将军，率军前往平叛。作为乾隆的亲信，福康安被派往军中授印，并任领队大臣。

乾隆三十八年（1773）正月，阿桂攻打当噶尔拉山，福康安持印而至，于是阿桂留之军中，命为佐将，领兵作战。定边将军温福因轻敌被俘被杀，乾隆遂任命阿桂为定西将军，重振旗鼓，分道再进。留在阿桂军中的福康安，不久即以作战勇敢、带兵有方而闻名。

金川叛军的碉垒易守难攻，福康安率军勇敢冲杀，屡有所获。乾隆三十九年（1774）二月，大军进攻喇穆喇穆，福康安督兵攻克其西部各碉垒，又与领队海兰察合兵，乘胜攻下小金川要隘罗博瓦山，并向北攻下得斯东寨。有一次，叛军借着雨天掩护，新筑两座碉垒，福康安亲率八百士卒，夜间冒雨攻打，入碉袭杀数人后，摧毁了碉垒。这样的"登碉夺砦"行动，在福康安可谓屡见不鲜

福康安不仅有勇，亦且有谋。有一天夜晚，叛兵乘雪雾迷蒙、夜色笼罩，偷偷登山，袭击副将军常禄保的营地。福康安听到告急枪声，立即督兵驰援，击退了叛军的进攻。叛军依仗熟习地形，屡次夜袭清军，福康安警备甚严，屡屡败之。

乾隆四十一年（1776）大小金川平定后，福康安晋封三等嘉勇男。大军凯旋至京，乾隆帝亲往京城南郊行郊劳礼，福康安获赐御用鞍辔马一匹，绘像紫光阁位列前五十，御制赞称其"代兄以往，继父而奋。矜许黾励，王臣之荩。登碉夺砦，那须蒙甲。嘉勇锡名，世传勋业"。随后，福康安由户部右侍郎转为左侍郎，

擢升镶白旗蒙古都统,赏戴双眼花翎,再调正白旗满洲都统,赐紫禁城内骑马。

二、频繁征战　备受宠用

在大小金川之役中,福康安展示了自己的军事才能,得到乾隆帝的赏识,从而一再获得提拔。乾隆四十二年(1777),福康安被授任吉林将军,次年调任盛京将军。

乾隆四十五年(1780),福康安出任云贵总督,成为总领一方的封疆大吏。此后,他又曾先后担任过四川、陕甘、闽浙和两广总督。乾隆四十七年(1782),福康安升任御前大臣,加太子太保,次年初,回京署任工部尚书;不久,授总管銮仪卫大臣、阅兵大臣、总管健锐营事。两年后,升任兵部尚书、总管内务府大臣。此后,福康安还担任过户部尚书、协办大学士,武英殿大学士、领侍卫内大臣。

然而,无论任职何处,福康安的成就,主要还是体现在军功方面;同时,也能根据具体情况,提出一些善后建议等,并得到朝廷的采纳。

甘肃回民起义爆发后,清廷派军镇压,福康安以参赞大臣身份,驰驿赴军前,与将军阿桂共同任事。到甘肃后,福康安即被任命为陕甘总督。他与阿桂采取种种手段,围追堵截,最终攻入石峰堡,处死了起义军首领。起义平息后,福康安晋封为嘉勇侯。鉴于当地民风强悍,福康安建议设立学校以资训迪,得到乾隆帝的赞许。

台湾林爽文起义爆发后,前期军事不力,乾隆帝改派福康安为将军,与参赞大臣海兰察共同渡海赴台作战。在取得初步胜利后,福康安采取连续追剿之策,一路既杀人、又放火。经过半年多的征战,最终俘获林爽文,平定了起义。福康安因功封为一等嘉勇公，赏红宝石帽顶、四团龙补服。根据台湾的实际情况，福康安提出善后十六事，认为要解除隐患，就需习武事、除奸民、清吏治、肃邮政，乾隆帝一一依从。

安南内乱，清廷派两广总督孙士毅出兵，结果兵败。时任闽浙总督的福康安，转任两广总督，负责处理安南事务。最终，清廷不再扶植原来的黎氏政权，接受将其推翻的阮氏请降，以罢兵允和了结。

廓尔喀入侵西藏，大肆烧杀抢掠，驻藏大臣保泰临阵退缩。清廷闻报，以福康安为将军，与参赞海兰察等率领两千索伦兵，从西安出发入藏，迎击廓尔喀。福康安等到达西藏后，率领清军连战皆捷，大败廓尔喀军，最后将其逐回喜马拉雅山南麓，一直打到距廓尔喀都城阳布（今尼泊尔加德满都）一百余里的雍雅。廓尔喀举国震惊，不得不乞降。然而，其时福康安以为到阳布后，必将"势如破竹，旦夕可奏功，甚骄满"，自比诸葛亮，"拥肩舆、挥羽扇以战"（《啸亭杂录》卷五）。清军士兵也产生懈怠思想，疏于防范，结果被廓尔喀军袭击，伤亡惨重。只是廓尔喀人见好就收，退回劫掠的财物，表示今后再不侵犯。经乾隆帝谕旨，福康安接受求和，廓尔喀之役结束。福康安因功获授武英殿大学士、领侍卫内大臣。

平定廓尔喀班师后，福康安暂留西藏，根据皇上的旨意，会同八世达赖、七世班禅和驻藏大臣以及西藏地方官员，制定了《钦定藏内善后章程》（即后来《钦定西藏章程》的蓝本）。这份文件有利于巩固中央与西藏地方的关系，维护祖国的统一，加强民族团结。

三、奢靡骄横　遗讯身后

乾隆五十八年（1793），安南国王阮光平去世，乾隆帝担心安南再度发生内乱,命福康安到广西加以防范。不久,福康安母亲病逝,因远在数千里之外,且事务未结,只好受命在任守制。在前往广西途中,福康安又患了病。乾隆帝派御医前去诊视,福康安以"安南无事"为由疏请回京,得到准许。

此后,福康安转任四川总督,其间曾率金川土司入朝觐见。其后再任云贵总督,时值寒冬,乾隆帝特赐御服黑狐大褂,以示宠眷。其间,福康安被加封为忠锐嘉勇公。

乾隆六十年(1795),贵州苗民发动起义,福康安奉调与四川总督和琳、湖广总督福宁,分路率军镇压。经过大规模围剿,在半年多的时间里,就先后抓获了三位起义首领。初战告捷,乾隆帝破格封福康安为贝子。福康安是第一个宗室之外,活着被封为如此显爵的人。

由于追剿义军,官军转战进入湘西。湘西山路崎岖,雾雨连绵,加之长途跋涉,福康安患上了瘴病。嘉庆元年(1796)五月,福康安在军中病逝,年仅四十二岁。

讣闻传来,嘉庆帝赋诗悼念,太上皇乾隆也痛惜"贤臣失"。福康安灵柩到京,太上皇还亲临祭奠。同时,追封福康安为嘉勇郡王,谥曰"文襄",与其父傅恒一起配享太庙,入祀昭忠祠与贤良祠,并得建立专祠。而清代非宗室得以追封王爵的,福康安也是独一份儿。

然而,后人对于福康安的"战功",也不无訾议。萧一山《清代通史》就指出:"福康安特以贵族外戚,总长师干,归功享成而已。其对于海兰察谦谦自下,尽力周旋之,依为干城,方能得其力。则其才能之不足为将帅,可以知矣。"就是说,福康安的战功,多是与名将海兰察一起建树的,没有海兰察,情形可能就会大为不同。

福康安出身勋贵,不无纨绔子弟习气。笔记书记载了他的两桩"习尚"。一是好穿深绛色服饰，人谓之"福色"，民间也争效其色。（"福文襄王好著深绛色，人争效之，谓之'福色'。"《啸亭续录》卷三）一是喜欢坐轿（清朝武臣本无乘轿之例），出师督阵也是如此，轿夫三十二名轮流抬轿，轿行如飞；每个轿夫配备良马四匹，换班后即骑马跟随。

福康安行事奢靡，挥霍无度，萧一山谓之"妄作威福，每日罗食珍异，开营伍奢侈之端倪，故每一征战，糜费多而成功少"。任四川总督时，虽然轿夫只有军前的一半（十六人），但轿中另有小童两人，负责装烟倒茶，且冷热点心备办不下百十种。

不仅奢靡，福康安还恃宠骄横，盛气凌人。李伯元《南亭笔记》记其"恃功而骄，往往擅窃威柄，大军所至，勒令地方官盛饰供张。偶不当意，必取马筿击之，若挞羊豕"。而他的家奴也狗仗人势，蛮横不法，不仅所到辄向地方官员索要钱财，还经常滋事扰民，甚至是强抢强夺。

福康安不仅"腐"，也很"贪"。"到处婪索"之外，还借机中饱私囊。如和珅之弟巡漕御史和琳，曾参奏湖北按察使李天培用湖广粮船私运木材。此案审理中，也讯得福康安索取木材运往京邸一事。乾隆帝严旨令福康安自劾，罚其三年的总督养廉银，加罚公俸十年，革职留任，然而很快又都减免了。

福康安生前倚仗权势，在军中大肆聚敛，挥霍无度。而他死后，其子德麟从军中迎其灵柩回京时，沿途向所经地方索要白银达四万余两。嘉庆帝亲政以后，下诏予以痛斥，并勒令其拿出八万银两输入宫中。

叛军义军众首领

乾隆帝自称有"十大武功",而这些武功正是基于部落首领的叛乱和人民大众的起义。虽说清廷均一概予以军事征伐,但不同的是,反叛是非正义的叛逆行为,出于权力私欲;起义则多是缘于朝廷的暴政、官吏的横肆,所谓"官逼民反"。面对强大的清王朝,不论是反叛还是起义,首领们最终不是身败名裂,就是销声匿迹,从而也丰富了乾隆的武功图卷。

大金川土司莎罗奔

莎罗奔(？—1760)，乾隆年间反叛首领，大金川土司。齐浸（今四川金川）人，演化禅师嘉纳巴庶孙。乾隆十一年，莎罗奔吞并小金川，引发边患，招致清廷征剿。金川之役后，清廷废除两金川的土司制度，设立懋功厅，委派官员，驻军屯垦，加强了对该地区的统治。

一、公然反叛　潜入深山

大、小金川位于四川西北，是大渡河上游的两条支流（大渡河在乐昌汇入岷江，岷江在宜宾汇入长江）。大、小金川两岸的居民，大多是藏族。他们的领袖哈伊拉木，明朝时封为世袭土司，称为"金川寺演化禅师"。哈伊拉木的后裔卜儿吉细，顺治七年（1650）降附清朝。到康熙年间，袭封演化禅师的为嘉纳巴。嘉纳巴的嫡子、孙子、曾孙（泽旺）等，先后承继，都做了演化禅师。

莎罗奔也是嘉纳巴的孙子，只不过是庶出。康熙五十九年（1720），他曾跟随岳钟琪攻打西藏，在羊峒（今四川九寨沟）立下战功。岳钟琪保荐他，年羹尧据以上奏，雍正元年（1723），雍正帝封他为安抚使。就这样，大、小金川分而为二，莎罗奔的辖地称为大金川土司，衙门设在大金川东岸的噶尔崖（又作"噶拉依""刮耳崖"等，在今金川县东南）；泽旺的辖地称为小金川土司，衙门设在美诺（今小金县城）。

莎罗奔颇有野心，他先把女儿阿扣嫁给泽旺，却在乾隆十一年（1746）将泽旺劫掠，夺其"演化禅师"之印，算是统一了两个金川。兼并小金川后，莎罗奔意犹未足，又攻打另外的两个土司——革布什咱、明正，打算在四川西部创建一个独立王国。

莎罗奔的所作所为，自然是朝廷所不能容忍的。于是，乾隆帝调征苗有功的张广泗任四川总督，让他对付莎罗奔。张广泗领得圣旨，集合三万大军，大张旗鼓向金川开拔。到达四川后，张广泗见大小金川只有土兵三千，不以为意。当初苗人百万之师，都曾败降于自己之手，区区小丑，何足道哉！他向皇上保证，不出半月，金川可定。于是兵分两路，一路由川西进兵，攻其河东噶尔崖等村寨；一路由川南进兵，攻其河西诸碉垒卡哨。

这时，莎罗奔侦知，张广泗的副将马良柱也随军来川，不禁有些不安。因为他知道，马良柱本是甘肃回民，毛发浓密，双眼特大，显露凶光，军中呼为"狮子头"。马良柱作战勇猛，力大无比，在讨伐罗卜藏丹津期间，大败三十三台吉，勇冠三军，番人闻风丧胆，不敢与其对阵。

马良柱驻军西藏期间，以兵众扰民被治罪，此次发往军前效力，有令其戴罪立功之意。马良柱果然厉害，他率先攻打瞻对（今四川新龙），夺取碉垒七十余处，活捉了好几个头人。接着又乘胜渡过丫鲁河，破瞻对，焚其巢穴。泽旺迫于莎罗奔的压力，率部攻打沃日（今小金县沃日乡）各寨。官军将领马光祖前往援救，反被土人所困，不能突围。马良柱闻讯，率三百轻骑飞马赶到，大败土人于巴纳山，泽旺乘败归降。面对如此神勇的马良柱，莎罗奔有些手足无措。

当时，马帮头人思错先已归降，总兵许应虎见马帮财物甚多，便纵容部下将马帮各户抢掠一空，妇女也大多被奸淫。思错大怒，密报莎罗奔。莎罗奔亦怒不可遏，命思错率部重新上山，组织起兵马，将许应虎部团团围住，要报血海深仇。马良柱率部解围，不料副将张兴又被土人围困，寡不敌众。莎罗奔又秘密通知归降的土人趁机反水,将张兴杀死。之后,莎罗奔率众潜入深山,与官军周旋。马良柱要求率部出山,张广泗不准。

此时,大雪封山二十余日,粮饷已经断绝,大军只得煮弓弩、盔甲牛皮为食,情状极其狼狈。在万不得已的情况下,张广泗只好允许马良柱退兵调整,以期再战,这样,大炮、器械等都落入土人之手。

二、筑碉抵抗　遇岳归降

在官军调整的空隙里(其间马良柱因不遵将令被解职,莎罗奔去了一个大患),莎罗奔命土人垒起数百石碉,每个石碉里三五人或七八人,备有粮食、饮水,与官军抗争。

张广泗大举进攻,数百将士围攻一个石碉,损伤往往上百,十天半月才能攻下一个,而土人只用三天就能再垒一个,且都占据险要,易守难攻。张广泗的枪炮打得着石头,却打不着土兵。土兵躲在石碉前面的壕沟里,"枪不虚发",官兵死伤甚多。攻打数月,没有多大进展,粮饷也逐渐接济不上,张广泗连连向朝廷告急。

更可悲的是,张广泗误用"以番制番"的策略,把泽旺的弟弟良尔吉放在自己身边。良尔吉此时早已霸占了泽旺的妻子阿扣,事实上成了莎罗奔的女婿。张广泗的一举一动,良尔吉都暗中传给了莎罗奔。张广泗左右还有个叫王秋的,本是汉人,但已被莎罗奔收买,随时为其传递官军的消息,因此张广泗屡屡劳而无功。

乾隆十四年(1749)四月,赋闲在家的岳钟琪被以"总兵"名义起用,派往张广泗军前效力,同受经略大臣讷亲节制。岳钟琪一到任,乾隆便升他为四川提督。讷亲让岳钟琪去打噶尔崖北边的党坝,岳钟琪不愧为久经沙场的老将,一去便把党坝攻下。

当时，岳钟琪麾下有汉兵与当地土兵七千人，他向张广泗请求增加三千，张广泗不肯。岳钟琪计划由党坝先向北，进攻康八达，由康八达攻下莎罗奔所守的勒乌围，然后再回军攻打莎罗奔侄儿郎卡所守的噶尔崖。这个计划，张广泗也不接受，他坚持另一条进路：从美诺出发，经过昔岭、卡撒、噶尔崖，最后打勒乌围。岳钟琪向皇上奏报，张广泗旋即被抓去正法，讷亲也因无能被赐自刎。

随后，傅恒被任命为经略，杀掉良尔吉、王秋，根绝了奸细。在傅恒的支持之下，岳钟琪一举攻下康八达，直逼勒乌围。莎罗奔非常害怕，他曾在岳钟琪麾下，知道其厉害；同时，对岳钟琪他也尚有旧恩未报：岳钟琪不但保举过他，在川陕总督任上时还把被年羹尧送给沃日土司的美峒寨等处交还给他。于是，在岳钟琪率兵逼近勒乌围时，莎罗奔便派人前来洽降。岳钟琪请示傅恒，傅恒认为可以准降。

岳钟琪带了十二个随从，一行十三骑，毫不畏惧地走进勒乌围，在莎罗奔的寨子里解甲息马。宾主二人畅叙一阵，岳钟琪又住了一宿。第二天，莎罗奔带着儿子郎吉，跟随岳钟琪出来，乘皮划子顺大金川而下，又溯小金川而上，到傅恒军前投降，退还所占邻近土司的土地，发誓不再侵犯，按时贡献，捉拿逃人，归还所掠民马，缴纳军械枪炮。傅恒也"承制"（根据皇上旨意）赦免莎罗奔之罪。就这样，大金川之役宣告结束。

大金川土司莎罗奔投降后，小金川土司泽旺不再受大金川侵扰，大、小金川一带平安无事，从乾隆十四年到二十三年（1749—1758），共有九年之久。这期间，仅有杂谷土司苍旺在乾隆十七年小丑跳梁，立即被岳钟琪捉住处死。

后来，莎罗奔年纪大了，将军政事务交给侄子郎卡主持。乾隆二十五年（1760）五月，莎罗奔病逝于大金川土司官寨。

准噶尔汗达瓦齐

达瓦齐（生卒年不详），乾隆年间部族叛乱首领，自封准噶尔部大汗。绰罗斯氏，厄鲁特蒙古准噶尔部谋臣大策凌敦多布之孙。他在女婿阿睦尔撒纳支持下篡夺汗位，后双方关系破裂，互相攻伐，后者求助清廷，乾隆帝派军镇压，达瓦齐兵败被擒。后遇赦获释，受封准噶尔亲王，加入旗籍。

一、策凌庶孙　篡夺汗位

准噶尔是漠西蒙古的一部分。清代时，蒙古大体分为三大部分：漠北蒙古（今蒙古国）、漠南蒙古（今内蒙古）和漠西蒙古（今青海、甘肃、新疆、西藏等部分地区），其中漠西蒙古主要指厄鲁特蒙古。

厄鲁特蒙古源于明朝的瓦剌，也叫"卫拉特"。大体上有以下几部：准噶尔、土尔扈特、杜尔伯特、辉特、和硕特。"准噶尔"在蒙古语中意为"左翼"，传说该部位于其他四部之左，由此得名。明朝末年，该部位于今喀尔巴阡湖以东和以南的伊犁河流域地区，到十七世纪中叶开始强大起来，统治了今天的叶尼塞河上游、额尔齐斯河中上游和伊犁河流域的广大地区，包括厄鲁特蒙古各部和部分突厥部落在内，组成了一个庞大的准噶尔汗国。所以，清代有时就把漠西厄鲁特蒙古各部统称为准噶尔。

噶尔丹策零去世后，为了争夺统治权，准噶尔部陷入内讧。噶尔丹策零次子策妄多尔济那木札勒，凭借其母亲的高贵身份，得以继位。但他荒淫无道，暴虐百姓，被部众废弃。乾隆十五年（1750），部众拥戴噶尔丹策零庶长子喇嘛达尔札做了首领。在位期间，喇嘛达尔札对内与清廷保持密切联系，对外坚决抵制咄咄逼人的沙俄侵略势力，成为防止沙俄南侵的障碍。

乾隆十七年（1752），沙俄派人收买达瓦齐和阿睦尔撒纳，妄图让他们推翻喇嘛达尔扎，取而代之，建立傀儡政权。阿睦尔撒纳是和硕特拉藏汗之孙、辉特部的台吉，达瓦齐是准噶尔部大策凌敦多布之孙，二人均有不可小觑的实力。然而，沙俄的阴谋未能得逞，达瓦齐和阿睦尔撒纳叛逃哈萨克，喇嘛达尔扎派兵前往擒拿。同年底，阿睦尔撒纳唆使达瓦齐，暗选精兵一千五百，由达勒奇岭山路间道奔赴伊犁，买通内奸，突然袭击，杀害喇嘛达尔扎，篡夺了汗位。

达瓦齐做了大汗，为回报阿睦尔撒纳的功劳，把塔尔巴哈台牧地赐给了他，对清廷则采取归附态度。但达瓦齐为人荒淫无度，不理政事，准部民众怨声载道，因而归降的纳默库济尔噶乘机起事，打算取而代之。达瓦齐在阿睦尔撒纳的策划和帮助下，粉碎夺权活动，杀死了政敌。

然而，阿睦尔撒纳觊觎汗位已非一日，只因不是准噶尔直系血统，得不到贵族支持，因此以拥立达瓦齐为名，积极培植个人势力，抢夺地盘，妄图取而代之。

乾隆十八年（1753）十月，乾隆帝派人至达瓦齐处，要求管理伊犁以北至阿尔泰山的广大地区，而让达瓦齐只管辖博罗塔拉以南地区。达瓦齐断然拒绝，他与阿睦尔撒纳的联盟也宣告破裂，开始互相征伐。乾隆十九年（1754），阿睦尔撒纳割据新疆伊犁，这令达瓦齐非常不满，发兵将其击败。阿睦尔撒纳被迫内附，向清廷寻求保护。

二、兵败被擒　获释封王

早在康熙年间，准噶尔就已成为西北祸乱的根源，康熙帝曾数次亲征。雍正帝即位后，曾继续对准部用兵。乾隆帝即位后的十年里，准噶尔内讧不断，而此时阿睦尔撒纳又请求保护，给清廷提供了剿灭准噶尔之机。

乾隆二十年（1755）二月，朝廷大军两路出师，征讨达瓦齐。北路以定北将军班第为主帅，定边左副将军阿睦尔撒纳为副帅，额驸科尔沁亲王色布腾、郡王青滚杂布及纳默库、尚书达尔党阿、将军阿兰泰、内大臣玛木特等为参赞，统兵三万出乌里雅苏台；西路以定西将军永常为主帅，定边右副将军萨拉尔为副帅，亲王额林沁多尔济、贝子扎拉丰阿、三车凌及总督鄂容安等为参赞，统兵二万出巴里坤。两路大军约定，在伊犁东北三百里处的博罗塔拉河会师。两路分别以阿睦尔撒纳、萨拉尔各率精兵数千，仍用旧日旗帜在前面开路，两路将军及参赞在后缓行。

准噶尔各部见清廷如此兴师动众，居然用牛刀来杀鸡，无不骇然，纷纷望风而降，各台吉、宰桑带领所属，或数百户、或数千户，携酒牵羊，接应官军。师行千里，兵不血刃，两军于五月初一会师博罗塔拉河。

对于部族的离心离德，达瓦齐还蒙在鼓里。大军进剿之时，达瓦齐尚在伊犁纵酒作乐，浑不设防。当他听到朝廷大军已经来到跟前时，急忙派亲信宰桑发令征兵，自己则率一万多亲兵，退往伊犁西北一百八十里的格登山，并在山下大湖边安营扎寨，企图抵御官军。但我众敌寡，官军不费吹灰之力，便擒获了达瓦齐的亲信宰桑，并派人告知全体官兵，达瓦齐的军队已经土崩瓦解。大军得此消息，士气倍增，争相渡过伊犁河，长驱追袭，要抓住达瓦齐请功。

官军临近格登山时，阿睦尔撒纳和侍卫阿玉锡等，乘黑夜带二十余骑前往探路，又竖起军旗，突入达瓦齐军营，呐喊冲杀，声势极大。达瓦齐部众大惊失色，争相溃逃，被杀及自相踩躏而死的不计其数，达瓦齐则只率领两千多人逃走，其余的人都不战而降。

达瓦齐率领所部翻过天山，向南逃到回疆，其部下在途中又逃散了一大半，达瓦齐仅率一百余骑奔投乌什城。乌什城城主霍迪斯，原本与达瓦齐很是亲善，但此时已经得到将军班第的檄文：达瓦齐前来投靠时，务必将其拿获。于是，霍迪斯故意派人携带酒肉上前迎候，将达瓦齐盛情邀入军中，为其接风洗尘，宾主把酒言欢，甚是惬意。乘达瓦齐酒醉时，霍迪斯将其擒获，献给了官军。

酒醒之后，达瓦齐发现自己已被五花大绑，才明白中了霍迪斯的计策，当即破口大骂。与此同时，青海叛酋罗卜藏丹津也被官军俘获。不久，达瓦齐和罗卜藏丹津被押送京师，乾隆帝质问斥责之后，赦免了他们的死罪。

强盛数世纪的准噶尔汗国彻底灭亡，也标志着蒙古贵族及其后裔在天山南北长达五百余年的统治完全结束。

为了庆祝胜利，乾隆帝仿效祖父康熙帝平定漠北喀尔喀蒙古后修建"汇宗寺"的做法，仿西藏三摩耶庙修建了普宁寺。寺庙修建于乾隆二十至二十四年（1755—1759），历时四年。从此以后，天山南北民众"安其居，乐其业，永永普宁"。

乾隆三十九年（1774）四月二十七日，乾隆帝册封副都统、内务府总管和尔经额之女喜塔腊氏为皇子嘉亲王永琰（颙琰）的福晋，大赦天下，达瓦齐获释，并授封准噶尔亲王，入旗籍，赐地京师。后在北京去世。

准噶尔辉特部台吉阿睦尔撒纳

阿睦尔撒纳（1723—1757），乾隆年间反叛首领，厄鲁特蒙古辉特部台吉，准噶尔汗策妄阿拉布坦外孙。他诡计多端，时附时叛，是清前期最大的祸乱根源。辉特部挑起的战乱纵贯康、雍、乾三朝，甚至到嘉庆、道光年间还余波未了。

一、内附清朝　立功受封

在乾隆帝即位后的十年里，准噶尔内部发生了很大变化。噶尔丹策零死后，准部发生争夺汗位的内讧。先是噶尔丹策零之子策妄多尔济那扎木勒继位，但他十分残暴，乾隆十五年（1750），其兄喇嘛达尔札将之废黜，自立为台吉（清廷对蒙古贵族封爵名）。喇嘛达尔札大肆清除异己，引起本部贵族达瓦齐和辉特部台吉阿睦尔撒纳的不满，两人联合，在乾隆十七年（1752）偷袭伊犁，将其杀死，达瓦齐自立为汗。没过多久，阿睦尔撒纳和达瓦齐闹翻，遂决定内附清廷。

从乾隆十八年（1753）开始，对西北用兵的计划开始列入议程。阿睦尔撒纳是个很好的向导，他的内附，在朝廷看来是一个绝佳的机会。所以，当阿睦尔撒纳与杜尔伯特部台吉纳默库、和硕特部台吉班珠尔三人带着两万多人内附时，乾隆帝力排众议收留了他，并给予很高的优待，封他为亲王，不久又晋升为双亲王。头上戴两顶亲王的帽子，这可是非同一般的殊荣。

阿睦尔撒纳的内附起到了带头作用，不少准噶尔内部的台吉和部落陆续内附。乾隆帝见状非常高兴，将内附的准部民众均予妥善安置。

乾隆二十年（1755）二月，朝廷大军分兵两路，北路以定北将军班第为主帅，定北左副将军、和硕亲王阿睦尔撒纳为副统帅和先锋，从乌里雅苏台出发；西路以定西将军永常为主帅，定西右副将军萨拉尔为先锋，两路大军合计五万余人，围剿达瓦齐。

此时，达瓦齐却毫无准备，官军一路所向披靡，沿途的各准部部落纷纷归降，而这很大程度上是阿睦尔撒纳的功劳。官军二月出兵，五月便会师于伊犁。达瓦齐被迫退到格登山，阿睦尔撒纳此时发挥其军事才能，与侍卫阿玉锡等率领二十多人，在夜间突袭达瓦齐军营。达瓦齐军兵溃散，本人逃跑往天山南部回疆。回部将达瓦齐灌醉后，捆送到官军大营；同时被俘的还有雍正时期发动叛乱后逃亡三十多年的罗卜藏丹津。准噶尔叛乱遂告平定。

此次出征，大军只用了两个月，就取得了一场酣畅淋漓的胜利。但因立下赫赫军功，阿睦尔撒纳得到朝廷信任，却埋下了不小的隐患。

二、起兵谋反　兵败病死

平定达瓦齐后，阿睦尔撒纳的野心很快就暴露出来。内附清廷，不过是阿睦尔撒纳的权宜之计，他希望通过内附，借刀杀人，依靠官军除掉政敌，自己做准噶尔大汗。

达瓦齐死后，官军成为障碍，阿睦尔撒纳想过桥抽板，独霸西北，所以在官军准备撤离时，就和当地大小头目秘密往来，图谋不轨。同时，作为清朝的双亲王，他不穿清朝的官服，不用清朝的官印，而使用准噶尔前任首领噶尔丹策零的小红钤记，谋反的意图非常明显。

乾隆帝当然知道，自己与阿睦尔撒纳之间，也是一种相互利用的关系。如今共同的敌人不再，这种相互利用的关系也行将结束。乾隆当然知道阿睦尔撒纳心思，因而战争结束后，他下旨让阿睦尔撒纳先到热河觐见；同时密令给留守的班第、鄂容安等，要他们随机应变，先把阿睦尔撒纳引出来，再找机会干掉。阿睦尔撒纳并非泛泛之辈，他果断决定抢先动手，在前往热河的半道上逃走，突然率兵包围了伊犁。留守伊犁的班第措手不及，伊犁遂被阿睦尔撒纳占领。班第自杀殉国。西路军的永常听说伊犁失守，立刻从乌鲁木齐出发，一路狂奔而逃。准噶尔再次陷入混乱。

乾隆二十年（1755）九月，清廷再次出兵准噶尔，以策楞、达尔党阿为统帅，率军进攻伊犁。十二月，在伊犁附近的博罗塔拉，双方进行了两天激战，阿睦尔撒纳战败，第二年正月退出伊犁，逃往哈萨克。乾隆帝很高兴，下令各路大军合围，一定要活捉阿睦尔撒纳。这时，狡猾的阿睦尔撒纳生出一计，叫人四处传播自己已被抓获。

这个假消息，果然使官军将领上了当。其时，玉保所部距离阿睦尔撒纳只有一天的路程，听到消息，玉保不加查实，便兴冲冲地跑到策楞那里告捷，策楞又立刻汇报了北京。乾隆帝接到"捷报"，非常高兴，他原本要到山东去拜谒孔圣，听到消息后，立刻转向北边，要去雍正帝墓前"禀告"。结果，阿睦尔撒纳乘机顺利逃往哈萨克。消息传到京城，乾隆帝觉得非常丢人，立刻下令将玉保、策楞革职查办，命达尔党阿、兆惠继续率军进攻哈萨克。

乾隆二十一年（1756）四月，达尔党阿分南北两路分别攻击哈萨克。七月，清军打败哈萨克军队，差点抓住阿睦尔撒纳。关键时刻，阿睦尔撒纳又一次施行诡计，放出谣言说哈萨克即将抓住他献给清军。达尔党阿没有吸取前任教训，又一次上了这个老狐狸的当，下令停止进攻。等了半天，等来的是"阿睦尔撒纳又逃走了"的消息。

此时，准噶尔又开始叛乱了。乾隆帝只好下令暂时停止追击，先回军准噶尔，命成衮札布为定边将军，先平定准噶尔内部叛乱。乾隆帝对准部十分恼火，下令凡是背叛的人，一律剿灭。

乾隆二十二年（1757）三月，在平定准噶尔各部后，大军第三次出击阿睦尔撒纳。参赞大臣富德在打败阿睦尔撒纳后，与将军兆惠会合，对其穷追猛打。这一次，阿睦尔撒纳没辙了，先逃到老窝塔尔巴哈台，又再次逃到哈萨克。哈萨克人扣住其战马，想抓住他献给清军做礼物。阿睦尔撒纳仓皇逃走，逃到了总后台——沙俄那里，俄罗斯人收留了他。不过，这次阿睦尔撒纳不再幸运——他患上痘疹，很快就死掉了。

这年九月，乾隆帝下令理藩院行文俄罗斯，严正要求：阿睦尔撒纳是大清国的叛徒、内奸、野心家、阴谋家，请俄罗斯沙皇立刻将其交给大清国处理。第二年，俄罗斯人送来了阿睦尔撒纳的尸体。清廷官员在恰克图检验，确实是阿睦尔撒纳本人。准噶尔战争至此宣告结束。

大小和卓布那敦、霍集占

布那敦（？—1759）、霍集占（？—1759），乾隆年间反叛首领。新疆喀什噶尔（今喀什）人，伊斯兰教白山派和卓玛罕木特的长子和幼子。两人曾杀害朝官、发动叛乱，战败后逃跑出境，被当地酋长捕杀。大小和卓之乱后，清廷设伊犁将军，加强了对新疆地区的统治。

一、南疆叛乱　互为掎角

"和卓"是波斯语的汉语音译，意为"圣裔"，专指伊斯兰教创始者穆罕默德的子孙，后用来称呼伊斯兰教学者和大阿訇。"和卓"加单数后缀成"和卓木"，则为敬称。

在天山南路地区，存在着以元代察合台汗后裔为统治阶级的地方封建政权——叶尔羌汗国，即清代书籍里中所称之"回部"。明朝末年，察哈台后王（元朝的时候，天山南路是元太祖之子察合台的属地，称察合台汗国。后汗国分裂，先后建立多个政权，习惯上统称其统治者为察哈台后王）拉什德汗统治时期，有个名叫玛赫杜米·阿札木的人，从撒马尔罕（在今乌兹别克斯坦境内）到喀什噶尔（今新疆喀什）传教，自称"和卓"，被笃信伊斯兰教的拉什德汗奉若神明。玛赫杜米·阿札木的后代家族逐渐控制察哈台后王，成为天山南路的实际统治者。

大、小和卓都是玛赫杜米·阿札木和卓之后。早在噶尔丹进攻天山南路时，其祖阿布都什特被迫移居北疆伊犁。噶尔丹败亡后，阿布都什特"自拔来归"，清廷送他返归叶尔羌。策妄阿拉布坦父子割据新疆时，阿布都什特之子玛罕木特为和卓，后因玛罕木特企图摆脱准噶尔贵族统治，被噶尔丹策零俘至伊犁囚禁。玛罕木特有两个儿子，长子名叫布那敦（又作"布拉尼敦"等），次子名叫霍集占，即所谓大、小和卓。

玛罕木特死后，霍集占兄弟仍被禁锢于伊犁，直到清军平定达瓦齐叛乱后，才得以释放。清廷任命霍集占兄弟为"回部头目"，派布那敦返归叶尔羌，统领回部各族；而霍集占仍驻守伊犁，掌管伊斯兰教。

阿睦尔撒纳在伊犁发动叛乱时，霍集占曾"率众助逆"；阿睦尔撒纳叛乱平定后，霍集占自伊犁逃回叶尔羌，唆使其兄布那敦叛乱。乾隆二十二年（1757），清廷派往南疆的使臣阿敏道等，被小和卓霍集占派人杀害，南疆叛乱迅速蔓延。之后，大小和卓残酷压迫维吾尔族民众，所派兵饷和徭役都非常繁重，民众的供给稍有迟缓,迅即导致家破人亡。人们不堪其苦,纷纷逃亡。

乾隆二十三年(1758)正月,乾隆帝命雅尔哈善为靖逆将军,额敏和卓、哈宁阿为参赞大臣,顺德讷、爱隆阿、玉素布为领队大臣,出征回部。八旗绿营万余人,首先进攻新疆库车,雅尔哈善切断库车城的粮草,屡次击败出战的守军。霍集占亲自率军八千,前来救援,其军中有装备精巴拉鸟枪(精巴拉鸟枪为当时最新型武器,内装铅弹,射程较远)的精锐部队。雅尔哈善在库车以南击败援军,回部损失千余人,霍集占受伤逃入库车。

官军虽然屡战屡胜,却拿库车城没有办法。库车城背靠山冈,用柳条和沙土建筑,结构密实,炮火轰而不破。于是,官军改用"土遁术",提督马得胜部从城北一里挖掘地道。然而,就在快要挖到城下时,城里的守军发现了夜间照明的火光,便在城里挖了条水沟,引水倒灌进地道,官军损失惨重。

这时,库车城粮食快要吃完,霍集占决定逃跑。有个叫鄂对的回部头人,前来投降官军,告诉雅尔哈善说小和卓要跑,雅尔哈善不信。八天后,霍集占果然打开城西门逃了出去。又过了几天,守城的将领也逃走了。城里弹尽粮绝,群龙无首,只得投降。

雅尔哈善大意放跑霍集占,乾隆帝一怒之下将其撤职,命兆惠取代其职务。兆惠上任后,官军一路势如破竹,直达阿克苏,当地的回部各城纷纷投归。大、小和卓见大势不妙,分两路逃窜,布那敦逃往喀什噶尔,霍集占逃往叶尔羌,两人决定分兵把守,互为犄角,对抗官军的进攻。

二、黑水鏖战 兵败被杀

在当时的情势下,官军开始了一场历史上著名的军事冒险:兆惠率领所部四千人,从乌什出发,穿越千里大漠追击敌人。乾隆二十三年（1758）十月，兆惠所部孤军深入，抵达叶尔羌城外四十里。十月中旬，兆惠率军渡过叶尔羌城东的喀喇乌苏河，亦即著名的黑水河。霍集占率兵迎战，进而发生了著名的黑水河之战。

事实上，兆惠进展太过顺利，乾隆在接到兆惠捷报后，也麻痹大意，没有安排后续部队。兆惠听说黑水河一侧的英峨奇盘山有敌人的牧群，便率领少量轻骑渡河，刚渡过四百人，桥突然倒塌了。原来，霍集占见官军渡河过半，立刻命人将桥弄断，并率人从叶尔羌城中杀出，把官军分割成几段。官军猝不及防，只能仓促应战。由于官军轻骑简出，不过千余人，众寡悬殊，所以只能以一当百，奋勇突围。主将兆惠和明瑞两人负伤多处，包括总兵高天喜、鄂实、三格、特通额等在内的一百多人战死。

官军奋战五昼夜，突围到叶尔羌城东的大营里。霍集占欺负官军人少，立刻包围了大营；布那敦又率一万余人从喀什噶尔赶来，一起将官军大营围得水泄不通。兆惠一面死守营寨，一面派人前往阿克苏求救。

之后，兆惠被迫在叶尔羌东大营里死守了三个月。回部掘水灌营，兆惠就挖沟泄水；回部断绝水源，兆惠就掘井解渴。从地窖里挖到的一百六十窖粮食消耗殆尽，又将野地里的千余驼、马充作军粮。这些都吃完后，就吃皮革等……

兆惠的求援信到了阿克苏，留守大臣舒赫德看后大惊失色，立刻写了奏章，命人飞驰入京上报。与此同时，舒赫德又命乌鲁木齐的富德和阿里衮率部火速前往阿克苏，他也亲自率领阿克苏的三千五百多人驰援。十一月中，告急文书到达京城，乾隆帝随即命北疆的军队立刻驰援，并抽调索伦健锐营，以及察哈尔、西安等地的军队一万五千多人，千里救援。同时，乾隆帝又授兆惠为一等武毅谋勇公，并赐红宝石帽顶、四团龙补服，以安定军心。

乾隆二十三年（1758）十二月，在饥饿、干渴、寒冷和劳累中苦等三个月的兆惠，终于等来了援军，富德和舒赫德两人在叶尔羌以北会师。大小和卓决定分兵，一路继续包围兆惠，一路迎战援军。援军与回部军激战三天，阿里衮带领第二拨援军赶到，兆惠也发动突围攻势，终于击败回部军队，大、小和卓逃跑。

乾隆二十四年（1759）六月，休整完毕的兆惠和富德再次出兵。这一次，他们不再冒险，而是稳扎稳打，拿下了叶尔羌和喀什噶尔，大小和卓带着数千民众投奔巴达克山（今阿富汗东北部和塔吉克斯坦东部）。清军一路追击，民众纷纷逃归，大小和卓只带了几个亲信逃至巴达克山。当地的酋长素尔坦沙，对大小和卓似乎没什么好感，将哥儿俩捆起来杀掉，首级献给了清军。

平定准部和回部叛乱、统一天山南北后，清廷建立军府制，在天山南北两路设置统治机构。乾隆二十七年（1762），清廷在惠远城（在今新疆伊犁霍城）设伊犁将军，作为"总统新疆南北两路事务"的最高军政长官。在伊犁将军下，在乌鲁木齐设都统，统率乌鲁木齐、古城、巴里坤及吐鲁番等地驻军；在塔尔巴哈台设参赞大臣，统率塔城地区的驻军。南疆地区，在喀什噶尔、叶尔羌、英吉沙尔、和阗、乌什、阿克苏、库车、辟展等城设"办事大臣"和"领队大臣"。各地的办事大臣或领队大臣，均由"喀什噶尔参赞大臣辖之"，而喀什噶尔的参赞大臣又直接受伊犁将军节制。

"顺天盟主" 林爽文

林爽文（1756—1788），台湾义军领袖。平和县板仔人。乾隆五十二年，林爽文聚众起义，反抗清廷的腐朽统治。义军势力一度遍及台湾南北，人数最多时达数十万之众，是台湾历史上规模、影响最大的农民起义。起义军建立了"顺天"政权，采取了一些保障民众利益的措施。乾隆五十三年，起义失败，林爽文被杀。

一、官逼民反　义军突起

林爽文之父名叫林勤，因在大陆生活困苦，便在乾隆三十八年（1773）携家眷渡过黑水沟到了台湾，定居彰化县大里杙庄（今台中县大里乡）。来台之后，林勤以耕田、赶车为业，努力生产，苦谋营生，没过几年就有了稳定的家业。

林爽文曾担任彰化县的捕快。他人缘很好，喜欢结识各路英雄。乾隆三十九年（1774），林爽文成为台湾天地会（以"反清复明"为宗旨的民间组织）的北路领袖。

清廷统治台湾时期，派来的官吏个个贪得无厌，压榨百姓无所不用其极，吏治极度腐败。当时，人们对台湾府的官员有如下的形容："贪婪之吏，以宦为贾；舞弄文墨，剥民脂膏；三年报罢，满载而归。"（连横《台湾通史》卷六）

台湾官员以剥削台湾百姓为乐，以获得金钱为荣。台湾知府孙景燧损公肥私，致使国库亏空；总兵柴大纪任职仅两年，贪污金银五六万两。

台湾民众眼见官员如此贪婪，自然恨之入骨，纷纷趋向天地会，其组织因此在台湾迅速扩大，入会人数不断增加。许多困苦及不满现实的民众纷纷入会，其影响从台湾散布到了长江以南，以至全国。此时，天地会已成为一支不可小觑的除贪抗清的政治势力，引起了清廷的关注。乾隆五十一年（1786）七月，清廷下令解散天地会，到处搜捕该会会员，并借机烧杀抢掠，滥杀无辜。

清廷的暴虐行径，使诸罗（今台湾嘉义）瞬时成为人间地狱。天地会党人林泮、林领等，不得不从诸罗移居大里杙。十一月初，柴大纪北巡来到彰化。理番同知长庚请求派兵驻守彰化，但他不允而归。知府孙景燧得知此讯，认为捕捉天地会会员有利可图，便派兵进驻彰化，命知县俞峻和游击耿世文进驻大墩（今台中）。几天后，知县俞峻、副将赫生额、游击耿世文等率兵三百征讨，放火焚烧村庄，以此恐吓、威胁本地民众，致使无辜妇孺号泣于道，处境凄惨。各地盟友接到警报后，纷纷赶到大里杙，筹谋反抗。

十一月二十五日，俞峻携同赫生额、耿世文等官员，又外出搅扰。他们看到乡绅杨文麟家产甚巨，便打算明目张胆洗劫一番。俞峻下令捉捕天地会党人，并率兵驻营大墩，肆意抓捕无辜百姓，放火焚烧民房。眼见贪官如此横行，林爽文与盟友及普通民众愤怒到了极点，终于在十一月二十七日夜被迫率众起义抗暴。起义军即时攻入大墩，尽杀当地文武官员。十一月二十九日，义军攻陷彰化县城，杀死包括知府孙景燧在内的文武官员数十人。竹堑（今台湾新竹）的王作、王勋（或作王芬），随即响应彰化方面的起义，率众袭击官军，在十二月一日攻占竹堑，杀死巡检张芝馨。

由于起义军旗帜鲜明，纪律严明，深得民众的拥护和支持。所到之处，百姓纷纷加入义军，造成很大声势。

二、拥为"盟主"　号称"十万"

起义军攻下彰化后，乾隆五十一年（1786）十二月初，林爽文在彰化城内被拥为"盟主"，建元"顺天"，创立了台湾农民政权。

林爽文以原彰化县署为盟主府（后迁大里杙），任命了元帅、副元帅、将军、军师、节度使、知县、同知等官员。起义军较高的军事首领为将军，将军之下有若干"股头"，每个"股头"为一个作战单位。将军所统士兵人数不等，"股头"下面的人员也无一定数额。起义军虽设官分职、称主建号，但彼此平等相待，互以"兄弟"相称。

随后，起义军发兵进攻诸罗，并于十二月六日攻克，将一干贪官污吏全部正法。诸罗为台南门户，诸罗破则台湾府治（台南）唾手可得。接着，林爽文又派偏师王作为征北大元帅，攻占淡水（今新竹以北）。淡水同知程峻平日欺压百姓，面对危难守城不住，败死义军之手。王作着手经略当时未全开发的广大淡水厅地带。消息传至南投、斗六，各地民众也立刻加入反清行列。如此仅数日，全台除台南府城及鹿港外，尽归义军之手。

顺天政权的领导者，大多是农民和城镇贫民。他们掌握政权后所制定的政策和措施，反映了农民的阶级利益，对贪官污吏坚决镇压。林爽文发布的告示里明确写道："台湾皆贪官污吏，扰害生灵，本帅不忍不诛"，"因贪官污吏剥民脂膏，爰是顺天行道，共举义旗，剿除贪污，拯救万民"。起义军攻下彰化、淡水等地后，镇压贪官污吏多人，并没收了一些地主的土地，给参加起义的百姓耕种，规定向顺天政府交纳米粮，山田按一九抽收，水田按二八抽收。顺天政权提出"保农业"的政策，派专人管理"开沟放水灌田"，确保了农业的丰收。其时米价很低，在大里杙、水沙连等地，米每石仅八百钱，而在清廷控制的鹿港，米每石达三千钱。

不久，天地会的南路首领庄大田也不甘后人，在凤山（今高雄凤山）率众起义，立即有数千人响应。庄大田也是平和县人，乾隆七年（1742）渡台，以种田为业。乾隆五十二年（1787）正月，庄大田率南路起义军攻打凤山县城。一如其他官吏，南路营参将胡图里听到义军攻来，不顾守城，立刻逃亡。凤山县千总丁得秋等人战死。庄大田攻占凤山后，捕获知县汤大绅，将他押到凤山县百姓面前，列数其贪赃枉法之事后就地正法。

接着，南、北两路义军乘胜进兵台湾府城。这时的南北义军号称"十万"，声势极大。一见形势不妙，台湾海防府同知杨廷理一面招募台南府城的本地人修城筑栅，一面派人渡海向福建告急。

总兵柴大纪，命游击蔡攀龙率澎湖兵七百进驻桶盘栈。此时，林爽文的大军已占据大穆降（今台南县新化镇），距台湾府城仅二十里。杨廷理与守备王天植率军前往讨伐。千总沈瑞先行，在大湾遇到林爽文义军，不敌而死。杨廷理、王天植即行撤退，据守府城。义军围攻府城，杨廷理见情势危急，弃城突围而出。

起义军的迅猛发展，引起了乾隆帝的惊恐，立即调派内地最强悍的兵将赴台镇压。福建总督常青担任征台统帅，他急调水陆两支大军赶赴泉州。乾隆五十二年（1787）正月，常青派水师提督黄仕简率金门、铜山之兵两千，由台南地区的鹿耳门登陆；陆路提督任承恩统领长福、兴化之兵两千，至鹿港登陆。福建府也派出四千兵卒驰援，由海坛镇总兵郝壮猷、副将徐鼎士统领。黄仕简命柴大纪取诸罗、郝壮猷攻凤山。郝壮猷仅向南行出二十里，就遭到起义军的顽强阻击，屯兵五十日，不敢与义军正面接触。等他到达时，凤山城早已被官军收复。

三月初十，林爽文起义军再度进攻凤山，凤山旋即光复。据守凤山的福宁游击延山等悉数战死，郝壮猷逃至台南府，任承恩逃至鹿港，不敢再行进兵。至此，清廷的第一次复台之战以失败而告终，黄仕简、任承恩被革职拿问。

三、不敌官军　被俘就义

为挽回军事危局，乾隆帝再次下诏任命常青为将军，前往台湾督师；李侍尧为闽浙总督，协同作战。常青再度调集大军，共从广东、浙江调兵八千。常青命江南提督蓝元枚为主帅、福州将军恒瑞为参赞，随军赴台。

蓝元枚赴台督师没多久，即病死于鹿港。不得已，常青只好亲自肩负起主帅大任，统兵万人，披挂上阵。常青给所部官兵分派任务，以游击邱维扬、守备黄象新守柴头港，守备曾绍龙守草店尾，守备王天植守小东，都司罗光照守小南，参将宋鼎守大北，参将左渊守小北，并命蔡攀龙固守桶盘栈，并亲自佩带弓矢至大东门督战。

此时，受到分化的台湾乡民一万余人，出城相助官军。三月二十七日，庄大田亲自进击桶盘栈，命庄锡舍攻小南，谢桧攻大东，林永攻大北，许尚攻小北，四路合围。大战随即展开，自黎明至中午，战斗极为激烈。午后官军败退，庄大田引军向东进击，官兵伤亡大半。庄大田的部将谢桧等，又进至小东门之下，纵火焚烧了城上的敌楼。

至此，清廷对义军依然毫无办法，鉴于常青师老无功，将其免职。十月，乾隆帝又命陕甘总督福康安为平台大将军，率湖南兵二千、广西兵三千、贵州兵二千、四川屯练兵二千，共计九千人，第三次赴台讨伐。

林爽文闻报，派遣部队抵抗。十一月初四，林爽文军与官军大战于八卦山，结果败走，义军的第一重镇彰化遂告失陷。福康安乘胜挥师南下。初九，林爽文率众数万，再攻嘉义西北隅。海兰察出战，彼此死伤甚多。接着，福康安又命海兰察、普尔普、鄂辉等从十四甲向北进击，自己与恒瑞殿后，与义军大战于兴化店。林爽文不敌，被迫退守大里杙，命人筑土城高垒、列巨炮，内设木栅两层，沿溪置卡，以抗拒官军。

十一月二十四，福康安至丁台庄，双方弓箭对攻，互有死伤。二十五日，福康安命诸将自西南、西北两路前进，并力搏战。林爽文不敌，带着家眷等逃往集集埔，又遭到"四川屯番"的袭杀，随后败走小半天。此时，清廷已在台湾调派十多万军队，而林爽文及庄大田部虽然号称"十万"，实则远远不足，实力不足以抗拒当时最精锐的清朝大军；加之义军转战经年，粮援皆绝，更是无力作战。

乾隆五十三年（1788）正月初四，福康安挥师向南，驻湾裹溪。南路的庄大田知道大势已去，便放弃凤山，走入琅峤（今恒春），据尖山之险继续抗战。二月初五，福康安率大军深入三十里进攻琅峤。庄大田率众力拒。双方展开激战，自晨至午，义军在清廷最精锐之师的攻击下，不屈而阵亡的有两千余人。官军随即攻入大里杙，杀害义军和无辜百姓二百余人，并放火烧村，大里杙顿成一片废墟。林爽文率部逃往小半天。官军绕山抄击，搜山俘获林爽文，槛送北京。

乾隆五十三年（1788）三月初十，林爽文就义，年仅三十二岁。

林爽文起义历时一年零三个月，参加人数号称十万，它不仅是台湾历史上规模最大的农民起义，也是清代历史上较大的一次农民起义，给全盛的清政权造成了一定打击，使其对台政策有一定改善，客观上改善了台湾百姓的处境。